APRESEN

O Livro do Justo - também conhecido como Livro
histórica de grande valor para aqueles que procu
primeiras narrativas bíblicas. De um modo geral, apre............
os acontecimentos compreendidos entre a criação do ser humano e os últimos dias de vida de
Josué.

O Livro do Justo se refere diversas vezes ao Livro da Lei do Senhor (cinco primeiros livros
da Bíblia) e é mencionado de forma direta no Antigo Testamento em duas ocasiões, como
veremos a seguir:

"E o sol se deteve, e a lua parou, até que o povo se vingou de seus inimigos. Isto não
está escrito no livro de Jasher? O sol, pois, se deteve no meio do céu, e não se
apressou a pôr-se, quase um dia inteiro." (Josué 10:13)

"Dizendo ele que ensinassem aos filhos de Judá o uso do arco. Eis que está escrito
no livro de Jasher." (II Samuel 1:18)

Além das passagens bíblicas mencionadas anteriormente, o Novo Testamento possui pelo
menos uma referência indireta ao Livro do Justo. Em sua segunda carta a Timóteo, o
apóstolo Paulo afirma que nos últimos dias sobrevirão tempos difíceis, pois "como Janes e
Jambres resistiram a Moisés, assim também estes resistem à verdade, sendo homens
corruptos de entendimento e réprobos quanto à fé". (II Timóteo 3:8)

Considerando que estes homens não são mencionados de forma explícita em nenhuma
outra parte das Sagradas Escrituras, é possível depreender que Paulo havia lido o Livro do
Justo, pois conhecia a seguinte passagem nele contida:

"E quando eles tinham ido, Faraó mandou chamar a Balaão, o mágico, e Yanes (Janes) e
Yambres (Jambres), seus filhos, e a todos os mágicos e ilusionistas e os conselheiros que
pertenciam ao rei, e todos eles vieram e sentaram-se diante do rei." (Livro do Justo 79:27)

Vale a pena ressaltar ainda que a cronologia dos fatos narrados no Livro do Justo está em
harmonia com outras fontes históricas confiáveis, como é o caso do Talmude e a Seder
Olam Rabbah (livro de datas dos judeus). Ademais, existem passagens bíblicas que são
melhor compreendidas através da análise comparativa das narrativas paralelas encontradas no
Livro do Justo.

Um episódio que ilustra de forma bastante oportuna a relevância do Livro do Justo e sua
utilidade para a melhor compreensão das narrativas bíblicas é a viagem do patriarca Jacó e seu
encontro com Esaú quando regressava para a terra de Canaã. Existem detalhes relevantes
nesta passagem que encontramos no Livro do Justo e que não são mencionados na Bíblia
Sagrada e vice-versa.

O Livro do Justo com notas explicativas à luz da Bíblia se propõe justamente em se
constituir nesta ferramenta prática capaz de auxiliar o leitor a promover uma correta inter-
relação entre o conteúdo histórico presente no Livro do Justo e os ensinos da Bíblia Sagrada.

ÍNDICE

CAPÍTULO 1
A CRIAÇÃO DE ADÃO E EVA

1 E disse Deus: Façamos o homem à nossa imagem, conforme a nossa semelhança. E Deus criou o homem à sua própria imagem.

2 E Deus formou o homem da terra, soprou em suas narinas o fôlego de vida e o homem tornou-se uma alma viva dotada de discurso.

3 E o Senhor disse: Não é bom que o homem esteja só; vou fazer-lhe uma companheira.

4 E o Senhor fez cair um profundo sono sobre Adão e ele dormiu. E Deus tirou uma das suas costelas, e construiu carne sobre ela, e formou-a e trouxe-a para Adão. E Adão acordou de seu sono, e eis que uma mulher estava em pé diantedele.

5 E ele disse: Este é um osso dos meus ossos e se chamará mulher, porque foi tomada do homem. Adão a chamou de Eva, porque ela era a mãe de todos os viventes.

6 E Deus os abençoou e chamou seus nomes Adão e Eva no dia em que Ele os criou; e o Senhor Deus disse: Sede fecundos e multiplicai e enchei a terra.

7 O Senhor Deus tomou o homem e sua mulher e Ele os colocou no jardim do Éden para cuidar deles e mantê-los. Deus ordenou-lhes: De toda a árvore do jardim comerás, mas da árvore do conhecimento do bem e do mal não comerás, porque no dia em que vocês dela comerem, certamente morrerão.

8 E quando Deus abençoou e lhes ordenou, Ele se retirou da presença deles e o homem e sua esposa moravam no jardim de acordo com o comando que o Senhor lhes havia ordenado.

9 E a serpente, que Deus criou com eles na Terra, veio a eles para incitá-los a transgredir o mandamento de Deus que Ele lhes havia ordenado.

10 E a serpente seduziu e convenceu a mulher a comer da árvore do conhecimento, e a mulher ouviu a voz da serpente, e ela transgrediu a palavra de Deus, e tomou o fruto da árvore do conhecimento do bem e do mal, e comeu, e ela deu também a seu marido, e ele comeu.

11 E Adão e sua mulher transgrediram o mandamento de Deus que Ele lhes ordenou; Deus sabia disso e Sua ira se acendeu contra eles e Ele os amaldiçoou.

12 E Deus os expulsou naquele dia do jardim do Éden para lavrar a terra de que foram tomados, e foram, e habitaram no leste do jardim do Éden, e Adão conheceu sua esposa Eva e ela teve dois filhos e três filhas.

13 E ela chamou o nome do primeiro filho Caim, dizendo: "obtive um homem do Senhor"; e o nome do outro ela chamou Abel, dizendo, "em vaidade viemos à terra, e na vaidade devemos ser tomados a partirdela".

14 E os meninos cresceram e Adão lhes deu posse na terra. Caim foi lavrador da terra e Abel pastor de ovelhas.

15 E ao fim de alguns anos, ambos trouxeram uma oferta ao Senhor, e aproximando-se o Senhor, viu que Caim trouxera do fruto da terra, e Abel trouxera do sacrifício dos melhores primogênitos do seu rebanho, e Deus atentou a Abel e sua oferta e um fogo desceu do Senhor do céu e a consumiu.

16 E de Caim e sua oferta o Senhor não se agradou; e Deus não atentou para ela, pois ele tinha trazido do fruto inferior da terra, diante do Senhor. Caim invejava seu irmão Abel por conta disso e procurava um pretexto para matá-lo.

17 E, algum tempo depois disto, Caim e Abel, seu irmão, foram um dia para o campo para fazer o seu trabalho, e eles estavam no campo, Caim lavrando e arando a terra, e Abel apascentando seu rebanho, e o rebanho passou
na parte que Caim tinha arado no solo, e Caim se encolerizou por conta disso.

18 E Caim aproximou-se de seu irmão Abel com raiva e disse-lhe: O que há entre mim e ti, para tu vires apascentar o teu rebanho para o alimentar na minha terra?

19 E Abel respondeu seu irmão Caim, e disse-lhe: Que há entre mim e ti, para que tu comas da carne de meu rebanho e te vistas com a sua lã?

20 E agora, portanto, despe a lã das minhas ovelhas com que estás vestido, e recompensa-me pela carne que tu tens comido, e quando tiveres feito isso, então me retirarei de tua terra como disseste.

21 E Caim disse a seu irmão Abel: Certamente se eu te matar neste dia, quem vai exigir o teu sangue de mim?

22 E Abel respondeu a Caim, dizendo: Certamente Deus, que nos fez na terra, ele irá vingar a minha causa e Ele irá exigir o meu sangue de ti se tu me matares, porque o Senhor é Juiz e Árbitro. É Ele quem vai recompensar cada um segundo as suas obras, e aos homens ímpios de acordo com a maldade que eles fizerem na Terra.

23 E agora, se tu me matares aqui, certamente Deus conhece teus segredos, e irá julgar-te segundo o mal que decidires fazer comigo neste dia.

24 E quando Caim ouviu as palavras que o seu irmão Abel havia dito, eis que a ira de Caim se acendeu contra o seu irmão Abel por declarer isso.

25 E Caim apressando-se levantou-se, e tomou a parte de ferro de seu instrumento de lavoura, feriu seu irmão e o matou. E Caim derramou o sangue de seu irmão Abel sobre a terra e o sangue de Abel caiu sobre a terra diante do seu rebanho.

26 E em seguida Caim se arrependeu de ter matado seu irmão e ele foi chorou amarguradamente sobre ele.

27 E Caim levantou-se e cavou um buraco no campo, em que ele colocou o corpo de seu irmão e ele o fechou.

28 E o Senhor sabia o que Caim tinha feito a seu irmão, e apareceu a Caim e disse-lhe: Onde está Abel, teu irmão, que estava contigo?

29 E Caim mentiu, e disse: Eu não sei; eu sou o guarda do meu irmão? E o Senhor disse-lhe: Que fizeste? A voz do sangue do teu irmão clama a mim desde a terra onde o mataste.

30 Pois mataste teu irmão e se apressou a esconderes, e não ponderou em teu coração se Eu não o veria.

31 Mas por isso e por teres matado teu irmão por nada e porque ele falou justamente a ti, amaldiçoado sejas tu agora na terra que abriu a sua boca para receber o sangue de teu irmão da tua mão, e onde tu o enterraste.

32 E quando a arares, te faltará o vigor como no início; e espinhos e cardos serão o teu produto do chão e serás vagabundo na terra até o dia de tua morte.

33 E naquele tempo saiu Caim da presença do Senhor, a partir do local onde estava, e ele se foi dirigindo sem rumo certo na terra em direção ao leste do Éden, ele e todos os que lhe pertenciam.

34 E Caim conheceu sua mulher naqueles dias, e ela concebeu e deu à luz um filho, e chamou Enoque seu nome, dizendo: "Neste momento o Senhor começou a dar-lhe descanso e sossego na terra".

35 E naquele tempo Caim também começou a construir uma cidade, e ele construiu a cidade e a chamou de Enoque, de acordo com o nome de seu filho, pois naqueles dias o Senhor lhe tinha dado repouso sobre a terra, e ele havia se instalado como no início.

36 E de Irad nasceu a Enoque, e Irad gerou Mechuyael e Mechuyael gerou Metusael.

* * *

1:1 - A narrativa do Livro do Justo tem início no sexto dia da criação divina. (Gênesis 1:26)

1:16 - A razão da oferta de Caim não ter sido aceita é apresentada com mais detalhes.

1:17 - Início do relato dos momentos que antecederam a morte de Abel.

CAPÍTULO 2
CENTO E TRINTA ANOS DE VIDA DE ADÃO

1 E foi no ano de cento e trinta anos de vida de Adão sobre a terra que ele novamente conheceu Eva, sua mulher, e ela concebeu e deu à luz um filho à sua semelhança e à sua imagem, e chamou o seu nome Seth, dizendo: "Porque Deus me deu outro filho no lugar de Abel, pois Caim matou ele".

2 Seth viveu 105 anos, e gerou um filho, e chamou seu filho de Enosh, dizendo: "Naquele tempo os filhos dos homens começaram a se multiplicar, e afligir suas almas e corações transgredindo e rebelando-se contra Deus".

3 E nos dias de Enosh os filhos dos homens continuaram a rebelar-se e transgredir contra Deus, para aumentar a ira do Senhor contra os filhos dos homens.

4 E os filhos dos homens foram e serviram a outros deuses, e esqueceram-se do Senhor, que os criou na terra, e naqueles dias os filhos dos homens fizeram imagens de bronze e ferro, madeira e pedra, e inclinaram se a elas e as serviram.

5 E cada homem fez o seu deus e se inclinaram para eles, e os filhos dos homens abandonaram o Senhor todos os dias de Enosh e seus filhos, e a ira do Senhor se acendeu em conta das suas obras e abominações que eles fizeram na terra.

6 E o Senhor fez com que as águas do rio Gihon transbordassem e Ele os destruiu e os consumiu. E Deus destruiu a terceira parte da terra, e não obstante isso, os filhos dos homens não se converteram dos seus maus caminhos, e suas mãos estavam ainda estendidas para fazer mal aos olhos do Senhor.

7 E naqueles dias não se conseguia nem semear nem colher na terra, e não havia comida para os filhos dos homens e a fome era muito grande naquela época.

8 E a semente que eles semearam naqueles dias na terra tornou-se espinhos, cardos e abrolhos, pois desde os dias de Adão foi esta declaração sobre a terra, a maldição de Deus, com que Ele amaldiçoou a terra, por causa do pecado que Adão pecou diante do Senhor.

9 E foi quando os homens continuaram a se rebelar e transgredir contra Deus, corrompendo-se em seus caminhos, que a terra também se corrompeu por completo.

10 E Enosh viveu noventa anos e gerou a Cainã;

11 E Cainã cresceu e ele tinha quarenta anos, e tornou-se sábio e tinha conhecimento e habilidade em toda a sabedoria, e reinou sobre todos os filhos dos homens, e ele levou aos filhos dos homens a sabedoria e conhecimento, pois Cainã era um homem muito sábio e tinha entendimento em todo tipo de sabedoria, e com sua sabedoria ele governou sobre os espíritos edemônios;

12 E Cainã sabia por sua sabedoria que Deus iria destruir os filhos dos homens por terem pecado na terra e que Senhor nos últimos dias iria trazer sobre eles as águas do dilúvio.

13 E Cainã escreveu nas tábuas de pedra, o que era haveria de acontecer no futuro, e pô-los em seus tesouros.

14 E Cainan reinou sobre toda a terra, e ele converteu alguns dos filhos dos homens, para o serviço de Deus.

15 E quando Cainã tinha setenta anos, gerou três filhos e duas filhas.

16 E estes são os nomes dos filhos de Cainã, o nome do Mahlallel primogênito, o segundo Enan, e o terceiro Merede, e foram suas irmãs Ada e Zilá, que são os cinco filhos de Cainã que lhe nasceram.

17 E Lameque, filho de Metusael, tornou-se próximo com Cainã pelo casamento, e ele tomou suas duas filhas para suas esposas, e Ada concebeu e deu à luz um filho de Lameque, e ela chamou o seu nome Jabal.

18 E ela concebeu novamente e deu à luz um filho, e chamou o seu nome Jubal, e Zillah, sua irmã, era estéril naqueles dias e não tinha filhos.

19 Porque naqueles dias os filhos dos homens tinham começado a pecar contra Deus, e a transgredir os mandamentos que ele havia ordenado a Adão, para ser fecundos e se multipliquem na terra.

20 E alguns dos filhos dos homens forçavam suas esposas para beber um composto que as tornavam estéreis, a fim de que elas pudessem manter suas formas e a sua beleza não desaparecesse.

21 E quando os filhos dos homens forçaram suas esposas para beber, Zillah bebeu com eles.

22 E as mulheres estéreis eram abomináveis aos olhos de seus maridos, e as tinham como viúvas enquanto seus maridos viviam, pois só atentavam para as férteis.

23 E, no fim dos seus dias e anos, quando Zillah ficou velha, o Senhor abriu seu ventre.

24 E ela concebeu e deu à luz um filho e chamou o seu nome Tubal Caim, dizendo: "Depois que eu tinha secado tenho o obtido do Deus Todo- Poderoso".

25 E concebeu outra vez e deu à luz uma filha, e ela chamou seu nome Naama, pois ela disse, "depois que sequei tenho obtido prazer e deleite".

26 E Lameque era velho e avançado em anos, e seus olhos se escureceram de forma que não podia ver, e Tubal Caim, seu filho, o estava conduzindo e era um dia que Lameque entrou no campo e Tubal Caim, seu filho estava com ele, e enquanto eles estavam andando no campo, Caim o filho de Adão avançou sobre eles, porque Lameque era muito velho e já não podia ver muito, e Tubal Caim, seu filho era muito jovem.

27 E Tubal Caim disse a seu pai para desembainhar seu arco, e com as setas feriu Caim, que ainda estava longe, e ele matou-o, pois ele lhes surgiu parecendo ser um animal.

28 E as setas entraram no corpo de Caim, embora ele estivesse distante deles, e ele caiu e morreu.

29 E o Senhor pagou a Caim mal conforme a sua maldade, que ele havia feito ao seu irmão Abel, de acordo com a palavra do Senhor, que Ele tinha falado.

30 E aconteceu que, após Caim ter morrido, que Lameque e de Tubal foram ver o animal que haviam matado, e viram, e eis que Caim o seu avô jazia caído morto sobre a terra.

31 E Lameque ficou deveras triste por isso, e batendo palmas juntos, ele atingiu seu filho e provocou sua morte.

32 E as esposas de Lameque ouviram o que Lameque tinha feito, e procuravam matá-lo.

33 E as esposas de Lameque odiaram-no a partir desse dia, porque ele matou Caim e Tubal Caim, e as esposas de Lameque separam-se dele, e não deram ouvidos a ele por esses dias.

34 E Lameque veio para suas esposas, e ele esforçou-se para que o ouvissem sobre este assunto.

35 E ele disse a suas esposas Ada e Zillah : "ouvi a minha voz, ó esposas de Lameque, atentem para as minhas palavras, pois pensaram e disseram que matei um homem com as minhas feridas, e uma criança com meus açoites sem me terem feito nenhuma violência, mas certamente fique sabendo que eu sou velho e de cabelos grisalhos, e que os meus olhos estão pesados com a idade, e eu fiz essa coisa inocentemente".

36 E as esposas de Lameque ouviram ele neste assunto, e elas voltaram para ele com aconselho de seu pai Adão, que elas não tivessem mais filhos dele, sabendo que a ira de Deus estava aumentando naqueles dias contra os filhos dos homens, para destruí-los com as águas do dilúvio, devido às suas maldades.

37 E Mahlallel filho de Cainã viveu 75 anos e gerou a Jarede, e Jarede viveu 62 anos e gerou a Enoch.

* * *

2:4 - A adoração aos ídolos tem início nestes dias.

2:8 - A maldição sobre a terra anunciada por Deus se cumpria (Gênesis 3:18). Como esta informação não aparece no Livro do Justo, aqui é a Bíblia Sagrada que funciona como fonte complementar para a compreensão da narrativa.

2:19,20 - O surgimento da esterilidade entre as mulheres nasce como consequência da perversidade humana.

2:28,29 - Caim é assassinado por Lameque (Gênesis 4:23,24); era o castigo divino pela morte de Abel.

CAPÍTULO 3
ENOQUE

1 E viveu Enoch (ou Enoque) sessenta e cinco anos e gerou a Matusalém. Enoch andou com Deus depois de ter gerado a Matusalém, e serviu ao Senhor, desprezando os maus caminhos dos homens.

2 E a alma de Enoque foi envolvida na instrução do Senhor, no conhecimento e na compreensão, e ele sabiamente se afastou entre os filhos dos homens, e escondia-se deles por muitos dias.

3 E foi ao final de muitos anos, enquanto ele estava servindo ao Senhor e orando diante dele em sua casa, que um anjo do Senhor lhe bradou desde os céus, e disse: Eis-me aqui.

4 E ele disse: Levanta-te, sai da tua casa e do lugar onde tu estás escondido e aparece para os filhos dos homens, para que possas ensinar-lhes o caminho em que eles devem andar e as obras que devem realizar para entrarem nos caminhos de Deus.

5 E Enoque levantou-se de acordo com a palavra do Senhor e saiu de sua casa, deixando seu lugar e a câmara em que ele estava escondido, foi ter com os filhos dos homens e ensinou-lhes os caminhos do Senhor; e na época reuniu os filhos dos homens instruí-os com a instrução do Senhor.

6 E ele ordenou que fosse proclamado em todos os lugares onde os filhos dos homens habitavam, dizendo: Onde está o homem que deseja conhecer os caminhos do Senhor e as boas obras? Venha a Enoch.

7 E todos os filhos dos homens que desejavam isso, juntaram-se a Enoch, e Enoch reinou sobre os filhos dos homens de acordo com a palavra do Senhor, e eles vieram e curvaram-se para ele e ouviram a sua palavra.

8 E o Espírito de Deus estava sobre Enoch, e ele ensinou a todos os seus a sabedoria de Deus e seus caminhos, e os filhos dos homens serviram ao Senhor todos os dias de Enoque, e eles vieram para ouvir a sua sabedoria.

9 E todos os reis dos filhos dos homens, tanto primeiros como últimos, juntamente com seus príncipes e juízes, vieram a Enoch, quando ouviram falar de sua sabedoria, e inclinaram-se a ele, e eles também pediram a Enoch que reinasse sobre eles, e ele consentiu.

10 E reuniram ao todo, 130 reis e príncipes, e eles fizeram Enoque rei sobre eles e eles estavam todos sob seu poder e comando.

11 E Enoque ensinou-lhes a sabedoria, o conhecimento, e os caminhos do Senhor, e ele fez a paz entre eles, e a paz estava sobre toda a terra durante a vida de Enoch.

12 E Enoque reinou sobre os filhos dos homens 243 anos, e ele fez justiça e justiça com todo o seu povo, e ele levou-os para os caminhos do Senhor.

13 E estas são as gerações de Enoch: Matusalém, Eliseu e Elimeleque, três filhos; e suas irmãs eram Melca e Nahmah; e Matusalém viveu 87 anos e ele gerou a Lameque.

14 E foi no ano quinquagésimo sexto da vida de Lameque quando Adão morreu; 930 anos de idade tinha ele em sua morte, e seus dois filhos, com Enoque e Matusalém, seu filho, o sepultaram com grande pompa, como no enterro de reis, na caverna que Deus lhe tinha dito.

15 E naquele lugar todos os filhos dos homens fizeram um grande luto e choraram por conta de Adão, tornando-se portanto um costume entre os filhos dos homens, até este dia.

16 Adão morreu porque comeu da árvore do conhecimento, ele e seus filhos, como o Senhor Deus tinha falado.

17 E foi no ano da morte de Adão, que foi os 243º ano do reinado de Enoch; neste tempo Enoch resolveu separar-se dos filhos dos homens e guardou o segredo para si mesmo como a primeira vez, a fim de servir ao Senhor.

18 E Enoque fez, mas não permanentemente deles, mas mantinha distância dos filhos dos homens por três dias e, em seguida, ia e juntava-se a eles por um dia.

19 E durante os três dias que ele estava em seu quarto, ele orava e adorava o Senhor seu Deus, e no dia em que ele ia e aparecia aos seus súditos, ele ensinava-lhes os caminhos do Senhor, e tudo o que lhe perguntavam sobre o Senhor, ele lhes respondia.

20 E ele o fez desta maneira por muitos anos, e depois passou a isolar-se seis dias, e aparecia ao seu povo um dia em cada sete; depois uma vez em um mês, e depois uma vez em um ano, até que todos os reis, príncipes e filhos de homens procuraram por ele e pediram novamente para ver o rosto de Enoch e ouvir a sua palavra, mas eles não podiam, porque todos os filhos dos homens tinham medo de Enoch e temiam aproximar-se dele por causa do brilho de Deus que estava sobre seu rosto; portanto, o homem não podia olhá-lo, temendo ser punido e morrer.

21 E todos os reis e príncipes resolveram reunir os filhos dos homens para se chegarem a Enoch, pensando poder falar com ele no momento em que ele se aproximasse entre eles; e eles assim fizeram.

22 E chegou o dia no qual Enoch apareceu, e estando eles todos reunidos se chegaram a ele, e Enoch falou-lhes as palavras do Senhor, e ele ensinou-lhes sabedoria e conhecimento e inclinaram-se diante dele e disseram: Que o rei viva! Que o rei viva!

23 E, em algum tempo depois, quando os reis e os príncipes e os filhos dos homens estavam falando a Enoch, e Enoch estava ensinando os caminhos de Deus, eis que um anjo do Senhor, então, chamando a Enoque do céu, quis trazê-lo para o céu para fazê-lo reinar lá sobre os filhos de Deus, como ele havia reinado sobre os filhos dos homens sobre a Terra.

24 Quando naquele tempo Enoch ouviu isso ele foi e reuniu todos os habitantes da Terra, e lhes ensinou sabedoria e conhecimento e deu-lhes instruções divinas e disse-lhes: Tenho sido chamado a subir ao céu, portanto eu não sei o dia da minha ida.

25 E por isso agora eu vou lhes ensinar sabedoria e conhecimento e vou dar-lhe instruções antes de eu vos deixar, em como agir sobre a terra em que vocês podem viver, e assim o fez. E ensinava-lhes sabedoria e conhecimento, e deu-lhes instrução, e ele os reprovou, colocando diante deles estatutos e julgamentos para fazer sobre a terra, e fez a paz entre eles; e ele ensinou-lhes a vida eterna e habitou com eles algum tempo ensinando-lhes todas essas coisas.

26 E naquele tempo os filhos dos homens estavam com Enoch; e Enoch estava falando com eles; e levantaram os seus olhos e viram uma semelhança de um grande cavalo que descia do céu, e o cavalo andava no ar;

27 E eles contaram a Enoch o que tinham visto e ele disse-lhes: Por minha conta se faz este cavalo descer sobre a terra.

28 O tempo é chegado quando em que eu devo me ir de vocês e eu não devo mais ser visto por vocês.

29 E nessa altura o cavalo desceu e estava diante de Enoch e todos os filhos dos homens e Enoch o viram.

30 E Enoch, novamente ordenou que se proclamasse em voz alta, dizendo: Onde está o homem que se deleita em conhecer os caminhos do Senhor, seu Deus, que venha no dia de hoje a Enoch, antes que ele seja retirado do nosso meio.

31 E todos os filhos dos homens convocados vieram a Enoch naquele dia, e todos os reis da terra com seus príncipes e conselheiros permaneceram com ele aquele dia; e Enoch, então, ensinou os filhos dos homens sabedoria e conhecimento, e deu-lhes instruções divinas, e ele lhes ordenou para que servissem ao Senhor e andassem nos seus caminhos todos os dias de suas vidas, e ele continuou a fazer a paz entre eles.

32 E foi depois disso que ele se levantou e montou o cavalo, e ele saiu e todos os filhos dos homens foram atrás dele, cerca de 800 mil homens que iam com ele de viagem de um dia.

33 E no segundo dia, ele lhes disse para voltarem para casa e para suas tendas, dizendo: "Por que vocês me perseguem, talvez possam vir até morrer?" E alguns deles se retiraram dele, e aqueles que permaneceram, foram com ele numa jornada de seis dias; e Enoch disse a eles todos os dias, para que retornassem às suas tendas, para que morressem, mas eles não estavam dispostos a voltar, e eles foram com ele.

34 E, no sexto dia alguns dos homens permaneceram e agarraram se a ele, e disseram-lhe: Nós

vamos contigo até o lugar aonde tu vais, como vive o Senhor, só a morte vai nos separar.

35 E eles insistiram muito para ir com ele, e ele deixou de falar com eles, e eles foram atrás dele e não voltaram;

36 E quando os reis voltaram eles fizeram um censo, a fim de saber o número de homens restantes que foi com Enoque, e foi ao sétimo dia que Enoch subiu ao céu num redemoinho, com cavalos e carros de fogo.

37 E no oitavo dia, todos os reis que andavam com Enoch procuraram de volta o número de homens que estavam com Enoch, no lugar em que ele subiu ao céu.

38 E todos aqueles reis foram para o local e encontraram a terra lá cheia de neve, e sobre a neve havia pedras grandes de neve, e disseram uns aos outros: Vamos, quebremos as pedras grandes e vejamos talvez os homens que permaneceram com Enoch estejam mortos, e ele esteja agora sob as pedras de neve, e procuraram, mas não conseguiram encontrá-lo, pois ele tinha subido aos céus.

* * *

3:9,10 - Enoque é constituído rei sobre os 130 reis e príncipes que governavam a Terra.

3:16 - A morte de Adão. (Gênesis 5:5)

3:20 - O rosto de Enoque brilhava, assim como resplandecia a face de Moisés. (Êxodo 34:30)

3:26 - Enoque ensina sobre a vida eterna, algo que não havia sido mencionado após o pecado original.

3:36 - Assim como Elias, Enoque foi levado ao céu por carros e cavalos de fogo. (II Reis 2:11)

CAPÍTULO 4
MATUSALÉM E NOÉ

1 E todos os dias que Enoch viveu na Terra foram 365 anos.

2 E quando Enoch subiu ao céu, todos os reis da terra se levantaram e tomaram Matusalém, seu filho, e ungiram-no, e fizeram com que ele reinasse sobre eles no lugar de seu pai.

3 Matusalém agiu retamente diante de Deus, como seu pai Enoch havia lhe ensinado, e ele também durante toda a sua vida ensinou os filhos dos homens o conhecimento, sabedoria e o temor de Deus; e ele não se desviou do bom caminho nem para a direita nem para a esquerda.

4 Mas, nos últimos dias de Matusalém, os filhos dos homens se desviaram do Senhor, eles se corromperam na terra, roubaram e saquearam uns aos outros, e rebelaram-se contra Deus e eles transgredindo, se corromperam em seus caminhos, e não quiseram mais ouvir a voz de Matusalém, mas rebelaram-se contra ele.

5 E o Senhor estava muito irado contra eles, e Deus continuou a destruir a semente naqueles dias, de modo que não havia nem se conseguia semear nem colher da terra.

6 Porque quando semeavam a terra a fim de que eles pudessem obter alimento para o seu sustento, eis que espinhos e cardos eram produzidos para que não asemeassem.

7 E ainda os filhos dos homens não se converteram dos seus maus caminhos e suas mãos estavam ainda estendidas para fazer o mal aos olhos de Deus; e eles provocaram o Senhor com os seus maus caminhos e o Senhor se indignou muito e se arrependeu de ter feito o homem.

8 E Ele pensou em destruir e aniquilá-los e assim o fez.

9 Quando Lameque, filho de Matusalém tinha cento e sessenta anos de idade, Seth, filho de Adão morreu.

10 E todos os dias que viveu Seth, foram 912 anos, e morreu.

11 E Lameque com 180 anos de idade, quando ele tomou Ashmua como esposa, a filha de Elishaa,

filho de Enoch seu tio, e ela concebeu.

12 E naquele tempo os filhos dos homens semearam a terra e pouco alimento foi produzido, mas ainda assim os filhos dos homens não se converteram dos seus maus caminhos, e eles se rebelaram contra Deus.

13 E a mulher de Lameque concebeu e lhe deu um filho naquele momento, ao fim de um ano.

14 Matusalém chamou-o Noé, dizendo: "A terra esteve em seus dias em repouso e livre da corrupção", e Lameque seu pai chamou seu nome de Menachem , dizendo: "Este deve consolar-nos em nossos trabalhos e fadigas miseráveis na terra, que Deus havia amaldiçoado".

15 E o menino cresceu e foi desmamado, e andou nos caminhos de seu pai Matusalém, íntegro diante de Deus.

16 E todos os filhos dos homens se afastaram dos caminhos do Senhor naqueles dias, assim como eles se haviam multiplicado sobre a face da terra com filhos e filhas, e eles ensinaram uns aos outros suas práticas más e continuaram a pecar contra o Senhor.

17 E cada homem fez para si mesmo um deus, e roubaram e saquearam cada um a seu vizinho, assim como seu parente, e corromperam a terra; e a terra se encheu de violência.

18 E seus juízes e governantes entraram às filhas dos homens e tomaram suas esposas pela força de seus maridos de acordo com a sua escolha de cada um, e os filhos dos homens naqueles dias escolheram do gado da terra, dos animais do campo e das aves do céu, e ensinaram-lhes a mistura de animais de uma espécie com a outra, a fim de com isto provocar o Senhor, e Deus viu toda a terra e que estava corrompida, porque toda a carne havia corrompido seus caminhos sobre a terra, todos os homens e todos os animais.

19 E o Senhor disse, eu riscarei o homem que criei de sobre a face da Terra, sim desde o homem às aves do céu, juntamente com o gado e os animais que estão no campo, pois me arrependo de eu os ter criado.

20 E todos os homens que andaram nos caminhos do Senhor haviam morrido já naqueles dias, diante do Senhor que trouxera o mal ao homem que Ele tinha declarado; mas isso vinha do Senhor, para que eles vissem mais o mal que o Senhor falou sobre os filhos dos homens.

21 E Noé achou Graça aos olhos do Senhor, e o Senhor o escolheu a ele e seus filhos para suscitar descendência deles sobre a face de toda a terra.

* * *

4:17,18 - As práticas humanas que fizeram com que Deus se arrependesse de ter criado os homens. (Gênesis 6:5,6)

CAPÍTULO 5
MATUSALÉM E NOÉ PREGAM O ARREPENDIMENTO

1 E foi no ano octogésimo quarto da vida de Noé, que Enoque, filho de Seth morreu, e ele tinha 905 anos de idade na sua morte.

2 E no ano 179 da vida de Noé, Cainã, filho de Enos morreu, e todos os dias de Cainã 910 anos, e ele morreu.

3 E no ano 234 de Noé, o filho de Mahlallel, Cainã morreu, e os dias de Mahlallel foram 895 anos, e ele morreu.

4 E Jared, filho de Mahlallel morreu naqueles dias, no tricentésimo trigésimo sexto da vida de Noé, e todos os dias de Jarede foram 962 anos, e ele morreu.

5 E todos que seguiam o Senhor morreram naqueles dias, antes de ver o mal que Deus ia trazer sobre a terra.

6 E, após o decurso de muitos anos, no ano 480 da vida de Noé, quando todos os homens que seguiram o Senhor tinha morrido e apenas Matusalém restava, falou Deus a Noé e a Matusalém, dizendo:

7 Falai, e anunciai aos filhos dos homens, dizendo: Assim diz o Senhor, arrependam-se de seus maus caminhos e abandonem as suas obras, e o Senhor arrepender-se-á do mal que ele declarou fazer contra vocês, de modo que não aconteça.

8 Pois assim diz o Senhor: Eis que eu irei dar um período de 120 anos, para se arrependerem e abandonarem seus maus caminhos, então, eu também afastarei o mal que falei contra vós, e não acontecerá, diz o Senhor.

9 E Noé e Matusalém falaram todas as palavras do Senhor para os filhos dos homens, dia após dia, constantemente falando com eles.

10 Mas os filhos dos homens não deram ouvidos a eles, nem inclinaram os seus ouvidos às suas palavras, e foram de dura cerviz.

11 E o Senhor concedeu-lhes um período de 120 anos, dizendo que, se eles se arrependessem, então Deus se arrependeria do mal, de modo a não destruir a Terra.

12 Noé, filho de Lameque, absteve-se de tomar uma esposa naqueles dias para gerar filhos porque ele disse: Certamente agora Deus vai destruir a Terra; por que será que devo gerar filhos?

13 E Noé era um homem justo, ele era perfeito em sua geração, e que o Senhor o escolheu para suscitar descendência a partir de sua semente sobre a face da terra.

14 E o Senhor disse a Noé: Toma para ti uma esposa, e gera filhos, pois você tem sido justo diante de mim nesta geração.

15 E tu produzirás semente e teus filhos contigo no meio da terra. Noé então tomou uma mulher. Ele escolheu Naamah, filha de Enoque, e ela tinha quinhentos e oitenta anos de idade.

16 E tinha Noé 498 anos de idade, quando ele tomou Naamah para ser sua mulher.

17 E Naamah, concebeu e deu à luz um filho, e chamou o seu nome Jafé, dizendo: "Deus ampliou-me na terra". Ela concebeu outra vez e deu à luz um filho, e chamou o Shem, dizendo: "Deus me fez um remanescente, para levantar semente no meio da terra".

18 E tinha Noé 502 anos de idade, quando Naamah gerou Shem, e os meninos cresceram e andaram nos caminhos do Senhor, em tudo o que Matusalém e Noé seu pai ensinou a eles.

19 E Lameque pai de Noé morreu naqueles dias, mas na verdade ele não andava com todo a seu coração nos caminhos de seu pai, e ele morreu no ano cento e noventa e cinco da vida de Noé.

20 E todos os dias de Lameque foram 770 anos, e morreu.

21 E todos os filhos dos homens que conheciam o Senhor morreram nesse ano diante do Senhor antes de trazer o mal sobre eles, de modo a não contemplarem o mal que Deus traria sobre os seus irmãos e parentes, como Ele tinha tão declarado que faria.

22 Nesse tempo, o Senhor disse a Noé e Matusalém, ide adiante e proclamai aos filhos dos homens todas as palavras que eu falei para você nesses dias, porventura, para ver se se convertem de seus maus caminhos, e eu, então, arrepender-me-ei do mal e não o executarei.

23 E Noé e Matusalém se levantaram e disseram aos ouvidos dos filhos dos homens, tudo o que Deus havia falado a respeito deles.

24 Mas os filhos dos homens não deram ouvidos, nem sequer eles se inclinaram as suas declarações.

25 E foi depois disso que o Senhor disse a Noé: O fim de toda carne é chegado perante mim, em conta de suas más ações, e eis que vou destruir a terra.

26 E tomarás para ti madeira de gofer, e vai a tal lugar e faz uma grande Arca, e coloca-a nesse ponto.

27 E assim farás isso; trezentos côvados o seu comprimento, 50 côvados de largura e 30 côvados de altura.

28 E farás para ti uma porta aberta, a seu lado, e para um acabamento um côvado acima, e cobre-o por dentro e por fora com betume.

29 E eis que trarei as águas do dilúvio sobre a terra, e toda a carne será destruída, a partir dos céus tudo o que está sobre a terra perecerá.

30 E tu e a tua casa deverão ir e reunir dois pares de todas as coisas vivas, machos e fêmeas, e os trarás para a arca, para levantar semente deles sobre a terra.

31 E reúne tudo o que seja comestível para todos os animais, que pode servir de alimento parati e para eles.

32 E tu escolhe para teus filhos três donzelas, das filhas dos homens, e elas serão esposas para teus filhos.

33 E Noé levantou-se, e ele fez a arca, no lugar onde Deus lhe havia ordenado.

34 Noé tinha 590 anos quando começou a fazer a arca, e ele fez a arca em cinco anos, tal como o Senhor tinha ordenado.

35 Então Noé levou as três filhas de Eliaquim, filho de Matusalém, como esposas para seus filhos, como o Senhor ordenara a Noé.

36 E foi o tempo em que Matusalém, filho de Enoch morreu, com 960 anos de idade.

* * *

5:8,9 - Noé e Matusalém pregam aos homens que se arrependam por um período de 120 anos aos homens.

5:21 - Deus faz com que os homens tementes ao Criador morram antes do dilúvio. (Salmos116:15)

5:34 - A Arca de Noé foi construída em um período de cinco anos.

CAPÍTULO 6
O DILÚVIO

1 Naquele tempo, após a morte de Matusalém, o Senhor disse a Noé: Vai tu com a tua casa para a arca, eis que se reúnem para ti todos os animais da terra, as feras do campo e as aves do céu, e todos veem a cercar a arca.

2 E tu, senta-te à porta da arca e todos os animais, desde as feras do campo às aves do céu, devem subir e colocar-se diante de ti; e todos entre eles, que se agacharem diante de ti, toma-os e entrega-os nas mãos dos teus filhos para que os tragam para a arca, e tudo aquele que permanecer de pé diante de ti, irá embora.

3 E o Senhor fez isto no dia seguinte, e animais, feras, e aves vieram em grandes multidões, e cercaram a arca.

4 E Noé entrou e sentou-se ao lado da porta da arca, e de toda a carne que se agachou diante dele, ele trouxe para dentro da arca, e todos os que estavam diante dele em pé, ele deixou sobre a terra.

5 E uma leoa veio, com seus dois filhotes, macho e fêmea, e os três se agacharam diante de Noé, e os dois filhotes se levantaram contra a leoa e feriram-na, e a fizeram fugir de seu lugar, e ela foi embora, e eles voltaram para os seus lugares, e se agacharam sobre a terra diante de Noé.

6 E a leoa fugiu e permaneceu no lugar dos leões.

7 E Noé viu isso e se maravilhou muito, e ele levantou-se e levou os dois filhotes e os trouxe para a arca. E Noé trouxe para a arca de todas as criaturas vivas que estavam sobre a terra, de modo que nenhuma faltou das que trouxe Noé na arca.

8 Dois e dois vieram a Noé na arca, mas dos animais limpos e aves limpas, ele trouxe sete casais, como Deus lhe havia ordenado.

9   E todos os animais, e as feras e aves, ainda estavam lá, e eles cercaram a arca em todos os lugares; e a chuva não caiu até que se cumpriram sete dias.

10   E, naquele dia, o Senhor fez com que toda a terra a tremesse, o sol se escureceu, os fundamentos do mundo se enfureceram e toda a terra foi movida violentamente ; e os relâmpagos e os trovões rugiram e todas as fontes na terra foram divididas, como jamais tinham visto os habitantes antes. E Deus fez este ato poderoso, a fim de aterrorizar os filhos dos homens, para que não houvesse mais o mal sobre a terra.

11   E ainda assim, os filhos dos homens não se arrependeram dos seus maus caminhos, e eles aumentaram a ira do Senhor naquele tempo, e não inclinaram seus corações para tudo isso.

12   E, ao fim de sete dias, no ano 600 da vida de Noé, as águas do dilúvio vieram sobre a terra.

13   E todas as fontes do grande abismo se romperam, e as janelas do céu foram abertas, e houve chuva sobre a terra, quarenta dias e quarenta noites.

14   E Noé e sua família, e todos os seres vivos que estavam com ele, entraram na arca, tendo em conta as águas do dilúvio. E o Senhor a fechou por fora.

15   E todos os filhos dos homens que foram deixados sobre a terra, se cansaram no meio deste mal por conta da chuva, pois as águas estavam subindo violentamente sobre a terra, e os animais e feras ainda estavam em torno da arca.

16   E os filhos de homens reunidos, cerca de 700 mil homens e mulheres,

17   Vieram até Noé, para a arca.

18   E chamaram a Noé, dizendo: Abre para que nós possamos ir a ti na arca; deveremos nós morrer?

19   E Noé, em alta voz, respondeu-lhes da arca, dizendo: Não tendes todos vós se rebelado contra o Senhor, e disseram que ele não existia? Portanto o Senhor trouxe em cima de vocês este mal, para vos destruir e exterminar-vos da face da Terra.

20   Não foi isso que eu falei a vocês de 120 anos atrás até hoje, e vocês não ouviram a voz do Senhor, e agora vocês desejam viver sobre a terra?

21   E disseram a Noé: Estamos prontos para voltar ao Senhor, abre apenas para que possamos viver e não morrer.

22   E Noé respondeu-lhes, dizendo: Eis que agora que vocês veem o trabalho de suas almas, desejam voltar para Senhor, e porque não retornaram durante esses cento e vinte anos, que o Senhor lhes concedeu como o período determinado?

23   Mas agora vocês veem e me dizem isso em consideração dos problemas de suas almas, pois agora também o Senhor não vai ouvir-vos, nem dará ouvidos a vocês neste dia, de modo que você prosperarão em seus desejos.

24   E os filhos dos homens aproximaram-se, a fim de entrar na arca por causa da chuva, pois não podiam suportar a chuva sobre eles.

25   E o Senhor enviou todos os animais e as feras que estavam em volta da arca. E os animais espantaram-nos desse lugar, e cada um seguiu seu caminho e eles novamente dispersaram-se sobre a face da Terra.

26   E a chuva ainda estava descendo sobre a terra, e desceu 40 dias e 40 noites, e as águas prevaleceram sobre a terra, e toda a carne que estava sobre a terra ou nas águas morreu, desde os homens, os animais, as feras, os répteis e as aves do céu, e restavam apenas Noé e aqueles que com ele estavam na arca.

27   E prevaleceram às águas sobre a terra, e levantaram a arca e foi elevada da terra.

28   E a arca flutuou sobre a face das águas, e foi lançada sobre as águas e todas as criaturas vivas dentro foram dela ficaram como sopa em um caldeirão.

29   E grande ansiedade tomou posse dos seres que estavam na arca, e a arca estava como para ser quebrada.

30   E todos os seres vivos que estavam na arca ficaram aterrorizados; e os leões rugiram, e os bois mugiam, e os lobos uivaram, e todos os seres vivos na arca se lamentaram em sua própria língua, de modo que suas vozes chegaram a uma grande distância, e Noé e seus filhos choraram e se lamentaram de suas aflições, pois eles estavam com muito medo de que haviam chegado às portas da morte.

31 E Noé orou ao Senhor, e clamou por conta disso, e ele disse: Ó Senhor, nos ajude, pois não temos força para suportar este mal que tem abrangido a nós, pois as ondas de águas cercaram-nos, correntes contrárias nos aterrorizaram, as armadilhas da morte estão diante de nós; responde-nos, ó Senhor, responde-nos, acende o teu semblante em relação a nós e tenha misericórdia de nós, e apressa-te a nos redimir e nos livrar.

32 E o Senhor ouviu a voz de Noé, e o Senhor se lembrou dele.

33 E um vento passou sobre a Terra, e as águas acalmaram e repousou a arca.

34 E as fontes do abismo e as janelas do céu foram fechadas, e a chuva do céu foi contida.

35 E as águas diminuíram naqueles dias e repousou a arca sobre os montes de Ararat.

36 E Noé então abriu as janelas da arca. Noé ainda chamou o Senhor nessa hora e disse: Senhor, que deste forma à terra e os céus, e tudo o que nela existe, tira nossas almas deste confinamento e desta prisão onde tu nos colocaste, pois estou muito cansado e ansioso.

37 E o Senhor ouviu a voz de Noé, e disse-lhe: Quando tiver completado um ano inteiro, tu então sairás adiante.

38 Ao fim de um ano, que Noé permaneceu na arca, as águas secaram na terra e Noé abriu a cobertura da arca.

39 Naquele tempo, no vigésimo sétimo dia do segundo mês, a terra estava seca, mas Noé e seus filhos, e aqueles que estavam com ele, não saíram da arca até que o Senhor ordenou a eles.

40 E chegou o dia em que o Senhor lhes disse para ir para fora, e todos eles saíram da arca.

41 E eles voltaram para o seu lugar, cada um por um caminho, e Noé e seus filhos habitaram na terra que Deus lhes havia dito, e serviram ao Senhor todos os dias, e o Senhor abençoou Noé e seus filhos em sua saída da arca.

42 E lhes disse: Sejam fecundos e encham a terra; tornem-se fortes e multipliquem-se abundantemente na terra.

* * *

6:1,2 - Detalhes de como se deu a entrada dos animais na Arca.

6:24,25 - Os homens tentam forçar a entrada na Arca, mas são impedidos pelos animais que ficaram na Terra.

6:30-33 - Apresenta-se a oração de Noé, a motivação dele para fazê-la e a resposta divina. (Gênesis 8:1)

CAPÍTULO 7
A GERAÇÃO DE NOÉ: JAFÉ, CAM E SEM

1 E estes são os nomes dos filhos de Noé: Jafé, Cam e Shem (ou Sem), e eles geraram filhos depois do dilúvio, porque haviam tomado esposas antes do dilúvio.

2 Estes são os filhos de Jafé: Gomer, Magogue, Madai, Javã, Tubal, Meseque e Tiras, sete filhos no total.

3 E os filhos de Gomer foram Askinaz, Rephath e Tegarmah.

4 E os filhos de Magog foram Elichanaf e Lubal.

5 E os filhos de Madai eram Achon, Zeelo, Chazoni e Lot.

6 E os filhos de Javã foram Eliseu, Társis, Quitim e Dudonim.

7 E os filhos de Tubal foram Ariphi, Kesed e Taari.

8 E os filhos de Meseque foram Dedon, Zaron e Shebashni.

9 E os filhos de Tiras foram Benib, Gera, Lupirion e Gilak, estes são os filhos de Jafé de acordo com as suas famílias, e seus números naqueles dias eram de cerca de 460 homens.

10 E estes são os filhos de Cam: Cuxe, Mitzraim, Pute e Canaã, quatro filhos, e os filhos de Cush foram Sebá, Havilá, Sabtá, Rama e Satecha, e os filhos de Rama foram Sabá e Dedã.

11 E os filhos de Mitzraim foram Lud, Anom e Patros, Chasloth e Chaphtor.

12 E os filhos de Pute eram Gebul, Hadan, Benah e Adan.

13 E os filhos de Canaã foram Sidom, Hete, Amori, Gergashi, Hivi, Arkee, Seni, Arodi, Zimodi e Chamothi.

14 Estes são os filhos de Cam, segundo as suas famílias, e seus números eram cerca de 730 homens.

15 E estes são os filhos de Sem: Elão, Assur, Arfaxade, Lude e Arã, cinco filhos, e os filhos de Elão foram Shushan, Machul e Harmon.

16 E os filhos de Ashar foram Mirus e Mokil, e os filhos de Arfaxade foram Shelach, Anar e Ashcol.

17 E os filhos de Lud foram Petor e Bizayon, e os filhos de Aram foram Uz, Chul, Reunir e Mash.

18 Estes são os filhos de Sem, segundo as suas famílias, e os seus números eram cerca de 300 homens.

19 Estas são as gerações de Sem; Shem gerou a Arfaxade e Arfaxade gerou a Shelach, e Shelach gerou a Éber e de Eber nasceram dois filhos, o nome de uma era Pelegue, porque nos seus dias os filhos dos homens foram divididos, e nos últimos dias, a terra estava dividida.

20 E o nome do segundo foi Yoktan, significando que nos seus dias a vida dos filhos dos homens foi reduzida e diminuiu.

21 Estes são os filhos de Yoktan: Almodá, Shelaf, Chazarmoveth, Yerach, Hadurom, Ozel, Dicla, Obal, Abimael, Sabá, Ofir, Havilá e Jobabe, todos estes são os filhos de Yoktan.

22 E Pelegue gerou, Serugue a Serugue gerou Naor gerou a Tera, e Tera tinha 38 anos de idade, e que gerou a Harã e Naor.

23 E Cuxe, filho de Cam, filho de Noé, tomou uma mulher naqueles dias em sua velhice, e ela deu à luz um filho, e chamou o seu nome Nimrod (também chamado Ninrode ou Nimrode), dizendo: "Naquele tempo os filhos dos homens novamente começaram a se rebelar e transgredir contra Deus", e a criança cresceu, e seu pai o amava sobremaneira, pois ele era o filho de sua velhice.

24 E as vestes de pele que Deus fez para Adão e sua esposa, quando saíram do jardim, foram dadas a Cuxe.

25 Porque após a morte de Adão e sua mulher, as roupas foram dadas a Enoch, filho de Jarede, e quando Enoch foi arrebatado para Deus, deu- as a Matusalém, seu filho.

26 Com a morte de Matusalém, Noé tomou e as trouxe para a arca, e elas estavam com ele até saiu da arca.

27 E, em sua saída, Cam roubou aquelas roupas de Noé, seu pai, e ele as levou e escondeu-as de seus irmãos.

28 Cam gerou Cush, seu primeiro filho, deu-lhe as vestes em segredo, e estiveram com Cush por muitos dias.

29 E Cush também as escondeu de seus filhos e irmãos, e quando Cush tinha gerado a Nimrod, deu-lhe as vestes, pois o amava; e Nimrod cresceu, e quando tinha vinte anos de idade ele vestiu as peças de vestuário.

30 E Nimrod tornou-se forte quando ele colocou as vestes, e Deus lhe deu poder e força e ele era um caçador poderoso na terra; sim, ele era um poderoso caçador em campo, e ele caçava os animais e edificou altares, e ele ofereceu os animais diante do Senhor.

31 E Nimrod fortaleceu-se e ele se levantou de entre os seus irmãos e lutou nas batalhas de seus irmãos contra todos os seus inimigos ao redor.

32 E o Senhor entregou todos os inimigos de seus irmãos em suas mãos, e Deus o fez prosperar frequentemente em suas batalhas, e reinou sobre a terra.

33 Pelo que se tornou corrente dizer naqueles dias, quando um homem se estreava diante daqueles por quem havia sido treinado para a batalha, ele diria a eles, "como Deus fez com Nimrode, que era um poderoso caçador na terra, e que prevaleceu nas batalhas que intentaram contra os seus irmãos, que ele livrou das mãos de seus inimigos, assim que Deus possa fortalecer-nos e livrai-nos estedia".

34 E quando Ninrode tinha 40 anos de idade, na época, houve uma guerra entre seus irmãos e os filhos de Jafé, de modo que eles estavam em poder de seus inimigos.

35 E Nimrod saiu na época e ele reuniu todos os filhos de Cush e suas famílias, cerca de 460 homens, e contratou também alguns de seus amigos e conhecidos cerca de 80 homens, e deu-lhes salário, e foi com eles para a batalha, e quando ele estava na estrada, Nimrod fortaleceu os corações das pessoas que foram com ele.

36 E ele lhes disse: Não tenhais medo, nem vos alarmeis, pois todos os nossos inimigos serão entregues em nossas mãos, e vós podereis fazer com eles o que bem quiserem.

37 E todos os homens que se lhes juntaram foram cerca de 500, e lutaram contra os seus inimigos, e os destruíram, e os subjugaram, e Nimrod levantou oficiais sobre eles em seus respectivos lugares.

38 E tomou uma parte de seus filhos como segurança, e todos eles eram servos de Nimrod e a seus irmãos, e Nimrod e todas as pessoas que estavam com ele retornou de volta para casa.

39 E quando Nimrod voltou da batalha jubilante de alegria, após ter conquistado seus inimigos, todos os seus irmãos, juntamente com aqueles que o conheciam antes, reuniram-se para fazê-lo rei sobre eles, e colocou a coroa real sobre a sua cabeça.

40 E pôs sobre seus súditos e pessoas, príncipes, juízes e governantes, como é o costume entre reis.

41 E colocou o filho de Tera, Naor, por príncipe do seu exército, e elevou-o acima de todos os seus príncipes.

42 E reinou de acordo com o desejo do seu coração, depois de ter conquistado todos os seus inimigos ao redor, ele tomou conselho com seus conselheiros para construir uma cidade para o seu palácio, e eles o fizeram.

43 E eles encontraram um vale a leste, e construíram uma grande e extensa cidade, e Nimrod chamou o nome da cidade que ele construiu Sinar, pois o Senhor tinha veementemente abalado seus inimigos e os destruiu.

44 E Nimrod habitou em Sinar, e reinou de forma segura, e ele lutou com seus inimigos e subjugou-os, E ele prosperou em todas as suas batalhas, e o seu reino tornou-se muito grande.

45 E todas as nações e línguas ouviram falar de sua fama, e juntaram-se a ele, e inclinaram-se para a terra, e eles lhe trouxeram ofertas, e ele se tornou seu senhor e rei, e todos eles moravam com ele na cidade de Sinar, e Nimrod reinou na terra sobre todos os filhos de Noé, e eles estavam todos sob seu poder e conselho.

46 E toda a terra tinha uma só língua, mas Nimrod não permaneceu nos caminhos do Senhor, e ele foi mais perverso do que todos os homens que foram antes dele, desde os dias do dilúvio até aqueles dias.

47 E fez deuses de madeira e pedra, e ele se inclinou para eles, e se rebelou contra o Senhor, e ensinou a todos os seus súditos e os povos da terra seus maus caminhos, e Mardon seu filho era mais perverso do que seu pai.

48 E todo aquele que ouviu dos atos de Mardon o filho de Nimrod dizia, sobre ele, dos ímpios maldade sairá, portanto, tornou-se um provérbio em toda terra, dizendo: Desde o ímpio maldade sairá, e era correntemente ouvido, nas palavras dos homens nesse tempo.

49 Tera, o filho de Naor, príncipe do exército de Ninrode, era naqueles dias muito grande à vista do rei e seus súditos, o rei e os príncipes o amavam, e o elevou muito alto.

50 E tomou Tera a uma mulher e seu nome era Amthelo a filha de Cornebo, e a mulher de Tera concebeu e lhe deu um filho naqueles dias.

51 Tera tinha 70 anos de idade, quando o gerou; e Tera chamou o nome de seu filho que nasceu com ela de Abrão, pois o rei havia elevado naqueles dias, e honrá-lo acima de todos os seus príncipes que estavam com ele.

* * *

7:23 - O nascimento de Nimrode, que se tornaria o primeiro grande rei após o dilúvio.

7:24 - Início da narrativa que apresenta todos os portadores das vestimentas que Deus criou para Adão e Eva por conta do pecado original no Jardim do Éden. (Gênesis 3:21)

7:32,33 - O provérbio acerca de Nimrode aqui mencionado também está registrado em Gênesis 10:8,9.

7:41 - Naor, o pai de Abraão, era o mais honrado entre os príncipes do exército de Nimrode.

7:51 - O nascimento do patriarca Abrão e a justificativa de seu nome.

CAPÍTULO 8
OS SÁBIOS DE NINRODE E O NASCIMENTO DE ABRÃO

1 E foi na noite que Abrão nasceu, que todos os servos de Tera, e todos os homens sábios de Nimrod, e seus mágicos vieram e comeram e beberam na casa de Tera, e eles regozijaram-se com ele naquela noite.

2 E todos os homens sábios e mágicos saíram da casa de Tera, levantaram seus olhos para o céu à noite para olhar as estrelas, e viram uma grande estrela que veio do leste e correu nos céus, e ela engoliu as quatro estrelas dos quatro lados do céu.

3 E todos os sábios do rei e seus mágicos foram surpreendidos com a visão, e os sábios entendiam este assunto, e eles sabiam sua importância.

4 E disseram uns aos outros: isso só significa que o filho que nasceu a Tera nesta noite, vai crescer e ser frutífero, e multiplicar, e possuir toda a terra, ele e seus filhos para sempre, e ele e sua semente matarão grandes reis, e herdar suas terras.

5 E os sábios e mágicos foram para casa naquela noite, e de manhã todos estes sábios homens e mágicos se levantaram de madrugada, e se reuniram em uma casa marcada.

6 E eles falaram e disseram uns aos outros: Eis a visão que vimos na noite passada é desconhecida do rei, que não foi dada a conhecer a ele.

7 E se essa coisa chegar ao rei, nos últimos dias, ele nos dirá: Por que vocês esconderam esse assunto de mim, e depois vamos todos sofrer a morte e, portanto, agora vamos dizer ao rei a visão que vimos, e sua interpretação, e mantenha-nos puros.

8 E assim fizeram, e eles foram ao rei e prostraram-se diante dele, e disseram: Que o rei viva, o rei pode viver.

9 Nós ouvimos que um filho nasceu de Tera, filho de Naor, o príncipe do teu anfitrião; e nós ontem à noite fomos à sua casa, e que comemos e bebemos e nos alegramos com ele naquela noite.

10 E quando os teus servos saíram da casa de Tera, para ir passar a noite em nossas respectivas casas, levantamos os olhos ao céu, e vimos uma estrela grande que vem do leste, e a mesma estrela correu com grande velocidade, e engoliu quatro grandes estrelas, dos quatro lados do céu.

11 E os teus servos ficaram surpresos ao verem que aconteceu, e ficamos muito apavorados, e fizemos o nosso juízo sobre a visão, e sabemos por nossa sabedoria a interpretação adequada e que essa coisa se aplica à criança que nasceu a Tera, que vai crescer e multiplicar-se muito, e tornar-se poderoso, e matar todos os reis da terra, e herdará todas as suas terras, ele e a sua descendência para sempre.

12 E agora nosso senhor e rei, eis que temos dado a conhecer-te o que temos visto sobre esta criança.

13 Se lhe parecer bem ao rei, a dar o seu valor ao pai por esta criança, vamos matá-lo antes que ele cresça e aumente na terra, contra nós, de forma que nós e nossos filhos venhamos a perecer por sua maldade.

14 O rei ouviu as palavras deles e pareceu bem aos seus olhos, e mandou chamar a Tera e ele veio diante do rei.

15 E disse o rei a Tera: foi-me dito que um filho ontem à noite te nasceu, e desta maneira foi observado nos céus com o seu nascimento.

16 E agora, portanto, dá-me a criança, para que possa matá-la antes que esse mal se espalhe contra nós, e eu te darei por seu valor tua casa cheia de prata e ouro.

17 Tera respondeu ao rei: Meu senhor e rei, eu ouvi as tuas palavras e teu servo fará tudo o que desejar o rei.

18 Mas o meu senhor e rei, eu te direi o que me aconteceu ontem à noite, para que eu possa ver qual o conselho que o rei dará ao seu servo, e então eu irei responder ao rei o que ele acabou de me falar, e o rei disse: Fala.

19 Tera disse ao rei, Ayon, filho de Mored, veio ontem à noite, dizendo:

20 Dá-me o cavalo grande e belo que o rei te deu, e eu te darei prata e ouro, palha e forragem pelo seu valor, e eu disse a ele, Espere até eu ver o que o rei fala acerca dessas tuas palavras, e eis o que disse, eu o farei.

21 E agora, meu senhor e rei, eis que faço este negócio conhecido a ti, e os conselhos que o meu rei der a seu servo, eu seguirei.

22 E o rei ouviu as palavras de Tera, e sua ira se acendeu e ele o considerou igual a um tolo.

23 E o rei respondeu Tera, e disse-lhe: Tu és tão bobo, ignorante ou deficiente em compreensão para fazer isso, dar a teu belo cavalo por ouro e prata ou até mesmo por palha e pasto?

24 És tu tão curto de prata e de ouro, para que faças tal coisa, tens porventura tu falta de palha e forragem para alimentar o teu cavalo? E o que é prata e ouro para ti, ou palha e forragem, para que tu dês o belo cavalo que te dei, com não há ninguém que tenha outro igual em toda a terra?

25 E o rei parou de falar, e Tera, respondeu ao rei, dizendo que, como tem o rei perguntado a seu servo;

26 Rogo-te, meu senhor e rei, que expliques acerca desse assunto que falaste: Dá teu filho, para que possamos matá-lo, e te darei ouro e prata para o seu valor, o que devo fazer com prata e ouro, após a morte do meu filho?

27 E quando o rei ouviu as palavras de Tera, e a parábola que ele trouxe acerca do rei, pesou-lhe muito e ele estava irritado com isso, e sua raiva ardia dentro dele.

28 Tera viu que a ira do rei se acendeu contra ele, e ele respondeu ao rei, dizendo: Tudo o que eu tenho está em poder do rei, e faça o rei o que bem deseja fazer com o seu servo, sim, meu filho, ele está nas mãos do rei, sem valor de troca, ele e seus dois irmãos que são mais velhos do que ele.

29 E disse o rei a Tera, Não, mas vou comprar o teu filho mais novo por um preço.

30 Tera, respondeu ao rei, dizendo: Rogo-te, meu senhor e rei ainda deixes a teu servo falar uma palavra diante de ti, e possa o rei ouvir a palavra de seu servo; e Tera disse: Dê o meu rei três dias a seu servo para pensar sobre este assunto dentro de mim, e consultar com minha família sobre as palavras de meu rei, e ele pressionou o rei a concordar com isso.

31 E o rei ouviu a Tera, e ele fez isso e ele deu-lhe um prazo de três dias. Tera saiu da presença do rei, e ele voltou para casa para sua família e falou-lhes todas as palavras do rei, e todos eles se encheram de temor.

32 E no terceiro dia que o rei mandou a Tera, dizendo: Manda-me o teu filho por um preço como eu falei para ti, e caso não faças isso, eu enviarei, e matarei a ti e a todos na tua casa, de forma a que nem um cão te reste.

33 E Tera apressou-se (como a coisa era urgente do rei), e ele tomou uma criança de um dos seus servos, que a sua serva tinha gerado naqueles dias, e trouxe Tera a criança para o rei, tendo recebido valor por ele.

34 E o Senhor estava com Tera nesta matéria, para que Nimrod não causasse a morte de Abrão, e o rei tomou a criança de Tera e a jogou de cabeça com toda a sua força para o chão, pois ele pensou que tinha sido Abrão, e este foi escondido dele a partir daquele dia, e foi esquecido pelo rei, como era da vontade do Senhor, para não sofrer a morte de Abrão.

35 E tomou Tera a Abrão seu filho secretamente, juntamente com sua mãe e enfermeira, e ele os escondeu numa caverna, e ele trouxe suas disposições mensais.

36 E o Senhor estava com Abrão na caverna e ele cresceu. E Abrão esteve na caverna 10 anos e o rei e seus príncipes, adivinhos e sábios julgaram que o rei tinha matado a Abrão.

* * *

8:3,4 - A visão dos sábios e magos do rei e sua interpretação acerca do nascimento de Abrão.

8:15,16 - O rei Nimrode chama a Tera e o avisa de sua intenção de matar ao menino Abrão.

8:35,36 - Abrão vive até completar 10 anos de idade em uma caverna escondido do rei Nimrode.

CAPÍTULO 9
BABILÔNIA. A CONFUSÃO DAS LÍNGUAS

1 E Harã, filho de Tera, irmão mais velho de Abrão, tomou uma mulher naqueles dias.

2 Harã tinha trinta e nove anos de idade quando a levou, e a mulher de Harã concebeu e deu à luz um filho, e chamou o seu nome Lot (ou Ló).

3 E ela concebeu novamente e deu à luz uma filha, e chamou o seu nome Milca; e ela novamente concebeu e deu à luz uma filha, e chamou pelo nome de Sarai.

4 Harã era de 42 anos de idade, quando ele gerou a Sarai, que no décimo ano de vida de Abrão, e naqueles dias Abrão e sua mãe e enfermeira saíram da caverna, pois o rei e seus súditos haviam esquecido o caso de Abrão.

5 E quando Abrão saiu da caverna, ele foi para Noé e seu filho Shem, e ele permaneceu com eles para aprender a instrução do Senhor e os seus caminhos, e ninguém sabia onde estava Abrão, e Abrão serviu Noé e Shem seu filho por um longo tempo.

6 Abrão esteve na casa de Noé por 39 anos, e Abrão conhecia ao Senhor desde os três anos de idade; e ele andou nos caminhos do Senhor até o dia de sua morte, como Noé e seu filho Sem lhe tinham ensinado. E todos os filhos da terra, naqueles dias haviam transgredido muito contra o Senhor, se rebelaram contra Ele e serviram a outros deuses e se esqueceram do Senhor que os havia criado na Terra. E os habitantes da terra na época fizeram para cada um a seu deus e os serviam, deuses de madeira e pedra, que não podiam nem falar, nem ouvir, nem livrar, e os filhos de homens os serviam e eles se tornaram seus deuses.

7 E o rei e todos os seus servos, e Tera com toda a sua casa foram, então, os primeiros de todos aqueles que serviram deuses de madeira e pedra.

8 E Terá teve 12 deuses de tamanho grande, feitos de madeira e pedra, um para cada um dos 12 meses do ano, e ele serviu a cada um mensalmente. E a cada mês Tera trazia sua oferta de carne e sua oferta de bebida aos seus deuses; assim fez Tera todos os dias.

9 E toda aquela geração era má aos olhos do Senhor, e eles assim fizeram todos os homens a seu deus, abandonando o Senhor que os havia criado.

10 E não se achava um só homem naqueles dias em toda a terra, que conhecia o Senhor (pois serviram cada homem o seu próprio deus), exceto Noé e sua família, e todos aqueles que estavam sob seu conselho conheciam o Senhor, naqueles dias.

11 E Abrão, o filho de Tera, estava crescido na casa de Noé e ninguém sabia. E o Senhor estava com ele.

12 E o Senhor deu Abrão um coração compreensivo e ele sabia que todas as obras daquela geração eram vãs, e que todos os seus deuses eram vãos e de nada valiam.

13 E Abrão viu o sol brilhando sobre a terra, e disse Abrão a si mesmo: Certamente se agora este sol que brilha sobre a terra é Deus e eu o vou servir.

14 E tendo Abrão servido o sol naquele dia e ele orou a ele, e quando a noite chegou o sol se pôs como de costume, e Abrão disse consigo: Certamente, este não pode ser Deus.

15 E Abrão ainda continuou a falar dentro de si mesmo: Quem é ele que fez o céu e a terra? Que criou sobre a terra? Onde está ele?

16 E escureceu a noite sobre ele, e ele levantou os olhos em direção ao oeste, norte, sul e leste, e ele viu que o sol tinha desaparecido da face da Terra, e o dia ficou escuro.

17 E Abrão viu as estrelas e a lua diante dele, e ele disse a si mesmo: Certamente se estes são o Deus que criou toda a terra, assim como o homem, e eis que esses deuses são seus servos em torno deles: e tendo Abrão servido a lua, orou a eles toda a noite.

18 E pela manhã, quando era luz e o sol brilhou sobre a terra, como de costume, Abrão viu todas as coisas que o Senhor Deus tinha feito sobre a terra.

19 E disse Abrão a si mesmo: Certamente também estes não são os deuses que fizeram a Terra e toda a humanidade, mas estes são os servos de Deus, e Abrão permaneceu na casa de Noé. Lá conheceu o Senhor e os seus caminhos e ele serviu ao Senhor todos os dias de sua vida e todos naquela geração se esqueceram do Senhor; e serviram a outros deuses de madeira e pedra e se rebelaram todos os seus dias.

20 E o rei Nimrod reinou de forma segura e toda a terra estava sob seu controle; e todos os povos da terra tinham uma só língua e palavras de união.

21 E todos os príncipes de Nimrod e seus grandes homens tomavam conselho juntamente; Phut, Mitzraim, Cush e Canaã com suas famílias e eles disseram uns aos outros: Eia, vamos construir para nós uma cidade e nela uma torre forte, e que seu topo alcance o céu, e vamos criar fama, para que possamos reinar sobre o mundo inteiro, a fim de que o mal do nosso inimigos não nos atinja, para que reinemos poderosamente sobre eles, e para que nunca sejamos espalhados sobre a terra por conta de suas guerras.

22 E todos eles foram à presença do rei, e disseram ao rei estas palavras, e o rei concordou com eles neste caso, e assim o fizeram.

23 E todas as famílias reunidas constituídas por cerca de 600 mil homens, partiram em busca de uma peça extensa de terreno para construir a cidade e a torre, e buscavam em toda a terra e encontraram um vale a leste da terra de Sinar, cerca de caminhada de dois dias, e viajaram até lá e habitaram ali.

24 E começaram a fazer tijolos e queimá-los para construir a cidade e a torre que tinham imaginado.

25 E a construção da torre foi-lhes uma transgressão e um pecado, e eles começaram a construí-la, e enquanto eles estavam construindo, contra o Senhor Deus dos céus imaginaram em seus corações subir ao céu e fazer a guerra contra Ele.

26 E todas essas pessoas e todas as famílias se dividiram em três partes: a primeira disse : Vamos subir ao céu e lutar contra Ele; a segunda disse: vamos subir ao céu e colocar nossos próprios deuses lá e servir-lhes; e disse a terceira parte: vamos ascender ao céu e ferir com arcos e lanças . E Deus sabia todas as suas obras e todos os seus maus pensamentos, e Ele viu a cidade e a torre que eles estavam construindo.

27 E quando eles estavam construindo construíram uma grande cidade e uma torre muito alta e forte, e em virtude da sua altura, os construtores não colocavam argamassa em seus tijolos, até que se completou um ano inteiro de construção, e só depois disso chegavam aos construtores e colocavam a argamassa nos tijolos; assim foi feito diariamente.

28 E eis que uns subiam e outros desciam o dia inteiro e, se um tijolo caísse de suas mãos e se quebrasse, todos iriam chorar sobre ele, mas se um homem caísse e morresse, nenhum deles iria olhar para ele.

29 E o Senhor conhecia os seus pensamentos, e aconteceu que, quando eles estavam construindo lançavam flechas para o céu, e todas as flechas caiam sobre eles cheias de sangue, e quando eles viram isso que eles disseram uns aos outros: Certamente que matamos todos os que estão no céu.

30 Porém isto vinha do Senhor, a fim de levá-los a errar, e no final, para destruí-los de sobre a face da Terra.

31 E construíram a torre e a cidade e fizeram isso diariamente até que muitos dias e anos foram se passando.

32 E Deus disse aos seus 70 anjos que estavam diante dele, e para aqueles que o rodeavam, dizendo: Vamos descer e confundir suas línguas, para que um homem não deva compreender a linguagem de seu vizinho, e eles fizeram isso para com eles.

33 E a partir daquele dia, cada homem não compreendia a língua de seu vizinho e não podiam se entender sem falar em uma mesma língua; e quando um construtor tomava das mãos de seu vizinho cal ou pedra que ele não havia pedido ao outro, o construtor lançá-lo-ia e jogava-o abaixo a seu vizinho, para que ele morresse.

34 E eles fizeram assim tantos dias, que mataram muitos deles desta maneira.

35 E o Senhor feriu as três divisões que estavam lá, e puniu-os de acordo com as suas obras e projetos. Aqueles que disseram: subirei ao céu e serviremos os nossos deuses, tornaram-se como macacos e elefantes; e aqueles que disseram: vamos ferir o céu com flechas, o Senhor os matou e os homens morreram pela mão do seu vizinho; e da terceira divisão, aos que disseram: vamos subir ao céu e lutar contra ele, o Senhor os espalhou por toda a terra.

36 E aqueles que foram deixados entre eles, quando eles souberam e compreenderam o mal que estava chegando acima deles, eles abandonaram o edifício e também se espalharam pela face de toda a Terra.

37 E eles cessaram de edificar a cidade e a torre, por isso ele chamou aquele lugar Babel, pois ali o Senhor confundiu a língua de toda a terra; eis que estava a leste da terra de Sinar.

38 E quanto à torre que os filhos dos homens edificavam, a terra abriu a boca e engoliu uma terceira parte da mesma, e um fogo também desceu do céu e queimou outro terço, e outro terço foi deixado para o dia de hoje, e é essa parte que estava no ar, cujo diâmetro é de três dias de caminhada.

39 Muitos dos filhos dos homens morreram na torre, um povo sem número.

* * *

9:2,3 - O nascimento de Ló e Sarai, filhos de Harã. Considerando que Harã e Abrão eram irmãos (Gênesis 11:26), pode-se concluir que Sarai era sobrinha de Abrão. É importante ressaltar que a palavra "irmã" no aramaico e no hebraico bíblico pode designar também os termos "prima" e "sobrinha."

9:25,26 - A motivação maligna dos habitantes da Terra quando decidiram construir a Torre de Babel.

9:32 - Detalhando a informação apresentada na narrativa bíblica (Gênesis 11:7), encontramos aqui que foram enviados 70 anjos para confundirem a língua dos homens. Conforme pode ser visto no próprio Livro do Justo (49:13-17), os egípcios reconheciam a existência de 70 línguas diferentes faladas pelos homens.

9:38 - A terça parte da torre de Babel foi engolida pela terra. Evento semelhante foi presenciado pelos filhos de Israel durante sua jornada pelo deserto por causa da rebelião de Coré e seus homens (Números 16:32,33). Além disso, uma outra terça parte da torre foi consumida pelo fogo que desceu do céu (II Reis 1:9-12).

CAPÍTULO 10
OS HOMENS FORAM DISPERSOS PELOS QUATRO CANTOS DA TERRA

1 E Pelegue, filho de Éber morreu naqueles dias, no ano quadragésimo oitavo da vida de Abrão, filho de Tera, e todos os dias de Pelegue foram 239 anos.

2 E quando o Senhor espalhou os filhos dos homens por conta de seu pecado na torre, eis que se estenderam em muitas divisões, e todos os filhos dos homens foram dispersos nos quatro cantos da terra.

3 E todas as famílias tornaram-se cada uma segundo a sua língua, a sua terra, ou a sua cidade.

4 E os filhos dos homens edificavam muitas cidades de acordo com as suas famílias, em todos os lugares para onde foram, pois por toda terra o Senhor os espalhou.

5 E alguns deles construíram cidades em lugares de onde foram mais tarde extirpados e eles as chamaram pelos seus próprios nomes, ou pelos nomes de seus filhos, ou pelas suas estórias particulares.

6 E os filhos de Jafé, filho de Noé, foram e construíram cidades nos lugares onde eles se espalharam, e chamaram a todas as suas cidades pelos seus nomes, e os filhos de Jafé foram divididos sobre a face da terra em muitas divisões e línguas.

7 E estes são os filhos de Jafé segundo as suas famílias: Gomer, Magog, Medai, Javã, Tubal, Meseque e Tiras, estes são os filhos de Jafé acordo com as suas gerações.

8 E os filhos de Gomer, de acordo com as suas cidades, foram os Francum, que habitam na terra de Franza, pelo rio Franza, pelo rio Senah.

9 E os filhos de Rephath são o Bartonim, que habitam na terra do Bartonia pelo rio Ledah, que corre suas águas para o grande mar Giom, isto é, oceanus.

10 E os filhos de Tugarma são 10 famílias, e estes são os seus nomes: Buzar, Parzunac, Balgar, Elicanum, Ragbib, Tarki, Oferta, Zebuc, Ongal e Tilmaz, eles se propagaram e descansam no norte e construíram cidades.

11 E chamaram as cidades pelos seus nomes, eles são os que vivem junto aos rios Hithlah e Italac até este dia.

12 Mas as famílias de Angoli, Balgar e Parzunac, habitaram junto do grande rio Dubnee, e os nomes das suas cidades são também de acordo com os seus próprios nomes.

13 E os filhos de Javã são os Javanim que habitam na terra do Makdonia, e os filhos de Medaiare são os Orelum que habitam na terra do Curson, e os filhos de Tubal são habitam na terra do Tuskanah junto do rio Pashiah.

14 E os filhos de Meseque são os Shibashni e os filhos de Tiras são Rushash, Cushni, e Ongolis, e eles construíram cidades, e as cidades estão situadas junto do mar Jabus, pelo rio cura que se esvazia no rio Tragan.

15 E os filhos de Elisa são os Almanim, e eles também foram e construíram cidades, essas são as cidades situadas entre as montanhas de Jó e Shibathmo, e deles saíram os Lumbardi que habitam as montanhas opostas às de Jó e Shibathmo, e eles conquistaram a terra de Italia e lá permaneceram até estedia.

16 E os filhos de Quitim são o Romim que habitam no vale de Canopia pelo rio Tibreu.

17 E os filhos de Dudonim são aqueles que habitam nas cidades do mar Giom, na terra de Bordna.

18 Estas são as famílias dos filhos de Jafé de acordo com as suas cidades e idiomas, quando eles foram dispersas depois da torre, e chamaram suas cidades após seus nomes e estes são os nomes de todas as suas cidades de acordo com as suas famílias, que construíram naqueles dias após a torre.

19 E os filhos de Cão foram Cush, Mitzraim, Pute e Canaã de acordo com a sua geração e cidades.

20 Todos estes foram e construíram cidades assim que eles encontraram lugares ajustados para eles, e eles chamaram suas cidades após os nomes de seus pais Cush, Mitzraim, Pute e Canaã.

21 E os filhos de Mitzraim são os Ludim, Anamim, Leabim, Naphtuchim, Patrusins, Casluchim e Caphturim, sete famílias.

22 Todos estes habitam junto do rio Sior, que é o ribeiro do Egito, e construíram cidades e as chamaram pelos seus próprios nomes.

23 E os filhos de Patros e Casloch casaram juntos, e passaram diante deles os filisteus, os Azathim e os Gerarim, os Githim e os Ekronim, em todos os cinco famílias; estes também construíram cidades, e chamaram suas cidades após os nomes de seus pais até este dia.

24 E os filhos de Canaã também construíram cidades, e chamaram suas cidades após seus nomes, 11 cidades e outras sem número.

25 E quatro homens da família de Ham foram para a terra da planície, estes são os nomes dos quatro homens: Sodoma, Gomorra, Admá e Zeboyim.

26 E estes homens construíram quatro cidades na terra da planície, com os seus nomes próprios.

27 E eles e seus filhos e todos os que lhes pertenciam, moravam nessas cidades, e eles foram frutíferos e multiplicam-se muito e viviam tranquilamente.

28 E Seir, o filho de Hur, filho de Hivi, filho de Canaã, foi e encontrou um vale oposto para ao monte Parã, e ele construiu uma cidade lá, e ele e seus sete filhos e sua família habitaram lá; e ele chamou a cidade que ele construiu de Seir, de acordo com o seu nome, que é a terra de Seir até este dia.

29 Estas são as famílias dos filhos de Cam, segundo as suas línguas e cidades, quando eles foram espalhados para seus países após a torre.

30 E alguns dos filhos de Sem, filho de Noé, pai de todos os filhos de Eber, também foram e construíram cidades nos lugares em que foram lançados, e eles chamaram suas cidades após seus nomes.

31 E os filhos de Sem foram Elão, Assur, Arfaxade, Lude e Arã; e construíram cidades e chamou os nomes de todas as suas cidades segundo seus nomes.

32 E Ashur, filho de Sem, e sua descendência saíram de sua casa nessa época, em grande número de vidas, e foram para uma terra distante que eles encontraram, e eles se instalaram num vale muito extenso, na terra para onde eles foram, e construíram quatro cidades, e eles as chamaram pelos seus próprios nomes e ocorrências.

33 E estes são os nomes das cidades que os filhos de Ashur construíram: Nínive, Resen, Calach e Rehobother, e os filhos de Ashur habitam ali até hoje.

34 E os filhos de Aram também foram, e construíram uma cidade, e lhes deram o nome de Uz, cidade após seu irmão mais velho, e eles habitam nela, que é a terra de Uz até este dia.

35 E no segundo ano após a torre, um homem da casa de Ashur, cujo nome era Bela, veio à terra de Nínive com a sua família, procurando onde pudessem encontrar um lugar para peregrinar e, chegando diante das cidades da planície de Sodoma, eles habitaram lá.

36 E o homem levantou-se e construiu ali uma pequena cidade, e chamou o seu nome Bela, segundo o seu nome; que é a terra de Zoar até este dia.

37 E estas são as famílias dos filhos de Shem conforme a sua língua e as cidades, depois que eles estavam espalhados sobre a terra, depois da torre.

38 E todo reino, cidade, filhos e famílias dos filhos de Noé construíram muitas cidades para si depois disto.

39 E eles estabeleceram governos em todas as suas cidades, de forma a serem regulamentadas por suas ordens, assim como todas as famílias dos filhos de Noé para sempre.

* * *

10:25,56 - Como surgiram as cidades de Sodoma e Gomorra.

10:33 - Descrição do surgimento dos assírios (descendentes de Ashur) e da cidade de Nínive. Séculos mais tarde, Deus enviaria os profetas Jonas e Naum para anunciar o juízo divino sobre os ninivitas.

CAPÍTULO 11
O REINADO MAL DE NINRODE

1 E Nimrod, filho de Cush, estava na terra de Sinar, e reinou e habitou lá, e construiu cidades na terra de Sinar.

2 E estes são os nomes das quatro cidades que ele edificou, e lhes deu nomes segundo as ocorrências que aconteceram com eles na construção da torre.

3 E chamou a primeira de Babel, dizendo: "Porquanto o Senhor lá confundiu a língua toda da terra"; e o nome da segunda chamou de Erech, "porque de lá Deus os tinha dispersado".

4 E a terceira chamou Eched, dizendo que "houve uma grande batalha nesse lugar", e a quarta ele chamou Calnah, "porque os seus príncipes e os poderosos foram consumidos lá", e eles envergonharam o Senhor e se rebelaram e transgrediram contra Ele.

5 E quando Nimrod tinha construído essas cidades na terra de Sinar, colocou neles o restante do seu povo, seus príncipes e os seus poderosos, que foram deixados em seu reino.

6 E Nimrod habitava em Babel, e ali ele renovou seu reinado sobre o resto de seus súditos, e reinou de forma segura, e os súditos e os príncipes de Nimrod chamaram seu nome Anrafel, dizendo que "na torre os seus príncipes e homens caíram pelos seus meios".

7 E, apesar disso, Nimrod não se voltou para o Senhor; e ele continuou em maldade, ensinando perversidade aos filhos dos homens e Mardon, seu filho, foi pior que seu pai, e continuou a adicionar abominações as de seu pai.

8 E fez com que os filhos dos homens pecassem, por isso se diz, "dos ímpios sairá maldade".

9 Naquele tempo não havia guerra entre as famílias dos filhos de Ham (ou Cam), que habitavam nas cidades.

10 E Quedorlaomer, rei de Elão, afastou-se das famílias dos filhos de Cam, e ele lutou com elas e subjugou-os, e dirigiu-se para as cinco cidades da planície, e lutou contra elas e dominou-as, e elas estavam sob seu controle.

11 E eles o serviram 12 anos, e deram-lhe um imposto anual.

12 Naquele tempo morreu Naor, filho de Serugue, no ano quadragésimo nono da vida de Abrão, filho de Tera.

13 E no quinquagésimo ano da vida de Abrão, filho de Tera, Abrão saiu da casa de Noé, e foi a casa de seu pai.

14 E Abrão conhecia o Senhor, e andou em seus caminhos e instruções, e o Senhor, seu Deus estava com ele.

15 Tera, seu pai, era naqueles dias ainda capitão do exército do rei Nimrod e ele ainda seguia deuses estranhos.

16 E Abrão chegou à casa de seu pai e viu doze deuses ali de pé no seu templo e a raiva de Abrão se acendeu quando ele viu essas imagens em casa de seu pai.

17 E disse Abrão: "como o Senhor vive essas imagens não devem permanecer em casa de meu pai, assim o Senhor que me criou a mim faça, se no prazo de três dias eu não as quebrar todas."

18 E Abraão afastou-se delas e a raiva ardia dentro dele. E Abrão foi da câmara para o átrio exterior do seu pai, e encontrou seu pai sentado no tribunal, e todos os seus servos com ele e Abrão veio e sentou-se diante dele.

19 E Abrão perguntou a seu pai, dizendo: Pai, diga-me: onde está Deus que criou o céu e a terra, e todos os filhos dos homens sobre a terra e quem te criou e a mim? Tera respondeu a seu filho Abrão, e disse: Eis que aqueles que nos criaram estão todos conosco em nossa casa.

20 E Abrão disse a seu pai: Meu senhor, mostra para mim o que eu te peço; e trouxe Tera Abrão à câmara do átrio interior, e Abrão viu, e eis que toda a sala estava cheia de deuses de madeira e pedra, doze grandes imagens e outros menor do que elas, sem número.

21 Tera disse a seu filho: Eis que estes são os que nos fizeram a todas as coisas, a toda a terra, e que me criaram a mim, a ti, e toda a humanidade.

22   Tera inclinou-se aos seus deuses, e então apartou-se deles, e Abrão, seu filho, foi embora com ele.

23   E quando Abrão tinha ido com ele, ele foi até sua mãe e sentou-se diante dela, e ele disse à sua mãe: Eis que meu pai me mostrou quem fez o céu e a terra, e todos os filhos dos homens.

24   Agora, portanto, apressa-te a buscar um cabrito do rebanho e fazer dele um guisado saboroso para que eu possa levá-lo aos deuses de meu pai como uma oferta para eles comerem ; talvez eu possa, assim, tornar-me aceitável para eles.

25   E sua mãe assim fez, e ela trouxe um cabrito e fez um guisado com sua carne saborosa e trouxe ele a Abrão ; e Abrão tomou a carne saborosa de sua mãe e trouxe-o diante dos deuses do seu pai e ele a colocou junto deles para que eles pudessem comer; e seu pai Tera não sabia disto.

26   E Abrão viu no dia em que ele estava sentado entre eles, que não tinham voz, nem ouvido, nem nenhum movimento, e nem um deles pode estender a mão para comer.

27   E Abrão zombava deles, e disse: Certamente a carne saborosa que eu preparei não é do gosto deles, ou talvez fosse muito pouco para eles, e por isso eles não comam; portanto, amanhã eu vou preparar carne saborosa fresca, melhor e mais abundante do que esta, para que eu possa ver o resultado.

28   E foi no dia seguinte que Abrão falou a sua mãe sobre isso e sua mãe se levantou e foi buscar três cabritos finos do rebanho, e ela fez deles um guisado de carne saborosa excelente, tal como o seu filho gostava, e ela o deu a seu filho Abrão, e Tera seu pai não sabia disso.

29   E Abrão tomou a carne saborosa de sua mãe, e trouxe-a diante dos deuses de seu pai para a câmara, e colocou- a perto para que eles pudessem comer, e colocou- a diante deles e Abrão ficou perante eles todos os dias, pensando que talvez eles pudessem comer.

30   Abrão viu que eles não tinham voz, ouvidos, ou mãos para que as estendessem para a carne e a comessem.

31   E na noite desse mesmo dia em casa, Abrão foi revestido com o Espírito de Deus.

32   E ele gritou e disse: Ai meu pai e esta geração perversa, cujos corações são todos inclinados à vaidade, que servem esses ídolos de madeira e pedra, que não pode nem comer, cheirar, ouvir, nem falar, que têm boca e não têm fala, e os olhos sem visão, ouvidos sem audição, mãos sem sentimento e pernas que não podem se mover; como eles são, sejam aqueles que os fizeram e que depositam neles sua confiança.

33   E quando Abrão viu todas essas coisas encheu-se em ira contra o seu pai, e ele apressou-se e pegou um machado na mão, e entrou na câmara dos deuses, e ele quebrou todos os deuses de seu pai.

34   E quando ele terminou de quebrar as imagens, ele colocou o machado na mão do grande deus que estava ali diante deles, e ele saiu, e Tera, seu pai entrou em casa, porque tinha ouvido na porta o som do machado, por isso entrou na casa Tera para saber o que se tratava.

35   E Tera, tendo ouvido o barulho do machado na sala de imagens, correu para o quarto das imagens e se encontrou com Abrão ao sair.

36   E Tera entrou no quarto e encontrou todos os ídolos caídos e quebrados, e o machado na mão do maior, que não fora quebrado, e a carne saborosa que Abrão seu filho tinha feito ainda estava diante deles.

37   Quando Tera viu isso ficou irado e ele se apressou-se e dirigiu-se para a sala a encontrar Abrão.

38   E ele encontrou Abrão seu filho ainda sentado em casa, e disse-lhe: O que é que tu fizeste aos meus deuses?

39   E Abrão respondeu e disse: Não é assim, meu senhor, pois eu trouxe carne salgada diante deles e quando eu a coloquei diante para que a comessem, todos eles ao mesmo tempo estenderam as mãos para comer antes do grande ter estendido a mão para comer.

40 E o grande viu as suas obras que eles fizeram antes dele e sua raiva se acendeu violentamente contra eles, e ele foi e tomou o machado que estava na casa e chegou-se a eles e quebrou todos eles, e eis que o machado está ainda em sua mão, como vês.

41 E Tera se acendeu de raiva contra seu filho Abrão, quando ele falou isso, e Tera disse a Abrão seu filho, em sua ira: "que é este conto que tu dizes? Falas mentiras para mim."

42 Existe nesses deuses espírito, alma ou poder de fazer tudo o que tu me disseste? Não são eles de madeira e pedra, e não fui eu mesmo quem os fez, e como podes tu falar essas mentiras, dizendo que o deus grande que estava com eles os feriu? Foste tu que o fizeste com o machado em tuas mãos, e depois dizes que ele os feriu.

43 E Abrão respondeu a seu pai e disse-lhe: E como tu podes então servir estes ídolos em quem não há poder para fazer alguma coisa? Podem os ídolos em que tu confias livrar-te? Podem ouvir as tuas orações quando tu chamas sobre eles? Eles podem te livrar das mãos dos teus inimigos, ou eles vão lutar por ti as tuas batalhas contra teus inimigos, e porque deves tu servir madeira e pedra que não pode falar nem ouvir?

44 E agora, certamente não é bom para ti nem para os filhos dos homens que estão contigo, fazerem estas coisas; você é tão bobo, ou tão curto de entendimento que vai servir madeira e pedra, e fazer desta maneira?

45 E esquecer-se do Senhor Deus que fez o céu e a terra, e que nos criou na terra, e assim trazer um grande mal às vossas almas nesta matéria, servindo à pedra e madeira?

46 Não pecaram nossos pais nos dias do velho pecado nesta matéria, de forma que o Senhor Deus do universo trouxe as águas do dilúvio sobre eles e os destruiu de toda a terra?

47 E como você pode continuar a fazer isso e servir a deuses de madeira e pedra, que não podem ouvir ou falar, ou livrá-lo da opressão e assim atrair a ira do Deus do universo em cima de você?

48 De agora em diante, meu pai, abstenha-se disso, e não traga o mal sobre sua alma e as almas de tua casa.

49 E Abrão saiu da presença dele e tomou o machado do ídolo de seu pai, com o qual Abrão partiu-o e fugiu.

50 Tera, vendo tudo que Abrão tinha feito, apressou-se a ir de sua casa, e ele foi ter com o rei e ele veio diante de Nimrod e estava em pé diante dele, e ele se inclinou para o rei, e o rei disse: Que queres que te faça?

51 E ele disse: Peço-te, meu senhor, para me ouvir. Há 50 anos atrás me nasceu uma criança, e assim e assim ele fez com os meus deuses e, portanto, assim e assim ele tem falado, e agora, meu senhor e rei, chama-o para que ele venha diante de ti, e julga-o de acordo com a lei, para que possamos ser libertos de seu mal.

52 E o rei enviou três homens de seus servos, e foram, e trouxeram Abrão ante o rei. E Nimrod e todos os seus príncipes e servos estavam naquele dia, sentados diante dele; e Tera estava também diante deles.

53 E o rei disse a Abrão: Que é isto que fizeste a teu pai e a seus deuses? E Abrão respondeu ao rei nas palavras que ele falou para o pai, e ele disse: O deus grande que estava com eles na casa fez-lhes o que tens ouvido.

54 E o rei disse a Abrão: porventura eles têm poder de falar e comer e fazer como tu disseste? E Abrão respondeu ao rei, dizendo: E se não há poder neles, porque tu e os teus servos o adoram e fazes com que os homens errem nas tuas loucuras?

55 Imagina tu que eles podem te livrar ou fazer qualquer coisa pequena ou grande, para que tu deves honrá-los? E por que não honras tu ao Deus de todo o universo, que te criou e em cuja mão há poder para matar e para dar vida?

56 Ai de ti, ó rei, que te tornaste um simples tolo e ignorante para sempre.

57 Eu julguei que tu querias ensinar a teus servos o caminho reto, mas tu não fizeste isso, mas tens enchido toda a terra com os teus pecados e os pecados do teu povo, que seguiram o teu proceder.

58 Não sabes tu, nem ouviste, que esse mal que tu fazes, os nossos antepassados pecaram nele em dias passados, e o Deus Eterno trouxe as águas do dilúvio sobre eles e os destruiu a todos, e também destruiu toda a terra em sua conta? E tu queres que o teu povo se levante agora e faça semelhante a este trabalho, a fim de trazer a ira do Senhor Deus do universo, e para trazer o mal sobre ti e a

toda a terra?

59 Agora, pois, arrepende-te deste teu mal que fizeste, e serve ao Deus do Universo, pois a tua alma está em Suas mãos, e então tudo irá bem contigo.

60 E, se o teu coração perverso não ouvir as minhas palavras para avisar e abandonar a maldade de teus caminhos, e para servir o Deus Eterno, então tu desejas morrer de vergonha nos últimos dias, tu, os teus e todas as pessoas que dão ouvidos às tuas palavras para andarem nos teus maus caminhos.

61 E quando Abrão parou de falar perante o rei e os príncipes, Abrão levantou os seus olhos para os céus, e ele disse: O Senhor vê todos os ímpios e ele irá julgá-los.

* * *

11:6 - Nimrode também é conhecido como Anrefel. Ele também será descrito assim na Bíblia. (Gênesis 14:1,9)

11:32 - As palavras de Abrão parecem ter servido como inspiração para o salmista. (Salmos 115:4-8)

11:53-56 - Por destruir os 12 ídolos da casa de seu pai, Abrão é obrigado a comparecer diante do rei Nimrode e justificar seus atos.

CAPÍTULO 12

ABRÃO É PRESO E CONDENADO À MORTE

1 E rei ouviu as palavras de Abrão, e ordenou que fosse colocado em prisão, e Abrão ficou dez dias na prisão.

2 E, no final daqueles dias, o rei ordenou que todos os reis, príncipes, governadores de diferentes províncias e aos sábios que viessem diante dele e sentaram-se diante dele; e Abrão ainda estava confinado na prisão.

3 E o rei disse aos príncipes e sábios: Vocês já ouviram falar o que Abrão, filho de Tera fez a seu pai? Assim e assim ele fez para ele e eu pedi a ele para ser trazido diante de mim, e assim e assim ele falou; ele não temeu em seu coração, nem ele tremeu na minha presença, e eis que agora ele está confinado na prisão.

4 E, portanto, decidamos o julgamento que é devido a este homem que insultou o rei, que falou e fez todas as coisas que vocês ouviram.

5 E eles todos responderam ao rei: O homem que afrontou o rei deve ser enforcado em cima de uma árvore, por ter feito todas as coisas que ele fez e por ter desprezado os nossos deuses, ele deve, portanto, ser queimado até a morte, porque esta é a lei nesta matéria.

6 Se agradar ao rei fazer isso, que ele ordene seus servos e acenda-se um fogo dia e noite no teu forno de tijolos, e depois vamos lançar este homem nele. E o rei assim fez, e ele ordenou a seus servos, que acendessem um fogo por três dias e três noites na fornalha do rei, que está em Casdim, e o rei ordenou-lhes para tirar Abrão da prisão e trazê-lo para fora para ser queimado.

7 E todos os servos do rei, príncipes, barões, governadores, juízes e todos os moradores da terra, cerca de 900 mil homens, ficaram em frente ao forno para ver Abrão.

8 E todas as mulheres e pequeninos se aglomeraram em cima dos telhados e torres para ver o que seria feito com Abrão e todos eles ficaram juntos a uma distância, e não faltava um homem ali que não largasse tudo e viesse naquele dia para contemplar a cena.

9 E entrando Abrão, os mágicos do rei e os sábios viram Abrão, e eles gritaram para o rei, dizendo: "nosso senhor soberano, certamente este é o homem que sabemos ter sido o filho em cujo nascimento a grande estrela engoliu as quatro estrelas, que declaramos ao rei há 50 anos atrás.

10 E seu pai também transgrediu teus comandos, e zombou de ti ao trazer- te outra criança, que tu matares."

11 E o rei, ouvindo as suas palavras, ficou muito irado e mandou que Tera fosse levado até ele.

12 E o rei disse: Tens ouvido o que os mágicos falaram? Agora me diz a verdade, como fizeste a coisa, e se tu falares a verdade, serás absolvido.

13 E, vendo que a raiva do rei era grande, Tera disse ao rei : meu senhor e rei, tu ouviste a verdade, e o que os sábios têm falado é certo. E o rei disse: Como pudeste fazer tal coisa, a transgredir as minhas ordens e me dar um filho que não fizeste e recebeste valor por ele?

14 E Tera respondeu o rei: porque meus sentimentos por meu filho falaram mais alto nesse tempo, e eu levei um filho de minha serva, e eu o trouxe para o rei.

15 E o rei perguntou: e quem te aconselhou nisso? Diz-me, não escondas alguma coisa de mim, e não morrerás.

16 E Tera estava muito apavorado na presença do rei, e disse ao rei: Foi Haran meu filho mais velho que me aconselhou a isso; e Haran tinha trinta e dois anos de idade quando Abrão nasceu.

17 Mas Haran não aconselhou seu pai em qualquer coisa, pois Tera disse isso ao rei, a fim de livrar a sua alma do rei, porque temia muito, e disse o rei a Tera: Haran , teu filho que te aconselhou, morrerá pelo fogo com Abrão, pois a sentença de morte está sobre ele por ter se rebelado contra o desejo do rei em fazer isso.

18 E Haran naquele momento sentiu-se inclinado a seguir Abrão, mas ele nada declarava abertamente.

19 Pois Haran dizia em seu coração: Eis que agora o rei se aborreceu com Abrão por causa destas coisas que Abrão fez, mas se tudo vier a passar, caso Abrão venha a prevalecer sobre o rei eu vou segui-lo, mas se o rei prevalecer, irei atrás do rei.

20 Tera falou para o rei acerca de Haran seu filho e o rei ordenou que Haran fosse amarrado com Abrão.

21 E trouxeram os dois, Abrão e Haran, seu irmão, para lançá-los no fogo, e todos os habitantes da terra e servos do rei e os príncipes e todas as mulheres e suas parentelas estavam lá, de pé naquele dia, junto deles.

22 E os servos do rei tomaram Abrão e seu irmão, e lhes tiraram todas as suas roupas, exceto suas roupas menores que estavam sobre eles.

23 E amarraram suas mãos e pés com cordas de linho, e os servos do rei os levaram e os jogaram no forno.

24 E o Senhor amou Abrão e teve compaixão dele, e o Senhor livrou Abrão do fogo e ele não foi queimado.

25 Mas todas as cordas com que o amarraram foram queimadas, e Abrão permaneceu e caminhava no fogo.

26 Haran, porém, morreu quando o lançaram no fogo, e ele foi reduzido a cinzas, pois seu coração não era perfeito para com o Senhor; e aqueles homens que os lançaram no fogo, foram consumidos pela chama de fogo que se espalhou sobre eles, queimando-os; e doze dos seus homens morreram.

27 E Abrão andou no meio do fogo três dias e três noites e todos os servos do rei o viram andando no fogo; e eles vieram e falaram ao rei, dizendo: Eis que vimos Abrão andando no meio do fogo, e até mesmo a menor das roupas que estão sobre ele não são queimadas, mas o cabo com o qual ele estava amarrado está queimado.

28 E quando o rei ouviu estas palavras, seu coração desmaiou e ele não queria acreditar neles, assim ele enviou outros príncipes fiéis para ver esta matéria, e foram, e viram e disseram ao rei, e o rei levantou-se para ir vê-lo, e ele viu Abrão andando para lá e para cá no meio do fogo, e ele viu o corpo de Haran queimado, e o rei se espantou muito.

29 E o rei ordenou que Abraão fosse retirado do fogo, e os seus servos aproximaram-se para levá-lo para fora, mas não podiam, pois as chamas do fogo o cercavam e aumentavam em direção deles dentro da fornalha.

30 E os servos do rei fugiram dele, e o rei os repreendeu, dizendo: Apressem-se a trazer Abrão para fora do fogo, para que não morram.

31 E os servos do rei novamente se aproximaram para trazer Abrão para fora, e as chamas chegaram em cima deles e queimaram seus rostos de forma que oito deles morreram.

32 E quando o rei viu que os seus servos não podiam se aproximar do fogo para não serem queimados, o rei chamou a Abrão: Ó servo do Deus que está no céu, sai do meio do fogo e fica diante de mim. E Abrão ouviu a voz do rei, saiu do fogo, veio e se pôs diante do rei.

33 E quando Abrão saiu, o rei e todos os seus servos viram Abrão vindo ante o rei, com suas vestes mais íntimas em cima dele, pois elas não foram queimadas, mas o cabo com o qual ele estava preso fora queimado.

34 E o rei disse a Abrão: Como é que tu não foste queimado no fogo?

35 E Abrão disse ao rei: O Deus do céu e da terra em quem confio e que tem todo o poder, ele livrou-me do fogo em que tu me lançaste.

36 E Haran, irmão de Abrão, foi reduzido a cinzas, e procurado pelo seu corpo, eles não o acharam.

37 E Haran tinha 82 anos de idade, quando morreu no fogo de Casdim. E o rei, os príncipes, e os habitantes da terra, vendo que Abrão fora salvo do fogo, eles se prostraram a Abrão.

38 E Abrão disse-lhes: Não se curvem a mim, mas curvem-se para o Deus do mundo que fez vocês, e sirvam-no, e andem em Seus caminhos, pois foi ele que me livrou deste fogo e foi ele quem criou as almas e os espíritos de todos os homens, e forma o homem no ventre da sua mãe e o traz ao mundo; e é ele quem vai livrar de toda a dor àqueles que nele confiarem.

39 E esta coisa parecia muito maravilhosa aos olhos do rei e dos príncipes, que Abrão fora salvo do fogo e que Haran fora queimado. O rei deu a Abrão muitos presentes e ele deu-lhe dois de seus melhores servos da casa do rei; o nome de um era Oni e o nome do outro era Eliézer.

40 E todos os reis, príncipes e servos do rei deram a Abrão muitos presentes de prata, ouro e pérolas, e o rei e seus príncipes o mandaram embora e ele foi em paz.

41 E Abrão saiu da presença do rei, em paz, e muitos dos servos do rei o seguiram, e cerca de 300 homens se juntaram a ele.

42 E Abrão voltou naquele dia e foi para a casa de seu pai, ele e os homens que o seguiram, e Abrão serviu ao Senhor, seu Deus, todos os dias da sua vida, e ele andou retamente em seus caminhos.

43 E daquele dia em diante Abrão inclinou o coração dos filhos dos homens para servir ao Senhor.

44 Naquele tempo Naor e Abrão tomaram para si esposas, filhas de seu irmão Harã; e a mulher de Naor era Milca e o nome da mulher de Abrão era Sarai. E Sarai, mulher de Abrão, era estéril, não tinha filhos nesses dias.

45 E no termo de dois anos a partir de Abrão ter saído do fogo, aos 52 anos de sua vida, eis que o rei Nimrod sentou-se sobre o trono em Babel, o rei caiu em profundo sono e havendo adormecido, sonhou que ele estava com suas tropas num vale em frente ao forno do rei.

46 E ele levantou os olhos e viu um homem à semelhança de Abraão vindo apressadamente a partir da fornalha, e que ele veio e pôs-se diante do rei com a sua espada desembainhada, e então apontou ao rei com sua espada, e quando viu isso o rei fugiu do homem, pois ele estava com medo, e enquanto ele estava fugindo, o homem jogou um ovo na cabeça do rei, e do ovo tornou-se um grande rio.

47 E o rei sonhou que todas as suas tropas afundaram no rio e morreram, e tomou o rei vôo com três homens que estavam diante dele e ele escapou.

48 E o rei olhou para estes homens e eles estavam vestidos de vestidos principescos como roupas de reis e tinha a aparência e majestade de reis.

49 E, enquanto eles estavam correndo, o rio tornou-se a um ovo diante do rei, e saiu do ovo uma ave jovem que veio perante o rei, e voou em sua cabeça e arrancou os olhos do rei.

50 O rei ficou aflito com a visão e acordou do seu sono e seu espírito foi agitado, e sentiu um

grande terror.

51 E pela manhã, o rei levantou-se da cama com medo, e ele ordenou que todos os homens sábios e mágicos viessem diante dele, e o rei relatou seu sonho para eles.

52 E o servo sábio do rei, cujo nome era Anuki, respondeu ao rei, dizendo: Este sonho nada mais é senão o mal de Abraão e sua semente que brotará contra o meu Senhor e rei nos últimos dias.

53 E eis que o dia chegará quando Abrão e sua descendência e as crianças de sua casa farão guerra com meu rei, e ferirão todos os exércitos do rei e suas tropas.

54 E quanto ao que disseste a respeito dos três homens que tu disseste ver e que te ajudarão a escapar, o que significa é que tu fugirás apenas com três reis da terra que estarão contigo em batalha.

55 E aquilo que viste do rio, que se transformou num ovo como no início, e o jovem pássaro arrancar teus olhos, isso significa que a semente de Abrão que irá matar o rei nos últimos dias.

56 Este é o sonho do rei e é a sua interpretação, e o sonho é real e a interpretação que o teu servo te deu é certa.

57 Agora, pois, meu rei, certamente tu sabes que fazem agora 52 anos desde que os teus sábios viram isso no nascimento de Abrão, e se meu rei vai permitir a Abrão viver na terra, será para dano de meu senhor e rei, pois todos os dias que Abrão viver, nem tu, nem teu reino será estabelecido, e isso era conhecido já antigamente no seu nascimento, e por isso se o rei não o matar, o seu mal virá a ti nos últimos dias.

58 E Nimrod ouviu a voz de Anuki, e ele enviou alguns de seus servos em segredo para ir e chamar a Abrão, e trazê-lo diante do rei para sofrer a morte.

59 E Eliezer, servo de Abrão, a quem o rei lhe tinha dado, estava naquele momento na presença do rei, e ele ouviu o que Anuki havia aconselhado o rei e que o rei tinha dito para causar a morte de Abrão.

60 E Eliezer disse a Abrão: Apressa-te, levanta-te e salva a tua alma, para que não morras através das mãos do rei, pois assim e assim ele viu em um sonho de ti, e assim o interpretou Anuki, e assim também aconselhou Anuki o rei a teu respeito.

61 E ouviu Abrão a voz de Eliezer, e Abrão se apressou e correu para a segurança da casa de Noé e seu filho Shem, e ele se escondeu lá e encontrou um lugar de segurança ; e os servos do rei vieram à casa de Abrão para procurá-lo, mas não o conseguiram encontrar, e procuraram por todo o país e não foi achado, e eles foram e pesquisaram em todas as direções e eles não prosperaram.

62 E quando os servos do rei se convenceram que não iam encontrar Abrão, eles voltaram. E a ira do rei contra Abrão foi acalmando, por não ter sido encontrado, e o rei acabou por esquecer este assunto relativo a Abrão.

63 E Abrão ficou escondido na casa de Noé por um mês, até que o rei tinha esquecido este assunto, mas Abrão ainda estava com medo do rei e Tera veio visitar a Abrão seu filho secretamente em casa de Noé; e Tera era muito grande aos olhos do rei.

64 E Abrão disse a seu pai: não sabes tu que o rei pensa em matar-me, e aniquilar o meu nome da terra por conselho de seus conselheiros ímpios?

65 Agora quem tens tu aqui e o que tens nesta terra? Levanta-te, vamos juntos para a terra de Canaã, para que sejamos livres de sua mão, para que não pereças também por ele em teus últimos dias.

66 Ou não sabes tu, e não ouviste nunca, que não é por amor que te dá Nimrod toda essa honraria, mas é só para seu benefício que ele te enche de tudo isso?

67 E mesmo ele te faça mais do que isso, com certeza, isso são apenas vaidades do mundo de riqueza e de riquezas que não te podem livrar no dia de sua ira e raiva.

68 Agora, pois, ouve a minha voz, e apressa-te em ir para a terra de Canaã, para longe de Ninrod. E honra o Senhor que tu te criou na terra, jogando fora todas as coisas vãs em que confias e te irá bem.

69 E após Abrão falar, Noé e seu filho Sem responderam a Tera: Verdadeira é a palavra que Abrão te diz.

70 E Tera, ouviu a voz de seu filho Abrão, e Tera fez que tudo o que disse Abrão, porque isso vinha do Senhor, que o rei não deveria causar a morte de Abrão.

* * *

12:15-17 - Abrão e seu irmão Harã são condenados pelo rei a serem lançados em uma grande fornalha para ali morrerem queimados.

12:24-26 - Assim como aconteceria com Misael, Hananias e Azarias (Daniel 3:20-25), Abrão foi salvo por Deus da fornalha de fogo.

12:27 - Como uma representação dos acontecimentos do ministério do Senhor Jesus Cristo, Abrão permaneceu durante três dias e três noites no interior da fornalha, mas a morte não teve poder sobre ele. (Mateus 12:40)

12:39 - O servo Eliézer, que se tornaria mordomo na casa de Abrão, foi dado pelo rei nesta ocasião. (Gênesis 15:2)

12:52-56 - A correta interpretação do sonho do rei Nimrode.

12:59-61 - O servo Eliézer ouve o plano do rei contra Abrão e aconselha o patriarca, salvando a vida de seu senhor.

CAPÍTULO 13
TERA E ABRÃO DEIXAM UR E PARTEM PARA CANAÃ

1 E tomou Terá a Abrão seu filho e seu neto Lot, filho de Haran, e a Sarai sua nora, a mulher de seu filho Abrão, e todas as almas de sua casa e saiu de Ur Casdim (ou Ur dos Caldeus) para ir para a terra de Canaã. E eles chegaram tão longe à terra de Haran e eles permaneceram lá, pois era muito boa para o pasto, e de suficiente extensão para aqueles que os acompanharam.

2 E o povo da terra de Haran viu que Abraão era bom e reto diante de Deus e dos homens, e que o Senhor seu Deus era com ele, e algumas das pessoas da terra de Haran juntaram-se a Abrão, e ele ensinou-lhes a instrução do Senhor e os seus caminhos, e estes homens permaneceram com Abrão em sua casa e eles aderiram a ele.

3 E Abrão permaneceu na terra de Haran três anos, e o Senhor apareceu a Abrão e disse-lhe: Eu sou o Senhor que te trouxe diante de Casdim Ur, e entreguei nas tuas mãos a todos os teus inimigos.

4 E agora, portanto, se tu deres ouvidos a minha voz e guardardes os meus mandamentos, os meus estatutos e as minhas leis, então farei teus inimigos cair diante de ti, e multiplicarei a tua descendência como as estrelas do céu, e eu enviarei a minha bênção sobre todas as obras de tuas mãos, e nada te faltará.

5 Levanta-te agora, toma tua mulher e todos pertencentes a ti e vai para a terra de Canaã e permanence lá, e eu lá te serei por Deus, e eu te abençoarei. E Abrão se levantou e tomou sua esposa e todos pertencentes, ele foi para a terra de Canaã, como o Senhor tinha dito a ele. Abrão 50 anos de idade, quando ele passou a Haran.

6 E Abrão chegou à terra de Canaã e habitou no meio da cidade, e lá ele armou sua tenda entre os filhos de Canaã, os habitantes da terra.

7 E o Senhor apareceu a Abrão, quando ele veio para a terra de Canaã, e disse-lhe: Esta é a terra que tenho dado a ti e à tua descendência depois de ti para sempre, e eu farei a tua descendência como as estrelas do céu, e eu darei à tua descendência por herança todas as terras que vês.

8 E Abrão construiu um altar no lugar onde Deus havia falado com ele, e Abrão invocou o nome do Senhor.

9 Naquele tempo, ao final de três anos de residência de Abrão na terra de Canaã, no ano em que Noé morreu, o ano 58º de Abraão, e todos os dias de Noé foram novecentos e cinquenta anos, e morreu.

10 E Abrão habitou na terra de Canaã, ele e sua mulher, e todos pertencentes dele, e todos aqueles que o acompanharam, juntamente com aqueles que se juntaram a ele do povo da terra; mas Naor, irmão de Abrão, e Tera, seu pai, e Ló, filho de Harã, e todos os seus pertencentes preferiram habitar em Harã.

11 No quinto ano de habitação de Abrão na terra de Canaã, as pessoas de Sodoma e Gomorra e de todas as cidades da planície se revoltaram contra o poder de Quedorlaomer, rei de Elão, pois todos os reis das cidades da planície tinham servido a Quedorlaomer por doze anos, e deu-lhe um imposto anual, mas naqueles dias, no décimo terceiro ano, eles se rebelaram contra ele.

12 E no décimo ano de habitação de Abrão na terra de Canaã, houve guerra entre Ninrod, rei de Sinar, e o rei Quedorlaomer, de Elão; e Nimrod veio para lutar com Quedorlaomer para dominá-lo.

13 Pois Quedorlaomer era naquele tempo um dos príncipes do exército de Nimrod, e quando todas as pessoas da torre foram dispersas, todas aquelas que não pereceram, foram espalhadas pela face da terra, e Quedorlaomer foi para a terra de Elão e reinou sobre ela e se rebelou contra seu senhor.

14 E, naqueles dias em que Nimrod viu que as cidades da planície haviam se rebelado, ele veio com orgulho e raiva para a guerra contra Quedorlaomer, e Nimrod reuniu todos os seus príncipes e reis, mais de 700.000 homens, e foram contra Quedorlaomer, e Quedorlaomer saiu para encontrá-lo com cinco mil homens, e eles se prepararam para a batalha no vale de Babel que é entre Elão e Sinar.

15 E todos os reis lutaram lá, e Ninrode e seu povo foram derrotados diante do povo de Quedorlaomer, e caíram dos homens de Ninrode cerca de 600 mil, e Mardon, filho do rei, morreu.

16 E Nimrod fugiu e retornou em vergonha e desgraça para a sua terra, e ele ficou sob sujeição a Quedorlaomer por um longo tempo, e Quedorlaomer voltou à sua terra e enviou os príncipes dele para os reis que habitavam em torno dele, a Arioque, rei de Elasar, e marésrei de Goyim, e fez um pacto com eles, e todos eles eram obedientes aos seus comandos.

17 E foi no décimo quinto ano de habitação Abrão na terra de Canaã, que é o septuagésimo ano da vida de Abrão, que o Senhor apareceu a Abrão, nesse ano disse para ele: Eu Sou o Senhor, que te tirei de Ur Casdim para te dar esta terra paraherança.

18 Agora, pois, anda diante de Mim e sê perfeito e guarda os meus mandamentos, porque a ti e a tua semente darei esta terra por herança, desde o rio Mitzraim até ao grande rio Eufrates.

19 E virás a teus pais em paz e em boa idade, e a quarta geração deve voltar aqui nesta terra e herdar-la para sempre, e Abrão construiu um altar, e ele invocou o nome do Senhor, que lhe apareceu, e ele trouxe sacrifícios sobre o altar ao Senhor.

20 Naquele tempo Abrão voltou e foi para Haran para ver seu pai e sua mãe, e a casa de seu pai, e Abrão, sua esposa e todos seus pertencentes retornaram a Haran, e Abrão habitou em Haran 5 anos.

21 E muitos dos povos de Haran, cerca de 72 homens, seguiram Abrão e ele ensinou-lhes a instrução do Senhor e os seus caminhos, e ele ensinou- lhes a conhecer oSenhor.

22 E o Senhor apareceu a Abraão em Haran, e disse-lhe: Eis que eu te apareci a vinte anos dizendo.

23 Sai da tua terra, da tua terra natal e da casa de teu pai, para a terra que eu te mostrarei, para dá-la a ti e aos teus filhos, pois lá eu te abençoarei e farei de ti uma grande nação, e engrandecerei o teu nome, e em ti todas famílias da terra serão abençoadas.

24 Agora, pois, levanta-te e sai deste lugar, com tua esposa e tudo o que pertence a ti, e também cada um nascido em tua casa e todas as almas juntas em Haran, e sobe para voltares à terra de Canaã.

25 E Abrão levantou-se e levou sua esposa Sarai e todos pertencentes dele e todos os nascidos em sua casa e as almas que eles tinham juntado em Haran, e saíram para ir para a terra de Canaã.

26 E Abrão e voltou para a terra de Canaã, de acordo com a palavra do Senhor. E Ló, filho de seu irmão Haran, foi com ele, e Abrão tinha 75 anos de idade quando ele saiu de Haran para voltar à terra de Canaã.

27 E ele veio para a terra de Canaã, segundo a palavra do Senhor a Abrão, e ele armou a sua tenda e habitou na planície de Manre, e com ele estava Ló, filho de seu irmão, e tudo que lhe pertencia.

28 E o Senhor novamente apareceu a Abrão e disse: à tua descendência darei esta terra, e lá ele construiu um altar ao Senhor, que lhe apareceu, que está lá ainda hoje, nas planícies de Manre.

13:7 - Deus aparece a Abrão quando ele tinha 50 anos e promete dar a terra de Canaã a ele e sua descendência.

13:16 - O início do domínio do rei Quedorlaomer sobre o rei Nimrode (ou Anrefel).

13:22 - Deus aparece a Abrão 20 anos depois de sua primeira aparição. Agora, o patriarca tinha 70 anos de idade.

13:23,24 - É apresentado o segundo chamado divino para que Abrão fosse viver na terra de Canaã. (Gênesis 12:2,3)

CAPÍTULO 14

RIKAYON, O PRIMEIRO FARAÓ

1 Naqueles dias havia na terra de Sinar um homem que era entendido em toda a sabedoria, e de bela aparência, mas ele era pobre e indigente, seu nome era Rikayon e vivia com dificuldades para encontrar sustento.

2 E ele resolveu ir para o Egito de Oswiris ,filho de Anom, rei do Egito, para mostrar ao rei sua sabedoria, pois achava que poderia achar graça em seus olhos, para criá-lo e dar-lhe manutenção, e assim Rikayon fez.

3 E quando Rikayon chegou ao Egito, perguntaram aos habitantes do Egito a respeito do rei, e os habitantes do Egito disseram-lhe o costume do rei do Egito, pois era então o costume do rei do Egito que ele vivia no seu palácio real, e era visto no exterior apenas um dia do ano, e depois regressava ao seu palácio para permanecer lá.

4 E no dia em que o rei saiu e julgou a terra, e quem tinha roupas adequadas para isso, veio diante do rei naquele dia para obter o seu pedido.

5 E quando Rikayon ouviu falar do costume no Egito e que ele não poderia entrar na presença do rei, ele se entristeceu muito e estava muito triste.

6 E à noite Rikayon saiu e encontrou uma casa em ruínas fora da cidade, e ficou ali toda a noite, com amargura de alma, com fome e o sono foi removido dos seus olhos.

7 E Rikayon pensava para si mesmo, o que ele deveria fazer na cidade até que o rei aparecesse, e como ele pode poderia sustentar-se lá.

8 E ele levantou-se de manhã e caminhando encontrou em seu caminho os que vendiam legumes e vários tipos de sementes com as quais forneciam os habitantes.

9 E Rikayon quis fazer o mesmo, a fim de obter uma forma de manutenção na cidade, mas ele não estava familiarizado com o costume do povo, e ele era como um cego entre eles.

10 E foi, e tendo apanhado legumes para vendê-los para seu sustento, os outros todos juntos o enganaram e o ridicularizavam, e tomaram os vegetais dele e deixaram-no sem nada.

11 E levantou-se de lá com amargura de alma, e foi para a casa suspirando em que ele tinha permanecido toda a noite antes, e ele dormiu lá a segunda noite.

12 E naquela noite novamente ele indagou dentro de si mesmo como ele poderia salvar-se da fome, e ele concebeu um esquema em como iria agir.

13 E ele levantou-se de manhã e agiu engenhosamente. Contratou 30 homens fortes da ralé, carregando seus instrumentos de guerra em suas mãos e ele os levou para o topo do sepulcro egípcio, e os colocou lá.

14 E ordenou-lhes, dizendo: Assim diz o rei, fortalecei-vos e sede homens valentes, e que nenhum homem possa ser enterrado aqui até que 200 moedas de prata sejam dadas, e então ele poderá ser enterrado, e esses homens fizeram segundo a ordem de Rikayon ao povo do Egito durante todo o ano.

15 E em oito meses Rikayon e seus homens reuniram grandes riquezas de ouro e prata, e Rikayon comprou uma grande quantidade de cavalos e outros animais, contratou mais homens, deu-lhes cavalos e permaneceram com ele.

16 E quando o ano deu a volta, no momento que o rei saiu para a cidade, todos os habitantes do Egito se reuniram para falar com ele sobre a obra de Rikayon e seus homens.

17 E o rei saiu no dia marcado e todos os egípcios vieram diante dele e clamaram, dizendo:

18 Possa o rei viver para sempre. O que é esta coisa faz na cidade para com teus servos, para que nenhum cadáver possa ser enterrado até que tanta prata e ouro sejam dados? Já houve algo semelhante a este feito em toda a terra, desde os dias dos reis antigos, sim, mesmo nos dias de Adão, até este dia, que os mortos não devem ser enterrados só por um preço fixo?

19 Sabemos que é o costume dos reis tomar um imposto anual a partir da vida, mas tu não fazes apenas isso, mas de entre os mortos, também tu cobras imposto.

20 Agora, ó rei, não podemos mais suportar isso, toda a cidade está em ruínas, e tu não sabes isso?

21 E quando o rei ouviu tudo o que eles tinham falado com ele, ficou muito irado, e sua raiva ardia dentro dele, neste caso, porque que ele não sabia nada disso.

22 E o rei disse: Quem e onde é que se atreve a fazer essa coisa má na minha terra sem o meu comando? Certamente vocês vão me dizer.

23 E disseram-lhe todas as obras de Rikayon e seus homens, e o rei se encheu de raiva, e ele ordenou que Rikayon e seus homens fossem apresentados a ele.

24 E Rikayon levou cerca de mil crianças, filhos e filhas, e os vestiu em seda e bordado, e pô-los em cavalos e os enviou ao rei por meio de seus homens, e ele também juntou uma grande quantidade de prata e ouro e pedras preciosas, e um forte e belo cavalo, como um presente para o rei, com o qual ele chegou à presença do rei e se inclinou para a terra diante dele, e o rei, seus servos e todos os habitantes do Egito admiraram o trabalho de Rikayon, e viram suas riquezas e o presente que ele tinha trazido para o rei.

25 E muito agradou ao rei e maravilhou-se dele, e quando Rikayon se sentou diante dele , o rei perguntou-lhe sobre todas as suas obras, e Rikayon falou-lhe todas as suas palavras sabiamente ante o rei, os seus servos e todos os habitantes do Egito.

26 E quando o rei ouviu as palavras de Rikayon e sua sabedoria, Rikayon achou graça aos seus olhos, e ele se encheu com graça e bondade diante de todos os servos do rei e de todos os habitantes do Egito, por conta de sua sabedoria e excelentes intervenções, de forma que o amaram muito.

27 E o rei respondeu, e disse: Rikayon, teu nome não deve mais ser chamado Rikayon, mas Faraó será teu nome, pois tu tens cobrado o imposto exato dos mortos, e ele chamou o seu nome de Faraó.

28 E o rei e seus súditos amavam Rikayon por sua sabedoria, e consultou todos os moradores do Egito para fazê-lo prefeito sob o rei.

29 E todos os habitantes do Egito e seus sábios assim o fizeram, e foi feita uma lei no Egito.

30 E eles fizeram Rikayon Faraó, prefeito às ordens de Oswiris rei do Egito, e Rikayon Faraó, governou sobre o Egito, e diariamente administrava a justiça de toda a cidade, mas o rei Oswiris julgava o povo da terra um dia no ano, quando ele saía para fazer a sua aparição.

31 E Faraó Rikayon ardilosamente usurpou o governo do Egito, e exigiu um imposto dos habitantes do Egito.

32 E todos os habitantes do Egito amavam muito a Rikayon Faraó, e eles fizeram um decreto de chamar Faraó a todo rei que reinasse sobre eles e suas sementes no Egito.

33 Por isso, todos os reis que reinaram no Egito a partir daquele momento foram chamados Faraó até este dia.

* * *

14:32,33 - Apresenta-se o relato de como surgiu o costume de chamar o rei do Egito de "faraó".

CAPÍTULO 15
ABRÃO NO EGITO

1 E nesse ano houve uma grande fome em toda a terra de Canaã e os habitantes da terra não poderiam ficar por conta da fome, que era muito grave.

2 Abrão e todos pertencentes a ele se levantaram e foram para o Egito por conta da fome, e quando eles chegaram no ribeiro Mitzraim, lá permaneceu algum tempo para descansar da fadiga da estrada.

3 E Abrão e Sarai foram andando à beira do riacho Mitzraim, e sua esposa Sarai era muito bonita.

4 E Abrão disse à sua mulher Sarai: visto que Deus te criou com um belo semblante, tenho receio que os egípcios me matem por isso, pois não existe temor a Deus neste lugar.

5 Assim tu farás, se te perguntarem, dirás que és minha irmã, a fim de que tudo vá bem comigo, e que possamos viver e não sermos condenados à morte.

6 Abrão ordenou o mesmo a todos aqueles que vieram com ele para o Egito por conta da fome; também a seu sobrinho Ló ordenou, dizendo: Se os egípcios te perguntarem sobre Sarai, dirás que ela é irmã de Abrão.

7 E ainda com tudo isto, Abrão não descansou, mas ele tomou Sarai e a colocou num baú e escondeu-a entre os seus pertences, pois Abrão estava muito preocupado com Sarai por conta da maldade dos egípcios.

8 Abrão e todos que pertenciam a ele se levantaram do ribeiro Mitzraim e foram para o Egito; e mal eles tinham entrado os portões da cidade quando os guardas se levantaram para eles, dizendo: Dai o dízimo ao rei do que vocês possuem, e então vocês poderão vir para a cidade, e Abrão e aqueles que estavam com ele assim fizeram.

9 E Abrão com as pessoas que estavam com ele foram para o Egito e quando eles entraram, trouxeram a caixa em que Sarai estava escondida e os egípcios viram o cesto.

10 E os servos do rei se aproximaram de Abrão, dizendo: Que tens tu aqui neste cesto que nós não vimos? Agora, abre o cesto e dá o dízimo ao rei de tudo o que ele contém.

11 Então disse Abrão: Este cesto eu não vou abrir, mas tudo que você pedirem por ele, eu vou dar. E os oficiais de Faraó, responderam, dizendo: É um baú de pedras preciosas. Dá-nos um décimo do mesmo.

12 E Abrão disse: Tudo o que vocês desejarem, darei, mas desde que vocês não abram o cesto.

13 E os oficiais do rei pressionaram Abrão, e atingiram o cesto e abriram-no com força, e olharam, e eis que uma bela mulher estava no cesto.

14 E quando os oficiais do rei viram Sarai, foram golpeados com admiração pela sua beleza e todos os príncipes e servos do Faraó se reuniram para ver Sarai, pois ela era muito bonita. E os oficiais do rei correram e disseram a Faraó tudo o que tinham visto, e eles elogiaram Sarai ao rei, e Faraó ordenou que eles fossem buscá-la, e a mulher foi trazida diante do rei.

15 E Faraó viu Sarai e ela lhe agradou muito, e ele se maravilhou com a sua beleza, e o rei se alegrou muito em sua conta, e deu presentes para aqueles que lhe trouxeram a notícia sobre ela.

16 E a mulher foi então levada para a casa de Faraó, e Abrão ficou aflito por conta de sua esposa e ele orou ao Senhor para libertá-la das mãos de Faraó.

17 E Sarai também orou naquele momento e disse: Senhor Deus, tu disseste ao meu Senhor Abrão, sai da sua terra e da casa de seu pai, para a terra de Canaã, e tu prometeste que nos abençoarias se andássemos nos teus mandamentos; e agora, eis que temos feito o que mandaste a nós, e deixamos a nossa terra e as nossas famílias, e nós fomos para uma terra estranha e para um povo que nós não temos conhecido antes.

18 E nós viemos para esta terra para evitar a fome, e neste incidente o mal se abateu sobre mim; agora, pois, ó Senhor Deus, livra-nos e salva-nos da mão do opressor, e faz-me bem por causa da tua misericórdia.

19 E o Senhor ouviu a voz de Sarai, e o Senhor enviou um anjo para livrar Sarai do poder de Faraó.

20 E o rei entrou e sentou-se diante de Sarai e eis que um anjo do Senhor estava de pé sobre eles, e ele apareceu para Sarai e disse-lhe: Não temas, porque o Senhor ouviu a tua oração.

21 E o rei se aproximou de Sarai e disse-lhe: Quem é o homem que te trouxe? E ela disse: Ele é meu irmão.

22 E o rei disse: Compete-nos fazê-lo grande, para elevá-lo e fazer-lhe todo o bem que tu mereces de nós, e naquela época o rei mandou a Abrão prata e ouro e pedras preciosas em abundância, juntamente com gado, servos, homens e servas empregadas domésticas, e o rei ordenou que Abrão fosse trazido e ele sentou-se no tribunal da casa de rei; e o rei a Abrão muito o exaltou naquela noite.

23 E o rei aproximou-se para falar com Sarai, e ele estendeu a mão para tocá-la, e foi quando o anjo o feriu muito, ele ficou apavorado e se absteve de tocar a mulher. E o rei chegou perto de Sarai e um anjo o feriu, e agiu assim com ele a noite inteira, e o rei ficou apavorado.

24 E o anjo naquela noite feriu fortemente todos os servos do rei e toda a sua casa por causa de Sarai, e houve uma grande lamentação naquela noite entre as pessoas da casa de Faraó.

25 E Faraó, vendo o mal que se abateu sobre ele, disse: Certamente que é por causa desta mulher, e ele afastou- se dela e falou-lhe brandamente.

26 E o rei disse a Sarai: fala-me sobre o homem com quem tu vieste aqui ; e Sarai disse: Este homem é meu marido e eu disse-te que ele era meu irmão por que eu estava com medo que o entregasse à morte por maldade.

27 E o rei manteve-se longe de Sarai, e as pragas do anjo do Senhor cessaram de afligi-lo e à sua família, e Faraó sabia que ele havia sido ferido por causa de Sarai, e o rei ficou muito espantado com tudo isto.

28 E pela manhã o rei chamou a Abrão e disse-lhe: Que é isto que fizeste contra mim? Por que disseste tu: ela é minha irmã, de forma que por causa de uma mulher, sobreveio esta praga pesada sobre minha família.

29 Agora toma tua mulher, leva-a e vai-te de nossa terra para que todos nós não morramos por sua causa. E Faraó levou gado, e servos, e prata e ouro, para dar a Abrão, e ele voltou com sua esposa Sarai.

30 E o rei tomou uma donzela a quem ele gerou por suas concubinas, e ele lhe deu a Sarai para sua serva.

31 E o rei disse a sua filha: é melhor para ti, minha filha, seres serva em casa deste homem do que ser dona da minha casa, depois que nós vimos o mal que se abateu sobre nós por causa desta mulher.

32 E Abrão levantou-se, e ele e todos pertencentes a ele e foi embora do Egito, e Faraó mandou alguns de seus homens para a acompanhá-lo e a tudo o que foi com ele.

33 Abrão voltou para a Canaã, para o lugar onde ele tinha feito o altar, onde primeiro tinha armado sua tenda.

34 E Ló, filho de Haran, irmão de Abrão, tinha um número grande de gado, ovelhas e vacas e tendas, pois o Senhor o abençoou por conta de Abrão.

35 E quando Abrão estava habitando na terra, e os pastores de Ló brigavam com os pastores de Abrão, pois suas posses eram grandes demais para que eles permanecessem juntos na terra, e a terra não podia sustentá-los por conta de seu gado.

36 E quando os pastores de Abrão iam alimentar seu rebanho não iam para os campos do povo daquela terra, mas o gado dos pastores de Ló fazia de outra forma, pois eles foram obrigados a alimentá-lo nos campos do povo daquela terra.

37 E o povo da terra viu isto diariamente, e eles brigaram com Abrão por causa dos pastores de Ló.

38 E disse Abrão a Ló: O que é isso que me fazes para me fazer desprezível para os habitantes desta terra, para que tu ordenes os teus pastores para alimentar o teu gado nos campos de outras pessoas? Tu não sabes que eu sou um estranho nesta terra entre os filhos de Canaã, e por que fazes tu isso a mim?

39 E Abrão todos os dias brigava com Ló por conta disso, mas Ló não quis ouvir a Abrão. E ele continuou a fazer o mesmo e os habitantes da terra vieram e disseram a Abrão.

40 E disse Abrão a Ló: quanto tempo quer ser tu para mim uma pedra de tropeço para com os habitantes desta terra? Agora, peço-te, que não haja mais brigas entre nós, pois nós somos parentes.

41 Mas, peço-te, que te separes de mim, vai e escolhe um lugar onde tu possas habitar com o teu gado e tudo o que pertence a ti, mas mantém-te a uma distância de mim, tu e a tua casa.

42 E não tenhas medo de te afastares de mim, pois se alguém te prejudicar, fica sabendo que eu irei vingar a tua causa dele, apenas afasta-te de mim.

43 E quando Abrão tinha falado todas estas palavras a Ló, em seguida, levantou-se e Ló, levantou os olhos em direção à planície do Jordão.

44 E viu que todo este lugar era bem regado, e bom para o homem, e tinha muito pasto para o gado.

45 E Ló foi para aquele lugar, e ele armou ali a sua tenda em Sodoma, e foram separados uns dos outros.

46 E Abrão habitou na planície de Manre, que está em Hebron, e armou ali a sua tenda; e Abrão permaneceu no local durante muitos anos.

* * *

15:2 - Abrão vai ao Egito peregrinar por causa da fome que assolou a terra de Canaã. (Gênesis 12:10)

15:17-19 - A oração de Sarai quando estava na casa do rei do Egito.

15:27 - Sarai é questionada por faraó e revela a ele que Abrão é seu marido. Depois disso, o rei chama a Abrão e lhe devolve sua mulher. (Gênesis 12:18)

15:31 - Sarai recebe como presente de faraó uma serva egípcia. Esta donzela egípcia se chamava Hagar. (16:24)

15:36-38 - Os acontecimentos que provocaram contendas entre os pastores de Abrão e Ló. (Gênesis 13:7)

CAPÍTULO 16
QUATRO REIS E 800 MIL HOMENS DE GUERRA CONTRA SODOMA

1 Naquele tempo, Quedorlaomer rei de Elão enviou a todos os reis vizinhos, para Nimrod, rei de Sinar que estava então sob seu poder, e Tidal, rei de Goyim, e Arioque, rei de Elasar, com quem fez um pacto, dizendo: Subam a mim e ajudem-me, para que possamos ferir todas as cidades de Sodoma e seus habitantes, pois se rebelaram contra mim nestes 13 anos.

2 E estes quatro reis subiram com todos os seus homens, cerca de 800 mil homens, e eles foram, e feriram a todo o homem que encontraram no seu caminho.

3 E os cinco reis de Sodoma e de Gomorra, Shinab rei de Admá, Zeboyim rei de Shemeber, Bera rei de Sodoma, Bersha rei de Gomorra, e Bela, rei de Zoar, saíram para enfrenta-los, e eles juntaram no vale de Sidim.

4 E estes nove reis fizeram guerra no vale de Sidim, e os reis de Sodoma e Gomorra foram derrotados diante dos reis de Elão.

5 E o vale de Sidim estava cheio de poços de cal e os reis de Elão perseguiram os reis de Sodoma, e os reis de Sodoma fugiram de seus acampamentos e cairam nos poços de cal, e todos os que sobreviveram foram para a montanha em busca de segurança, e os cinco reis de Elão vieram depois deles e os perseguiram até às portas de Sodoma, e eles levaram tudo o que havia em Sodoma.

6 E eles saquearam todas as cidades de Sodoma e Gomorra, e tomaram também Ló, filho do irmão de Abrão, e sua propriedade, e apreenderam todas as mercadorias das cidades de Sodoma e eles foram embora, e Unic, servo de Abrão, que estava na batalha, viu isso e disse a Abrão tudo o que os reis tinham feito com as cidades de Sodoma, e que Ló foi levado cativo por eles.

7 E Abrão ouviu isso, e ele levantou-se com cerca de 318 homens que estavam com ele e naquela noite perseguiu esses reis e os feriu, e todos eles caíram diante de Abrão e seus homens, e não havia nenhum que restou mas os quatro reis fugiram, e eles foram cada um pelo seu caminho.

8 E Abrão recuperou todos os bens de Sodoma e ele também recuperou Ló e sua propriedade, suas esposas e filhos e para tudo que lhes pertencia, e a Ló não faltou nada.

9 E terminou de ferir esses reis; ele e seus homens passaram o vale do Sidim onde os reis fizeram guerra juntos.

10 E Bera, rei de Sodoma, e o resto de seus homens que estavam com ele, saíram dos poços de cal em que haviam caído, para cumprimentar Abrão e seus homens.

11 E Adonizedeque, rei de Jerusalém, o mesmo era Shem, saiu com seus homens para cumprimentar Abrão e seu povo, com pão e vinho, e permaneceram juntos no vale de Meleque.

12 E Adonizedeque abençoou Abrão; e Abrão deu-lhe o dízimo de tudo o que ele tinha trazido do despojo de seus inimigos, pois Adonizedeque era um sacerdote diante de Deus.

13 E todos os reis de Sodoma e Gomorra que estavam lá, com seus servos, pediram a Abrão que ele devolvesse seus servos que ele fizera cativo, e tomasse para si toda a propriedade.

14 E Abrão respondeu os reis de Sodoma, dizendo: Como vive o Senhor que criou o céu e da terra, que remiu a minha alma de toda a angústia e que me livrou hoje de meus inimigos e os deu na minha mão, eu não vou levar nada pertencente a vocês, para que vocês não se vangloriem de amanhã, dizendo: Abrão ficou rico da nossa propriedade que ele salvou.

15 O Senhor Deus, em quem confio me disse: Nada te falta, eu te abençoarei em todas as obras das tuas mãos.

16 E agora, pois, eis que aqui está tudo que lhes pertence, levem e vão; como o Senhor vive, eu não reterei nada de vocês, com exceção da despesa do alimento de quem saiu comigo para a batalha, como também as partes dos homens que foram comigo: Anar, Ashcol e Manre; eles e os seus homens, assim como também os que tiveram de vir junto para cuidar da bagagem; eles devem tomar a sua parte dos despojos.

17 E o rei de Sodoma deu a Abrão e concordou com tudo o que ele tinha dito, e eles insistiram para que ele tomasse de tudo o que ele quisesse, mas ele não quis.

18 E ele enviou os reis de Sodoma e o restante de seus homens e deu-lhes ordens sobre Ló, e eles foram para seus respectivos lugares.

19 E Ló, filho de seu irmão, foi mandado embora com sua propriedade, e foi com eles. Ló voltou para sua casa em Sodoma, e Abrão e seu povo voltaram para sua casa nas planícies de Manre, que fica em Hebron.

20 Naquele tempo, o Senhor novamente apareceu a Abrão, em Hebron, e Ele disse-lhe: Não temas, a tua recompensa é muito grande diante de mim, porque Eu não te deixarei, até que te tenha multiplicado, e abençoado e feito tua descendência como as estrelas no céu, de forma que não possa ser medida nem contada.

21 E Eu darei à tua descendência todas estas terras que tu vês com os teus olhos, pois a ela Eu a darei por herança para sempre, apenas sê forte e não temas, anda diante de mim e sê perfeito.

22 E no ano septuagésimo oitavo da vida de Abrão, morreu Reu, filho de Pelegue, e todos os dias de vida de Reu foram 239 anos, e morreu.

23 E Sarai, filha de Harã, mulher de Abrão, era estéril, e ela ainda não tinha dado a Abrão filho ou filha.

24 E, quando viu que ela não dava à luz filhos, ela tomou sua serva Hagar (ou Agar), a quem Faraó tinha dado a ela, e ela a deu a Abrão seu marido como uma mulher.

25 Para Hagar aprender todas as formas de Sarai, Sarai a ensinou, e ela se lhe estava sujeita em tudo.

26 E disse Sarai a Abrão: Eis aqui está a minha serva Hagar, entra a ela para que ela possa gerar de entre seus joelhos um filho, para que eu possa obter também crianças através dela.

27 E habitavade Abrão na terra de Canaã, e tinha Abrão 85 anos de idade quando Sarai deu Hagar a ele.

28 E ouviu Abrão a voz de sua esposa Sarai, e ele tomou sua serva Hagar e Abrão entrou a ela e ela concebeu.

29 E, quando Hagar viu que ela havia concebido , ela se alegrou muito e sua senhora era desprezada aos seus olhos, pois ela disse dentro de si: isso só pode significar que eu sou melhor aos olhos de Deus do que Sarai , minha senhora, pois todos os dias que a minha patroa esteve com meu senhor, ela não concebeu, mas o Senhor me fez em tão pouco tempo conceber por ele.

30 E quando Sarai viu que Hagar tinha concebido por Abrão, Sarai ficou com ciúmes dela, e disse Sarai dentro de si: esta é certamente melhor do que eu sou.

31 E disse Sarai a Abrão: Meu agravo seja sobre ti, pois no momento em que tu oraste diante do Senhor por crianças porque não pediste por mim, para que o Senhor me deixasse ter semente de ti?

32 E quando eu falo a Hagar na tua presença, ela despreza as minhas palavras, porque ela concebeu, e tu não falas nada a ela; que o Senhor julgue isso que tu tens feito a mim.

33 E disse Abrão a Sarai: Eis que tua serva está na tua mão; faz-lhe como parecer bom aos teus olhos. Sarai a afligiu e Hagar fugiu dela para o deserto.

34 E um anjo do Senhor a encontrou no lugar onde ela tinha fugido, e ele disse: não tenhas medo, pois eu multiplicarei a tua descendência, pois terás um filho e tu lhe chamarás de Ismael; agora pois volta para Sarai, tua senhora, e humilha-te debaixo de suas mãos.

35 E Agar chamou o lugar Beer-Laai-Roi, é entre Cades e do deserto de Bered.

36 E naquela época voltou Agar à casa de seu senhor, e no final dos seus dias, Hagar gerou um filho a Abrão, e Abrão pôs o nome de Ismael e Abrão tinha 86 anos quando ela gerou ele.

* * *

16:7 - A primeira parte do sonho de Nimrode se concretiza (12:53,54); ele e outros três reis são derrotados por Abrão.

16:11,12 – O encontro de Abrão e o rei e sacerdote Adonizedeque (ou Melquisedeque) também aparece aqui registrado. (Gênesis 14:18-20)

16:24 - A serva Hagar é dada por Sarai a Abrão para que ela gerasse um filho de seu senhor. (Gênesis 16:1-3)

CAPÍTULO 17
O PACTO DA CIRCUNCISÃO. A MUDANÇA DE NOMES

1 E, naqueles dias, no 91º ano da vida de Abraão, os filhos de Quitim fizeram guerra com os filhos de Tubal, pois quando o Senhor espalhou os filhos dos homens sobre a face da terra, os filhos de Quitim foram e instalaram-se na planície de Canopia, e construíram cidades, e habitaram ao longo do rio Tibreu.

2 E os filhos de Tubal habitaram em Tuscanah, e os seus limites alcançaram o rio Tibreu, e os filhos de Tubal construíram uma cidade em Tuscanan, e chamaram-na pelo nome de Sabinah, segundo o nome do filho de Tubal Sabinah seu pai, e habitaram ali até este dia.

3 E naquele tempo, os filhos de Quitim fizeram guerra com os filhos de Tubal, e os filhos de

Tubal foram derrotados diante dos filhos de Quitim, e os filhos de Quitim mataram 370 homens dos filhos de Tubal.

4 E naquele tempo os filhos de Tubal juraram aos filhos de Quitim, dizendo: Você não casarão entre nós, e ninguém de nós dará sua filha a qualquer um dos filhos de Quitim.

5 Porque todas as filhas de Tubal eram naqueles dias belas, e nenhuma mulher era em toda terra tão formosa como as filhas de Tubal.

6 E todos aqueles que se encantavam com a beleza das mulheres iam ter com as filhas de Tubal e tomavam esposas delas, e os filhos dos homens, reis e príncipes, que admiravam muito a beleza das mulheres, tomaram esposas naqueles dias das filhas de Tubal.

7 E, ao fim de três anos os filhos de Tubal tinha jurado aos filhos de Quitim não lhes dar as suas filhas por mulheres, e cerca de 20 homens dos filhos de Quitim foram tomar as filhas de Tubal, mas não as acharam.

8 Os filhos de Tubal mantiveram seu juramento de não permitir que elas se casassem com eles.

9 E nos dias de colheita, os filhos de Tubal trabalhavam em seus campos para fazer sua colheita, quando os jovens de Quitim reuniram-se e foram à cidade de Sabinah, e cada homem levou uma jovem das filhas de Tubal, e regressaram para suas cidades.

10 E os filhos de Tubal sabendo disso foram fazer guerra com eles, e não puderam prevalecer, pois a montanha era muito alta para eles, e quando eles viram que não poderiam prevalecer sobre eles, voltaram para a sua terra.

11 E no final desse ano, os filhos de Tubal foram e contrataram cerca de 10 mil homens daquelas cidades que estavam perto deles, e eles entraram em guerra com os filhos de Quitim.

12 E os filhos de Tubal entraram em guerra com os filhos de Quitim, para destruir a sua terra e exterminá-los, e esforçaram-se os filhos de Tubal e prevaleceram sobre os filhos de Quitim, e os filhos de Quitim, vendo que estavam em grande aflição, levantaram crianças que tinham tido com as filhas de Tubal, sobre o muro que tinha sido construído, diante dos olhos dos filhos de Tubal.

13 E os filhos de Quitim lhes disseram: Vocês vieram para fazer a guerra com seus próprios filhos e filhas, e não temos tido nós mesmos consideração por vossa carne e ossos até agora?

14 Os filhos de Tubal ouviram isso, deixaram de fazer guerra com os filhos de Quitim e foram embora.

15 E eles voltaram para suas cidades, e os filhos de Quitim naquela época juntaram-se e construíram duas cidades à beira-mar. Eles chamaram uma de Purtu e a outra de Ariza.

16 E Abrão, o filho de Tera, tinha então 99 anos de idade.

17 Naquele tempo, o Senhor apareceu-lhe e disse-lhe: vou fazer a minha aliança entre Mim e ti, e grandemente multiplicarei a tua descendência, e esta é a aliança que faço entre mim e ti: que cada criança tua do sexo masculino deve ser circuncidado, tu e tua descendência.

18 Com oito dias de idade terão que ser circuncidados e será na vossa carne como uma aliança eterna.

19 E agora, portanto, o teu nome não deverá mais ser chamado Abrão, mas Abraão; e tua mulher não deverá mais ser chamada de Sarai, mas Sara.

20 Eu os abençoarei, e multiplicarei a tua descendência e te tornarás uma grande nação, e reis sairão de você.

* * *

17:17-19 - Deus aparece a Abrão e institui o pacto da circuncisão. Nesta mesma ocasião, o Senhor muda seu nome (que passaria a ser Abraão) e o de sua esposa Sarai (que se chamaria Sara).

CAPÍTULO 18
ABRAÃO E OS TRÊS ANJOS

1 E Abraão levantou-se e fez tudo o que Deus lhe ordenara, e levou os homens da sua casa e os comprados por seu dinheiro e todos foram circuncidados como o Senhor lhe tinha ordenado.

2 E não houve nenhum a quem não circuncidou, e Abraão e seu filho Ismael foram circuncidados na carne de seu prepúcio; treze anos de idade tinha Ismael quando ele foi circuncidado na carne do seu prepúcio.

3 E no terceiro dia, Abraão saiu de sua tenda e sentou-se à porta para desfrutar do calor do sol, durante a dor de sua carne.

4 E o Senhor lhe apareceu na planície de Manre e enviou três de seus anjos ministeriais para visitá-lo e ele estava sentado na porta da tenda; ele levantou os olhos e os viu, e eis que três homens vinham de uma distância, e ele se levantou e correu para encontrá-los, e ele inclinou-se para eles e trouxe-os para sua casa.

5 E ele lhes disse: Se agora tenho achado graça em seus olhos, entrem e comam um pedaço de pão, e insistindo com eles, entraram; deu-lhes água e lavaram seus pés e ele os colocou debaixo de uma árvore na porta da tenda.

6 Abraão pegou um bezerro, tenro e bom, e ele o matou, e deu a seu servo Eliezer para o cozinhar.

7 E veio Abraão a Sarah na tenda, e disse-lhe: Prepara rapidamente três medidas de farinha fina, amasse-o e faz bolos para cobrir o pote contendo carne, e ela fez isso.

8 E Abraão apressou-se e trouxe diante deles manteiga e carne, leite e carne de carneiro, e deu-lhes diante deles para comerem, e eles comeram.

9 E quando eles tinham acabado de comer um deles lhe disse, eu voltarei para ti no tempo de sua vida determinado, e Sara, tua mulher terá um filho.

10 E os homens depois partiram e seguiram seus caminhos para o lugar para o qual foram enviados.

11 E naqueles dias, todas as pessoas de Sodoma e Gomorra, e das cinco cidades inteiras, se tornaram extremamente ímpias e pecadoras contra o Senhor e provocaram o Senhor com as suas abominações; e cresciam em malignidade e suas maldades e os crimes eram naqueles dias grandes diante do Senhor.

12 E eles tinham em suas terras um vale muito grande, cerca de metade de um dia de caminhada, e nele havia fontes de água e uma grande quantidade de forragem em torno da água.

13 E todas as pessoas de Sodoma e Gomorra iam lá quatro vezes no ano, com as suas esposas e filhos e todos os que pertenciam a eles, e eles se alegravam lá com adufes e danças.

14 E no tempo de regozijo, todos iam e lançavam mão das esposas de seus vizinhos, e alguns, das filhas virgens dos seus vizinhos e cada homem via sua esposa e filhas nas mãos de seus vizinhos, e não diziam uma só palavra.

15 E eles o faziam desde pela manhã até à noite, e depois voltavam para casa; cada um regressava para sua casa e cada mulher à sua tenda, e eles o faziam quatro vezes no ano.

16 E também quando um estranho entrava em suas cidades e traziam bens que ele havia comprado com o objetivo de dispor deles lá, as pessoas dessas cidades se reuniam, homens, mulheres e crianças, jovens e velhos, e tomavam seus bens pela força, distribuindo um pouco por cada homem até que nada restasse de todos os bens do proprietário, que ele tinha trazido para a terra.

17 E se o proprietário das mercadorias brigasse com eles, dizendo: O que é este trabalho que vocês fazem a mim, então eles se aproximavam para ele, um por um, e cada um lhe mostraria a parte com que ficara e ameaçavam-no, dizendo: Eu só retive o pouco que tu me deste; e quando ele ouvia isso de todos eles, se levantava e se retirava deles na tristeza e amargura de alma, e todos o seguiam, e o expulsavam da cidade com grande barulho e tumulto.

18 E houve ali um homem do país de Elão que percorria descansadamente a estrada, sentado sobre seu jumento, que carregava um manto fino de diversas cores, e o manto estava preso com um cabo encima do jumento.

19 E o homem estava em sua viagem passando pelas ruas de Sodoma, quando o pôr do sol se deu e anoiteceu, e ele permaneceu lá, a fim de passar a noite, mas ninguém o deixava entrar em sua casa; e naquela época havia em Sodoma um homem mau e travesso, hábil para fazer o mal, e seu nome era Hedad.

20 E ele viu o viajante na praça da cidade, e ele veio e disse: Donde vens e para onde vais tu?

21 E o homem disse: eu estou viajando de Hebrom para Elão, de onde eu pertenço; o sol se pôs e ninguém me deixa entrar em sua casa, embora eu tenha pão e água e também palha e forragem para meu jumento, e nada me falta.

23 E Hedad o levou para sua casa, e ele pegou o manto do jumento pelo cabo, e os trouxe para a casa dele, e deu-lhe a palha e forragem ao jumento. O viajante comeu e bebeu na casa Hedad, e ficou ali naquela noite.

24 E pela manhã o viajante se levantou de madrugada para continuar sua jornada, quando Hedad disse a ele: Espera, consola o teu coração com um bocado de pão e depois vai. E o homem o fez, e ele permaneceu com ele, e ambos comeram e beberam juntos durante o dia, até que o homem se levantou para ir.

25 E Hedad disse-lhe: Eis que agora o dia está em declínio, será melhor permanecer toda a noite para que o teu coração possa descansar, e instou com ele para que ele ali permanecesse toda a noite, e ao segundo dia, ele levantou-se cedo para ir embora, quando Hedad o pressionou, dizendo: Conforta teu coração com um bocado de pão e depois vai. Ele permaneceu e comeu com ele também o segundo dia, e então o homem se levantou para continuar sua jornada.

26 E Hedad disse-lhe: Eis que agora o dia está em declínio, permanece comigo para consolar o teu coração e de manhã, levanta-te de madrugada e vai-te.

27 E o homem não quis ficar, levantou-se e albardou o seu jumento, e enquanto ele estava selando o jumento, a esposa de Hedad disse a seu marido: Eis que este homem permaneceu conosco por dois dias comendo e bebendo, e não nos deu nada, e agora ele irá para longe de nós sem dar nada? E Hedad disse a ela para se calar.

28 E o homem albardou o seu jumento para ir, e ele pediu a Hedad para lhe dar o cabo e o manto para amarrá-lo em cima do jumento.

29 E Hedad disse a ele: que dizes? E ele lhe disse: que o meu senhor me devolva o cabo e o manto feito com diversas cores que tu guardaste contigo em tua casa para cuidar dele.

30 E Hedad respondeu o homem, dizendo: Esta é a interpretação do teu sonho: o cabo de que tu falas significa que a tua vida vai se prolongar para fora como um cordão, e o manto colorido com todos os tipos de cores significa que terás um vinhedo em que plantarás árvores de todas as frutas.

31 E o viajante respondeu, dizendo: Não é assim, meu senhor, pois eu estava bem acordado quando eu te dei o cabo e também o manto de tecido com cores diferentes, que tu retiraste do jumento para guardares para mim, e Hedad respondeu, e disse: Certamente eu te disse a interpretação do teu sonho e é um sonho bom, e esta é a sua interpretação.

32 Ora, os filhos dos homens dão-me quatro peças de prata, que é o meu pagamento para interpretar sonhos, e de ti eu só exijo três peças de prata.

33 E o homem ficou chocado com as palavras de Hedad, e ele chorou amargamente, e ele trouxe Hedad a Serak, juiz de Sodoma.

34 E o homem expôs a sua causa diante de Serak, o juiz, e Hedad respondeu, dizendo: Não é assim, mas, assim e assim a matéria se encontra; e o juiz disse ao viajante: Este homem Hedad fala a verdade de ti, porque ele é famoso nas cidades para a interpretação precisa de sonhos.

35 E o homem chorou ao ouvir a palavra do juiz, e ele disse: Não é assim, meu senhor, por que foi de dia que eu lhe dei o cordão e manto, que estava em cima do jumento, a fim de colocá-los em sua casa, e ambos disputaram perante o juiz, dizendo: Assim era o problema, e o outro, que declarava contrário.

36 E Hedad disse ao homem: Dá-me quatro peças de prata que eu levo pelas minhas interpretações de sonhos, não vou fazer qualquer desconto, e dá-me a despesa das quatro refeições que tu comeste em minha casa.

37 E o homem disse a Hedad: Verdadeiramente eu te pagarei pelo que eu comi em tua casa, se me devolveres o cabo e o manto que tu escondeste em tua casa.

38 E Hedad respondeu perante o juiz e disse ao homem: Não te disse eu a interpretação do teu sonho? O cabo significa que os teus dias serão prolongados como uma corda, e o manto, um vinhedo que desejas, em que plantarás todos os tipos de árvores frutíferas.

39 Esta é a interpretação adequada do teu sonho, agora dá-me as quatro peças de prata que eu exijo como compensação, para ti não farei nenhum desconto.

40 E o homem gritou às palavras de Hedad e ambos discutiram diante do juiz, e o juiz deu ordem aos seus servos, que os levaram precipitadamente para fora da casa.

41 E eles se retiraram do juiz discutindo e quando o povo de Sodoma os ouviu, eles se reuniram com eles e exclamaram contra o estrangeiro, e expulsaram-no da cidade.

42 E o homem continuou sua viagem em cima de seu jumento com amargura de alma, lamentando e chorando.

43 E enquanto ele estava indo, ele chorou o que tinha acontecido com ele na cidade corrupta de Sodoma.

* * *

18:9 - O anúncio do nascimento de Isaque. A Bíblia relata que, ao ouvir as palavras dos mensageiros divinos, Sara riu (Gênesis 18:10-12). Essa é a razão de ter recebido o nome de Isaque, cujo significado é "riso".

18:11 - Início dos relatos das perversidades que se praticavam nas cidades de Sodoma e Gomorra antes de serem destruídas.

18:32-35 - Mesmo os juízes em Sodoma eram homens corruptos e perversos.

CAPÍTULO 19
AS ABOMINAÇÕES DO POVO DE SODOMA E GOMORRA

1 E Sodoma tinha quatro juízes para quatro cidades, e estes são os seus nomes: Serak, na cidade de Sodoma; em Gomorra, Sharkad; Zabnac, em Admá; e Menon, em Zeboyim.

2 E o servo de Abraão, Eliezer, chamou-os de nomes diferentes, e ele se chamou a Serak de Shakra, a Sharkad de Shakrura, a Zebnac de Kezobim e a Menon de Matzlodin.

3 E por desejo de seus quatro juízes, o povo de Sodoma e Gomorra tinha posto camas nas ruas das cidades, e se um homem viesse a esses lugares, ordenaram que o tomassem e o forçassem a deitar-se em uma de suas camas.

4 E assim que se deitasse, três homens estariam em sua cabeça e três aos seus pés para que o esticassem pela cama. Se o homem fosse menor do que o leito, esses seis homens teriam de esticá-lo em cada extremidade, e quando ele gritasse para eles, não poderiam responder-lhe.

5 E, se ele fosse maior do que a cama, eles afastariam as duas extremidades da cama, até que o homem houvesse chegado às portas da morte.

6 E se continuasse a gritar, eles iriam responder, dizendo: Assim será feito ao homem que vem em nossa terra.

7 E quando os homens ouviam todas essas coisas que as pessoas das cidades de Sodoma faziam, eles abstinham-se de ir lá.

8 E, se um homem pobre viesse à sua terra, eles lhe dariam prata e ouro, e proclamavam em toda a cidade que não lhe fosse dado sequer um pedaço de pão para comer, e se o estranho permanecesse lá alguns dias, e morresse de fome, não tendo sido capaz de obter um bocado de pão, depois de sua morte todas as pessoas da cidade vinham e tomavam a sua prata e ouro que tinham dado a ele.

9 E aqueles que pudessem reconhecer a prata ou ouro que lhes tinham dado, o levavam de volta em sua morte. Eles também lhes tiravam as roupas e lutariam por elas, e o que prevalecesse sobre o seu vizinho as tomariam para si.

10 Eles depois o levavam e o enterravam sob algum dos arbustos nos desertos, e deste modo eles fizeram todos os dias a qualquer um que viessem até eles e morressem na sua terra.

11 E, no decorrer do tempo, Sara enviou Eliezer para Sodoma, para ver Ló e saber de seu estado.

12 E Eliezer foi a Sodoma, e ele encontrou um homem de Sodoma lutando com um estranho, e os homens de Sodoma despiram o pobre homem de todas as suas roupas e o abandonoram.

13 E este pobre clamou a Eliezer e suplicou o seu favor por causa do que o homem de Sodoma tinha feito a ele.

14 E ele lhe disse: Por que tu agiste assim para com o pobre homem que veio para a tua terra?

15 E o homem de Sodoma respondeu a Eliezer, dizendo: É este homem, teu irmão, ou as pessoas de Sodoma te constituíram como um juiz neste dia, para que tu defendas este homem?

16 E Eliezer lutou com o homem de Sodoma por causa do pobre homem, e quando Eliezer se aproximou para recuperar a roupa do pobre, o homem de Sodoma se apressou e com uma pedra feriu a Eliezer na testa.

17 E o sangue fluiu copiosamente da testa de Eliezer, e quando o homem viu o sangue ele agarrou Eliezer, dizendo: Dá-me o meu salário para que te livre deste mau sangue que está na tua testa, pois tal é o costume e a lei em

nossa terra.

18 E Eliezer disse-lhe: Tu me feriste e requeres que te pague o teu salário? E Eliezer não quis dar ouvidos às palavras do homem de Sodoma.

19 E o homem lançou mão de Eliezer e levou-o para Shakra, o juiz de Sodoma, para julgamento.

20 E o homem falou com o juiz, dizendo: Rogo-te, meu senhor, assim e assim esse homem fez, e eu feri-o com uma pedra de forma que o sangue fluiu de sua testa, e ele não está disposto a dar-me o meu salário.

21 E o juiz disse a Eliezer: este homem fala a verdade a ti, dá-lhe o seu salário, pois isso é o costume em nossa terra; e Eliezer ouviu as palavras do juiz e ele agarrou uma pedra e feriu o juiz, e a pedra bateu na testa, e o sangue fluiu copiosamente da testa do juiz, e Eliezer disse: Se isso então é o costume em sua terra, dá tu a este homem o que eu deveria ter dado a ele, pois isso tem sido a tua decisão, e tu o decretaste.

22 E Eliezer deixou o homem de Sodoma com o juiz e foi embora.

23 E os reis de Elão fizeram guerra contra os reis de Sodoma, e os reis de Elão capturaram todos os bens de Sodoma e tomaram Ló cativo com sua propriedade. Quando isto foi dito a Abraão, ele foi e fez a guerra com os reis de Elão e ele recuperou toda a propriedade do Ló, bem como a propriedade de Sodoma.

24 E naquele tempo a mulher de Ló lhe deu uma filha, e chamou o seu nome Paltith, dizendo: "Porque Deus tinha entregues ele e toda a sua família dos reis de Elão", e Paltith , filha de Ló, cresceu; e um dos homens de Sodoma a tomou para esposa.

25 E um homem pobre chegou à cidade em busca de manutenção, e ele permaneceu na cidade alguns dias, e todas as pessoas de Sodoma, proclamaram como era seu costume, de não dar a este homem um pedaço de pão para comer, até que ele caísse morto sobre a terra, e elas assim fizeram.

26 E Paltith, a filha de Ló, viu este homem deitado na rua morrendo de fome, e ninguém lhe dava qualquer coisa para mantê-lo vivo, e ele estava prestes a morrer.

27 E a sua alma se encheu de compaixão por causa do homem, e ela lhe deu secretamente pão para muitos dias, e a alma deste homem reviveu.

28 Porque, quando ela saía para buscar água, ela colocava o pão na jarra de água, e quando ela chegava ao lugar onde o pobre homem estava, ela tomava o pão do jarro e dava-lhe de comer, e assim fez ela fez por muitos dias.

29 E as pessoas de Sodoma e Gomorra se perguntavam como esse homem pode suportar a fome por tantos dias.

30 E disseram uns aos outros: isso só pode ser porque ele come e bebe, pois nenhum homem pode suportar a fome por tantos dias ou viver como este homem tem vivido, sem que o seu semblante se altere . E três homens ocultaram-se perto do lugar onde o pobre homem estava para saber quem era que lhe trazia pão para comer.

31 E Paltith, a filha de Ló, saiu naquele dia para buscar água, e ela colocou o pão em seu jarro de água, e ela foi tirar água no lugar do pobre, e ela tirou o pão do jarro e deu-o ao pobre homem e ele comeu.

32 E os três homens viram o que Paltith fez com o pobre homem, e disseram-lhe: És tu então que o apoias e, portanto, não tem passado fome, nem mudou de aparência e nem morreu como os outros.

33 E os três homens saíram do local em que eles estavam escondidos e eles agarraram Paltith e o pão que estava na mão do pobre homem.

34 E tomaram Paltith e a trouxeram diante de seus juízes, e eles disseram- lhes: Assim e assim fez ela, e é ela que sustenta o pobre homem com pão, e é por isso que ele não morreu durante todo esse tempo, portanto, declara-nos então o castigo devido a esta mulher por ter transgredido nossa lei.

35 E o povo de Sodoma e Gomorra reuniu-se e acendeu um fogo numa rua da cidade, e levou a mulher e lançou-a para o fogo e ela foi reduzida a cinzas.

36 E na cidade de Admá havia uma jovem mulher a quem fez igual.

37 Pois um viajante veio para a cidade de Admá para ficar ali a noite toda com a intenção de prosseguir para sua casa de manhã; e ele se sentou em frente à porta da casa do pai dessa jovem, para permanecer lá, pois o sol havia se posto quando se chegou naquele lugar, e a jovem mulher viu-o sentado ao lado da porta da casa.

38 E pediu-lhe um copo de água e respondeu-lhe: Quem és tu? E ele disse para ela : eu estava neste dia na Estrada e cheguei aqui quando o sol se pôs, então eu vou passar aqui toda a noite, e de manhã me levantarei cedo e continuarei minha jornada.

39 E a jovem entrou na casa e foi buscar pão e água ao homem para comer e beber.

40 E este caso se tornou conhecido do povo de Admá, e eles juntaram-se e trouxeram a jovem diante dos juízes, para que a julgassem por este ato.

41 E disse o juiz: esta mulher é digna de morte, pois ela transgrediu a nossa lei, e esta é a decisão sobre ela.

42 E as pessoas dessa cidade se reuniram e trouxeram a mulher jovem, e a ungiram com mel da cabeça aos pés, como o juiz havia decretado, e a colocaram diante de um enxame de abelhas que estava então em suas colmeias, e as abelhas voavam sobre ela e picaram o seu corpo inteiro ao ponto de ficar inchado.

43 A jovem gritou por causa das abelhas e ninguém se importou ou teve dó dela; e seus gritos subiram aos céus.

44 E o Senhor foi provocado nesta ocasião e em todas as obras da cidade de Sodoma, pois tinham abundância de alimentos, e tinham tranquilidade entre eles; ainda assim não sustentavam os pobres e necessitados; nestes dias suas maldades e pecados se tornaram grandes diante do Senhor.

45 E o Senhor enviou dois dos anjos que foram à casa de Abraão, para destruir Sodoma e suas cidades.

46 E os anjos se levantaram da porta da tenda de Abraão, depois de terem comido e bebido, e chegaram a Sodoma ao anoitecer, e Ló estava então, sentado à porta de Sodoma e quando os viu, levantou-se para conhecê-los, e ele se inclinou para o chão.

47 E ele os pressionou muito e os trouxe para sua casa, e deu-lhes víveres, para que eles comessem, e ficaram toda a noite em sua casa.

48 E os anjos disseram a Ló: Levanta-te, sai deste lugar, tu com tudo que pertence a ti, para que não pereças na injustiça desta cidade, porque o Senhor vai destruir este lugar.

49 E os anjos apressaram a mão de Ló e a mão de sua esposa, e as mãos de seus filhos, e todos pertencentes a ele, e tiraram-no e puseram-nos fora das cidades.

50 E eles disseram a Ló: escapa-te por tua vida. E ele fugiu e todos os que lhe pertenciam.

51 Então o Senhor fez chover enxofre e fogo do céu sobre Sodoma e Gomorra e sobre todas estas cidades.

52 E destruiu essas cidades e toda a planície e todos os habitantes das cidades, e o que nascia da terra. Ado, a mulher de Ló, olhou para trás para ver a destruição das cidades, com compaixão por suas filhas que permaneceram em Sodoma, pois elas não foram com ela.

53 E, quando ela olhou para trás, ela se tornou uma estátua de sal, e ainda está naquele lugar até este dia.

54 E os bois que estão naquele lugar, diariamente lambem o sal das extremidades de seus pés, e de manhã, brotam de novo, eles novamente o lambem até hoje.

55 E Ló e suas duas filhas, esconderam-se na caverna de Adulão e lá permaneceram por algum tempo.

56 E Abraão levantou-se de madrugada para ver o que tinha sido feito às cidades de Sodoma, e ele olhou e viu a fumaça das cidades subindo como fumaça de uma fornalha.

57 E Ló e suas duas filhas permaneceram na caverna, e elas fizeram o seu pai beber vinho, e se deitaram com ele, pois disseram que não havia homem na terra que pudesse dar semente deles, pois eles achavam que a terra inteira havia sido destruída.

58 E ambas se deitaram com seu pai, e elas geraram filhos, e ao primogênito chamaram o nome de seu filho Moabe, dizendo: "Do meu pai eu o concebi", e ele é o pai dos moabitas até este dia.

59 E ao menor chamaram seu filho de Benami, ele é o pai dos filhos de Amon até este dia.

60 E após isto, Ló e suas duas filhas foram embora de lá, e ele habitou no outro lado do Jordão com suas duas filhas e seus filhos. E os filhos de Ló cresceram, e tomaram mulheres da terra de Canaã, geraram filhos, frutificaram e se multiplicaram.

* * *

19:11 - Sara envia ao servo Eliézer à cidade de Sodoma para saber notícias de seu irmão Ló.

19:20-22 - A sabedoria de Eliézer diante da injusta sentença do juiz de Sodoma.

19:35 - Uma das filhas de Ló é queimada até a morte pelos moradores de Sodoma e Gomorra.

19:43 - Uma jovem é assassinada pelos moradores de Sodoma e seu clamor chegou aos céus (Gênesis 18:20,21)

19:52 - A motivação da mulher de Ló para voltar seu olhar para a destruição da cidade.

CAPÍTULO 20
ABRAÃO VAI PARA A TERRA DOS FILISTEUS

1   E naquele tempo, Abraão partiu da planície de Manre, e foi para a terra dos filisteus, e habitou em Gerar, no ano vinte e cinco de sua peregrinação na terra de Canaã, e no ano do centenário da vida de Abraão, ele veio para Gerar, na terra dos filisteus.

2   E quando eles entraram na terra, disse a Sara, sua mulher: diz que és minha irmã a qualquer pessoa que te perguntar, a fim de que possamos escapar do mal dos habitantes desta terra.

3   E, como Abraão estava habitando na terra dos filisteus, os servos de Abimeleque, rei dos filisteus, viram que Sarah era extremamente bonita, e perguntaram a Abraão sobre ela, e ele disse: Ela é minha irmã.

4   E os servos de Abimeleque vieram a Abimeleque, dizendo: Um homem da terra de Canaã veio para habitar na terra, e ele tem uma irmã que é extremamente bela.

5   E Abimeleque ouviu as palavras de seus servos que elogiavam Sara diante dele, e Abimeleque enviou seus oficiais, e eles trouxeram Sara ao rei.

6   E Sarah chegou à casa de Abimeleque e o rei viu que Sarah era linda, e ela lhe agradou sobremaneira.

7   E ele se aproximou dela e disse-lhe: Quem é o homem com quem tu vieste para a nossa terra? E Sara respondeu, e disse: "é meu irmão, e nós viemos da terra de Canaã para morar onde quer encontrar um lugar".

8   E Abimeleque disse a Sara: Eis que a minha terra está diante de ti, coloca teu irmão em qualquer parte desta terra que te agrade, e ele será exaltado acima de todo o povo da terra, uma vez que ele é teu irmão.

9   E Abimeleque chamou a Abraão, e Abraão veio a Abimeleque.

10   E Abimeleque disse a Abraão: Eis que tenho dado ordens para que tu sejas bem tratado como tu desejas, por conta da tua irmã, Sara.

11   E Abraão saiu da presença do rei com presentes do rei.

12   E ao fim da tarde, antes dos homens se deitarem para descansar, o rei estava sentado em seu trono, e um profundo sono caiu sobre ele, e se deitou no trono e dormiu até de manhã.

13   E ele sonhou que um anjo do Senhor veio a ele com uma espada desembainhada em sua mão, e chegou o anjo sobre Abimeleque e queria matá-lo com a espada, e o rei estava aterrorizado em seu sonho, e disse ao anjo: Em que pequei contra ti para que tu venhas a matar-me com a tua espada?

14   E o anjo respondeu e disse a Abimeleque: Eis que tu morres por causa da mulher que tu ontem à noite trouxeste para tua casa, porque ela é uma mulher casada, a esposa de Abraão, que veio a tua casa, pois agora devolve ao homem a sua esposa, pois ela é a sua mulher, e se tu não o fizeres, fica sabendo que certamente morrerás, tu e todos os pertencentes a ti.

15   E a noite, houve um grande clamor na terra dos filisteus, e os habitantes viram a figura de um homem de pé com uma espada desembainhada em sua mão, e feriu os habitantes da terra com a espada, e continuou a feri-los.

16   E o anjo do Senhor feriu toda a terra dos filisteu, e foi uma grande confusão na noite e na manhã seguinte.

17   E cada útero estava fechado, e todos os seus órgãos, e a mão do Senhor estava sobre ele por causa de Sara, mulher de Abraão, a quem Abimeleque havia tomado.

18   E de manhã, Abimeleque levantou-se com terror e confusão e com um grande temor, e ele chamou seus servos, e ele relatou seu sonho a eles, e as pessoas ficaram com muito medo.

19   E um homem de pé entre os servos do rei, respondeu ao rei, dizendo: Ó rei soberano, restaura esta mulher ao seu marido, pois ele é seu marido; assim aconteceu com o rei do Egito, quando este homem veio para o Egito.

20   E ele disse a respeito de sua esposa: "minha irmã é"; pois essa é a sua maneira de fazer quando ele vem morar numa terra em que ele é um estranho.

21   E enviou Faraó, e tomou esta mulher para sua mulher e o Senhor trouxe sobre ele graves pragas até que ele devolvesse a mulher ao marido.

22   Agora, pois, ó soberano rei, sabe que o que aconteceu ontem à noite por toda a terra, pois houve uma grande consternação e grande dor e lamentação, foi por conta da mulher que tu tomaste.

23   Restaura esta mulher ao seu marido, para que não se abata sobre nós como se fez a Faraó, rei do Egito, e seus súditos, e que não venhamos todos a morrer; e apressou-se Abimeleque e chamou Sara e Abraão diante dele.

24 E Abimeleque disse a eles: que é este trabalho que me fizeram, dizendo que vocês são irmãos, e eu tomei essa mulher para minha mulher?

25 Respondeu Abraão: Porque eu pensei que eu morreria por causa da minha mulher . Então tomou Abimeleque ovelhas e vacas, e servos dos homens e servos e servas, e mil peças de prata, e ele deu a Abraão, e ele devolveu Sara para ele.

26 E Abimeleque disse a Abraão: Eis que toda a terra está diante de ti, habita nela onde quer que tu escolhas.

27 E Abraão e Sara sua esposa saíram da presença do rei com honra e respeito, e ficaram na terra, em Gerar

28 E todos os habitantes da terra dos filisteus e servos do rei ainda estavam com dor, através da praga que o anjo havia infligido sobre eles à noite toda por conta de Sara.

29 E Abimeleque falou a Abraão, dizendo: Ore agora por teus servos, para que o Senhor teu Deus cesse esta mortalidade de entre nós.

30 E Abraão orou por Abimeleque e seus súditos, e o Senhor ouviu a oração de Abraão, e ele curou Abimeleque e todos os seus súditos.

* * *

20:14 - O rei Abimeleque é advertido por Deus por levar a Sara como sua mulher para o palácio. (Gênesis 20:3,7)

CAPÍTULO 21
O NASCIMENTO DE ISAQUE

1 E foi naquele tempo, ao fim de um ano e quatro meses de morada de Abraão na terra dos filisteus em Gerar, que Deus visitou a Sara, e o Senhor se lembrou dela, e ela concebeu e deu à luz um filho a Abraão.

2 E chamou Abraão o nome do filho que lhe nascera de Sara, Isaac (ou Isaque).

3 E Abraão circuncidou o seu filho Isaac ao oitavo dia, como Deus havia ordenado a Abraão para fazer à sua descendência depois dele. Abraão tinha 100 anos e Sara 90 anos quando Isaac nasceu a eles.

4 E a criança cresceu e ela foi desmamada, e Abraão fez um grande banquete no dia em que Isaac foi desmamado.

5 E Shem e Eber e todas as grandes pessoas da terra, e Abimeleque, rei dos filisteus, e seus servos, e Ficol, o chefe do seu exército, vieram para comer e beber e regozijar-se com a festa que Abraão fez no dia do desmame de seu filho Isaac.

6 Também Tera, pai de Abraão, e Naor, seu irmão, vieram de Haran, eles e todos os pertencentes a eles, pois muito se alegraram ao saber que um filho tinha nascido para Sara.

7 E eles vieram a Abraão, comeram e beberam na festa que Abraão fez no dia do desmame de Isaac.

8 E Tera e Naor se alegraram com Abraão, e permaneceram com ele durante muitos dias na terra dos filisteus.

9 E naquele tempo, Serugue, filho de Reu, morreu, no primeiro ano do nascimento de Isaac, filho de Abraão.

10 E todos os dias de Serugue foram 239 anos, e morreu.

11 E Ismael, filho de Abraão, foi crescendo e ele tinha 14 anos de idade quando Sara deu Isaac a Abraão.

12 Deus estava com Ismael, filho de Abraão, e ele cresceu e aprendeu a usar o arco e se tornou um arqueiro.

13 E, quando Isaac tinha cinco anos de idade, ele estava sentado com Ismael na porta da tenda.

14 E Ismael veio a Isaac e sentou-se em frente, e pegou o arco e colocou a flecha, e pretendia matar Isaac.

15 E Sara viu o ato que Ismael desejara fazer a seu filho Isaac, e pesou-lhe muito por conta de seu filho. Ela chamou a Abraão, e disse-lhe: Despede esta escrava e seu filho, pois o seu filho não será herdeiro com meu filho, pois assim ele procurou fazer-lhe este dia.

16 E Abraão ouviu a voz de Sara, e se levantou de madrugada, e ele pegou 12 pães e uma garrafa de água e deu a Agar, e despediu-a com seu filho. Hagar foi com o filho para o deserto, e habitaram no deserto de Paran com os habitantes do deserto. Ismael foi um arqueiro, e habitou no deserto por um longo período de tempo.

17 E ele e sua mãe depois foram para a terra do Egito e habitaram ali; e Hagar tomou uma esposa para seu filho do Egito, e seu nome era Meribá.

18 E a mulher de Ismael concebeu e lhe deu quatro filhos e duas filhas, e Ismael, sua mãe, sua esposa e filhos voltaram mais tarde para o deserto.

19 E eles montaram tendas no deserto, em quais moravam, e eles continuavam a viajar e depois de descansava mensal e anualmente.

20 E Deus deu a Ismael rebanhos, gado e tendas por conta de seu pai Abraão.

21 Ismael morava no deserto em tendas, viajando e descansando por um longo tempo, e ele não via seu pai.

22 E, algum tempo depois, Abraão disse a Sara, sua mulher: "eu vou ver o meu filho Ismael, pois eu tenho desejo de vê-lo, porque eu não o vejo há muito tempo."

23 E Abraão montou um de seus camelos e se dirigiu ao deserto para procurar seu filho Ismael, para saber como que ele estava morando em uma tenda no deserto, com tudo que lhe pertence.

24 E Abraão foi para o deserto, e chegou à tenda de Ismael ao meio-dia, e ele perguntou por Ismael, e ele encontrou a esposa de Ismael sentada na barraca com seus filhos; e Ismael seu marido não estava com eles.

25 E Abraão perguntou à esposa de Ismael, dizendo: Onde está Ismael? E ela disse: Ele foi para o campo para caçar; e Abraão ainda estava montado em cima de seu camelo, para que não descesse para o chão , pois ele havia jurado a sua esposa Sara, que ele não iria sair do camelo.

26 E Abraão disse: minha filha, dá-me um pouco de água para eu beber, pois estou cansado da viagem.

27 E a mulher de Ismael respondeu, e disse a Abraão: Não temos nem água nem pão, e ela continuou sentado na tenda e não honrou Abraão, nem lhe perguntou quem ele era.

28 Mas ela estava batendo em seus filhos na tenda, e ela estava xingando eles, e ela também amaldiçoou Ismael seu marido e ofendendo-o; e Abraão ouviu as palavras da esposa de Ismael para com seus filhos, e ele ficou muito irritado e descontente.

29 E chamou Abraão a mulher que saísse a ele da tenda, e a mulher veio e parou em frente a Abraão ; e Abraão ainda estava montado em cima do camelo.

30 E Abraão disse à esposa de Ismael: quando o teu marido retornar a casa, diz estas palavras a ele.

31 Um homem muito velho da terra dos filisteus, veio aqui em busca de ti, e assim era a sua aparência e figura, eu não lhe perguntei quem ele era, e vendo que não estavas aqui ele falou-me e disse: Quando Ismael teu marido retornar fala-lhe, assim, que este homem diz : "Quando vieres tu a casa, arruma esta estaca da tenda que tens colocado aqui, e coloca outra estaca no seu lugar".

32 E tendo Abraão terminado suas instruções para a mulher, virou-se e partiu com o camelo para casa.

33 E Ismael veio da caçada com sua mãe e voltou para a tenda. Sua esposa então falou estas palavras a ele.

34 Um homem muito velho da terra dos filisteus veio procurar-te e esta era sua aparência e figura, mas eu não lhe perguntei quem ele era, e vendo que não estavas em casa ele disse-me: Quando o teu marido vier para casa diz-lhe: Assim diz o velho: Remove a estaca da tenda que tens aqui e coloca outra no seu lugar.

35 E Ismael ouviu as palavras de sua esposa, e ele sabia que era seu pai, e que sua esposa não o havia honrado.

36 E Ismael compreendeu as palavras de seu pai, que ele tinha falado com sua esposa. Ismael ouviu a voz de seu pai e expulsou aquela mulher e ela foi embora.

37 E Ismael depois foi para a terra de Canaã, e ele tomou outra mulher e ele levou-a para sua tenda para o lugar onde ele então morava.

38 E, ao fim de três anos, Abraão disse: eu vou de novo procurar meu filho Ismael, porque eu não sei nada dele por um longo tempo.

39 E montou o seu camelo e foi para o deserto, e chegou à tenda de Ismael ao meio-dia.

40 E ele perguntou depois por Ismael, e sua esposa saiu da tenda e disse: Ele não está aqui, meu senhor, pois ele foi caçar nos campos para alimentar os camelos; e a mulher disse a Abraão: entre o meu senhor na tenda, e coma um bocado de pão, pois tua alma deve estar cansada por causa da viagem.

41 E Abraão disse a ela: eu não vou parar porque estou com pressa em continuar a minha viagem, mas dá-me um pouco de água para beber, porque tenho sede. E a mulher se apressou e correu para dentro da barraca e ela trouxe água e pão a Abraão, que colocou diante dele e ela pediu-lhe para ele comer, e ele comeu e bebeu e seu coração foi consolado e ele abençoou seu filho Ismael.

42 E ele terminou sua refeição e ele abençoou o Senhor, e ele disse à esposa de Ismael: quando Ismael vier para casa, diz-lhes estas palavras a ele.

43 Um homem muito velho da terra dos filisteus, veio aqui e perguntou por ti, e tu não estavas aqui, e eu trouxe para fora pão e água e ele comeu e bebeu e seu coração foi consolado.

44 E ele disse estas palavras para mim: Quando Ismael teu marido vier para casa, diz a ele : "o prego da tua tenda é muito bom, não o coloques fora da tenda."

45 E Abraão terminou de falar à mulher, e ele partiu para sua casa, para a terra dos filisteus, e quando Ismael chegou à sua tenda, sua esposa saiu para encontrá-lo com alegria e um coração alegre.

46 E ela lhe disse: Um velho homem veio aqui da terra dos filisteus e, assim e assim era sua aparência, e ele perguntou por de ti e tu não estavas aqui, então eu trouxe pão e água, e ele comeu e bebeu e seu coração foi consolado.

47 E ele disse estas palavras para mim, quando Ismael teu marido vier para casa diz-lhe: O prego da tua tenda é muito bom, não o coloques fora da tenda.

48 E Ismael sabia que era seu pai, e que sua esposa o tinha honrado, e o Senhor abençoou Ismael.

* * *

21:12-15 - É aqui apresentada a justa razão para que Sara pedisse ao patriarca Abraão que despedisse a Ismael e sua mãe Hagar de sua casa. (Gênesis 21:10)

21:22,38 - As visitas do patriarca Abraão a Ismael no deserto e seus sábios conselhos para seu filho.

<h1 align="center">CAPÍTULO 22</h1>
<h2 align="center">ISMAEL RETORNA COM SUA FAMÍLIA.
ABRAÃO VOLTA PARA CANAÃ</h2>

1 E Ismael então levantou-se e levou sua esposa, seus filhos e seu gado e tudo que pertencia a ele, e viajou de lá e foi para seu pai, na terra dos filisteus.

2 E Abraão relatou a seu filho Ismael o que ocorrera com sua primeira esposa, de acordo com o que ela fez.

3 E Ismael e os filhos ficaram por muitos dias com Abraão naquela terra, e Abraão habitou na terra dos filisteus um longo tempo.

4 E os dias foram passando e passados 26 anos, Abraão com seus servos e todos os que pertenciam a ele, partiram da terra dos filisteus e havendo percorrido uma grande distância, eles vieram para perto de Hebron e permaneceram lá; e os servos de Abraão cavaram poços de água, e Abraão e todos pertencentes a ele habitaram junto da água, e os servos de Abimeleque, rei dos filisteus, ouviram as novas de que os servos de Abraão haviam cavado poços de água nas fronteiras da terra.

5 E eles vieram e brigaram com os servos de Abraão, e roubaram-lhe o poço grande, que haviam cavado.

6 E Abimeleque, rei dos filisteus tendo ouvido falar deste assunto, veio a Abraão com Ficol, capitão do seu exército com mais vinte dos seus homens, e Abimeleque falou a Abraão a respeito dos seus servos, e Abraão repreendeu a Abimeleque por causa do bem que seus servos lhe tinham roubado.

7 E Abimeleque disse a Abraão: Vive o Senhor, que criou toda a Terra, que não me fizeram ouvir do ato que os meus servos fizeram aos teus servos, até este dia.

8 E Abraão tomou sete cordeiros e os deu a Abimeleque, dizendo: toma estes, eu peço-te, de minhas mãos, e que eles possam ser um testemunho para mim de que eu cavei esse poço.

9 E Abimeleque tomou os sete cordeiros que Abraão tinha dado a ele, pois ele tinha também lhe dado gado e manadas em abundância, e Abimeleque jurou a Abraão sobre o poço, por isso se chamou aquele poço de Berseba, pois ali ambos juraram a respeito.

10 E ambos fizeram aliança em Berseba, e se levantou Abimeleque, com Ficol, o chefe do seu exército e todos os seus homens, e eles voltaram para a terra dos filisteus, e Abraão e todos os pertencentes a ele habitaram em Berseba e ele esteve naquela terra por muito tempo.

11 E Abraão plantou um grande bosque em Berseba, e ele fez nele quatro entradas de frente para os quatro lados da terra, e plantou uma vinha, de modo que se um viajante viesse a Abraão, ele entraria qualquer entrada que estava em seu caminho, e permaneceria lá, comeria e beberia e seria satisfeito e depois partiria.

12 Pois a casa de Abraão estava sempre aberta para os filhos dos homens que passavam e tornavam a passar, que vinham diariamente para comer e beber na casa de Abraão.

13 E qualquer homem que tinha fome e viesse à casa de Abraão, Abraão lhe daria pão para que ele pudesse comer e beber e ficar satisfeito, e qualquer um que viesse nu a sua casa, ele iria vesti-lo com roupas que ele pudesse escolher e dar-lhe ouro e prata e dar a conhecer-lhe o Senhor que havia criado na terra, e assim fez Abraão toda a sua vida.

14 E Abraão e seus filhos habitaram em Berseba, e ele estendeu suas tendas por Hebron.

15 E o irmão de Abraão, Naor, e seu pai e todos pertencentes a eles, habitaram em Haran, pois eles não vieram com Abraão para a terra de Canaã.

16 E crianças nasceram a Naor, que Milca, filha de Harã, e irmã de Sara, esposa de Abraão, gerou para ele.

17 E estes são os nomes dos que lhe nasceram: Uz, Buz, Quemuel, Kesed, Chazo, Pildas, Tidlaf, e Betuel, sendo oito filhos, estes são os filhos de Milca que ela deu a Naor, irmão de Abraão.

18 E Naor tinha uma concubina e seu nome era Reumá, e também deu a Naor: Zebach, Gachash, Tachash e Maaca, quatro filhos.

19 E os filhos que nasceram a Naor eram 12 filhos, além de suas filhas, e eles também tiveram crianças nascidas deles em Haran.

20 E os filhos de Uz, o primogênito de Naor, eram Abi, Cheref, Gadin, Melus e Débora, irmã deles.

21 E os filhos de Buz foram Baraquel, Naamath, Sheva e Madonu.

22 E os filhos de Quemuel foram Aram e Rechob.

23 E os filhos de Kesed foram Anamlech, Meshai, Benon e Yifi, e os filhos de Chazo foram Pildas, Mechi e Opher.

24 E os filhos de Pildas foram Arud, Chamum, Mered e Moloch.

25 E os filhos de Tidlaf foram Mushan, Cusã e Mutzi.

26 E os filhos de Betuel foram Sechar, Labão e sua irmã Rebeca.

27 Estas são as famílias dos filhos de Naor, que nasceram a eles em Haran, e Aram, filho de Quemuel e Rechob seu irmão partiram de Haran, e encontraram um vale, na terra junto ao rio Eufrates.

28 E eles construíram uma cidade lá, e chamaram o nome da cidade após o nome de Petoro filho de Arão, que é Aram Naherayim até este dia.

29 E os filhos de Kesed também peregrinaram, procurando encontrar um lugar para morar, e eles foram e encontraram um vale oposto à terra de Sinar, e habitaram ali.

30 E eles lá construíram uma cidade, e chamaram-na pelo nome de Kesed, nome de seu pai, que é a terra de Kesdim até o dia de hoje, e os caldeus habitavam naquelas terras, e frutificaram e multiplicaram-se muito.

31 E Tera, pai de Naor e Abraão, tomou outra mulher na sua velhice, e seu nome era Pelilah, e ela concebeu e lhe deu um filho e chamou o seu nome Zoba.

32 Tera viveu 25 anos, depois que gerou Zoba.

33 E morreu Tera no trigésimo quinto ano do nascimento de Isaac, filho de Abraão.

34 e os dias de Tera foram duzentos e cinco anos, e foi enterrado em Haran.

35 E Zoba, o filho de Tera viveu 30 anos e gerou Aram, Achlis e Merik.

36 E Aram, o filho de Zoba, filho de Tera, tinha três esposas e gerou 12 filhos e três filhas, e o Senhor deu a Aram, riquezas e posses, e abundância de gado, e ovelhas e bois, e o homem se engrandeceu muito.

37 E Aram o filho de Zoba, e seu irmão e toda a sua família viajaram de Haran, e eles foram morar onde eles pudessem encontrar um lugar, pois a sua propriedade era grande demais para permanecer em Haran, porque não conseguiam ficar em Haran, juntamente com seus irmãos, os filhos de Naor.

38 E Aram, foi com os seus irmãos, e eles acharam um vale, a certa distância para o oriente e habitaram ali.

39 E eles também construíram uma cidade lá, e eles chamaram o seu nome de Aram, segundo o nome do seu irmão mais velho, que é Aram Zoba até este dia.

40 E Isaac, filho de Abraão foi crescendo, naqueles dias, e seu pai Abraão ensinou-lhe o caminho do Senhor e a conhecer ao Senhor, e o Senhor era com ele.

41 E quando Isaac tinha 37 anos de idade, Ismael, seu irmão, estava com ele na tenda.

42 E Ismael vangloriou-se de si mesmo para Isaac, dizendo: Eu tinha treze anos quando o Senhor falou com o meu pai para nos circuncidar, e eu fiz de acordo com a palavra do Senhor que falou com o meu pai e eu dei minha alma ao Senhor, e eu não transgredi a palavra que Ele ordenou a meu pai.

43 E respondeu Isaac a Ismael, dizendo: Por que te gabas tu sobre isso, acerca de um pouco de tua carne que tu tiraste de teu corpo, segundo o que o Senhor ordenou?

44 Vive o Senhor, o Deus de meu pai Abraão, que se o Senhor dissesse para o meu pai, toma agora o teu filho Isaac e o dá como uma oferta diante de mim, eu não iria abster-me, mas com alegria a Ele me juntaria.

45 E o Senhor ouviu a palavra que Isaac falou a Ismael, e pareceu bom aos olhos do Senhor, e Ele pensou em provar Abraão nesta matéria.

46 E chegou o dia em que os filhos de Deus vieram e se colocaram diante do Senhor, e Satanás também veio com os filhos de Deus diante do Senhor.

47 E disse o Senhor a Satanás: De onde vens? E Satanás respondeu ao Senhor e disse: de ir para lá e para cá na Terra e de andar para cima e para baixo na Terra.

48 E disse o Senhor a Satanás: Qual é a tua palavra para mim sobre todos os filhos da Terra? E Satanás respondeu ao Senhor e disse: Eu tenho visto todos os filhos da terra, que te servem e se lembram de Ti quando precisamde alguma coisa de Ti.

49 E quando tu lhes dás as coisas que eles exigem de ti, eles se sentem à vontade, e te desamparam; e eles não se lembram mais de ti.

50 Viste Abraão, filho de Tera, que a princípio não tinha filhos, e te serviu e erigia altares a ti onde quer que ele fosse, e ele trouxe ofertas sobre eles, e ele proclamou o teu Nome continuamente a todos os filhos da terra.

51 E agora que seu filho Isaque lhe nasceu, ele te abandonou; ele fez uma grande festa para todos os moradores da terra e do Senhor ele se esqueceu.

52 Pois no meio de tudo o que ele fez, ele não te fez nenhuma oferta, nem holocausto, nem oferta de paz, nem boi, nem cordeiro, nem de cabra, de tudo o que ele matou no dia em que seu filho foi desmamado.

53 E partir do momento do nascimento de seu filho até agora, com 37 anos, ele não construiu mais nenhum altar a ti, nem trouxe qualquer oferta para ti, pois já recebeu de ti o que de ti queria, e, portanto, abandonou-te.

54 Disse o Senhor a Satanás: Consideraste bem porventura o meu servo, Abraão? Pois não há ninguém como ele na terra, um homem reto e perfeito diante de mim, que teme a Deus e se afasta do mal, e tão certo como Eu vivo, que se Eu lhe disser: oferece Isaac, teu filho, diante de mim, ele o faria e não me negaria; e o traria mais depressa do que se Eu lhe dissesse para trazer-me um holocausto diante de mim de seus rebanhos ou manadas.

55 E Satanás respondeu ao Senhor e disse: Fala, então agora a Abraão como disseste, e tu verás se ele não transgride teu mandamento nesse dia e deixa de lado as tuas palavras.

*   *   *

22:5-7 - Embora Abimeleque tenha dito a Abraão que não sabia que seus servos tinham roubado um poço do patriarca (Gênesis 21: 25,26), o Livro do Justo revela que ele tinha conhecimento do fato.

22:11-13 - A bondade do patriarca Abraão para com os homens.

22:21 – O Livro de Jó apresenta a descendência de Eliú (Jó 32:2), que aqui é exposta de forma detalhada. Sabendo que Eliú era bisneto de Naor (irmão de Abraão), torna-se mais fácil situar cronologicamente a história de Jó.

22:41 - Isaque já era um homem de 37 anos quando seria oferecido em holocausto a Deus no monte Moriá.

22:46,47 - O relato aqui apresentado é similar ao encontrado no livro de Jó. (Jó 2:1,2)

22:54,55 - Deus atribui ao patriarca Abraão as mesmas características que o Senhor testemunhou acerca de Jó (Jó 2:3). Assim como no caso de Jó, Satanás também acusa a Abraão diante de Deus.

CAPÍTULO 23
O SACRIFÍCIO DE ABRAÃO

1 E naquele tempo, a palavra do Senhor veio a Abraão, e disse-lhe: Abraão; e ele disse: Aqui estou.

2 E ele disse-lhe: Toma teu filho, teu único filho a quem amas, Isaque, e vai à terra de Moriá, e oferece-o ali em holocausto sobre um dos montes que será mostrado a ti quando vires a nuvem da glória do Senhor.

3 E Abraão disse dentro de si mesmo: como devo separar o meu filho Isaac de Sara, sua mãe, a fim de trazê-lo para o holocausto perante o Senhor?

4 E Abraão entrou na tenda, e sentou-se perante Sara, sua mulher, e ele falou essas palavras para ela:

5 Meu filho Isaac é crescido e ele não tem por algum tempo estudado o serviço de seu Deus. Amanhã eu o irei levar para Shem e Eber, seu filho, e lá ele vai aprender as formas do Senhor, para que o ensinem a conhecer ao Senhor, assim como aprender que, quando ele está orando continuamente diante do Senhor, Ele irá responder a ele, portanto, lá ele vai aprender a maneira certa de servir ao Senhor seu Deus.

6 E disse Sara: Tu tens falado bem, vá meu senhor e faz a ele como disseste, mas não o leves para muito longe de mim, nem o deixes permanecer lá por muito tempo, pois a minha alma está ligada à sua alma.

7 Disse Abraão a Sarah: oremos ao Senhor nosso Deus, para que ele possa fazer o bem com a gente.

8 E Sarah levou Isaac e ficou toda a noite com ele, e o beijou e o abraçou, e lhe deu instruções de manhã.

9 E ela disse-lhe: Ó meu filho, como é que a minha alma pode separar-se de ti? E ela ainda beijou-o e abraçou-o, e ela deu instruções a Abraão a seu respeito.

10 E Sara disse a Abraão: Senhor meu, rogo-te, dá atenção a teu filho, e coloca os teus olhos sobre ele, pois não tenho outro filho nem filha, mas apenas ele.

11 Não o desampares. Se ele ficar com fome dá-lhe pão e, se tiver sede, dá-lhe água para beber; não deixe ir caminhando a pé, nem o deixes sentar-se ao sol.

12 Nem o deixes ir sozinho na estrada, nem o esforces acima do que ele possa suportar; faz a ele como te pedir.

13 E Sara chorou amargamente a noite toda por conta de Isaac, e ela deu-lhe instruções até de manhã.

14 E de manhã, Sara escolheu uma peça de roupa muito fina e bonita, das peças de vestuário que ela tinha em casa e que Abimeleque havia dado a ela.

15 E ela vestiu a Isaac, seu filho, com ela, e ela colocou um turbante na cabeça, e ela anexou uma pedra preciosa no topo do turbante, e deu-lhes também provisão para o caminho, e saíram, e Isaque foi com seu pai Abraão, e alguns de seus servos acompanharam-nos pela estrada.

16 E Sara saiu com eles, e ela acompanhou-os na estrada fora para vê-los, e disseram-lhe: Volta para a tenda.

17 E quando Sara ouviu as palavras de seu filho Isaac, ela chorou amargamente. E Abraão seu marido chorou com ela, e seu filho chorou com eles um grande pranto; e também aqueles que foram com eles choraram muito.

18 E Sara agarrou-se a seu filho Isaque, e ela o segurou em seus braços, e ela abraçou-o e continuou a chorar com ele, e Sara disse: Quem sabe se depois deste dia eu nunca te verei de novo?

19 E eles ainda choraram juntos, Abraão, Sara e Isaque, e todos aqueles que acompanhavam eles na estrada choraram com eles. Sara depois se afastou de seu filho, chorando amargamente, e todos os funcionários, seus servos e empregadas, voltaram com ela para a tenda.

20 E Abraão ia com seu filho Isaque para trazê-lo como oferta ao Senhor, como Ele lhe havia ordenado.

21 E Abraão levou dois de seus moços com ele, Ismael, filho de Hagar e Eliezer seu servo, e eles foram juntos com eles, e enquanto eles estavam andando na estrada, falavam estas palavras para si mesmos.

22 E Ismael disse a Eliezer: agora meu pai Abraão vai com Isaac para trazê-lo em holocausto ao Senhor, como lhe tinha ordenado.

23 Ora, quando ele voltar, vai dar-me tudo o que ele possui para herdar, pois eu sou o seu primeiro filho.

24 E Eliezer respondeu Ismael e disse: Certamente Abraão tinha te rejeitado com a tua mãe, e jurou que tu não deves herdar qualquer coisa de tudo o que ele possui, e para quem ele vai dar tudo o que ele tem, com todos os seus tesouros, senão a mim, seu servo, que tenho sido fiel em sua casa, que lhe tenho servido, noite e dia, e tenho feito tudo o que ele pede a mim? Para mim ele vai legar em sua morte, tudo o que ele possui.

25 E, enquanto Abraão prosseguia com seu filho Isaque ao longo da estrada, Satanás veio e apareceu a

Abraão, na figura de um homem muito idoso, humilde e de um espírito contrito, e ele aproximou-se de Abraão e disse-lhe: És tu idiota ou estúpido, para que tu vás fazer isso este dia para com teu único filho?

26 Porque Deus te deu um filho nos teus últimos dias, na tua velhice, e vais tu abatê-lo hoje sem que ele tenha cometido nenhuma violência, e exterminará a alma de teu único filho da Terra?

27 Não sabes tu e nem entendes que isso não pode ser do Senhor? Pois o Senhor não pode fazer tamanho mal a alguém sobre a terra dizendo-lhe: Vai e mata o teu filho.

28 E Abraão ouviu isso e sabia que era a palavra de Satanás que se esforçava para desviá-lo do caminho do Senhor, mas Abraão não quis ouvir a voz de Satanás, e Abraão repreendeu-o de modo que ele foi embora.

29 E Satanás voltou e veio a Isaque, e ele apareceu a Isaque na figura de um jovem formoso e bem favorecido.

30 E ele se aproximou de Isaac e disse-lhe: Não sabes tu e nem entendes que o teu pai louco e velho prepara-te para o abate neste dia?

31 Agora, pois, meu filho, não o ouça nem ajudes a ele, pois ele é um homem velho e tolo, e não se perca a tua alma preciosa e bela figura na terra.

32 Isaac, ouvindo isto, disse a Abraão: ouviste meu pai, o que este homem falou? Assim e assim ele tem falado.

33 E Abraão respondeu a seu filho Isaque, e disse-lhe: desvia a atenção dele e não ouças suas palavras, nem obedeças a ele, pois ele é Satanás, procurando tirar-nos neste dia dos mandamentos de Deus.

34 E Abraão ainda repreendeu Satanás, e Satanás se retirou deles; e vendo que não podia prevalecer contra eles, ele escondeu-se deles e passou diante deles na estrada, e ele se transformou em um riacho de água grande na estrada, e Abraão e Isaac e seus dois jovens chegaram naquele lugar, e eles viram como que um riacho de águas grande e poderoso.

35 E eles entraram no riacho e passaram por ele, e as águas primeiramente subiam até suas pernas.

36 E eles foram mais fundo no riacho e as águas chegaram até o pescoço, e eles todos ficaram aterrorizados por conta da água, e enquanto eles estavam passando por cima do ribeiro, Abraão reconheceu aquele lugar e ele sabia que não havia água lá antes.

37 E Abraão disse ao seu filho Isaac: eu sei que neste lugar não havia nem água nem riacho; agora, portanto, isto é Satanás, que faz tudo isso contra nós, para nos afastar neste dia dos mandamentos de Deus.

38 E Abraão repreendeu e disse-lhe: O Senhor te repreenda, ó Satanás, vai-te de nós para seguirmos os mandamentos de Deus.

39 E Satanás estava apavorado com a voz de Abraão, e ele se retirou deles e o lugar novamente se tornou em terra seca como era no início.

40 E Abraão seguiu com Isaac para o lugar que Deus lhe dissera.

41 E no terceiro dia Abraão levantou os olhos e viu o lugar a certa distância, tal como Deus lhe dissera.

42 E uma coluna de fogo apareceu-lhe, subindo da terra para o céu, e uma nuvem de glória pousou sobre a montanha, e a glória do Senhor estava na nuvem.

43 E Abraão disse a Isaque: filho, vês tu a montanha que está diante de nós àquela distância e o que está nela?

44 E Isaac respondeu: vejo, e eis uma coluna de fogo e uma nuvem e a glória do Senhor está sobre a nuvem.

45 E Abraão sabia que seu filho Isaque fora aceito diante do Senhor para o holocausto.

46 E disse Abraão a Eliezer e a seu filho Ismael: Vocês também estão vendo que o que nós vemos sobre o monte que está a tal distância?

47 E, respondendo, disseram: Não vemos nada mais do que como as outras montanhas da terra. E Abraão sabia que eles não haviam sido aceitos diante do Senhor para ir com eles. E Abraão disse-lhes: Ficai-vos aqui com o jumento, eu e meu filho Isaac vamos para aquela montanha adorar ao Senhor e depois voltaremos para cá.

48 E Eliezer e Ismael permaneceram naquele lugar, como Abraão havia ordenado.

49 E tomou Abraão madeira para o holocausto e a colocou sobre seu filho Isaac, e ele tomou o fogo e a faca, e ambos foram para aquele lugar.

50 E quando eles estavam indo, Isaac disse ao pai: Eis que eu vejo aqui o fogo e a madeira, e onde, então está o cordeiro para o holocausto perante o Senhor?

51 E Abraão respondeu a seu filho Isaque, dizendo: O Senhor te escolheu a ti meu filho, para seres uma oferta perfeita holocausto em lugar do cordeiro.

52 Então disse Isaac: Pai, eu vou fazer tudo o que o Senhor mandou a ti com satisfação e alegria de coração.

53 E Abraão disse novamente a Isaac, seu filho: tens no teu coração qualquer pensamento ou conselho sobre

isto, que não seja adequado? Diz-me, ó meu filho, peço-te, não escondas de mim.

54 E Isaque respondeu a seu pai e disse-lhe: Ó meu pai, o Senhor vive, e como vive a tua alma, não há nada em meu coração para me fazer desviar tanto para a direita ou para a esquerda da palavra que Ele falou para ti.

55 Nenhum nervo se mexe em mim, nem há em meu coração mau pensamento ou conselho acerca disso.

56 Mas eu estou feliz e de coração alegre neste assunto, e eu digo: Bendito é o Senhor que tem neste dia me tem escolhido para ser um holocausto diante dele.

57 E Abraão muito se alegrou com as palavras de Isaac, e eles foram e chegaram juntos àquele lugar que o Senhor tinha falado.

58 E Abraão aproximou-se para construir o altar naquele lugar e Abraão estava chorando. Isaac levou pedras e argamassa até que terminou de construir o altar.

59 E tomou Abraão a lenha e a colocou em ordem sobre o altar que tinha construído.

60 E tomou o seu filho Isaac e amarrou-o, a fim de colocá-lo em cima da lenha que estava sobre o altar, para matá-lo como holocausto perante o Senhor.

61 E Isaac disse ao seu pai: ata-me de forma segura, coloca-me sobre o altar para que eu não me vire e mova e acabe profanando a oferta queimada ao sentir a faca rompendo minha carne; e Abraão assim o fez.

62 E Isaac ainda disse a seu pai: meu pai, quando me matares e me queimares para oferta, leva contigo o que deve restar de minhas cinzas para levar a Sara, minha mãe, e diz a ela, que esse é o cheiro e doce sabor de Isaac, mas não lhe digas isso a ela perto de um poço ou em qualquer lugar alto, para que ela não lance à morte a sua alma depois de eu morrer.

63 E Abraão ouviu as palavras de Isaac, e ele levantou a sua voz e chorou quando Isaac dizia estas palavras, e as lágrimas de Abraão correram sobre o seu filho Isaque. E Isaque chorou amargamente, e ele disse a seu pai: Apressa-te, ó meu pai, e faz comigo a vontade do Senhor, nosso Deus, como Ele te ordenou.

64 E o coração de Abraão e Isaac alegraram-se com esta coisa que o Senhor tinha lhes ordenado, mas os olhos choraram amargamente enquanto os corações se alegraram.

65 E Abraão amarrou seu filho Isaac, e colocou-o sobre o altar em cima da lenha, e Isaac estendeu seu pescoço sobre o altar antes de seu pai, e estendeu Abraão a sua mão para tomar a faca para matar seu filho em holocausto ao Senhor.

66 E naquela hora, os anjos de misericórdia vieram diante do Senhor e falaram-lhe sobre Isaac, dizendo:

67 Ó Senhor, tu és um Rei misericordioso e compassivo sobre tudo o que tens criado no céu e na terra, e tu sustentas a todos eles; dá, portanto, resgate e redenção em vez de teu servo Isaac, e atenta e tem compaixão de Abraão e Isaac, seu filho, que neste dia obedeceram aos teus comandos.

68 Viste, ó Senhor, como Isaac, o filho de Abraão, teu servo aceitou até ser abatido como um animal? Agora, pois, a tua compaixão desperta por eles, ó Senhor.

69 E naquela hora o Senhor apareceu a Abraão, e chamou-o a si, desde o céu, e disse a ele: não estendas tua mão sobre o moço, e nem lhe faças nada, pois agora sei que temes a Deus ao realizares este ato, e em não me negares o teu filho, o teu único filho.

70 E Abraão levantou os olhos e viu, eis que um carneiro estava preso em um matagal por seus chifres, e era o carneiro que o Senhor Deus tinha criado na terra no dia em que ele fez a terra e o céu.

71 Pois o Senhor tinha preparado este carneiro desde aquele dia, para o holocausto em lugar de Isaac.

72 E este carneiro vinha avançando para Abraão quando Satanás agarrou e prendeu seus chifres na moita, de forma que ele não pode avançar até Abraão, a fim de que Abraão matasse seu filho.

73 E Abraão, vendo o carneiro avançando para ele e Satanás retendo-o, pegou-o e trouxe-o diante do altar, e ele soltou seu filho Isaac de suas amarras, e ele colocou o carneiro em seu lugar, e Abraão matou o carneiro sobre o altar, e trouxe-o como uma oferta no lugar de seu filho Isaac.

74 E Abraão aspergiu um pouco do sangue do carneiro sobre o altar, e ele exclamou e disse: Isto é, no lugar do meu filho, e este pode ser considerado hoje como o sangue de meu filho diante do Senhor.

75 E tudo o que Abraão fez nesta ocasião pelo altar, exclamou dizendo: isto é no lugar do meu filho, e que possa ser considerado no dia de hoje diante do Senhor na vez do meu filho. E Abraão terminou todo o serviço do altar, e o serviço foi aceito diante do Senhor, e foi contabilizado como se tivesse sido Isaac, e abençoou o Senhor Abraão e sua semente no mesmo dia.

76 E Satanás foi para Sara, e ele apareceu para ela na figura de um velho muito humilde e manso, e Abraão estava ainda envolvido no holocausto, perante o Senhor.

77 E ele lhe disse: Não sabes tu todo o trabalho que Abraão fez com o teu único filho neste dia? Porque ele tomou Isaac e construiu um altar, e matou-o, e trouxe-o como um sacrifício sobre o altar, e Isaac chorou diante de seu pai, mas ele não olhou para ele, nem ele teve compaixão por ele.

78 E Satanás repetiu essas palavras, e ele foi para longe dela. Sara ouviu todas as palavras de Satanás, e ela imaginou que ele fosse um homem velho, de entre os filhos dos homens que estava com seu filho, e tinha vindo e disse-lhe estas coisas.

79 E Sara levantou a sua voz e chorou e chorou amargamente por conta de seu filho, e ela se jogou no chão e ela lançou poeira na cabeça, e ela disse: ó meu filho, Isaac, meu filho, que eu tivesse morrido nesse dia, em vez de ti. E ela continuou a chorar e disse, lamentando-se por ele: ó meu filho, meu filho Isaac, que eu tivesse morrido neste dia em teu lugar.

80 E ela continuava a chorar, e disse: minha alma chora por ti, depois que te trouxeram até mim e te criei, agora a minha alegria se transforma em tristeza por ti, eu, que ansiei por ti, e chorei e orei a Deus até que te gerei aos 90 anos de idade, e agora tu foste oferecido neste dia para a faca e fogo como uma oferta.

81 Mas eu me consolo em ti, meu filho, pois foste obediente à palavra do Senhor, porque tu executaste o comando do teu Deus, pois quem poderá transgredir a palavra de nosso Deus, em cujas mãos está a alma de cada criatura viva?

82 Tu és justo, ó Senhor, nosso Deus, por todas as tuas obras são boas e justas, porque eu também regozijo-me com a tua palavra que mandaste, e enquanto meus olhos choram amargamente o meu coração exulta.

83 E Sara deitou a cabeça sobre o peito de uma de suas servas, e ela tornou- se como uma pedra.

84 Ela depois se levantou e andou fazendo perguntas até que ela chegou a Hebrom, e perguntou a todos aqueles que ela conheceu na estrada, e ninguém sabia dizer o que tinha acontecido com seu filho.

85 E ela veio com suas empregadas servidoras e servos para Kireath-Arba, que é Hebrom; e ela perguntou sobre seu filho, e permaneceu lá enquanto enviou alguns de seus servos para procurar onde Abraão tinha ido com Isaac, e eles foram em busca dele na casa de Shem e Eber, e eles não conseguiam encontrá-los, e eles procuraram por toda a terra, e eles não estavam lá.

86 E Satanás veio a Sara na forma de um homem velho, e ele veio e ficou diante dela, e disse-lhe: Eu falei falsamente a ti, pois Abraão não matou seu filho e ele não está morto, e quando ouviu esta palavra a sua alegria foi tanta por conta de seu filho que sua alma saiu dela através da alegria e ela morreu e foi reunida aos seus.

87 E quando Abraão tinha acabado o seu serviço, ele voltou com seu filho Isaac para os seus homens, e eles se levantaram e foram juntos para Berseba, e eles voltaram para casa.

88 E Abraão buscou Sara, e não conseguia encontrá-la, e ele perguntou por ela, e disseram-lhe: Ela chegou a Hebrom procurando por vocês, onde tinham ido, pois assim e assim ela estava informada.

89 E Abraão e Isaac foram atrás dela, em Hebrom, e quando eles descobriram que ela estava morta, eles levantaram a voz e choraram amargamente sobre ela, e Isaac lançou-se sobre o rosto de sua mãe e chorou sobre ela, e ele disse: Ó minha mãe, minha mãe, como depressa tu me deixaste, e para onde foste embora tão rapidamente? Como, como me deixas-te de repente!

90 E Abraão e Isaque choraram muito e todos os seus servos choraram com eles por causa de Sara, e prantearam seu luto de uma forma grande e pesada.

* * *

23:21 - Ismael e o servo Eliézer acompanham a Abraão e Isaque enquanto caminhavam para o monte Moriá.

23:25-28 - Satanás procura convencer Abraão a não obedecer o mandamento de oferecer a Isaque em hocausto.

23:38 – Assim como mais tarde faria o arcanjo Miguel, o patriarca Abraão também pevalece contra satanás com a seguinte declaração: "O Senhor te repreenda" (Judas 9)

23:42-44 - Abraão e Isaque veem sobre o monte Moriá uma coluna de fogo e uma nuvem de glória. (Êxodo 13:21,22)

23:67,68 - O anjo ressalta diante de Deus a obediência de Abraão e de Isaque em Moriá. É importante ressaltar que, como Isaque já era um homem de 37 anos de idade, ele também se submeteu voluntariamente à ordem divina.

23:70-72 - A origem especial do carneiro que foi sacrificado no lugar de Isaque.

23:89 - Sara morre enquanto Abraão e Isaque estavam ausentes por conta da ida deles ao monte Moriá.

CAPÍTULO 24
SEPULTAMENTO DE SARA. ISAQUE É ENVIADO A CASA DE SEM

1   E a vida de Sara foi de 127 anos. Sara morreu, e levantou-se Abraão de diante do seu morto a procurar um local de sepultamento para enterrar sua esposa Sara; e ele falou aos filhos de Hete, os habitantes da terra, dizendo:

2   Eu sou um estranho e peregrino com vocês em sua terra, deem-me o direito de um enterro num lugar em sua terra, para que eu sepulte o meu morto de diante de mim.

3   E os filhos de Hete responderam a Abraão: eis que a terra está diante de ti, escolhe um de nossos sepulcros e enterra a tua morta, pois nenhum homem deve reter-te de enterrar a tua morta.

4   E Abraão disse-lhes: Se concordarem, intercedei por mim a Efrom, o filho de Zochar, pedindo que ele me dê a cova de Macpela, que está no fim do seu campo, e eu vou comprá-la com o valor que ele desejar.

5   E Efrom habitava entre os filhos de Hete, e foram, e chamaram por ele; e ele veio diante de Abraão, e Efrom disse a Abraão: Eis que tudo que tu requereres, teu servo vai fazer. E Abraão disse: Não, mas vou comprar a caverna e o campo que tens pelo valor, a fim de que possa ser para minha posse de um cemitério para sempre.

6   E respondeu Efrom e disse: Eis que o campo e a caverna estão diante de ti, como tu desejas, e Abraão disse: Só pelo valor total eu irei comprá-lo para sempre de tua mão, e das mãos daqueles que estão dentro da porta da tua casa.

7   E Ephron e todos os seus irmãos, ouviram isto, e Abraão pesou a Efrom 400 ciclos de prata nas mãos de Ephron e nas mãos de todos os seus irmãos, e Abraão escreveu esta transação, e ele escreveu e testemunhou- o com quatro testemunhas.

8   E estes são os nomes das testemunhas: filho de Amigal, Abishna, o heteu; Adichorom, filho de Ashunach, o heveu; Abdon, filho de Achiram, o gomerita; Bakdil, filho de Abudisho, zidonita.

9   E tomou Abraão a escritura da compra, e colocou-a nos seus tesouros, e estas são as palavras que Abraão escreveu no livro, a saber:

10   Que a caverna e o campo que Abraão comprou de Efrom, o hitita, e de sua semente, e dos que saem de sua cidade, e de sua descendência para sempre, é uma compra para Abraão e a sua descendência, e para aqueles que saem de seus lombos, para possessão de um lugar de enterro para sempre, e ele colocou um selo sobre ela e testemunhou com testemunhas.

11   E o campo e a cova que estavam nele, em todo lugar foram confirmados a Abraão e à sua descendência depois dele, e dos filhos de Hete; eis que é de Manre, em Hebrom, que está na terra de Canaã.

12   E depois disso Abraão sepultou Sara, sua mulher lá, e esse lugar com todos os seus terrenos tornou-se posse de Abraão e de sua descendência para local de sepultamento.

13   E Abraão enterrou Sara com pompa, como o enterro dos reis, e ela foi enterrada em roupas finas e bonitas.

14   E em seu funeral estavam Shem, seus filhos, Eber e Abimeleque, juntamente com Anar, Ashcol e Manre, e todos os grandes da terra seguiram seu funeral.

15   E os dias de Sara foram de 127 anos e ela morreu, e Abraão fez um grande pranto e pesado, e ele realizou os ritos de luto por sete dias.

16   E todos os moradores da terra confortaram Abraão e Isaque, seu filho, por conta de Sara.

17   E quando os dias de seu pranto passaram, Abraão enviou seu filho Isaac, para a casa de Shem e Eber, para aprender os caminhos do Senhor e suas instruções; e Abraão permaneceu ali três anos.

18   Naquele tempo, Abraão levantou-se com todos os seus servos, e voltou para casa, em Berseba, e Abraão e todos os seus servos permaneceram em Berseba.

19 E no final desse ano, Abimeleque, rei dos filisteus, morreu naquele ano, e ele tinha 193 anos de idade na sua morte, e Abraão foi com o seu povo para a terra dos filisteus e confortou toda a família e todos os seus servos, e então ele tornou para casa.

20 E foi após a morte de Abimeleque, que o povo de Gerar tomou Benmalich seu filho, e ele tinha apenas 12 anos de idade, e eles o fizeram rei no lugar de seu pai.

21 E Benmalich tomou o nome de seu pai, pois assim era costume fazer em Gerar, e Abimeleque reinou em lugar de seu pai Abimeleque, e ele sentou-se em seu trono.

22 E Ló, filho de Harã, também morreu naqueles dias, no ano trinta e nove de vida de Isaac. E todos os dias em que Ló viveu foram 140 anos, e morreu.

23 E estes são os filhos de Ló, que lhe nasceram por suas filhas: o nome do primeiro nascido foi Moabe, e o nome do segundo foi Benami.

24 E os dois filhos de Ló tomaram mulheres da terra de Canaã, e eles geraram filhos, e os filhos de Moabe foram Ed, Mayon, Tarso, e Kanvil, quatro filhos; e estes são os pais dos filhos de Moabe até este dia.

25 E todas as famílias dos filhos de Ló foram morar onde quer que eles pudessem permanecer, pois eles frutificaram e aumentaram muito.

26 E eles foram e construíram cidades, na terra onde eles moravam, e chamaram-nas pelos seus próprios nomes.

27 E Naor, filho de Tera, irmão de Abraão, morreu naqueles dias no quadragésimo ano da vida de Isaac, e todos os dias de Naor foram 172 anos e ele morreu e foi enterrado em Haran.

28 E quando Abraão ouviu que seu irmão estava morto, ficou muito infeliz, e chorou seu irmão por muitos dias.

29 E chamou Abraão seu servo Eliezer, para lhe dar ordens a respeito de sua casa, e ele veio e ficou diante de Abraão.

30 E Abraão disse-lhe: Eis que eu estou velho e eu não sei o dia da minha morte, que sou avançado em dias, agora, portanto, levanta-te, vai adiante e não tomes uma esposa para o meu filho desta terra, das filhas dos cananeus entre os quais vivemos.

31 Mas vai para a minha terra e à minha terra natal, e tira de lá uma esposa para o meu filho, e o Senhor Deus do Céu e da Terra, que me tirou da casa de meu pai e me trouxe a este lugar, e me disse: à tua descendência darei esta terra por herança para sempre, ele enviará o seu anjo diante de ti e prosperará o teu caminho, para que possas obter uma esposa para o meu filho da minha família e da casa de meu pai.

32 E o servo respondeu a seu senhor Abraão e disse: Eis que eu vou para a tua terra natal e à casa de teu pai, e tomar uma esposa para o teu filho de lá, mas se a mulher não estiver disposta a seguir-me a esta terra, devo levar teu filho de volta para tua terra natal?

33 E Abraão disse-lhe: Tenha cuidado para que não removas daqui meu filho de novo, pois o Senhor diante de quem tenho andado, ele enviará o seu anjo diante de ti e prosperará o teu caminho.

34 E Eliezer fez como lhe ordenou Abraão e Eliezer jurou a Abraão seu senhor sobre este assunto. E Eliezer levantou-se e tomou dez camelos dos camelos do seu senhor, e dez homens de servos de seu mestre, com ele, e levantaram-se e foram para Haran, a cidade de Abraão e Naor, a fim de buscar uma esposa para Isaac, filho de Abraão. Enquanto isso, Abraão enviou servos para a casa de Shem e Eber, e trouxeram de lá a seu filho Isaac.

35 E Isaac veio para a casa de seu pai para Berseba, enquanto Eliezer e seus homens foram a Haran, e pararam na cidade; e ele fez os camelos ajoelharem-se junto à água e permaneceram lá.

36 E Eliezer, servo de Abraão, orou e disse: Ó Deus de Abraão, meu mestre, apressa-te, peço-te, em tua bondade, a mostrar ao teu servo, quem tu escolheste este dia para esposa do filho de meu senhor, de sua família.

37 E o Senhor ouviu a voz de Eliezer, para o bem de seu servo Abraão, e ele encontrou-se com a filha de Betuel, filho de Milca, mulher de Naor, irmão de Abraão, e Eliezer chegou a sua casa.

38 Eliezer falou a eles todas suas preocupações e que era o servo de Abraão, e eles muito se alegraram.

39 E eles abençoaram e deram-lhe Rebeca, a filha de Betuel, para esposa de Isaque.

40 A jovem era de aparência muito atraente e era virgem. Rebeca tinha dez anos de idade na época.

41 E Betuel e Labão e seus filhos fizeram uma festa naquela noite. Eliezer e seus homens vieram e comeram e beberam e se alegraram lá naquela noite.

42 E Eliezer levantou-se de manhã, ele e os homens que estavam com ele; e ele chamou toda a família de Betuel, dizendo: Manda-me para que eu volte ao meu senhor, e ele levantou-se e despediu-se com Rebeca e sua enfermeira Debora, a filha de Uz, e eles lhe deram prata e ouro, servos e servas, e abençoou-a.

43 E despediram-se de Eliezer e seus homens, e os servos levaram Rebeca, e ele foi e voltou ao seu senhor para a terra de Canaã.

44 E Isaac tomou Rebeca e ela se tornou sua esposa, e ele trouxe-a para a tenda.

45 E Isaque tinha quarenta anos quando tomou Rebeca, filha de seu tio Betuel, para sua mulher.

* * *

24:2 - Sara é sepultada por Abraão em Hebrom. (Gênesis 23:4)

24:17 - Isaque é enviado por sua pai Abraão e permanece por três anos na casa de Sem (filho de Noé) para aprender os caminhos do Senhor.

24:23 - Dos filhos de Ló descenderam os moabitas e amonitas (Gênesis 19:36-38), povos inimigos de Israel.

24:36 - O relato da oração do servo Eliézer é mais detalhado nas Escrituras Sagradas. (Gênesis 24:42-44)

24:42 – Rebeca deixa sua família rumo a Canaã acompanhada de sua ama Débora. (Gênesis 24:59)

CAPÍTULO 25
ABRAÃO E QUETURA E SEUS FILHOS E ISMAEL

1 E Abraão tomou novamente uma esposa em sua velhice, e seu nome era Quetura, da terra de Canaã.

2 E ela deu-lhe Zimran, Jocsã, Medan, Midiã, Isbaque e Shuach, sendo seis filhos. E os filhos de Zimran foram Abihen, Molich e Narim.

3 E os filhos de Jocsã foram Sebá e Dedã, e os filhos de Medan foram Amida, Joabe, Gochi, Eliseu e Nothach, e os filhos de Midiã foram Efá, Efer, Chanoch, Abida e Elda.

4 E os filhos de Isbaque foram Makiro, Beyodua e Tator.

5 E os filhos de Shuach foram Bildade, Mamdad, Munan e Meban, todos estes são as famílias dos filhos de Quetura da mulher cananéia que ela deu a Abraão, o hebreu.

6 E Abraão despediu todos estes, e ele deu-lhes presentes, e eles separaram-se de seu filho Isaac para morarem onde quer que eles encontrassem um lugar.

7 E todos foram para a montanha a leste, e construíram seis cidades em que habitaram até estes dia.

8 Mas os filhos de Sabá e Dedã, filhos de Jocsã, com seus filhos, não habitaram com seus irmãos em suas cidades, e eles viajaram e acamparam nos campos e desertos até este dia.

9 E os filhos de Midiã, filho de Abraão, foram para o leste da terra de Cuche (também chamada Cuxe ou ainda Cush), e lá encontraram um grande vale no país oriental, e eles permaneceram lá e construíram uma cidade, que é a terra de Midiã até este dia.

10 E Midiã morava na cidade que ele construiu, ele e seus cinco filhos e tudo que lhe pertence.

11 Estes são os filhos de Midiã, de acordo com seus nomes em suas cidades: Efá, Efer, Chanoch, Abida e Elda.

12 E os filhos de Efá foram Methach, Meshar, Avi e Tzanua; e os filhos de Efer foram Ephron, Zur, Alirun e Medin; e os filhos de Chanoch foram Reuel, Requém, Azi, Alyoshub e Alad.

13 E os filhos de Abida foram Chur, Melud, Kerury, Molchi; e os filhos de Elda foram Miker e Reba, e Malchiyah e Gabol, estes são os nomes dos midianitas acordo com as suas famílias, e logo as famílias de Midiã se propagaram por toda a terra de Midiã.

14 E estas são as gerações de Ismael, filho de Abraão, que Hagar, serva de Sara, deu a Abraão.

15 E Ismael, tomou uma mulher da terra do Egito, e seu nome era Ribah, o mesmo é Meribá.

16 E Ribah gerou a Ismael, Nebayoth, Kedar, Adbeel, Mibsão e sua irmã Bosmath.

17 E Ismael expulsou sua esposa Ribah, e ela retirou-se dele e voltou para o Egito para a casa de seu pai, e ela ali habitou, por que ela tinha sido muito ruim diante dos olhos de Ismael, e diante dos olhos de seu pai Abraão.

18 E Ismael depois tomou uma mulher da terra de Canaã, e seu nome era Malkhuth, e ela deu-lhe Nishma, Dumah, Masa, Chadad, Tema, Yetur, Nafis e Kedma.

19 Estes são os filhos de Ismael, e estes são os seus nomes, sendo doze príncipes de acordo com suas nações, e as famílias de Ismael. E Ismael levou os seus filhos e toda a propriedade que ele tinha ganhado, junto com as almas de sua família e todos pertencentes a ele, e foram morar onde eles encontrassem um lugar.

20 E foram, e habitaram perto do deserto de Parã, e foi a sua habitação a partir de Havilá até Sur, que está em frente do Egito, como se viesse para a Assíria.

21 E Ismael e seus filhos habitavam na terra, e eles tiveram filhos nascidos a eles, e eles frutificaram e aumentaram muito.

22 E estes são os nomes dos filhos de Nebayoth, o primogênito de Ismael: Mend, Send, Mayon, e os filhos de Quedar eram Alyon, Kezem, Chamad e Eli.

23 E os filhos de Adbeel foram Chamad e Jabim, e os filhos de Mibsão foram Obadias, Ebede-Meleque e Yeush; estas são as famílias dos filhos de Ribah, esposa de Ismael.

24 E os filhos de Misma o filho de Ismael foram Shamua, Zecaryon e Obede, e os filhos de Dumah foram Kezed, Eli, Machmad e Amed.

25 E os filhos de Masa foram Melão, Mula e Ebidadon, e os filhos de Chadad foram Azur, Minzar e Ebede-Meleque, e os filhos de Tema foram Seir, Sadon e Yakol.

26 E os filhos de Yetur foram Merith, Yaish, Alyo, e Pachoth, e os filhos de Nafis foram Ebede-Tamed, Abiyasaph e Mir, e os filhos de Kedma foram Calip, Tachti, e Omir; estes foram os filhos de Malkhuth da esposa de Ismael de acordo com as suas famílias.

27 Estas são as famílias de Ismael de acordo com as suas gerações, e eles habitaram naquelas terras em que eles próprios haviam construído cidades, até este dia.

28 E Rebeca, filha de Betuel, a mulher do filho de Abraão, Isaac, cra estéril naqueles dias, ela não tinha filhos, e Isaac morava com seu pai na terra de Canaã, e o Senhor estava com Isaac, e Arfaxade, filho de Sem, filho de Noé morreu naqueles dias, no ano quadragésimo oitavo da vida de Isaac, e todos os dias que Arfaxade viveu foram 438 anos, e morreu.

***

25:9 - O surgimento dos midianitas, descendentes de Abraão e sua mulher Quetura.

25:12 - Primeira menção feita a Reuel (também chamado Jetro ou Hobabe), que se tornaria sogro do profeta Moisés.

25:19 - Os doze filhos de Ismael foram príncipes e foram os fundadores de 12 reinos. (Gênesis 25:16)

CAPÍTULO 26

O NASCIMENTO DE ESAÚ E JACÓ. A MORTE DE ABRAÃO

1 E no ano quinquagésimo nono ano da vida de Isaac, filho de Abraão, Rebeca, sua mulher ainda era estéril.

2 E Rebecca disse a Isaque: Verdadeiramente eu ouvi, meu senhor, que a tua mãe Sara era estéril em seus dias até que Abraão, teu pai, orou por ela ao Senhor e ela concebeu.

3 Agora, levanta-te, ora tu a Deus e Ele vai ouvir a tua oração e lembrar-se de nós através de suas misericórdias.

4 E Isaac respondeu sua esposa Rebecca, dizendo: Abraão já orou por mim a Deus para multiplicar a sua semente, pois agora esta esterilidade deve proceder para nós de ti.

5 E Rebecca disse-lhe: Levanta-te agora tu também, e ora, para que o Senhor possa ouvir a tua oração e conceder-me filhos. E Isaac deu ouvidos às palavras de sua esposa, e Isaac e sua esposa se levantaram e foram para a terra de Moriá a orar lá e buscar ao Senhor ; e quando eles haviam chegado a esse lugar, Isaac levantou-se e orou ao Senhor por sua esposa porque ela era estéril.

6 E disse Isaque: Ó Senhor, Deus do céu e da terra, cuja bondade e misericórdia preenchem a terra; tu que tiraste o meu pai da casa de sua terra natal, e o trouxeste a esta terra, e falaste que a ele e sua descendência darias a terra, e tu prometes-te e declararas-te: Eu multiplicarei a tua descendência como as estrelas do céu e como a areia do mar, que possam agora ser verificadas tuas palavras que tu falaste para o meu pai.

7 Porque tu és o Senhor, nosso Deus, nossos olhos estão em ti para nos dar semente de homens, como tu nos prometeste fazer, pois tu és o Senhor, nosso Deus, e nossos olhos estão voltados para ti somente.

8 E o Senhor ouviu a oração de Isaac, filho de Abraão, e se apiedou dele e Rebeca, sua mulher, concebeu.

9 E cerca de sete meses depois, dois filhos lutavam dentro dela, e doía-lhe muito e estava cansada por causa deles, e ela perguntou a todas as mulheres que estavam na terra : aconteceu-vos alguma vez uma coisa dessas a vocês, como sucedeu para mim? E elas disseram: não.

10 E ela disse-lhes: Por que estou sozinha nisto, entre todas as mulheres que existem em cima da Terra? E ela foi para a terra de Moriá a buscar o Senhor por conta disso, e ela foi a Shem e Eber seu filho a fazer perguntas a eles para que eles procurassem Senhor neste assunto.

11 Ela também pediu a Abraão para consultar o Senhor sobre tudo o que tinha acontecido aela.

12 E todos eles consultaram o Senhor quanto a este assunto, e eles trouxeram a palavra do Senhor e disseram-lhe: Duas crianças estão em teu ventre, e dois povos se levantarão a partir deles; e uma nação deve ser mais forte do que a outra, e o maior servirá o menor.

13 E, quando os seus dias de gravidez foram cumpridos, ela se ajoelhou, e eis que havia gêmeos no seu ventre, como o Senhor tinha falado com ela.

14 E saiu o primeiro todo vermelho como um vestido cabeludo, e todo o povo da terra lhe deu o nome de Esaú, dizendo que este foi feito completo desde o ventre.

15 E depois saiu o seu irmão, e sua mão pegou o calcanhar de Esaú, e por isso lhe deram o nome de Jacob.

16 E Isaac, filho de Abraão, tinha 60 anos de idade, quando eles nasceram.

17 E os meninos cresceram e no seu décimo quinto ano, e eles vieram perante a assembleia dos homens. Esaú era um homem engenhoso e enganoso, e um caçador especialista no campo; e Jacob (ou Jacó) era um homem perfeito e sábio, que habitava em tendas, alimentando rebanhos, aprendendo os mandamentos do Senhor e os comandos de seu pai e mãe.

18 E Isaac e os filhos de sua casa moravam com seu pai Abraão, na terra de Canaã, como Deus havia ordenado.

19 E Ismael, filho de Abraão partiu com seus filhos e tudo que pertence a eles, e eles voltaram para a terra de Havilá, e habitaram ali.

20 E todos os filhos de concubinas de Abraão foram morar na terra do Oriente, pois Abraão despediu-os do seu filho, e deu-lhes presentes, e eles partiram para longe.

21 E Abraão deu tudo o que tinha a seu filho Isaac, e também lhe deu todos os seus tesouros.

22 E ordenou-lhe: Não sabes tu e compreendes que o Senhor é Deus no céu e na terra, e não há outro além dele?

23 E foi Ele que me tirou da casa de meu pai, e de minha cidade natal, e me deu todas as delícias sobre a terra, que me livrou do conselho dos ímpios, pois nele eu confiei.

24 E ele me trouxe a este lugar, e ele me livrou em Casdim Ur, e Ele me disse: à tua descendência darei todas estas terras, e eles herdarão quando eles guardarem meus mandamentos, meus estatutos e os meus juízos que te ordenei, e que Eu lhes ordenar.

25 Agora, pois, meu filho, ouve a minha voz, e guarda os mandamentos do Senhor teu Deus, que te ordenei, não saias do caminho certo nem para a direita nem para a esquerda, a fim de que Ele possa ser bom contigo e com os teus filhos depois de ti para sempre.

26 E lembra-te as obras maravilhosas do Senhor, e da sua bondade que ele tem mostrado para nós, pois nos livrou das mãos dos nossos inimigos, e que o Senhor nosso Deus os levou a cair em nossas mãos, e agora portanto, mantem tudo o que te ordenei, e não te desvies dos mandamentos de teu Deus, e não sirvas, mais ninguém além dele, a fim de que possa ir bem contigo e com a tua descendência.

27 E ensina os teus filhos e a tua descendência nos mandamentos do Senhor e seus estatutos, e ensina-lhes o caminho reto em que devem andar, a fim de que ele possa estar com eles para sempre.

28 E Isaac respondeu a seu pai e disse: O que o meu senhor ordenou eu faço, e não vou me afastar dos comandos do Senhor meu Deus, eu vou manter tudo o que Ele mandou. Abraão abençoou seu filho Isaac e também seus filhos, e ensinou a Jacob a instrução do Senhor e seus caminhos.

29 E foi nesse momento que Abraão morreu no décimo quinto ano da vida de Jacob e Esaú, os filhos de Isaac, e todos os dias de Abraão foram 175 anos; e ele morreu e foi reunido ao seu povo em boa velhice, velho e satisfeito de dias, e Isaac e Ismael, seus filhos, o sepultaram.

30 E, quando os habitantes de Canaã ouviram que Abraão estava morto, todos eles vieram com seus reis e príncipes e todos os seus homens para enterrar Abraão.

31 E todos os habitantes da terra de Haran, e todas as famílias da casa de Abraão, e todos os príncipes e nobres,e os filhos de Abraão das concubinas, todos vieram quando souberam da morte de Abraão, e pagaram a bondade de Abraão, e confortaram a Isaac seu filho, e sepultaram Abraão na caverna que ele comprou de Efrom, o heteu e seus filhos, para possuírem um lugar de sepultamento.

32 E todos os habitantes de Canaã, e todos aqueles que haviam conhecido Abraão, choraram Abraão por um ano inteiro, e os homens e mulheres choraram por ele.

33 E todas as crianças e todos os habitantes da terra choraram por causa de Abraão, pois Abraão tinha sido bom para todos eles, e porque ele tinha sido reto com Deus e com os homens.

34 E nunca mais se levantou um homem temente a Deus, como Abraão, pois ele temia seu Deus desde a sua juventude, e serviu ao Senhor, e tinha andado em todos os seus caminhos durante sua vida, desde sua infância até o dia de sua morte.

35 E o Senhor estava com ele e o livrou do conselho de Ninrod e seu povo, e quando ele fez guerra contra os quatro reis de Elão, ele prevaleceu.

36 E ele trouxe todos os filhos da terra para o serviço de Deus, e ele ensinou- lhes os caminhos do Senhor, e os levou a conhecer ao Senhor.

37 E ele plantou um bosque e uma vinha nele, e ele sempre tinha preparada em sua tenda, carne e bebida para aqueles que passavam pela terra, para que eles pudessem satisfazer-se em sua casa.

38 E o Senhor Deus livrou toda a terra por conta de Abraão.

39 E foi depois da morte de Abraão, que Deus abençoou seu filho Isaac e seus filhos; e o Senhor estava com Isaac como tinha sido com seu pai Abraão. E Isaac guardou todos os mandamentos do Senhor, como Abraão, seu pai lhe havia ordenado; ele não se desviou para a direita ou para a esquerda do caminho certo que o seu pai lhe tinha ordenado.

* * *

26:5-8 - A oração de Isaque por sua mulher para que ela engravidasse é aqui apresentada. (Gênesis 25:21)

26:10 - O local no qual Isaque seria sacrificado ao Senhor é o local escolhido por Rebeca para oração.

26:25-27 - Abraão dá diversos conselhos a seu filho Isaque, morrendo em seguida.

26:34 - Belo testemunho acerca da vida do patriarca Abraão.

CAPÍTULO 27
ESAÚ MATA NIMRODE E DOIS DE SEUS HOMENS VALENTES

1 E Esaú, nesse tempo, depois da morte de Abraão, frequentemente entrava no campo para caçar.

2 E Nimrod, rei de Babel, o mesmo foi Anrafel, também frequentemente ia com seus homens valentes para caçar no campo, e para andar com seus homens na viração do dia.

3 E Nimrod estava espiando Esaú todos os dias, pois um ciúme foi formado no coração de Nimrod contra Esaú.

4 Um dia foi Esaú ao campo caçar, e encontrou Nimrode andando no deserto com seus 2 homens.

5 E todos os seus homens valentes e seu povo estavam com ele no deserto, mas eles se afastaram a uma distância dele, e foram em diferentes direções para caçar e Esaú se escondeu de Nimrod, no deserto.

6 E Nimrod e seus homens que estavam com ele não o viram, e Nimrod e seus homens frequentemente iam ao campo no refrescar do dia, para saber onde seus homens estavam caçando.

7 E Nimrod e dois de seus homens que estavam com ele chegaram ao lugar onde eles estavam, quando Esaú saiu de repente de seu esconderijo, tirou a espada, apressou-se e correu para Nimrode e cortou-lhe a cabeça.

8 E Esaú travou uma luta desesperada com os dois homens que estavam com Nimrod, e quando eles

gritaram por causa dele, Esaú voltou-se para eles e os feriu até a morte com sua espada.

9 E todos os homens valentes de Nimrod, que o tinham deixado para irem ao deserto, ouviram o grito à distância, e eles conheciam as vozes desses dois homens. E eles correram para saber a causa disso, quando encontraram o seu rei e os dois homens que estavam com ele mortos no deserto.

10 E quando Esaú viu os homens valentes de Nimrod vindo à distância ele fugiu e assim escapou. Esaú tomou as vestes valiosas de Nimrod, que o pai de Nimrod tinha legado a Nimrod, e com a qual Nimrod prevaleceu sobre toda a terra, e ele correu e as escondeu em sua casa.

11 E Esaú tomou as vestes e correu para a cidade por causa dos homens de Nimrod, e ele veio à casa de seu pai cansado e exausto da luta, e ele estava pronto para morrer de tanta amargura, quando ele se aproximou de seu irmão Jacó e sentou-se diante dele.

12 E ele disse a seu irmão Jacó: Eis que vou morrer neste dia, para que me serve que o direito de primogenitura? E Jacó agiu sabiamente com Esaú nesta matéria e ele vendeu sua primogenitura a Jacó, pois isso vinha do Senhor.

13 E a parte de Esaú na caverna do campo de Macpela, que Abraão tinha comprado dos filhos de Hete, Esaú também vendeu a Jacó, e Jaco comprou tudo isso a seu irmão Esaú, pelo preço acertado.

14 E Jacó escreveu tudo isto num livro, e ele testemunhou o mesmo com testemunhas, e ele selou, e o livro permaneceu nas mãos dos filhos de Jacó.

15 Quando Nimrod, filho de Cush morreu, seus homens levantaram-se e levaram-no consternados, e o sepultaram na sua cidade, e todos os dias que Nimrod viveu foram 215 anos e ele morreu.

16 E os dias que Nimrod reinou foram 185 anos, ele morreu pela espada de Esaú, em vergonha e desprezo; a descendência de Abraão causou sua morte, como ele tinha visto em seu sonho.

17 E com a morte de Ninrode seu reino tornou-se dividido em muitas divisões, e todos aquelas partes em que Nimrod reinava, foram restauradas para os respectivos reis da terra, que fora recuperada depois da morte de Ninrod, e todas as pessoas da casa de Nimrod foram por um longo tempo escravizados por todos os outros reis da terra.

* * *

27:7 - Cumprimento da segunda parte do sonho de Nimrode (12:55,56). Esaú mata o rei de Babel e dois de seus homens valentes enquanto caçava no campo.

27:10-14 - Depois matar o rei Nimrode e de fugir dos homens valentes que faziam sua guarda, Esaú vai ao encontro de seu irmão Jacó e lhe vende o direito de primogenitura. (Gênesis 25:30-33)

CAPÍTULO 28
POR CONTA DA FOME, ISAQUE VAI A TERRA DOS FILISTEUS

1 E, naqueles dias, após a morte de Abraão, no ano em que o Senhor trouxe uma grave fome na terra, e enquanto a fome estava na terra de Canaã, Isaac levantou-se para ir para o Egito por conta da fome, como seu pai Abraão tinha feito.

2 E o Senhor apareceu naquela noite para Isaac e ele disse-lhe: Não vás para o Egito, mas sobe e vai para Gerar, a Abimeleque, rei dos filisteus, e fica lá até a fome cessar.

3 E Isaac se levantou e foi para Gerar, como o Senhor lhe ordenara, e ele permaneceu lá um ano inteiro.

4 E, quando Isaac veio a Gerar, o povo da terra viu que Rebeca, sua mulher era de uma aparência bonita, e as pessoas de Gerar perguntaram Isaque a respeito de sua esposa, e ele disse: Ela é minha irmã; porque ele estava com medo de dizer que ela era sua esposa para que o povo da terra não pretendesse matá-lo por causa dela.

5 E os príncipes de Abimeleque foram e elogiaram a sua mulher para o rei, mas ele não respondeu a eles, nem atendeu às suas palavras.

6 Mas ele ouviu dizer que Isaac declarou que ela era sua irmã, então o rei guardou isso para si mesmo.

7 E havendo Isaac permanecido três meses naquela terra, Abimeleque olhou pela janela, e eis que Isaac estava brincando com Rebeca, sua mulher, pois Isaac morava na casa exterior pertencente ao rei, de modo que a casa de Isaac estava em frente à casa do rei.

8 E disse o rei a Isaac: que é isso que fizeste a nós ao dizer de tua mulher - Ela é minha irmã? A facilidade com que poderia um dos grandes homens do povo se deitar com ela, e querias tu, ter trazido essa culpa sobre nós.

9 E disse Isaac a Abimeleque: porque eu estava com medo de morrer por causa da minha esposa, por isso eu disse: Ela é minha irmã.

10 Naquele tempo, Abimeleque deu ordens para todos os seus príncipes e grandes homens, e tomaram Isaac e Rebeca, sua mulher, e os trouxeram perante o rei.

11 E o rei ordenou que eles deveriam vesti-los com roupas principescas, e os fazer andar pelas ruas da cidade, e proclamarem diante deles em toda a terra, dizendo: Este é o homem e esta é a sua esposa, e quem tocar neste homem ou em sua mulher, certamente morrerá. E Isaac voltou com sua esposa para a casa do rei; e o Senhor estava com ele e Isaac se engrandecia e não tinha falta de nada.

12 E o Senhor fez com que Isaac achasse graça diante de Abimeleque, à vista de todos seus súditos, e Abimeleque fez o bem para Isaque, pois lembrou-se do juramento e aliança que existia entre seu pai e Abraão.

13 E Abimeleque disse a Isaac: Eis que toda a terra está diante de ti; habita onde quer que possa parecer bem aos teus olhos, até tu voltares para a tua terra . E Abimeleque deu a Isaac campos e vinhas e a melhor parte da terra de Gerar, para semear e colher e comer das frutas do solo até os dias de fome terem passado.

14 E Isaac semeou naquela terra e colheu uma centena de vezes no mesmo ano, pois o Senhor o abençoou.

15 E engrandeceu-se, e ele tinha a posse de manadas e rebanhos e muita gente ao seu serviço.

16 E quando os dias da fome cessaram, o Senhor apareceu a Isaac e disse- lhe: Levanta-te, sai deste lugar e volta para a tua terra, para a terra de Canaã. E Isaac levantou-se e voltou a Hebrom, que está na terra de Canaã, ele e todos os pertencentes a ele, como o Senhor lhe ordenara.

17 E após isto, Shelach, o filho de Arfaxade morreu naquele ano, ao décimo oitavo ano da vida de Jacó e Esaú, e todos os dias que Shelach viveu foram 433 anos e ele morreu.

18 Naquele tempo Isaac enviou seu filho mais novo Jacó para a casa de Shem e Eber, e ele aprendeu as instruções do Senhor, e Jacó permaneceu na casa de Shem e Eber por 32 anos, e seu irmão Esaú não foi, pois ele não estava disposto a ir, e ele permaneceu na casa de seu pai, na terra de Canaã.

19 E Esaú ia caçar nos campos para levar para casa o que ele pudesse obter, assim o fez Esaú todos os dias.

20 E Esaú era um homem engenhoso e astuto, que prendia os corações dos homens e sobressaía. Esaú era um homem valente no campo e, com o decorrer do tempo, foram como de costume para caçar, e ele chegou até o campo de Seir, o mesmo é Edom.

21 E ele permaneceu na terra de Seir caçando no campo por um ano e quatro meses.

22 E Esaú viu lá na terra de Seir, a filha de um homem de Canaã, e seu nome era Jehudith, filha de Beeri, filho de Efer, das famílias de Hete, filho de Canaã.

23 E Esaú a tomou como esposa, e ele entrou a ela; 40 anos de idade tinha Esaú quando ele a levou, e ele a trouxe para Hebron, na terra de habitação de seu pai, e habitou lá.

24 E aconteceu que naqueles dias, no ano cento e dez da vida de Isaac, que é o qüinquagésimo ano da vida de Jacó, em que morreu Shem, filho de Noé, e Sem tinha 600 anos de idade na sua morte.

25 E quando Sem morreu, Jacob voltou para o seu pai, em Hebrom, que está na terra de Canaã.

26 E no ano quinquagésimo sexto da vida de Jacó, as pessoas vieram de Haran, e Rebeca comentou sobre seu irmão Labão, filho de Betuel.

27 Pois a esposa de Labão era estéril, naqueles dias, e não dava à luz filhos, e também nenhuma das suas servas gerava para ele.

28 E o Senhor se lembrou de Adinah, a esposa de Labão, e ela concebeu e gerou filhas gêmeas, e Labão chamou os nomes de suas filhas, o nome da mais velha Lia, e o nome da menor Raquel.

29 E vieram e contaram essas coisas para Rebeca. Rebeca se alegrou muito que o Senhor tivesse visitado o seu irmão e que ele tivesse tido filhos.

* * *

28:14 - Isaque prospera na terra dos filisteus, colhendo 100 vezes no mesmo ano. (Gênesis 26:12)

28:18 - Jacó é enviado a casa de Sem para aprender os caminhos do Senhor. Esaú se recusa a ir.

CAPÍTULO 29
JACÓ ENGANA E OBTÉM BÊNÇÃO DE SEU IRMÃO ESAÚ

1 E Isaac, filho de Abraão tornou-se velho e avançado em dias, e seus olhos se tornaram pesados com a idade, e eram fracos e não podia ver.

2 E naquele tempo Isaac chamou a Esaú, seu filho, dizendo: Sai peço-te, com as tuas armas, a tua aljava e o teu arco, levanta-te e sai para o campo e traz-me alguma caça; e faz-me um guisado de carne saborosa e dá-o para mim, para que eu coma, a fim de que eu te abençoe antes da minha morte, pois já se tornaram velhos e grisalhos os meus cabelos.

3 E Esaú assim fez, e ele pegou sua arma e saiu para o campo para apanhar caça, como de costume, para trazer ao seu pai, que tinha encomendado a ele, para que ele pudesse abençoá-lo.

4 E Rebeca ouviu todas as palavras que Isaac falou a Esaú, e ela apressou-se e chamou seu filho Jacó, dizendo: Assim e assim o teu pai falou com teu irmão Esaú, e assim que eu o ouvi, pois agora tu apressa-te e faz o que eu te disser.

5 Levanta-te e vai, eu te peço, para o rebanho e traz-me dois filhos das cabras, e eu vou fazer a carne saborosa para teu pai, e tu irás trazer a carne saborosa que ele coma, antes de teu irmão ter vindo da caçada, a fim de que teu pai te abençoe.

6 E Jacó apressou-se e fez o que sua mãe lhe havia ordenado, e ele preparou a carne e trouxe-a diante de seu pai antes que Esaú regressasse de sua caçada.

7 E disse Isaac a Jacó: Quem és tu, meu filho? E ele disse: Eu sou teu primogênito Esaú, e eu fiz como me ordenaste, agora, pois, levanta-te e come da minha caça, a fim de que tua alma me abençoe como tu falaste.

8 E Isaac levantou-se e ele comeu e bebeu, e seu coração foi consolado, e abençoou Jacó; e logo que Isaac abençoara a Jacó e ele se afastou dele, eis que veio Esaú com sua caça do campo, e ele também fez carne saborosa e trouxe-a a seu pai para comer da mesma e para abençoá-lo.

9 E disse Isaac a Esaú: e quem foi aquele que tomou carne de veado e trouxe-me antes de ti, a quem eu abençoei? E Esaú entendeu que seu irmão Jacó havia feito isso, e a fúria de Esaú se acendeu contra seu irmão Jacó visto que ele tinha agido assim para ele.

10 E disse Esaú: Não é ele justamente chamado Jacó? Pois ele suplantou-me duas vezes, ele levou o meu direito de primogenitura e agora ele tomou a minha bênção e Esaú chorou muito; e Isaac, quando ouviu a voz de seu filho Esaú chorando, disse-lhe: que posso eu fazer, meu filho, teu irmão veio com subtileza e tomou a tua bênção; e Esaú odiou a seu irmão Jacó por causa da bênção que seu pai lhe tinha dado e sua raiva era muito grande contra ele.

11 E Jacó temeu muito a seu irmão Esaú; e ele se levantou e fugiu para a casa de Eber, filho de Sem, e escondeu-se lá por conta de seu irmão, e Jacó tinha 63 anos de idade, quando ele saiu da terra de Canaã, de Hebron, e Jacó ficou escondido na casa de Eber por 14 anos, devido a seu irmão Esaú, e ele continuou a aprender os caminhos do Senhor e os seus mandamentos.

12 E quando viu Esaú que Jacó havia fugido dele, e que Jacó havia astutamente obtido a bênção, então Esaú se entristeceu muito, e ele também estava aborrecido com seu pai e sua mãe; e ele também se levantou e levou sua esposa e foi embora de seu pai e mãe para a terra de Seir, e ele morava lá. Esaú viu ali uma mulher de entre as filhas de Hete cujo nome era Bosmath, filha de Elon, o hitita, e ele a tomou para sua mulher, além de sua primeira esposa; e Esaú a chamou de Ada, dizendo: a bênção tinha naquele tempo passado por ele.

13 E Esaú habitou na terra de Seir seis meses sem ver seu pai e mãe, e depois Esaú tomou suas mulheres e voltou para a terra de Canaã. Esaú colocou as suas duas mulheres na casa de seu pai, em Hebrom.

14 E as esposas de Esaú provocaram a Isaac e Rebeca com as suas obras, pois elas não andavam nos caminhos do Senhor, mas serviam os deuses de madeira e pedra de seu pai, como seu pai havia ensinado a elas; e elas eram mais perversas do que seu pai.

15 E andaram de acordo com os maus desejos de seus corações, e elas sacrificaram e queimaram incenso a Baal. E Isaac e Rebeca se cansaram delas.

16 E Rebeca disse: estou cansada da minha vida por causa das filhas de Hete; se Jacó tomar uma mulher das filhas de Hete, tais como estas que são das filhas da terra, o que de bom é que a vida terá para mim?

17 E naqueles dias, Ada, mulher de Esaú concebeu e lhe deu um filho, e chamou Esaú o nome do filho que lhe nascera, Elifaz; e Esaú tinha 65 anos de idade, quando ela lhe deu. E Ismael, filho de Abraão morreu naqueles dias, no ano 60 da vida de Jacó, e todos os dias que Ismael viveu foram 137 anos e ele morreu.

18 E Isaac ouviu que Ismael estava morto e chorou; e Isaac lamentou sobre ele por muitos dias.

19 E ao fim de 14 anos que Jacó se tornara residente na casa de Eber, Jacó desejou ver seu pai e mãe, e Jacó foi à casa de seu pai e mãe em Hebron. Esaú tinha naqueles dias esquecido o que Jacó tinha feito a ele por ter tomado a bênção dele naqueles dias.

20 E quando viu Esaú que Jacó estava chegando ao seu pai e sua mãe, ele se lembrou do que Jacó tinha feito para ele, e ele estava muito irritado contra ele e tentou matá-lo.

21 E Isaac, filho de Abraão, era velho e avançado em dias; e Esaú disse: Agora o tempo de meu pai está se aproximando e ele vai morrer; e quando ele morrer, eu vou matar meu irmão Jacó.

22 E isso foi dito a Rebeca, e ela se apressou e mandou chamar a Jacó, seu filho, e disse-lhe: foge para Haran, para meu irmão Labão, e permanece lá por algum tempo, até que a ira de teu irmão se afaste de ti e tu voltes.

23 E Isaque chamou a Jacó, e disse-lhe: Não tomes uma esposa das filhas de Canaã, pois assim, que o nosso pai Abraão ordenou-nos, segundo a palavra do Senhor que Ele lhe havia ordenado, dizendo: À tua descendência darei esta terra, se os teus filhos mantiverem minha aliança que fiz contigo, então eu também realizarei a teus filhos o que eu tenho falado contigo e não irei abandoná-los.

24 Agora, pois, meu filho, ouve a minha voz e faz tudo o que eu te ordeno; não tomes uma esposa de entre as filhas de Canaã; levanta-te, vai para Haran, para a casa de Betuel, pai de tua mãe, e toma para ti uma mulher de lá das filhas de Labão, irmão de tua mãe.

25 Portanto, guarda-te para que não te esqueças do Senhor, teu Deus, e de todos os seus caminhos na terra à qual vais,

26 e de te ajuntares com as pessoas da terra para seguir a vaidade e abandonares o Senhor teu Deus.

27 Mas, quando chegares à terra, serve ali o Senhor e não tornes para a direita ou para a esquerda da maneira que te ordenei e que tu aprendeste.

28 E que o Deus Todo-Poderoso te conceda graça aos olhos do povo da terra, para que tu possas ter lá uma esposa de acordo com a sua escolha, uma que seja boa e justa nos caminhos do Senhor.

29 E que Deus possa dar a ti e à tua descendência a bênção de Abraão meu pai, e fazer-te fecundo e te multiplique, e tu possas tornar-te uma multidão na terra onde quer que vás, e que Deus possa te trazer a esta terra, a terra de teu pai, com crianças e com grandes riquezas, com alegria e com prazer.

30 E Isaac abençoou a Jacó, e ele deu-lhe muitos presentes, juntamente com a prata e o ouro, e ele mandou-o embora, e Jacó deu ouvidos a seu pai e mãe, ele beijou-os e levantou-se e foi a Padã-Arã, e Jacó tinha 77 anos de idade, quando ele saiu da terra de Canaã, de Berseba.

31 E quando Jacó partiu para ir para Haran, Esaú chamou ao seu filho Elifaz, e secretamente falou-lhe, dizendo: Agora apressa-te, toma a tua espada na tua mão e segue Jacó e passa adiante dele na estrada, esconde-te e mata-o com a tua espada em uma das montanhas; e toma todos os seus pertences e volta.

32 E Elifaz, filho de Esaú, era um homem ágil e especialista com o arco como o seu pai lhe ensinara, e ele era um caçador notável no campo e um homem valente.

33 E Elifaz fez como seu pai lhe havia ordenado, e Elifaz tinha naquele tempo 13 anos. Elifaz levantou-se e foi e tomou dez irmãos de sua mãe com ele e perseguiu Jacó.

34 E seguiu de perto a Jacó, e se escondeu na fronteira da terra de Canaã, em frente à cidade de Siquém.

35 E Jacó notou Elifaz e seus homens perseguindo-o, e Jacó parou no lugar em que ele estava, a fim de saber o que era isso, pois ele não sabia de nada. E Elifaz desembainhou a espada e ele e seus homens avançaram para Jacó, e Jacó disse-lhes: O que é que fazes com estes aqui, e o que significa isso de me perseguires com tua espada?

36 E Elifaz chegou perto de Jacob e respondeu, dizendo: Assim me mandou meu pai, e agora, não vou-me desviar das ordens que o meu pai me deu; e quando Jacó viu que Esaú tinha falado com Elifaz de empregar a força, Jacob então aproximou-se e suplicou a Elifaz e seus homens, dizendo-lhe:

37 Eis que tudo o que eu tenho e que meu pai e minha mãe me deram a mim, leva de mim, mas não me mates, para que essa injustiça não seja contabilizada a ti.

38 E o Senhor fez Jacó achar graça diante de Elifaz, filho de Esaú e seus homens, e eles ouviram a voz de Jacó, e não o entregaram à morte. Elifaz e seus homens tomaram todos os pertences de Jacó, juntamente com a prata e o ouro que tinha trazido com ele de Berseba; eles o deixaram sem nada.

39 E Elifaz e seus homens se afastaram dele e eles voltaram a Esaú a Berseba, e disseram-lhe tudo o que tinha acontecido a eles e com Jacó, e deram- lhe tudo o que eles tomaram de Jacó.

40 E Esaú ficou indignado com Elifaz seu filho, e com seus homens que estavam com ele, porque eles não tinham posto Jacob à morte.

41 E, respondendo, disse a Esaú: porque Jacó suplicou-nos nesta matéria, para não matá-lo, e tivemos piedade por ele, mas levamos todos os pertences dele e os trouxemos a ti. E Esaú tomou toda a prata e ouro que Elifaz tinha tirado de Jacob e ele colocou-os em sua casa.

42 Naquele tempo, quando viu Esaú que Isaac abençoara a Jacó, e lhe havia ordenado, dizendo: Tu não deverás ter uma esposa de entre as filhas de Canaã, e que as filhas de Canaã eram más aos olhos de Isaac e Rebeca.

43 Então ele foi para a casa de Ismael, seu tio, além de suas esposas mais velhas, ele tomou Machlath, a filha de Ismael, irmã de Nebayoth, para sua mulher.

* * *

29:14-16 - A idolatria das suas noras é a razão pela qual Rebeca reprova a conduta das mulheres de seu filho Esaú. (Gênesis 27:46)

29:19 - Isaque lamenta a morte de seu irmão Ismael.

29:30-37 - Jacó é enviado por seu pai a terra onde vivia sua mãe com prata e ouro, mas quase é assassinado por seu sobrinho Elifaz e lhe entrega tudo o que havia recebido de Isaque para não morrer.

CAPÍTULO 30
JACÓ NO MONTE MORIÁ

1 E Jacó continuou seu caminho para Haran e ele chegou até o monte Moriá. Jacó permaneceu lá a noite toda perto da cidade de Betel e o Senhor apareceu lá a Jacó naquela noite, e Ele disse-lhe: Eu sou o Senhor Deus de Abraão, o Deus de Isaac teu pai, e a terra em que estás deitado, eu a darei a ti e a tua descendência.

2 E eis que estou contigo e te guardarei onde quer que fores, e multiplicarei a tua descendência como as estrelas do céu, e farei que todos os teus inimigos caiam diante de ti, e quando eles te fizerem guerra, não prevalecerão sobre ti, e tornarei a trazer-te de novo para esta terra, com alegria, com filhos, e com grandes riquezas.

3 Jacó acordou do seu sono e alegrou muito com a visão que tinha visto. E chamou o nome daquele lugar Betel.

4 E Jacó levantou-se daquele lugar muito alegre, e quando ele andava, seus pés estavam leve, e ele saiu de lá para a terra dos filhos no Oriente, e ele voltou para Haran e ele descansou junto ao um poço de pastores.

5 E ele lá encontrou alguns homens, vindo de Haran para alimentar seus rebanhos, e Jacó perguntou de onde eram eles; e disseram: Somos de Haran.

6 E ele lhes disse: Conhecem Labão, filho de Naor? E eles disseram: Nós o conhecemos, e eis que sua filha Raquel está chegando para apascentar o rebanho de seu pai.

7 Enquanto ele ainda estava falando com eles, Raquel, filha de Labão, chegou para apascentar as ovelhas do pai, pois era uma pastora.

8 E Jacó viu a Raquel, filha de Labão, irmão de sua mãe, correu e beijou-a, e levantou a sua voz e chorou.

9 E Jacó anunciou a Raquel que ele era o filho de Rebeca, irmã de seu pai; e Raquel correu e disse a seu pai, e Jacó continuou a chorar, porque ele não tinha nada com ele para levar a casa de Labão.

10 E quando Labão soube que Jacó, filho de sua irmã, tinha vindo, ele correu e beijou-o e abraçou-o e levou-o para dentro da casa e deu-lhe pão, e ele comeu.

11 E Jacob contou a Labão o que Esaú lhe tinha feito, e o que seu filho Elifaz tinha feito a ele na estrada.

12 E Jacó residiu em casa de Labão por um mês, e Jacó comeu e bebeu na casa de Labão, e depois Labão disse a Jacó: Diga-me qual será o teu salário, pois como tu poderás servir-me de graça?

13 E Labão não teve filhos, só filhas, e suas outras esposas e servas ainda estavam estéreis naqueles dias, e estes são os nomes das filhas de Labão, que sua esposa Adinah dera-lhe: o nome da mais velha era Lia e o nome da mais nova era Raquel; e Lia era doce de olhos, mas Raquel era bonita e bem favorecida, e Jacó a amava.

14 E Jacó disse a Labão, te servirei sete anos por Raquel, tua filha mais jovem, e Labão aceitou isso e Jacó serviu Labão sete anos por sua filha Raquel.

15 E, no segundo ano de residência de Jacó em Haran, no septuagésimo nono ano da vida de Jacó, morreu Eber filho de Sem, e ele tinha 464 anos em sua morte.

16 E quando Jacó soube que Eber estava morto chorou muito, e ele lamentou por muitos dias.

17 E, no terceiro ano de residência de Jacó em Haran, Bosmath, filha de Ismael, mulher de Esaú, deu à luz a um filho, e Esaú chamou o seu nome de Reuel.

18 E no quarto ano de residência de Jacó na casa de Labão, o Senhor visitou Labão e lembrou-se dele por conta de Jacó, e filhos lhe nasceram; e seu primeiro filho foi Beor, o segundo foi Alib, e o terceiro foi Chorash.

19 O Senhor deu a Labão riquezas, honra e filhas; ele se engrandeceu muito por causa de Jacó.

20 E Jacob naqueles dias serviu Labão em todos os tipos de trabalho, em casa e no campo, e a bênção do Senhor estava em tudo o que pertencia a Labão na casa e no campo.

21 No 5º ano morreu Jehudith, filha de Beeri, esposa de Esaú, em Canaã; ela não teve filhos, apenas filhas.

22 Estes são os nomes das filhas que ela deu a Esaú: a mais velha foi Marzith, e a menor foi Puith.

23 E quando Jehudith morreu, Esaú levantou-se e foi para Seir para caçar no campo, como de costume, e Esaú habitou na terra de Seir por um longo tempo.

24 E, no sexto ano, Esaú tomou por mulher, além de suas outras esposas, Ahlibamah, filha de Zebeon, o heveu; e Esaú a trouxe para a terra de Canaã.

25 E Ahlibamah concebeu e deu à luz a Esaú três filhos, Yeush, Yaalan e Coré.

26 E, naqueles dias, na terra de Canaã, havia uma disputa entre os pastores de Esaú e os pastores da terra de Canaã, pois o gado de Esaú e bens eram muito abundantes para ele permanecer na terra de Canaã, na casa de seu pai, e os da terra de Canaã não poderiam suportá-lo por conta de seu gado.

27 E quando Esaú viu que suas disputas aumentavam com os habitantes da terra de Canaã, ele se levantou e tomou suas mulheres e seus filhos e suas filhas, e todos pertencentes a ele, e o gado que possuía, e todos os seus bens que tinha adquirido na terra de Canaã, e ele foi para longe dos habitantes da terra, para a terra de Seir, e Esaú e todos pertencentes a ele habitaram na terra de Seir.

28 Mas, de vez em quando Esaú ia ver o pai e sua mãe na terra de Canaã; e Esaú misturou-se com os horeus, e ele deu as suas filhas para os filhos de Seir, o horeu.

29 E ele deu a sua filha mais velha Marzith para Aná, filho de Zebeon, irmão de sua esposa; e ele deu Puith a Azar, o filho de Bilã, o horeu. E Esaú habitou no monte, ele e seus filhos; e eles frutificaram e se multiplicaram.

* * *

30:14 - Labão aceita o acordo proposto por Jacó: sete anos de trabalho como dote para casar-se com Raquel. (Gênesis 29:18)

30:26,27 - As motivações de Esaú para deixar a terra de Canaã e morar nas montanhas de Seir.

CAPÍTULO 31
JACÓ É ENGANADO E É DADA LEA NO LUGAR DE RAQUEL

1 E no sétimo ano, o serviço de Jacó com que serviu Labão terminou, e Jacó disse a Labão: Dá-me minha mulher, pois os dias do meu serviço estão cumpridos. Labão assim o fez; e Labão e Jacó reuniram todas as pessoas daquele lugar e fizeram um banquete.

2 E à noite Labão entrou na casa, e depois veio Jacó com as pessoas da festa, e Labão apagou todas as luzes que estavam lá na casa.

3 E Jacó disse a Labão: Porque fazes tu isto? E Labão respondeu: Esse é o nosso costume nesta terra.

4 E depois Labão levou sua filha Lia, e trouxe-a a Jacó, e ele não sabia que ela era Lia.

5 E Labão deu a sua filha Lia, Zilpa, sua empregada doméstica, para sua serva.

6 E todas as pessoas na festa sabiam o que Labão havia feito a Jacó, mas não disseram nada a Jacó.

7 E todos os vizinhos vieram naquela noite à casa de Jacó, e comeram e beberam e regozijaram-se, e folgaram diante de Lia com tamboris, e com danças, e eles a elogiaram diante de Jacó e Lia.

8 E Jacó ouviu as palavras deles, mas não compreendeu o seu significado, mas ele pensou que tal pudesse ser seu costume nessa terra.

9 E os vizinhos falaram estas palavras diante de Jacó, durante a noite, e todas as luzes que havia em casa de Labão foram sendo apagadas.

10 E pela manhã, quando a luz apareceu, Jacó virou-se para sua esposa e ele viu, e eis que era Lia que estava deitada no seu seio, e Jacó disse: Eis que entendo agora o que os vizinhos disseram ontem à noite, eis Lia; eles disseram e eu não osabia.

11 E chamou Jacó a Labão, e disse-lhe: Que é isto que tu me fizeste? Certamente te servi por Raquel, e por que me enganaste tu, ao me dares Lia?

12 E Labão respondeu a Jacó, dizendo: Não se faz dessa maneira em nosso lugar, que se dê a menor antes da mais velha; agora, pois, se tu desejas levar sua irmã do mesmo modo, toma-a para ti também, por mais sete anos de teu serviço.

13 E Jacó fez assim, e também levou Raquel para sua mulher, e serviu Labão mais sete anos. E Jacó também veio a Raquel, e amou Raquel mais do que Lia; e Labão deu sua serva Bila para sua serva.

14 E quando o Senhor viu que Lia era desprezada, o Senhor abriu seu ventre, e ela concebeu e deu a Jacó quatro filhos nesses dias.

15 E estes são os seus nomes: Rubén, Simeão, Levi, e Judá; e ela parou de gerar.

16 E naquele tempo Raquel era estéril, por isso não tinha filhos; e Raquel invejava sua irmã Lia, e quando Raquel viu que ela não dava à luz filhos a Jacó, ela tomou sua serva Bila, e ela deu a Jacó dois filhos: Dan e Naftali.

17 E quando Lia viu que ela tinha deixado de gerar, ela também tomou sua serva Zilpa, e ela deu a Jacó por mulher, e Jacó também veio a Zilpa, e ela também deu a Jacó dois filhos: Gade e Aser.

18 E Lia concebeu novamente a Jacó gerando naqueles dias dois filhos e uma filha, e estes são os seus nomes: Issacar, Zebulon e sua irmã Dinah (ou Diná).

19 E Raquel ainda era estéril, naqueles dias, e Raquel orou ao Senhor nesse momento, e ela disse: Ó Senhor, nosso Deus, lembra-te de mim e visita- me, eu te peço, por quanto meu marido me lançará fora, pois eu ainda não lhe dei nenhuma criança.

20 Agora, ó Senhor Deus, ouve a minha súplica diante de Ti, e vê a minha aflição, e dá-me crianças como uma das servas, pois eu não mais suporto o meu opróbrio.

21 E Deus ouviu e abriu seu ventre, e Raquel concebeu e deu à luz um filho, e ela disse: O Senhor tirou o meu opróbrio, e chamou o seu nome José, dizendo: Que o Senhor me acrescente outro filho. E Jacó tinha 91 anos de idade, quando ela lhe deu ele.

22 Naquele tempo a mãe de Jacó enviou sua criada Deborah, filha de Uz, e dois dos servos de Isaac a Jacó.

23 E vieram para Jacó em Haran e disseram-lhe: Rebeca enviou-nos a ti para que retornes a casa de teu pai para a terra de Canaã, e Jacó deu ouvidos ao que sua mãe tinha falado.

24 Naquele tempo, os outros sete anos com que Jacó serviu Labão por Raquel estavam concluídos, e foi no final de 14 anos que tinha habitado em Haran, que disse Jacó a Labão: dá-me as minhas mulheres e manda- me embora, para que eu possa ir para a minha terra, para que conheçam a minha mãe que me chamou de volta à terra de Canaã para voltar para a casa do meu pai.

25 E Labão disse-lhe: Não, peço-te, se tenho achado graça aos teus olhos não me deixem a mim, aponta-me o teu salário e eu te darei, e permanece comigo.

26 E disse a ele "isto é o que hás de me dar por salário para cuidar de todo o teu rebanho": separarás para mim todos os cordeiros que são salpicados e malhados com marrom entre as ovelhas e as cabras e todos os que assim nascerem; se tu aceitares isso, eu vou voltar a alimentar o teu rebanho e a guardá-los como no início.

27 E Labão fez assim e ele removeu de seu rebanho tudo o que Jacó tinha dito e deu a ele.

28 E Jacó colocou tudo o que tinha recebido do rebanho de Labão nas mãos de seus filhos, e Jacó estava alimentando o restante do rebanho de Labão.

29 E quando os servos de Isaac que ele havia enviado a Jacó viram que ele não iria segui-los para retornar com eles para a terra de Canaã, então afastaram-se dele, e eles voltaram para casa, para a terra de Canaã.

30 E Deborah ficou com Jacó em Haran, e ela não voltou com os servos de Isaac para a terra de Canaã; e Deborah residia com as esposas de Jacó e as crianças em Haran.

31 E Jacó serviu Labão seis anos a mais, e quando as ovelhas davam à luz, Jacó separava para ele os eram salpicados e malhados, como tinha determinado com Labão, e Jacó serviu a Labão por seis anos, e o homem se engrandeceu muito e ele tinha gado e servas, servos, camelos e jumentos.

32 E Jacó tinha 200 cabeças de gado, e seu gado era de grande porte e de aparência bonita e foram muito produtivas, e todas as famílias dos filhos de homens desejavam obter algum do gado de Jacó, porque era extremamente próspero.

33 E muitos dos filhos de homens procuraram adquirir algumas cabeças do rebanho de Jacó; e Jacó dava a eles uma ovelha em troca de um servo homem ou uma serva ou de um jumento ou um camelo ou o que quer que Jacó desejasse deles, davam-lhe.

34 E Jacó obteve riquezas, honra e bens por meio dessas transações com os filhos dos homens; e os filhos de Labão o invejavam dessa honra.

35 E, no decorrer do tempo, ouviu as palavras dos filhos de Labão, dizendo: Jacó tem tomado tudo o que era de nosso pai, e do que era de nosso pai ele adquiriu toda essa glória.

36 Viu também Jacó que Labão e seus filhos, não eram para ele nesses dias como tinham sido antes.

37 E o Senhor apareceu a Jacó no termo de seis anos, e disse-lhe: Levanta-te, sai desta terra, e volta para a tua terra natal e eu serei contigo.

38 E Jacó levantou-se naquele momento e montou seus filhos e esposas e todos pertencentes a ele sobre camelos, e ele saiu para ir para a terra de Canaã, a seu pai Isaac.

39 E Labão não sabia que Jacó se tinha ido dele, pois Labão tinha saído e estava tosquiando nesse dia.

40 E Raquel roubou as imagens de seu pai, e escondeu-as sobre o camelo em que ela se sentou, e ela partiu.

41 E este era o costume das imagens, em tomar a cabeça de um primogênito sacrificado, tirar-lhe os cabelos de sua cabeça, ungindo-as em óleo e sal, e em seguida, tomando uma pequena placa de cobre ou de ouro, escreviam o seu nome em cima dela, e a colocavam debaixo da língua; e uma vez tendo a cabeça com sua placa debaixo da língua a colocavam na casa, e acendendo as luzes, se curvavam diante de suas imagens.

42 E, no momento em que se curvavam as imagens, elas falariam para eles em todos os assuntos que eles pedissem, através do poder do nome que está escrito nela.

43 E alguns as fazem em figuras de homens, de ouro e prata, e vão até elas, em tempos conhecidos por eles, e as imagens recebem a influência das estrelas, e dizem-lhes coisas futuras, e desta maneira eram as imagens que Raquel roubou de seu pai.

44 E Raquel roubou essas imagens que eram de seu pai, a fim de que Labão não pudesse saber através delas pra onde que Jacó tinha ido.

45 E Labão chegou em casa e perguntou acerca de Jacó e sua família, pois não sabia deles ; e Labão procurou as suas imagens para saber onde Jacob tinha ido, e não as encontrou, e ele foi para algumas outras imagens, e perguntou-lhes e disseram-lhe que Jacó havia fugido dele para seu pai, para a terra de Canaã.

46 E Labão então se levantou e tomou seus irmãos e todos os seus servos, e ele saiu e perseguiu Jacó, e alcançou-o na montanha de Gileade.

47 E Labão disse a Jacó: Que é isto que fizeste-me de fugir e me enganar, e levar minhas filhas e seus filhos como cativas pela espada?

48 E que não me deixas beijá-los e enviá-los com alegria, e roubas meus deuses e te vais embora?

49 E Jacó respondeu a Labão, dizendo: Porque eu estava com medo de que tu quisesses tomar as tuas filhas à força de mim, e agora com quem achares os teus deuses, ele morrerá.

50 E Labão procurou as imagens em todas as tendas de Jacó e bagagens, mas não conseguiu encontrá-las.

51 E Labão disse a Jacó: Nós vamos fazer um pacto juntos e isso será um testemunho entre mim e ti : se tu afliges as minhas filhas ou tomares outras mulheres além da minhas filhas, até mesmo Deus deve ser uma testemunha entre mim e ti nesta matéria.

52 E tomaram pedras e fizeram um montão, e Labão disse: Este montão é hoje testemunha entre mim e ti; portanto, ele chamou o seu nome de Gileade.

53 E Jacó e Labão ofereceram um sacrifício na montanha, e eles comeram, e ficaram no monte toda a noite, e Labão levantou-se de manhã cedo, chorou com suas filhas e ele beijou-as; e ele voltou para o seu lugar.

54 E ele se apressou e mandou seu filho Beor, que tinha 17 anos de idade, com Abichorof, o filho de Uz, filho de Naor, e com eles estavam 10 homens.

55 E eles se apressaram e foram e passaram adiante na estrada antes de Jacó, os quais foram por outro caminho para a terra de Seir.

56 E vieram a Esaú, e disseram-lhe: Assim diz teu parente Labão, irmão da tua mãe, filho de Betuel, dizendo:

57 Ouviste o que Jacó teu irmão fez a mim, que primeiro me veio nu e descoberto, e fui me encontrar com ele, e trouxe-o para minha casa com honra, e eu o fiz grande, e eu lhe dei as minhas duas filhas para esposas e também duas das minhas empregadas.

58 E Deus o abençoou em minha conta, e ele aumentou muito, e teve filhos, filhas e servos.

59 Ele tem também um número imenso de ovelhas e bois, camelos e jumentos; também de prata e ouro em abundância, e quando ele viu que sua riqueza aumentou, ele me deixou. Enquanto eu fui tosquiar minhas ovelhas, ele se levantou e fugiu em segredo.

60 E ele levantou suas esposas e filhos sobre camelos e levou todo o seu gado e propriedade que adquiriu na minha terra, e levantou seu rosto para ir para o seu pai Isaac, para a terra de Canaã.

61 E ele não me deixou beijar minhas filhas e seus filhos, e ele levou as minhas filhas como cativas pela espada, e também roubou meus deuses e fugiu.

62 E eu o tenho deixado na montanha do ribeiro de Jabuk (ou Jaboque), ele e seus pertencentes, sem que nada lhe tomasse.

63 Se o teu desejo é de ir ter com ele, então vai lá e tu irá encontrá-lo; e tu podes fazer aos dele como a tua alma quiser, e os mensageiros de Labão vieram e disseram a Esaú todas essas coisas.

64 E Esaú ouviu todas as palavras dos mensageiros de Labão, e sua ira se acendeu de grande maneira contra Jacó, e ele se lembrou de seu ódio e sua raiva que ardiam dentro dele.

65 E Esaú correu e levou os filhos e servos e as almas de sua casa, sendo 60 homens, e ele foi e reuniu todos os filhos de Seir, o horeu e suas pessoas, sendo 340 homens, e tomou todo esse número de 400 homens com espadas desembainhadas, e ele passou a Jacó para feri-lo.

66 E Esaú dividiu este número em várias partes, e ele levou 60 homens de seus filhos e os servos e as almas de sua casa como uma só cabeça, e entregou-os aos cuidados de Elifaz, seu filho mais velho.

67 E as cabeças restantes ele deu ao cuidado dos seis filhos de Seir, o horeu, e ele colocou a cada homem sobre suas gerações e crianças.

68 E Esaú foi entre eles em direção a Jacó, e conduziu-os com rapidez.

69 E os mensageiros de Labão partiram de Esaú e foram para a terra de Canaã; e eles chegaram à casa de Rebeca, mãe de Jacó e Esaú.

70 E disseram-lhe, falando: Eis o teu filho Esaú foi contra seu irmão Jacó com 400 homens, pois ele soube que ele estava chegando, e foi para fazer a guerra com ele, e feri-lo e tomar tudo o que ele tem.

71 E Rebeca apressou-se e mandou 72 homens dos servos de Isaac para avisar Jacó na estrada, pois disse: Porventura, Esaú irá fazer a guerra na estrada quando ele o encontrar.

72 E esses mensageiros passaram pela estrada para encontrar Jacó, e encontraram-no no caminho do ribeiro, no lado oposto do ribeiro Jabuk, e Jacó disse quando os viu, este acampamento é herança de Deus para mim, e Jacó chamou o nome daquele lugar Machnayim (ou Manaim).

73 E Jacó conhecia todas as pessoas da casa de seu pai, e ele os beijou e abraçou-os e vieram com eles; e Jacó perguntou-lhes seu pai e sua mãe, e eles disseram: Eles estão bem.

74 E esses mensageiros disseram a Jacó: Rebeca, tua mãe, enviou-nos a ti, dizendo: Eu ouvi, meu filho, que teu irmão Esaú foi adiante contra ti na estrada com homens dos filhos de Seir, o horeu.

75 E, portanto, meu filho, ouve a minha voz e vê com este conselho o que tu queres fazer. Quando ele vier para ti, suplica-lhe, e não fales precipitadamente para ele, e dá a ele um presente do que tu possuas, daqueles com que Deus te tem favorecido.

76 E quando ele vos perguntar sobre teus assuntos, não escondas nada dele; talvez ele se compadeça e afaste sua ira contra ti, e tu, assim, salves a tua alma, tu e de todos pertencentes a ti, pois é teu dever honrá-lo, pois ele é teu irmão mais velho.

77 E quando Jacó ouviu as palavras de sua mãe, que os mensageiros tinha falado a ele, Jacó levantou a sua voz e chorou amargamente, e fez como sua mãe, então, lhe ordenara.

* * *

31:2-4 - Estratégia de Labão para enganar Jacó, dando a ele como esposa sua filha Lia. (Gênesis 29:22-25)

31:22-25 - Rebeca envia sua criada Débora e outros dois mensageiros para que Jacó regresse a Canaã, mas ele permanece por mais seis anos trabalhando para seu tio Labão. (Gênesis 30:25-27)

31:40-44 - A motivação de Raquel para roubar os ídolos de seu pai Labão quando Jacó regressou à Canaã.

31:46 - Embora Labão tenha perseguido a Jacó, não temos aqui a razão pela qual não fez mal a ele quando o alcançou. A narrativa bíblica apresenta este episódio de forma mais detalhada. (Gênesis 31:24,29)

31:54-64 - A Bíblia nos conta que Esaú sai ao encontro de Jacó com 400 homens para o matar, mas não revela como ele soube que Jacó regressava à Canaã. Temos aqui exposto que foi Labão que enviou mensageiros a Esaú para informá-lo, dando a ele, inclusive, a localização precisa de Jacó (ribeiro de Jaboque).

31:69-71 - Jacó tem notícia por meio de mensageiros enviados por Rebeca que Esaú viria ao seu encontro para atacá-lo.

31:75 - Aconselhado por sua mãe Rebeca, Jacó envia presentes para seu irmão Esaú. (Gênesis 32:13-21)

CAPÍTULO 32
JACÓ ENVIA UMA MENSAGEM DE PAZ AO SEU IRMÃO

1 E naquele tempo Jacó mandou mensageiros a seu irmão Esaú em direção à terra de Seir, e ele lhe suplicou.
2 E ele lhes ordenou, dizendo: Assim direis a meu senhor, a Esaú: Assim diz o teu servo Jacó: Não queira o meu senhor imaginar que a bênção de meu pai com o qual ele me abençoou, tenha sido benéfica para mim.
3 Porque eu tenho estado estes 20 anos com Labão, e ele me enganou e mudou o meu salário dez vezes, como já antes disseram a meu senhor.
4 E eu servi-o em sua casa e trabalhei muito. E Deus depois viu a minha aflição, o meu esforço e o trabalho de minhas mãos e Ele me deu graça e favor diante dele.
5 E eu depois, através desta grande misericórdia de Deus e bondade, adquiri bois, jumentos e gado, e os servos dos homens e servas.
6 Agora estou voltando para a minha terra e minha casa, para meu pai e minha mãe, que estão em Canaã, e enviei para que o meu senhor saiba de tudo isso a fim de encontrar graça aos olhos de meu senhor, para que não imagine que eu tenho de mim mesmo obtido riqueza, ou que a bênção com que meu pai me abençoou.
7 E os mensageiros foram a Esaú e encontraram-no na fronteira da terra de Edom, indo em direção a Jacó e 400 homens dos filhos de Seir, o horeu, estavam de pé com espadas desembainhadas.
8 E os mensageiros de Jacó disseram a Esaú todas palavras que Jacó tinha falado com eles sobre Esaú.
9 E Esaú respondeu-lhes com orgulho e desprezo, e disse-lhes: Certamente eu tenho ouvido e realmente foi dito a mim o que Labão fez a Jacó, que o exaltou em sua casa e deu-lhe suas filhas para esposas, e gerou filhos e filhas, e abundantemente acumulou riqueza e riquezas na casa de Labão através de seus meios.
10 E, quando viu que sua riqueza era abundante, fugiu com tudo que pertence a ele da casa de Labão, e levou as filhas de Labão para longe do rosto de seu pai, como cativas pela espada, sem dizer-lhe isso.
11 E não somente a Labão Jacó tem feito assim, mas também a mim por duas vezes tem enganando e eu devo ficar em silêncio?
12 Hoje chegou o dia que em meus campos o encontrarei, e vou fazer de acordo com o desejo do meu

coração.

13 E voltaram os mensageiros e vieram a Jacó e disseram-lhe: Fomos a teu irmão Esaú e dissemos-lhe todas as tuas palavras, e assim e assim ele nos responde; e eis que ele vem para encontrar-te com 400 homens.

14 Agora, então, vê o que hás de fazer, e ora diante de Deus para te livrar dele.

15 E quando ele ouviu as palavras de seu irmão, que ele tinha falado aos seus mensageiros, Jacó teve muito medo e ficou aflito.

16 E Jacó orou ao Senhor, seu Deus, e ele disse: Ó Senhor, Deus de nossos pais, de Abraão e Isaac, tu falaste-me quando eu fui embora da casa de meu pai, dizendo:

17 Eu sou o Senhor Deus de teu pai Abraão e Deus de Isaac, a ti Eu darei esta terra e a tua descendência depois de ti, e farei a tua descendência como as estrelas do céu, e tu te estenderás para os quatro lados do céu, e em ti e na tua semente, abençoarão todas as famílias desta terra.

18 E estabeleceste as tuas palavras, de dar a mim riquezas e crianças e gado, como os desejos do meu coração; de dar a mim tudo o que eu pedi de ti, de modo que eu não tenha falta de nada.

19 E tu depois me disseste: Retorna para teus pais e para a tua terra natal e eu te abençoarei.

20 E agora que eu vim, e tu me livraste de Labão, vou cair nas mãos de Esaú, que vai matar-me, juntamente com as mães dos meus filhos.

21 Agora, pois, ó Senhor Deus, livrai-me, peço-te, também das mãos de meu irmão Esaú, porque eu tenho muito medo dele.

22 E se não há justiça em mim, faz isso por causa de Abraão e de meu pai Isaac.

23 Porque eu sei que foi através da tua bondade e da tua misericórdia que eu adquiri essa riqueza, agora, portanto, eu rogo-te que me livres neste dia com a tua bondade e me respondas.

24 E Jacó cessou de orar ao Senhor, e ele dividiu as pessoas que estavam com ele, com as ovelhas e gado em dois campos, e ele entregou metade para o cuidado de Damesek, filho de Eliezer, servo de Abraão, para um acampamento, com seus filhos, e a outra metade ele entregou ao cuidado de seu irmão Elianus, o filho de Eliezer, num acampamento com seus filhos.

25 E ordenou-lhes, dizendo: Guardai-vos a uma distância nos campos, e não fiquem muito perto um do outro, e se vier Esaú a um acampamento e os mates, o outro campo escapará.

26 E Jacó permaneceu lá durante toda a noite ele deu a seus servos instruções sobre as forças e seus filhos.

27 E o Senhor ouviu a oração de Jacó naquele dia e livrou Jacó das mãos de seu irmão Esaú.

28 E o Senhor enviou três anjos dos anjos do céu, e eles foram diante de Esaú e vieram a ele.

29 E estes anjos apareceram a Esaú e seu povo como dois mil homens, cavalgando cavalos equipados com todos os tipos de instrumentos de guerra, e que apareceram diante de Esaú e todos os seus homens divididos em quatro arraiais, com quatro chefes para eles.

30 E um desses arraiais avançou e eles encontraram Esaú vindo com 400 homens em direção a seu irmão Jacó, e este acampamento correu para Esaú e seu povo e os aterrorizaram, e Esaú caiu do cavalo em alarme, e todos os seus homens separaram-se dele naquele lugar, pois ficaram com muito medo.

31 E todo o arraial gritou quando eles fugiram de Esaú, e os homens de guerra responderam, dizendo:

32 Certamente nós somos os servos de Jacó, o servo de Deus, e quem, então, pode ficar contra nós?

E Esaú disse-lhes: Ó meu senhor, que meu irmão Jacó é o seu senhor, que eu não tenho visto por estes vinte anos, e agora que eu tenho neste dia chegado para vê-lo, vocês me tratam dessa forma?

33 E os anjos lhe responderam, dizendo: Vive o Senhor, que se não fosse por Jacó teu irmão, que não teríamos deixado um remanescente de ti e do teu povo, mas apenas por amor a Jacó que não faremos nada contra ele.

34 E esse arraial levantou-se de Esaú e seus homens e ele foi embora; e Esaú e seus homens tinham já se afastado quando o segundo arraial veio em direção a ele com todos os tipos de armas, e também fez a Esaú e seus homens como o primeiro arraial tinha feito para eles.

35 E, quando as pessoas tinham partido, eis que o terceiro campo veio em sua direção a eles e ficaram apavorados. Esaú caiu do cavalo e todo o arraial gritou, e disse: Certamente nós somos os servos de Jacó, que é o servo de Deus, e quem pode estar contra nós?

36 E Esaú novamente respondeu-lhes, dizendo: Ó, meu senhor, o seu senhor Jacó é meu irmão, e por vinte anos eu não vi seu rosto e ouvi neste dia que ele estava vindo, eu fui neste dia para encontrá-lo, e vocês me tratam desta maneira?

37 Responderam-lhe eles, e disseram-lhe: Como Vive o Senhor, que se não fosse por Jacó teu irmão, que não teríamos deixado um remanescente de ti e do teu povo, mas apenas por amor a Jacó que não faremos nada contra teus homens.

38 E o terceiro arraial também passou com eles, e ele ainda continuou seu caminho com seus homens para Jacó, quando o quarto arraial veio em direção a ele, e também fez a ele e seus homens como os outros fizeram.

39 E quando Esaú viu o mal que os quatro anjos tinham feito a ele e aos seus homens, ele ficou com muito medo de seu irmão Jacó, e ele foi encontrá-lo em paz.

40 E Esaú escondeu o seu ódio contra Jacó, porque ele estava com medo por sua vida por conta de seu irmão Jacó, e porque imaginava que os quatro campos que ele tinha visto antes eram servos de Jacó.

41 E Jacó permaneceu naquela noite com os seus servos em seus campos, e resolveu com seus servos de dar a Esaú um presente de tudo o que tinha com ele, e de todos os seus bens; e Jacó levantou-se de manhã, ele e os seus homens, e eles escolheram de entre o gado um presente para Esaú.

42 E este é o valor do presente, que escolheu Jacó do seu rebanho para dar ao seu irmão Esaú; ele selecionou 240 cabeças dos rebanhos e selecionou dos camelos e jumentos 30 cada um, e escolheu 50 vacas.

43 E meteu-os em 10 rebanhos, e ele colocou cada espécie por si só, e entregou nas mãos de dez dos seus servos, cada rebanho à parte.

44 E ordenou-lhes, e disse-lhes: Guardai-vos a uma distância um de cada outro, e coloquem um espaço entre os bandos, e quando Esaú e aqueles que estão com ele vos encontrarem e perguntar-lhe, dizendo: De quem és, e para onde vocês vão, e a quem pertence tudo isso diante de vocês, você devem dizer-lhes: Nós somos servos de Jacó, e nós vimos para encontrar Esaú em paz, e eis que Jacó vem atrás de nós.

45 E aquilo que está diante de nós é um presente enviado de Jacó a seu irmão Esaú.

46 E, se vos disserem: Por que se deixa atrasar atrás de você, de vir ao encontro de seu irmão e ver seu rosto, então vocês devem dizer-lhes: Certamente, ele vem atrás com alegria de encontrar seu irmão, pois ele disse: vou satisfazê-lo com o presente que preparei para ele, e depois disso vou ver seu rosto, e porventura ele me aceitará.

47 Assim, todo o presente passou para as mãos dos seus servos, e foram adiante dele naquele dia, e ele passou aquela noite com os seus campos, junto da fronteira do ribeiro de Jabuk, e ele levantou-se a meio da noite, e ele tomou suas mulheres e servos, suas empregadas, e todos pertencentes a ele e naquela noite passou-os sobre o ribeiro de Jabuk (Jaboque).

48 E quando ele passou todos pertencentes a ele sobre o riacho, Jacó foi deixado por si mesmo; e um homem se encontrou com ele, e ele lutou com ele naquela noite até ao romper do dia, e a juntura da coxa de Jacó foi tocada por lutar com ele.

49 E ao romper do dia, o homem deixou Jacó lá, e abençoou-o e foi embora; e Jacó passou o ribeiro no raiar do dia e ele parou em cima de sua coxa.

50 O sol levantou sobre ele quando tinha passado o ribeiro, e veio até o local de seu gado e crianças.

51 E foram até o meio-dia, e enquanto eles estavam indo com o presente, foi passando adiante deles.

52 E Jacó levantou os olhos e olhou, e eis que Esaú estava a uma distância, vindo juntamente com muitos homens, cerca de 400, e Jacó teve muito medo de seu irmão.

53 E Jacó apressou-se e dividiu os seus filhos a suas esposas e suas servas, e sua filha Dinah ele colocou em uma caixa, e entregou-a nas mãos de seus servos.

54 E ele passou diante de seus filhos e esposas para encontrar seu irmão, e ele se inclinou para o chão, e ele se inclinou sete vezes até que ele se aproximou de seu irmão. E Deus fez Jacó encontrar graça diante de Esaú e seus homens, pois Deus tinha ouvido a oração de Jacó.

55 E o medo de Jacó e seu terror caíram sobre o seu irmão Esaú, porque Esaú tinha muito medo de Jacó pelo que os anjos de Deus tinham feito a Esaú; e a ira de Esaú contra Jacó se tornou em bondade.

56 E, quando Esaú viu Jacó correndo em sua direção, ele também correu em direção a ele, e ele o abraçou, e ele caiu sobre o seu pescoço, e eles se beijaram e choraram.

57 E Deus colocou medo e bondade para com Jacó nos corações dos homens que vieram com Esaú, e também beijaram Jacó e o abraçaram.

58 E também Elifaz, filho de Esaú, com seus quatro irmãos, filhos de Esaú, choravam com Jacó, e beijaram-no e abraçaram-no, pois o medo de Jacó tinha caído sobre eles todos.

59 E Esaú levantou os olhos e viu as mulheres com seus filhos, os filhos de Jacó, andando atrás de Jacó e curvando-se ao longo da estrada para Esaú.

60 E disse Esaú a Jacó: Quem são estes contigo, meu irmão?   São eles os teus filhos ou teus servos? E respondeu Jacó a Esaú e disse: Eles são meus filhos que Deus graciosamente tem dado a teu servo.

61 E, enquanto Jacó estava falando com Esaú e seus homens, Esaú viu todo o acampamento, e ele disse a Jacó: De onde vem que tenha obtido todo o campo que eu encontrei ontem à noite? E Jacó disse: Para achar graça aos olhos de meu senhor; isso é o que Deus graciosamente deu a teu servo.

62 E o presente chegara antes de Esaú e Jacó o pressionou, dizendo: Peço-te que aceites o presente que eu trouxe ao meu senhor; e Esaú disse: Porque seria esse o meu propósito? Guarda o que tens para ti mesmo.

63 E Jacó disse: Compete-me dar tudo isso, já que tenho visto o teu rosto, que tu ainda vivesem paz.

64 E Esaú recusou aceitar o presente, e Jacó disse-lhe: Rogo-te, meu senhor, se agora tenho achado graça aos teus olhos, aceita o presente da minha mão por que eu tenho preparado, pois vi o teu rosto, como se tivesse visto o rosto de Deus, e te alegraste comigo.

65 E Esaú tomou o presente, e Jacó também deu a Esaú prata, ouro e obélio.

66 E Esaú dividiu o gado que estava no campo, e ele deu a metade para os homens que tinham vindo com ele, pois eles tinham vindo a soldo, e a outra metade, ele entregou nas mãos de seus filhos.

67 E a prata, ouro e obélio deu nas mãos de Elifaz, seu filho mais velho. E Esaú disse a Jacó: Vamos permanecer contigo, e vamos lentamente ao longo do caminho contigo até que venhas a minha casa comigo, para que possamos habitar juntos.

68 E Jacó respondeu a seu irmão e disse: eu faria como o meu senhor fala a mim, mas meu senhor sabe que estes filhos são tenros, e os rebanhos com seus jovens que estão comigo, e teremos de ir devagar, pois se eles foram rapidamente todos eles morrerão, pois tu conheces o seu peso e sua fadiga.

69 Portanto, que meu senhor passe adiante de seu servo, e eu irei lentamente por causa das crianças e do rebanho, até que eu volte para a casa de meu senhor em Seir.

70 E disse Esaú a Jacó: vou colocar contigo algumas das pessoas que estão comigo para cuidar de ti na estrada, e levar a tua fadiga e fardo; e Jacó disse: Não seja assim, meu senhor, se eu achei graça aos teus olhos.

71 E eu irei a ti a Seir e habitaremos ali como tu falaste, vai tu, pois, e em seguida te seguirei com meu povo.

72 E Jacó disse isso a Esaú, a fim de demover Esaú e seus homens de irem com ele, para que Jacó depois pudesse ir para a casa de seu pai, para a terra de Canaã.

73 E Esaú ouviu a voz de Jacó e Esaú voltou com os 400 homens que estavam com ele em seu caminho a Seir, e Jacó, e todos pertencentes a ele foram nesse dia até a extremidade da terra de Canaã, em suas fronteiras, e lá permaneceram algum tempo.

* * *

32:7 - Os mensageiros enviados por Jacó encontram com Esaú e 400 homens que saiam da terra de Edom em direção ao acampamento de Jacó. (Gênesis 32:6)

32:28-40 - A Bíblia revela que, embora tenha saído de Edom com 400 homens armados, Esaú não ataca a seu irmão Jacó. O Livro do Justo revela com detalhes como Deus fez com que Esaú desistisse da ideia de atacar a seu irmão, preservando assim a vida de Jacó.

32:52-56 - O encontro dos irmãos Esaú e Jacó. (Gênesis 33:1-4)

32:67-69 - Esaú pretende que seu irmão habite com ele nas montanhas de Seir, mas Jacó o engana e parte rumo a Canaã. (Gênesis 33:12-14)

CAPÍTULO 33
JACÓ VAI PARA SIQUÉM. O PRÍNCIPE SIQUÉM CONTAMINA DINÁ

1 E algum tempo depois, Jacó afastou-se das fronteiras da terra e veio para a terra de Shalem, que é a cidade de Siquém, que está na terra de Canaã; e ele descansou em frente da cidade.

2 E ele comprou uma parcela do campo, dos filhos de Hamor, o povo da terra, por cinco siclos.

3 E Jacó construiu para si uma casa, e armou ali a sua tenda, e ele fez currais para o seu gado, e chamou o nome daquele lugar de Sucote.

4 E Jacó permaneceu em Sucote um ano e seis meses.

5 Naquele tempo algumas das mulheres dos habitantes da terra foram à cidade de Siquém para dançar e alegrar- se com as filhas dos habitantes da cidade e, quando partiram, Raquel e Lia, as esposas de Jacó com suas famílias também foram para contemplar a alegria das filhas da cidade.

6 E Dinah, filha de Jacó, também foi junto com elas e viu as filhas da cidade, e eles ficaram lá diante dessas filhas, enquanto todas as pessoas da cidade estavam de pé assistindo seus regozijos, e todas as grandes pessoas da cidade estavam lá.

7 E Siquém, filho de Hamor, o príncipe da terra, também estava lá para vê-las.

8 E Siquém viu Dinah, filha de Jacó, sentada com sua mãe diante das filhas da cidade, e da jovem ele se agradou muito, e ele então perguntou a seus amigos e seu povo, dizendo: De quem é a filha que está entre as mulheres, a quem eu nunca vi nesta cidade?

9 E eles disseram-lhe: Certamente esta é a filha de Jacó, filho de Isaac, o hebreu, que habita na cidade por algum tempo. Quando foi noticiado que as filhas da terra iam saindo para se alegrar, ela foi com a mãe e suas servas para sentar-se entre elas como vês.

10 E Siquém viu Dinah, filha de Jacó, e quando ele olhou para ela a sua alma apegou-se a Dinah.

11 E enviou e a tomou pela força. E Dinah chegou à casa de Siquém e ele agarrou-a com força e se deitou com ela e humilhou-a, e ele a amava muito e colocou-a em sua casa.

12 E eles vieram e disseram a coisa a Jacó, e quando Jacó soube que Siquém tinha contaminado Dinah, sua filha, Jacó enviou 12 de seus servos para buscar Dinah a casa de Siquém, e foram, e chegaram à casa de Siquém, para tirar de Dinah de lá.

13 E quando chegaram, Siquém saiu a eles com os seus homens e os expulsaram e ele não os deixaram chegar diante de Dinah, mas Siquém estava sentado com Dinah beijando e abraçando-a diante de seus olhos.

14 E os servos de Jacó voltaram e disseram-lhe, falando: Quando chegamos, ele e seus homens nos afastaram para longe, e assim fez Siquém a Dinah diante de nossos olhos.

15 E Jacó sabia que Siquém havia contaminado a sua filha, mas ele não disse nada, e seus filhos estavam alimentando o gado no campo; e Jacó permaneceu em silêncio até seu retorno.

16 E antes de seus filhos chegarem em casa, Jacó enviou duas donzelas filhas de seus servos para cuidar de Dinah na casa de Siquém, e permanecer com ela, e Siquém enviou três de seus amigos para seu pai Hamor, filho de Chiddekem, filho de Pered, dizendo: Confirma esta donzela por minha esposa.

17 E Hamor, o filho de Chiddekem, o heveu, chegou à casa de seu filho em Siquém e sentou-se diante dele, e Hamor disse a seu filho: Siquém, não há então nenhuma mulher entre as filhas do teu povo, para que tu queiras levar uma mulher hebreia que não é do teu povo?

18 E Siquém disse a ele: apenas ela me agrada, porque ela é agradável aos meus olhos; e Hamor fez conforme a palavra de seu filho, pois ele era muito amado por ele.

19 E saiu Hamor a Jacó para partilhar com ele sobre esse assunto, e quando ele tinha ido embora da

casa de seu filho Siquém, antes de vir para Jacó para falar a ele, eis que os filhos de Jacó tinham vindo do campo, e ouviram a coisa que Siquém, filho de Hamor, tinha feito.

20 E os homens ficaram muito indignados por sua irmã, e todos eles retornaram para casa cheios de raiva, a tempo de recolher o seu gado.

21 E eles vieram e se sentaram diante de seu pai e falaram-lhe cheios de ira, dizendo: Certamente a morte se deve a este homem e à sua família, porque o Senhor Deus da terra inteira ordenou a Noé e seus filhos, dizendo ao homem que nunca roubasse nem cometesse adultério; agora eis que Siquém tem fornicado, devastado e comprometido nossa irmã, e não há de todas as pessoas da cidade, quem falasse uma palavra de condenação para com ele.

22 Certamente tu sabes entendes e que a sentença de morte é justa para Siquém, para o seu pai e para toda a cidade por conta da coisa que ele fez.

23 E enquanto eles estavam falando diante de seu pai neste assunto, eis que Hamor, o pai de Siquém, veio falar com Jacó as palavras de seu filho sobre Dinah, e ele se sentou diante de Jacó e perante os seus filhos.

24 E Hamor falou-lhes, dizendo: A alma de meu filho Siquém almeja a tua filha . Peço-vos que me dês para uma esposa e case com a gente, dá-nos pois os teus filhos e nós te daremos as nossas filhas, e venham morar conosco em nossa terra e nós seremos como um povo na terra.

25 Porque a nossa terra é muito extensa, por isso habitem e se estabeleçam nela e obtenham bens e façam conforme o que vocês desejam, e que ninguém falará contra vocês.

26 E Hamor terminou de falar a Jacó e seus filhos, e eis Siquém, seu filho veio depois dele, e ele sentou-se diante deles.

27 E Siquém falou antes de Jacó e seus filhos, dizendo: Que eu ache graça aos teus olhos para que me dês tua filha, e tudo o que falares, eu vou fazer por ela.

28 Peça-me abundância de dote e presentes, e te darei, e tudo o que me disseres, eu vou fazer, e quem quer que seja que se rebelar contra as tuas ordens, ele morrerá; apenas dá-me a donzela por esposa.

29 E Simeão e Levi responderam a Hamor e Siquém, seu filho, enganosamente, dizendo: Tudo o que tens falado nos vamos fazer por ti.

30 E eis que nossa irmã está na tua casa, mas fica longe dela até que consultemos o nosso pai Isaac quanto a este assunto, pois nada podemos fazer sem o seu consentimento.

31 Pois ele conhece os caminhos de nosso pai Abraão, e tudo o que ele disser a nós iremos fazer; e não vamos esconder nada de ti.

32 E Simeão e Levi falaram isto a Siquém e seu pai a fim de encontrar um pretexto para procurarem conselho do que deveria ser feito a Siquém e a sua cidade nesta matéria.

33 E quando Siquém e seu pai ouviram as palavras de Simeão e Levi, pareceu bem à vista deles, e Siquém e seu pai saíram para ir para casa.

34 E quando eles tinham ido embora, os filhos de Jacó conspiraram sobre seu pai, falando: Eis que nós sabemos que a morte é justa a esses iníquos e para sua cidade, porque eles transgrediram o que Deus tinha ordenado a Noé e seus filhos e à sua descendência depois deles.

35 E também Siquém fez tal coisa a nossa irmã Dinah, profanando-a. Tal vileza nunca deve ser feita entre nós.

36 Agora, pois, vejamos o que fazer, e procuremos conselho e pretexto do que deve ser feito a eles, a fim de matar todos os habitantes desta cidade.

37 E Simeão disse-lhes: eis aqui um bom conselho para ti: diga a eles para circuncidar todos os homens entre eles como nós somos circuncidados, e se não quiserem fazer isso, devemos tomar nossa irmã

deles e ir embora.

38 E, se o consentirem fazer isso e o executarem, então, quando eles estivem afundados de dor, iremos atacá-los com as nossas espadas quando menos esperarem, e matar todo homem entre eles.

39 E o conselho de Simeão lhe agradou, e Simeão e Levi resolveram fazer como fora proposto.

40 E na manhã seguinte, Siquém e Hamor seu pai vieram de novo a Jacó e seus filhos, para falar a respeito de Dinah, e ouvir a resposta que os filhos de Jacó dariam a suas palavras.

41 E os filhos de Jacó falaram enganosamente a eles, dizendo: Nós falamos a nosso pai Isaque todas as tuas palavras, e tuas palavras agradaram a ele.

42 Mas ele falou para nós, dizendo: Assim fez Abraão, seu pai, e lhe ordenou da parte de Deus, Senhor de toda a Terra, de que qualquer homem que não é de seus descendentes que queira tomar uma de suas filhas, fará com que todos os homens que lhe pertença a ele, sejam circuncidados, como estamos nós mesmos circuncidados, e então nós poderemos dar-lhe a nossa filha para sua mulher.

43   Agora, temos-te dado a conhecer todos os nossos caminhos que nosso pai falou para nós, pois não podemos fazer isso que nos falaste a nós, de dar a nossa filha a um homem não circuncidado, para que isso não traga desgraça para nós.

44   Mas iremos consentir com vocês, e lhe daremos a nossa irmã, e nós também, tomaremos as vossas filhas, e habitaremos entre vocês e seremos um só povo como vocês falaram, se vocês nos ouvirem, e consentirem ser como nós, circuncidando todos os homens pertencentes a vocês, assim como nós somos circuncidados. E se vocês não derem ouvidos a nós, para que cada homem seja circuncidado como estamos circuncidados, como já se ordenou, então iremos a vocês e levaremos a nossa irmã de vocês e iremos embora.

45 E Siquém e seu pai Hamor ouviram as palavras dos filhos de Jacó, e a coisa agradou muito; e Siquém e seu pai Hamor apressaram-se a fazer a vontade dos filhos de Jacó, pois Siquém gostava muito de Dinah e sua alma estava voltada para ela.

46 E Siquém e seu pai Hamor apressaram-se e foram para a porta da cidade, e reuniram todos os homens de sua cidade e falaram-lhes as palavras dos filhos de Jacó, dizendo:

47 Chegamos a esses homens, os filhos de Jacó, e falamos a eles sobre a sua filha, e estes homens consentirão fazer de acordo com os nossos desejos, e eis que a nossa terra é de grande extensão;

48 e eles irão morar na mesma, e negociarão nela, e seremos um povo; vamos tomar as suas filhas e nossas filhas vamos dar-lhes para esposas.

49 Mas só nesta condição estes homens consentirão em fazer isso: que todos os homens entre nós devem se circuncidar, como eles são circuncidados; como seu Deus lhes ordenou, e quando tivermos feito de acordo com as suas instruções para sermos circuncidado, então eles vão morar entre nós, juntamente com o seu gado e posses, e seremos um povo com eles.

50 E, quando todos os homens da cidade ouviram as palavras de Siquém e seu pai Hamor, então todos os homens de sua cidade se agradaram com esta proposta, e eles obedeceram para serem circuncidados; pois Siquém e seu pai Hamor eram muito estimados por eles, sendo príncipes da terra.

51 E no dia seguinte, Siquém e Hamor seu pai, levantaram-se de manhã cedo, e eles reuniram todos os homens de sua cidade no meio da cidade, e chamaram os filhos de Jacó para circuncidar todos os homens pertencentes a eles naquele dia e no próximo.

52 E eles circuncidaram Siquém e Hamor seu pai, e os cinco irmãos de Siquém, e então cada um se levantou e foi para casa, pois isso vinha do Senhor contra a cidade de Siquém, e da parte do Senhor foi o conselho de Simeão nesta matéria, a fim de que o Senhor entregasse a cidade de Siquém nas mãos dos

* * *

33:12-14 - Jacó envia 12 de seus servos para buscar sua filha Diná na casa de Siquém, mas os enviados de Jacó foram expulsos da casa.

33:37-39 - Simeão e Levi traçam um plano audacioso para matar a todos os habitantes da cidade de Siquém.

33:50-52 - Os homens da cidade de Siquém aceitam ser circuncidados, conforme a proposta de Simeão. (Gênesis 34:24)

CAPÍTULO 34
A PERFÍDIA DE SIQUÉM.
SIMEÃO E LEVI VINGAM A HONRA DE DINA

1 E o número de todos os homens que foram circuncidados, foi de 645 homens e 246 crianças.

2 Mas Chiddekem, filho de Pered, o pai de Hamor, e seus seis irmãos, não quiseram ouvir Siquém e seu pai Hamor e eles não foram circuncidados, pois a proposta dos filhos de Jacó era repugnante à vista deles. Eles se enfureceram pelas pessoas da cidade não terem dado ouvidos a eles.

3 E na noite do segundo dia, eles encontraram oito crianças pequenas que não haviam sido circuncidados, pois suas mães tinham os escondido de Siquém e seu pai Hamor, e dos homens da cidade.

4 E Siquém e seu pai Hamor mandaram trazê-los diante deles, para que fossem circuncidados, quando Chiddekem e seus seis irmãos saltaram para eles com suas espadas, e procuraram feri-los.

5 E ameaçaram matar também Siquém, a seu pai Hamor e Dinah com eles em conta desta questão.

6 E disse-lhes: O que é essa coisa que vocês fizeram? Não existem mulheres entre as filhas de seus irmãos, os cananeus, para que pretendam levar até vós filhas dos hebreus, a quem vós nunca conheceram antes, e vão fazer este ato que nossos pais nunca ordenaram?

7 E se vocês prosperarem nisto que intentam? E o que vão vocês responder neste caso a seus irmãos, os cananeus, que virão amanhã e pedir contas em relação a isso?

8 E se o vosso ato não aparecer justo e bom à sua vista, o que vão fazer para salvar suas vidas, e o que farei eu para salvar nossas vidas, por não terem dado ouvidos à nossa voz?

9 E se os habitantes da terra e todos os seus irmãos, os filhos de Ham, ouvirem de vosso ato, e disserem.

10 Por conta de uma mulher hebreia fez Siquém e Hamor seu pai e todos os moradores da sua cidade rebeldes e conforme ao que seus ancestrais nunca lhes ordenaram ; para onde então, vocês vão voar ou onde se esconderão de vossa vergonha, todos seus dias diante de seus irmãos, os habitantes da terra de Canaã?

11 Agora, pois, não podemos suportar essa coisa que você fez contra nós, nem também não seremos sobrecarregados com este jugo sobre nós que os nossos antepassados não nos ordenaram.

12 Eis que amanhã iremos e juntaremos todos os nossos irmãos, os irmãos cananeus que habitam a terra com todos nós, para ferir vocês e todos aqueles que confiaram em vocês, de forma que não fique um remanescente deixado de vocês ou deles.

13 E, quando Hamor e Siquém, seu filho, e todo o povo da cidade ouviram as palavras de

Chiddekem e seus irmãos, eles ficaram com medo de suas palavras e temeram, e eles arrependeram-se do que tinham feito.

14 E Siquém e seu pai Hamor, responderam a seu pai Chiddekem e seus irmãos, e disseram-lhes: Todas as palavras que vocês falaram a nós são verdadeiras.

15 Agora não digam, nem imaginem em vossos corações, que por conta do amor dos hebreus se fez uma coisa que os nossos antepassados não nos ordenaram.

16 Mas, porque vimos que não era sua intenção e vontade de aderir aos nossos desejos sobre tomar a sua filha como nossa, exceto nesta condição, por isso, ouvimos a s suas vozes e fizemos esse ato que vocês sabem, a fim de alcançar o nosso desejo da parte deles.

17 E quando tivermos obtido nosso pedido deles, vamos, então, voltar a eles e fazer a eles o que você diz a nós.

18 Nós te suplicamos então, que esperem até nossa carne estar curada e novamente se tornar forte, e nós, então, iremos à uma contra eles, a fazer-lhes o que está nos vossos corações e no nosso.

19 E Dinah, filha de Jacó ouviu todas estas palavras que Chiddekem e seus irmãos tinham falado, e o que Hamor e Siquém, seu filho e as pessoas de sua cidade lhes responderam.

20 E ela se apressou e mandou uma de suas criadas, que seu pai tinha enviado para cuidar dela na casa de Siquém, a Jacó seu pai e seus irmãos, dizendo:

21 Assim fez Chiddekem e seus irmãos se aconselham sobre vocês, e assim fez Hamor e Siquém e as pessoas da cidade a responder-lhes.

22 E Jacó ouviu estas palavras, ficou cheio de ira, e sua ira se acendeu contra eles.

23 Simeão e Levi juraram e disseram: Vive o Senhor, o Deus de toda a terra, que desta vez amanhã, não haverá um remanescente deixado em toda a cidade.

24 E vinte jovens que tinham se ocultado e que não eram circuncidados, lutaram contra Simeão e Levi, e Simeão e Levi mataram 18 deles e dois deles fugiram e escaparam para alguns poços de cal, que estavam na cidade, e Simeão e Levi procuraram por eles, mas não conseguiram encontrá-los.

25 E Simeão e Levi persistiram em ir de casa em casa na cidade, e mataram todas as pessoas da cidade no fio da espada, e ninguém deixaram.

26 E houve uma grande consternação no meio da cidade, e o grito do povo da cidade subia ao céu, e todas as mulheres e as crianças gritaram em voz alta.

27 E Simeão e Levi despedaçaram toda a cidade; não deixaram nenhum homem permanecer em toda a cidade.

28 E eles mataram Hamor e Siquém, seu filho, no fio da espada, e trouxeram Diná da casa de Siquém.

29 E os filhos de Jacó foram, e voltaram, e chegaram aos mortos e saquearam todas as suas propriedades, que estavam na cidade e no campo.

30 E enquanto eles estavam tomando o despojo, 300 homens levantaram-se e jogaram o pó para eles e os feriram com pedras, e Simeão voltou-se para eles e matou todos eles ao fio da espada, e Simeão retornou antes de Levi, e foi para a cidade.

31 E eles levaram suas ovelhas e os seus bois e seu gado, e também o restante das mulheres e os pequeninos, e eles levaram tudo com eles, e eles abriram a porta e saíram e vieram a seu pai Jacó.

32 E quando Jacó viu tudo o que tinham feito à cidade, e viu o despojo que tomaram deles, Jacó ficou muito zangado com eles, e Jacó disse-lhes: Que é isto que vocês me fizeram? Eis que obtive descanso entre os habitantes da terra cananeia, e nenhum deles mexeu comigo.

33 E agora vocês me fizeram odioso aos olhos dos habitantes da terra, entre os cananeus e os perizeus, e eu sou pequeno em número e todos eles se juntarão contra mim e nos matarão quando

ouvirem falar de vosso trabalho, com seus irmãos, e eu e minha casa seremos destruídos.

34 E Simeão e Levi e todos os seus irmãos com eles responderam seu pai Jacó e disseram-lhe: Eis que nós vivemos na terra, e Siquém fez isso para a nossa irmã? Porque te calaste tu em tudo o que Siquém tem feito? E deve ele tratar a nossa irmã como a uma prostituta nas ruas?

35 E o número de mulheres que Simeão e Levi levaram cativas da cidade de Siquém, que eles não mataram, era de 85, que não tinham conhecido homem.

36 E entre elas estava uma jovem donzela de bela aparência e bem favorecida, cujo nome era Bunah; e Simeão tomou-a como sua mulher, e o número de homens que levaram cativos e não mataram, era de 47 homens, e o resto eles mataram.

37 E todos os homens e mulheres jovens que Simeão e Levi tinham tomado cativos da cidade de Siquém, foram servos dos filhos de Jacó e de seus filhos depois deles, até o dia dos filhos de Jacó saírem da terra do Egito.

38 E, quando Simeão e Levi haviam saído da cidade, os dois jovens que foram deixados, que se ocultaram na cidade e não morreram entre as pessoas da cidade, levantaram-se, e esses jovens entraram na cidade e caminharam, e encontraram a cidade desolada, sem homens, e cheia de choro das mulheres, e esses jovens gritaram e disseram: Eis que este é o mal que os filhos de Jacó, o hebreu, fizeram a esta cidade, destruindo hoje uma das cidades cananeias, sem nunca terem temido por suas vidas em toda a terra de Canaã. E estes homens saíram da cidade e foram para a cidade de Tapnach, e eles foram lá e disseram aos habitantes de Tapnach tudo o que lhes havia acontecido, e tudo o que os filhos de Jacó tinham feito à cidade de Siquém.

39 E a informação chegou a Jasube rei de Tapnach, e enviou homens para a cidade de Siquém para ver aquilo que os jovens disseram, pois o rei não acreditava neles neste assunto, dizendo: Como podem dois homens devastar uma cidade tão grande como Siquém?

40 E os mensageiros de Jasube voltaram e disseram-lhe, dizendo: Fomos até a cidade e ela está destruída; não há um homem ali, só as mulheres chorando, nem há qualquer rebanho ou gado lá, pois tudo o que havia na cidade, os filhos de Jacó levaram.

41 E Jasube espantou-se, dizendo: Como podem dois homens fazer tal coisa, para destruir assim uma cidade grande, e não houve um homem capaz de enfrentá-los?

42 Pois desde os dias de Ninrode que não se viu tal coisa e nem mesmo na mais remota época se viu como o ocorrido; e Jasube, rei de Tapnach, disse ao seu povo: Sejam corajosos e vamos lutar contra estes hebreus e fazer-lhes como eles fizeram à cidade e vamos vingar a causa do povo da cidade.

43 E Jasube, rei de Tapnach, consultou seus conselheiros sobre este assunto, e seus conselheiros disseram-lhe: Não queiras tu sozinho prevalecer sobre os hebreus, pois devem ser poderosos para fazer este trabalho contra toda a cidade.

44 Se dois deles, assolaram a cidade inteira, e ninguém se levantou contra eles, certamente, se tu queres ir contra eles, todos eles vão se levantar contra nós para nos destruir.

45 Mas, se tu queres, apela para todos os reis que nos cercam, até que eles estejam unidos, então nós iremos com eles e lutaremos contra os filhos de Jacó, e tu prevalecerás contra eles.

46 E Jasube ouviu as palavras de seus conselheiros, e as palavras agradaram a ele, e assim ele fez, e Jasube, rei de Tapnach, apelou para todos os reis dos amorreus, que são vizinhos de Siquém e Tapnach, dizendo:

47 Subam comigo e me ajudem, e vamos ferir Jacó, o hebreu e todos os seus filhos, e destruí-los da face da terra, pois assim eles fizeram à cidade de Siquém, e vocês não sabem disso?

48 E todos os reis dos amorreus ouviram o mal que os filhos de Jacó haviam feito à cidade de Siquém, e

eles ficaram muito impressionados com eles.

49 E os sete reis dos amorreus, juntaram todos os seus exércitos, cerca de 10 mil homens com espadas desembainhadas, e vieram para lutar contra os filhos de Jacó. E Jacó ouviu que os reis dos amorreus, se reuniram para lutar contra seus filhos, e Jacó ficou muito medo e angustiado.

50 E Jacó exclamou contra Simeão e Levi, dizendo: que é este isto que vocês fizeram? Porque vocês me feriram, para trazer contra mim todos os filhos de Canaã, para destruir a mim e a minha casa? Pois eu estava em repouso, eu e também minha família, e vocês fizeram isso comigo, e provocaram os habitantes da terra contra mim com vosso ato.

51 E Judá respondeu a seu pai, dizendo: Foi em vão que meus irmãos Simeão e Levi mataram todos os habitantes de Siquém? Certamente que não, porque Siquém havia humilhado a nossa irmã e transgrediu o mandamento que nosso Deus deu a Noé e seus filhos, pois Siquém tomou a nossa irmã pela força, e cometeu adultério com ela.

52 E Siquém fez todo esse mal, e nenhum dos habitantes de sua cidade contendeu com ele, dizendo: Por que queres tu fazer isso? Certamente por causa disto meus irmãos foram e feriram a cidade e o Senhor a entregou em suas mãos, porque os seus habitantes tinham transgredido as ordens do nosso Deus. É então por nada que eles têm feito tudo isso?

53 E agora, por que tens medo ou te angustias, e porque estás tu descontente com meus irmãos, e porque é que a tua ira se acendeu contra eles?

54 Certamente, nosso Deus, que entregou em suas mãos a cidade de Siquém e seu povo, Ele vai também entregar em nossas mãos todos os reis cananeus que estão vindo contra nós, e nós vamos fazer a eles como meus irmãos fizeram a Siquém.

55 Agora fica tranquilo sobre eles e joga fora teus medos, mas confia no Senhor, nosso Deus, e orai a Ele para nos ajudar e nos livrar, e entregar nossos inimigos em nossas mãos.

56 E Judá chamou um dos servos de seu pai: Vai agora e vê onde os reis que estão vindo contra nós e onde estão acampados com os seus exércitos.

57 E o servo foi e olhou de longe, e subiu em frente ao Monte Siom, e viu todos os campos dos reis que estavam nos campos, e ele voltou a Judá e disse: Eis que os reis estão situados no campo com todos os seus campos, um povo muito numeroso, como a areia na praia do mar.

58 Então disse Judá a Simeão e Levi, e a todos os seus irmãos: sejam valentes e filhos de valor, pois o Senhor nosso Deus é conosco; não tenham medo deles.

59 Fique firme cada homem cingido, com as suas armas de guerra, seu arco e sua espada, e vamos e lutemos contra estes homens não circuncidados. O Senhor é nosso Deus e Ele nos livrará.

60 E levantaram-se, cada um cingido com suas armas de guerra, grandes e pequenos, 11 filhos de Jacó, e todos os servos de Jacó com eles.

61 E todos os servos de Isaac que estavam com Isaac, em Hebrom, veio a eles equipados com todos os tipos de instrumentos de guerra, e os filhos de Jacó e seus servos, sendo 112 homens, foram para encontrar estes reis, e Jacó também foi com eles.

62 Os filhos de Jacó enviaram a seu pai Isaac, filho de Abraão, em Hebrom, e Kireath-Arba, dizendo:

63 Ore, nós te pedimos, por nós ao Senhor nosso Deus, para nos proteger das mãos dos cananeus, que estão vindo contra nós, e para entregá-los em nossas mãos.

64 E Isaac, filho de Abraão, orou ao Senhor por seus filhos, e disse: Ó Senhor Deus, tu prometeste a meu pai, dizendo: Eu multiplicarei a tua descendência como as estrelas do céu, e Tu também me prometeste, e ouvimos a tua palavra, e agora eis que os reis de Canaã estão vindo juntos, para fazer a guerra com os meus filhos, porque eles não provocaram esta violência.

65 Agora, pois, ó Senhor Deus, o Deus de toda a terra, destrói, peço-te, o conselho desses reis para que eles não possam lutar contra meus filhos.

66 E espanta os corações destes reis e seus povos com o terror dos meus filhos e derruba o seu orgulho, e que elas se retirem para longe dos meus filhos.

67 E com tua mão poderosa e braço estendido livra meus filhos e os que estão juntos deles, pois força e poder estão em tuas mãos para fazer tudo isso.

68 E os filhos de Jacó e de seus servos avançaram para estes reis e eles confiavam no Senhor, seu Deus, e enquanto eles estavam indo, Jacó, seu pai, também orou ao Senhor e disse: Ó Senhor Deus, Deus poderoso e exaltado, que reina desde os dias da antiguidade, até agora e para sempre;

69 Tu és O que faz as guerras e as faz cessar, na tua mão está o poder de exaltar e humilhar, que a minha oração possa ser aceitável diante de ti e que tu me acolhas com tuas misericórdias, para espantar os corações destes reis e seus povos com o terror de meus filhos, e aterrorizá-los em seus campos, e com a tua grande bondade, livra aqueles que depositam em ti toda a sua confiança, pois tu és quem podes entregá-los a nós e reduzir as nações debaixo do nosso poder.

* * *

34:19-21 - Dinah ouve os planos de Siquém e seu pai de destruir a família de Jacó e alerta seu pai acerca disso.

34:25-27 - Simeão e Levi invadem a cidade e matam a todos os homens que ali habitavam. (Gênesis 34:25)

34:49-51 - Os sete reis dos amorreus reunem um numeroso exército para irem em batalha contra a família de Jacó, causando temor ao patriarca. (Gênesis 34:30)

34:59,60 - As palavras de motivação e fé de Judá diante de seus irmãos.

CAPÍTULO 35

O MEDO DE DEUS VEIO SOBRE OS CANANEUS

1 E todos os reis dos amorreus, se reuniram no campo para consultar com seus conselheiros o que deveria ser feito com os filhos de Jacó, pois eles ainda estavam com medo deles, dizendo: Eis que dois deles mataram toda a cidade de Siquém.

2 E o Senhor ouviu as orações de Isaque e Jacó, e ele encheu os corações de todos estes conselheiros dos reis com muito medo e terror, e por unanimidade exclamaram:

3 Endoideceram neste dia, ou não há entendimento em vocês, para que vocês declarassem guerra contra os hebreus e por que vocês se agradam em vossa própria destruição neste dia?

4 Eis que dois deles vieram para a cidade de Siquém, sem medo ou terror, e mataram todos os habitantes da cidade, e nenhum homem se levantou contra eles, e como vocês serão capazes de lutar com todos eles?

5 Certamente vocês sabem que o seu Deus é muito afeiçoado a eles, e tem feito coisas poderosas para eles, como não foram feitos desde os dias da antiguidade, e entre todos os deuses das nações, não há ninguém que possa fazer como os seus grandes feitos.

6 Certamente Ele livrou seu pai Abraão, o hebreu, da mão de Nimrod, e da mão de todo o seu povo que tinham muitas vezes procurado matá-lo.

7 Ele livrou-o também do fogo em que o rei Nimrod tinha lançado ele e seu Deus o livrou.

8 E quem mais pode fazer o mesmo? Certamente que foi Abraão quem matou os cinco reis de Elão, quando eles tocaram no filho de seu irmão, que na época morava em Sodoma.

9 E tomou os seus servos, que eram fiéis em sua casa e alguns de seus homens, e eles perseguiram os reis de Elão, e os matou a noite, e resgatou o filho de seu irmão e todos os seus pertences que haviam tirado dele.

10 E certamente vocês conhecem o Deus destes hebreus que muito se agrada deles, e eles também estão muito satisfeitos com Ele, pois sabem que Ele livrou-os de todos os seus inimigos.

11 E eis que através do seu amor para com o seu Deus, Abraão levou seu filho único e precioso e pretendia trazê-lo em holocausto ao seu Deus, e se não tivesse sido por Deus, que o impediu de fazer isso, ele teria então feito isso por seu amor ao seu Deus.

12 E Deus viu todas as suas obras, e jurou-lhe, e lhe prometeu que Ele iria livrar seus filhos e toda a sua descendência de todos os problemas que se abatessem sobre eles, porque tinha feito isso, e por amor ao seu Deus, havia sufocado sua compaixão para com seu filho.

13 E vocês não ouviram o que seu Deus fez a Faraó, rei do Egito, e Abimeleque , rei de Gerar, através da adoção da esposa de Abraão, que disse a ele : ela é minha irmã, para que não o matassem por causa dela, e pensaram em levá-la para sua esposa? E o que Deus lhes fez e a seu povo tudo o que você ouviu falar.

14 E eis que nós mesmos vimos com nossos olhos que Esaú, o irmão de Jacó, veio a ele com 400 homens, com a intenção de matá-lo, pois ele se lembrou que tinha tirado dele a bênção de seu pai.

15 E ele foi se encontrar com ele quando ele veio da Síria, para ferir a mãe com os filhos, e quem o livrou a ele de suas mãos senão seu Deus em quem ele confiava? livrou-a mão de seu irmão e também das mãos de seus inimigos, e com certeza ele irá novamente protegê-los.

16 Quem não sabe Deus, que os inspirou com força para fazer à cidade de Siquém, o mal que você ouviu falar?

17 Poderia então ser com sua própria força que dois homens pudessem destruir uma cidade tão grande como Siquém, se não fosse por seu Deus em quem confiaram? E fez toda esta matança dos habitantes em sua cidade.

18 E então, poderão vocês prevalecer contra eles que saem juntos de vossas cidades para lutar com todos eles, mesmo que mil vezes mais viessem vos assistir?

19 Certamente vocês sabem e entendem que vocês não irão lutar com eles, mas vocês vêm à guerra contra o seu Deus, que fez a escolha deles, e vocês, por isso, todos se reuniram neste dia para serem destruídos.

20 Agora, abstenham-se deste mal em que vocês estão se esforçando para trazer sobre si, e vai ser melhor para vocês não irem para a batalha com eles, apesar de serem poucos em números, porque o seu Deus está com eles.

21 E quando os reis dos amorreus ouviram todas as palavras de seus conselheiros seus corações ficaram cheios de terror e eles estavam com medo dos filhos de Jacó e não lutaram contra eles.

22 E eles inclinaram os seus ouvidos para as palavras de seus conselheiros, e escutaram a todos as suas palavras, e as palavras dos conselheiros agradaram muito aos reis, e eles fizeram isso.

23 E os reis regressaram e desistiram de pelejar contra os filhos de Jacó, pois eles não se atreviam a aproximar-se para fazer guerra com eles, pois tinham muito medo deles, e seus corações estavam

derretidos dentro deles com medo dos filhos de Jacó.

24 Pois isto procedia do Senhor para eles, pois ele ouviu as orações de seus servos Isaac e Jacó, pois que confiavam Nele, e todos estes reis voltaram com seus acampamentos nesse dia, cada um à sua própria cidade, e eles não fizeram dessa vez guerra contra os filhos de Jacó.

25 E os filhos de Jacó mantiveram-se em seu posto naquele dia até à noite, em frente monte Siom, e vendo que esses reis não vinham mais para pelejar contra eles, os filhos de Jacó voltaram para casa.

* * *

35:1-4 - O início do discurso dos conselheiros; os reis desistem de sair a luta contra os filhos de Jacó.

CAPÍTULO 36

JACÓ E TODA A SUA FAMÍLIA VAI A BETEL

1 Naquele tempo, o Senhor apareceu a Jacó, dizendo: Levanta-te, vai a Betel e lá permanece, e faz ali um altar ao Senhor que apareceu a ti, que livrou a ti e a teus filhos da aflição.

2 E Jacó tomou seus filhos e todos os que pertenciam a ele, e veio a Betel, segundo a palavra do Senhor.

3 E Jacó tinha 99 anos de idade, quando ele subiu a Betel, e Jacó e seus filhos e todas as pessoas que estavam com ele permaneceram em Betel, que é Luz, e ele lá construiu um altar ao Senhor, que lhe apareceu, e Jacó e seus filhos permaneceram em Betel seis meses.

4 Naquele tempo morreu Débora, a filha de Uz, a enfermeira de Rebeca, que tinha estado com Jacó, e Jacó enterrou-a em Betel, debaixo do carvalho que estava lá.

5 E Rebeca, filha de Betuel, a mãe de Jacó, morreu na época em Hebron, o mesmo é Kireath-Arba, e ela foi enterrada na caverna de Macpela, que Abraão tinha comprado dos filhos de Hete.

6 E a vida de Rebeca foi de 133 anos, e ela morreu; e quando Jacó soube que sua mãe Rebeca estava morta, chorou amargamente por sua mãe, e fez um grande luto por ela, e por Débora enterrada debaixo do carvalho, e ele chamou o nome daquele lugar de Allon-Bachuth.

7 E Labão, o sírio, morreu naqueles dias, pois Deus o feriu por transgredir a aliança que existia entre ele e Jacó.

8 E Jacó era de cem anos de idade, quando o Senhor lhe apareceu, e abençoou-o e chamou o seu nome de Israel, e Raquel, esposa de Jacó, concebeu naqueles dias.

9 E naquele tempo Jacó e todos os seus partiram de Betel para ir a casa de seu pai, em Hebron.

10 E enquanto eles estavam indo na estrada, e ainda faltava um pouco para chegar a Efrata, Raquel deu à luz um filho, e ela teve trabalho duro durante o parto e ela morreu.

11 E Jacó a enterrou no caminho de Efrata, que é Belém, e ele pôs uma coluna sobre seu túmulo, que está lá até hoje, e os dias de Rachel foram 45 anos e ela morreu.

12 E chamou Jacó o nome de seu filho que nasceu de Rachel para ele, de Benjamin, porque ele nasceu para ele na terra da sua destra.

13 E foi após a morte de Raquel, que Jacó armou a sua tenda na tenda de sua serva Bila.

14 E Rúben estava com ciúmes de Lia, sua mãe por conta disso, e ele estava cheio de raiva, e ele levantou-se em sua raiva e foi, e entrou na tenda de Bila e ele removeu dali a cama de seu pai.

15 E naquele tempo a parte do direito de nascença, em conjunto com os ofícios real e sacerdotal, foram removidos dos filhos de Rúben, pois ele havia profanado o leito de seu pai, e o direito de primogenitura foi dado a José, o ofício real a Judá, e o do sacerdócio a Levi, porque Rúben havia profanado o leito de seu pai.

16 E estas são as gerações de Jacó, que lhe nasceram em Padã-Arã, e os filhos de Jacó, foram doze.

17 Os filhos de Lia foram: Rúben, o primogênito, e Simeão, Levi, Judá, Issacar, Zebulom, e sua irmã Dinah, e os filhos de Raquel foram José e Benjamim.

18 Os filhos de Zilpa, serva de Lia, foram Gade e Aser, e os filhos de Bila, serva de Raquel, foram Dan e Naftali; estes são os filhos de Jacó, que nasceram em Padã-Arã.

19 E Jacó e seus filhos viajaram e vieram a Manre, que é Kireath-Arba, que está em Hebrom, onde Abraão, Isaac, e Jacó com seus filhos e todos os que lhe pertenciam, morava com o pai em Hebrom.

20 E seu irmão Esaú e seus filhos, e todos pertencentes a ele foram para a terra de Seir e habitaram ali, e tinha posses na terra de Seir, e os filhos de Esaú frutificaram e multiplicaram-se muito na terra de Seir.

21 Estas são as gerações de Esaú, que lhe nasceram na terra de Canaã, e os filhos de Esaú foram cinco.

22 E Ada deu à luz a Esaú, seu primeiro, Elifaz; e também deu a ele Reuel, e Ahlibamah gerou para ele Jeús, Yaalam e Coré.

23 Estes são os filhos de Esaú, que lhe nasceram na terra de Canaã, e os filhos de Elifaz, filho de Esaú foram: Temã, Omar, Zefô, Gaetã, Quenaz e Amalex, e os filhos de Reuel foram Nachath, Zerach, Shamah e Mizá.

24 E os filhos de Jeús foram Timna, Alva, Jetheth, e os filhos de Yaalam foram Alah, Phinor e Quenaz.

25 E os filhos de Corá foram: Temã, Mibzar, Magdiel e Eram; estas são as famílias dos filhos de Esaú de acordo com seus ducados na terra de Seir.

26 E estes são os nomes dos filhos de Seir, horeu, habitantes da terra de Seir: Lotã, Sobal, Zibeão, Aná, Disã, Eser e Disom, sendo sete filhos.

27 E os filhos de Lotã foram Hori, Hemã e sua irmã Timna, que é Timna que veio a Jacó e seus filhos, e eles não quiseram dar ouvidos a ela, e ela foi e se tornou uma concubina de Elifaz, filho de Esaú, e ela deu a ele um filho Amaleque.

28 E os filhos de Sobal eram Alvan, Manaate, Ebal, Sefo e Onam, e os filhos de Zibeão eram Ajah, e Aná, e este foi Aná que encontrou o Yemim no deserto quando apascentava os jumentos de Zibeão, seu pai.

29 E enquanto ele estava alimentando os jumentos de seu pai, levou-os para o deserto em diferentes lugares para alimentá-los.

30 E houve um dia em que ele os trouxe para um dos desertos na costa do mar, em frente ao deserto do povo, e enquanto ele estava alimentando-os, eis que uma forte tempestade veio do outro lado do mar e caiu sobre os jumentos que estavam se alimentando lá, e todos eles pararam.

31 E depois, cerca de 120 animais grandes e terríveis saíram do deserto do outro lado do mar, e todos eles vieram para o lugar onde os jumentos estavam, e colocaram-se lá.

32 E estes animais, da cintura para baixo, tinham a forma dos filhos dos homens, e de seu meio para cima, alguns tinham a semelhança de ursos, e alguns a semelhança de keephas, com caudas atrás deles de entre os seus ombros descendo até o chão, como as caudas da ducheephath, e estes animais vieram e rodearam e montaram nos jumentos, e levaram-nos, e eles foram embora, até hoje.

33 E um desses animais aproximou-se de Aná e feriu-o com sua cauda, e depois fugiu daquele lugar.

34 E, quando viu esse trabalho ele temeu muito por sua vida, e fugiu, e escapou para a cidade.

35 E ele relatou a seus filhos e irmãos tudo o que tinha acontecido com ele, e muitos homens foram buscar os jumentos, mas não conseguiram encontrá-los, e Anás e seus irmãos nunca mais foram para aquele lugar, pois estavam com muito medo por suas vidas.

36 E os filhos de Aná, filho de Seir, foram Disom e sua irmã Ahlibamah; e os filhos de Disom foram Hendã, Esbã, Itrã e Querã, e os filhos de Eser eram Bilã, Zaavan e Akan, e os filhos de Disom foram Uz e Arã.

37 Estas são as famílias dos filhos de Seir, o horeu, de acordo com os seus ducados na terra de Seir.

38 E Esaú e seus filhos habitavam na terra de Seir, o horeu, o habitante daquela terra; e eles tinham posses nela e frutificaram e multiplicaram-se muito, e Jacó e seus filhos e todos os que lhes pertenciam, morava m com seu pai Isaac, na terra de Canaã, como o Senhor ordenou a Abraão, seu pai.

* * *

36:4 – A Bíblia Sagrada também destaca a morte de Débora (Gênesis 35:28), embora as razões de sua partida de Canaã e seu encontro com Jacó na terra de Haran encontre-se registrado apenas no Livro do Justo (30:22,30).

36:7 - A morte de Labão: consequência de sua deslealdade para com Jacó.

36:13-15 - Motivação de Rubén para se dormir com uma das concubinas de seu pai. Por este ato mal, acabou perdendo o direito à bênção da primogenitura. (Gênesis 49:3,4)

36:38 - Jacó e seus filhos habitam em Canaã (a terra prometida), enquanto Esaú e seus descendentes vão para Seir.

CAPÍTULO 37
JACÓ RETORNA PARA SIQUÉM

1 E no ano 105 da vida de Jacó, ao nono ano que Jacó fez habitação com seus filhos na terra de Canaã, ele vinha de Padã-Arã.

2 E naqueles dias, Jacó partiu com seus filhos de Hebron, e foram, e voltaram para a cidade de Siquém, eles e todos pertencentes a eles, e habitaram ali, pois os filhos de Jacó tinham obtido pastagens e gordura boa para o gado na cidade de Siquém, e a cidade de Siquém tinha então sido reconstruída, e havia nela cerca de 300 homens e mulheres.

3 E Jacó, seus filhos e todos os que habitaram com eles foram para a parte do campo que Jacó tinha comprado de Hamor, pai de Siquém, quando veio de Padã-Arã, antes de Simeão e Levi ferirem a cidade.

4 E todos os reis dos cananeus e amorreus que cercavam a cidade de Siquém, ouviram dizer que os filhos de Jacó novamente vieram a Siquém e habitaram ali.

5 E eles disseram: Porventura os filhos de Jacó, o hebreu, podem novamente vir para a cidade e habitar aí, depois de matarem seus habitantes e expulsá-los? Hão de agora retornar e também expulsar os que estão habitando na cidade ou matá-los?

6 E todos os reis de Canaã novamente reuniram-se, para fazer guerra a Jacó e seus filhos.

7 E Jasube, rei de Tapnach, enviou também a todos os seus reis vizinhos: ao rei Elan, de Gaash; e Ihuri, rei de Shiloh; e Parathon, rei de Cházar; e Susi, rei de Sarton; e para Laban, rei de Bethchoran; e Shabir, rei de Othnaymah, dizendo:

8 Venha até mim e me ajudem, e vamos ferir Jacó, o hebreu, e seus filhos, e tudo que pertença a ele, pois eles novamente vieram a Siquém para possuí-la e matar os seus habitantes como antes.

9 E todos os reis se reuniram e vieram com todos os seus arraiais, um povo extremamente abundante como a areia na praia do mar, e eles estacionaram todos em frente a Tapnach.

10 E Jasube, rei de Tapnach, saiu a eles com todo seu exército e ele acampou com eles em frente a Tapnach, fora da cidade, e todos esses reis dividiram-se em sete divisões, sendo sete arraiais contra os filhos de Jacó.

11 E enviaram uma mensagem para Jacó e seus filhos, dizendo: compareçam diante de nós juntos na planície, para que possamos encontrar-nos face a face e vingarmos a causa dos homens de Siquém a quem mataram em sua cidade, à qual voltaram novamente para ela, para matarem seus habitantes como antes.

12 E os filhos de Jacó ouviram isso e sua ira se acendeu sobremaneira com as palavras dos reis de Canaã, e dez dos filhos de Jacó apressaram-se e levantaram-se e cada um deles se cingiu com suas armas de guerra e 102 de seus servos foram com eles equipados em ordem de batalha.

13 E todos estes homens, filhos de Jacó, com seus servos, foram em direção a estes reis e Jacó, seu pai, estava com eles, e todos eles estavam sobre o monte de Siquém.

14 E Jacó orou ao Senhor por seus filhos, e ele estendeu as mãos ao Senhor, e disse: Ó Deus, Tu és o Deus Todo-Poderoso, Tu és nosso Pai, tu nos formaste e nós somos obras das tuas mãos; peço-te que livres meus filhos pela tua misericórdia da mão de seus inimigos, que estão hoje próximos de lutar com eles e salva-os da sua mão, pois na tua mão há força e poder, para salvar os poucos de muitos.

15 E dá a meus filhos, teus servos, a força do coração e possam eles lutar com os seus inimigos, não para subjugá-los, mas para fazer seus inimigos cair diante deles, e livra meus filhos e seus servos de morrerem pelas mãos dos filhos de Canaã.

16 Mas, se te parecer bem aos teus olhos tirar a vida dos meus filhos e os seus aliados, leva-os em tua grande misericórdia, através das mãos de teus ministros, para que não se percam pelas mãos dos reis dos amorreus.

17 E quando Jacó cessou de orar ao Senhor, a terra tremeu de seu lugar, e o sol escureceu, e todos esses reis estavam aterrorizados e uma grande consternação se apoderou deles.

18 E o Senhor ouviu a oração de Jacó, e o Senhor espantou os corações de todos os reis e seus exércitos com o terror e espanto dos filhos de Jacó.

19 Porque o Senhor fez com que eles ouvissem a voz de carros, e a voz de cavalos poderosos dos filhos de Jacó, e a voz de um grande exército que os acompanhava.

20 E estes reis foram acometidos com grande espanto pelos os filhos de Jacó, e enquanto eles estavam de pé em suas fileiras, eis que os filhos de Jacó avançaram sobre eles, com 112 homens, numa gritaria grande e tremenda.

21 E quando os reis viram os filhos de Jacó, avançando em direção a eles, eles ficaram ainda com mais pânico, e pensaram em se retirar de diante dos filhos de Jacó, como no início, e não lutar com eles.

22 Mas eles não se retiraram, dizendo: Seria uma vergonha para nós, portanto, duas vezes nos retirarmos diante dos hebreus.

23 E os filhos de Jacó aproximaram-se e avançaram contra todos esses reis e seus exércitos, e viram, e eis que era um povo muito poderoso, numeroso como a areia do mar.

24 E os filhos de Jacó clamaram ao Senhor e disseram: Ajuda-nos, Senhor, e responde-nos, pois nós confiamos em ti, e não nos deixes morrer pelas mãos dos homens não circuncidados, que neste dia vieram contra nós.

25 E os filhos de Jacó cingidos ecoaram suas armas de guerra, tomaram em suas mãos cada homem, o seu escudo e sua lança, e aproximaram-se para a batalha.

26 Judá, filho de Jacó, correu antes de seus irmãos, e dez dos seus servos com ele, e foi em direção a esses reis.

27 E Jasube, rei de Tapnach, também saiu primeiro com seu exército diante de Judá; e Judá viu Jasube e seu exército que vinha para ele, e a ira de Judá se acendeu e sua raiva ardia dentro dele, e ele se aproximou na batalha e Judá arriscou sua vida.

28 E Jasube e todo o seu exército foram avançando em direção a Judá, e ele estava andando em cima de um cavalo muito forte e poderoso, e Jasube era um homem muito valente, e coberto com ferro e de bronze da cabeça aos pés.

29 E enquanto ele estava sobre o cavalo, ele disparou flechas com as duas mãos, como era seu jeito em todas as suas batalhas, e ele nunca tinha errado o lugar para o qual ele visava suas flechas.

30 E quando Jasube veio para lutar com Judá, e foi lançando muitas flechas contra Judá, o Senhor transtornava a mão de Jasube, e todas as setas que ele atirava voltavam-se contra os seus próprios homens.

31 E, apesar disso, Jasube continuou a avançar em direção a Judá, para desafiá-lo com as flechas, mas a distância entre eles era de cerca de 30 côvados, e quando Judá viu Jasube arremessando suas flechas contra ele, ele correu para ele inspirado por seu poder e ira.

32 E Judá tomou uma grande pedra do chão, e seu peso era 60 siclos, correu em direção Jasube e com a pedra o atingiu em seu escudo, e ficou Jasube atordoado com o golpe, e caiu de seu cavalo para o chão.

33 E o escudo rebentou da mão de Jasube e através da força do golpe foi arremessado cerca de 15 côvados de distância, e o escudo caiu diante do segundo acampamento.

34 E os reis que vieram com Jasube viram a distância e a força de Judá, filho de Jacó, e que ele tinha feito a Jasube, e eles ficaram com muito medo de Judá.

35 E permaneceram perto do acampamento, e vendo a confusão, Judá sacou a espada e feriu a 42 homens do acampamento de Jasube, e todo o arraial de Jasube fugiu diante de Judá, e ninguém ficou contra ele, e eles deixaram Jasube e fugiram dele, e Jasube ainda estava prostrado no chão.

36 E Jasube vendo que todos os homens de seu acampamento haviam fugido dele, apressou-se e levantou-se com o terror contra Judá, e ficou de pé em cima de suas pernas em frente à Judá.

37 E Jasube ficou só no combate com Judá, colocando em posição seu escudo protetor, e os homens de Jasube fugiram, pois estavam com muito medo de Judá.

38 E Jasube tomou sua lança na mão para atacar Judá sobre sua cabeça, mas Judá rapidamente colocou seu escudo sobre sua cabeça contra a lança de Jasube, de modo que o escudo de Judá recebeu o golpe de lança de Jasube, e o escudo se partiu.

39 E, quando viu Judá que o escudo se partiu, ele rapidamente tirou a espada e feriu Jasube em seus tornozelos, e cortando-lhe os pés e Jasube caiu no chão, e a lança caiu de sua mão.

40 E Judá pegou a lança Jasube, com a qual ele cortou sua cabeça e lançando-a para o lado de seus pés.

41 E quando os filhos de Jacó viram o que Judá tinha feito a Jasube, todos eles correram para as fileiras dos outros reis, e os filhos de Jacó lutaram com o exército de Jasube e os exércitos de todos os reis que estavam lá.

42 E os filhos de Jacó fizeram 15 mil de seus homens caírem, e os feriram como se ferissem cabaças e os que restaram fugiram para salvar suas vidas.

43 E Judá ainda estava perto do corpo de Jasube e ele despiu Jasube de sua malha de combate.

44 E Judá também tirou o ferro e bronze de Jasube, e eis que nove homens dos chefes de Jasube vieram para lutar contra Judá.

45 E Judá apressou-se e pegou uma pedra do chão, e com ela feriu um deles na cabeça, e seu crânio foi fraturado, e também o corpo caiu do cavalo para o chão.

46 E os oito capitães que permaneceram, vendo a força de Judá, tiveram muito medo e fugiram, e Judá, com seus dez homens os perseguiu, e alcançou-os e os matou.

47 E os filhos de Jacó, foram ainda ferir os exércitos dos reis, e eles mataram muitos deles, mas os reis ousadamente mantiveram suas posições com seus capitães, e não recuaram de seus lugares, e exclamaram contra aqueles de seus exércitos que fugiram de diante dos filhos de Jacó, mas nenhum quis ouvir, porque eles tinham medo por suas vidas para que não morressem.

48 E todos os filhos de Jacó, depois de ter ferido os exércitos dos reis, voltaram e vieram diante de

Judá, e Judá ainda estava matando os oito capitães de Jasube, e tirando o seu vestuário.

49 E viu Levi que Elon, rei de Gaás, vinha avançando em direção a ele, com seus 14 capitães para feri-lo, mas Levi esperou para agir.

50 E Elon com seus capitães se aproximaram mais de perto, e Levi olhou para trás e viu que a batalha apertava por trás de Judá, e Levi correu com 12 dos seus servos, e eles foram e mataram Elon e seus capitães ao fio da espada.

* * *

37:13-20 - Como os reis dos amorreus se reuniram para enfrentar os filhos de Jacó, o patriarca apresenta-se em oração diante do Senhor.

37:24-26 - Os filhos de Jacó pedem o auxílio do Senhor contra os reis cananeus. Judá assume a dianteira da batalha e avança contra os reis e seus exércitos.

CAPÍTULO 38
OS FILHOS DE JACÓ VÃO A GUERRA CONTRA OS CANANITAS

1 E Ihuri, rei de Shiloh, apareceu para ajudar Elon, e ele se aproximou de Jacó, mas Jacó usou seu arco que estava em sua mão e com uma flecha atingiu Ihuri, o que lhe causou sua morte.

2 E quando Ihuri rei de Shiloh morreu, os quatro reis restantes fugiram de suas posições com o resto dos capitães, e apressaram-se para se retirarem, dizendo: Nós não temos mais força contra os hebreus depois de terem matado os três reis e seus capitães que eram mais poderosos do que nós.

3 E quando os filhos de Jacó viram que os reis restantes se tinham retirado de seus postos, os perseguiram, e Jacó também desceu do monte de Siquém, do lugar onde ele estava de pé, e eles foram atrás dos reis e aproximaram-se deles com seus servos.

4 E os reis e os capitães com o resto de seus exércitos, vendo que os filhos de Jacó se aproximavam deles, ficaram com medo por suas vidas e fugiram até que chegaram à cidade de Cházar.

5 E os filhos de Jacó perseguiram-nos até ao portão da cidade de Cházar, e fizeram um grande estrago entre os reis e seus exércitos, cerca de quatro mil homens, e enquanto eles feriam o exército dos reis, Jacó estava ocupado com seu arco limitando-se a ferir os reis, e matou todos eles.

6 E ele matou Parathon, rei de Cházar, no portão da cidade de Cházar; e ele depois atingiu Susi, rei de Sarton; e Labão, rei de Bethchorin; e Shabir, rei de Machnaymah. E matou a todos eles com flechas, uma seta para cada um deles, e eles morreram.

7 E os filhos de Jacó vendo que todos os reis estavam mortos e que foram divididos e recuavam, continuaram a batalha sobre os exércitos dos reis, em frente ao portão de Cházar, e ainda feriram cerca de 400 de seus homens.

8 E três homens, dos servos de Jacó caíram nessa batalha, e quando viu Judá que três dos seus servos tinham morrido, pesou-lhe muito, e sua raiva ardia dentro dele contra os amorreus.

9 E todos os homens que ficaram dos exércitos dos reis tinham muito medo por suas vidas e correram e quebraram o portão das muralhas da cidade de Cházar, e todos eles entraram na cidade para sua segurança.

10 E eles esconderam-se no meio da cidade de Cházar, pois a cidade de Cházar era muito grande e extensa e quando todos esses exércitos entraram na cidade, os filhos de Jacó correram atrás deles para a cidade.

11 E quatro homens poderosos, com experiência em combate, saíram da cidade e ficaram na entrada, com suas espadas e lanças em suas mãos, colocaram-se em frente aos filhos de Jacó, e não os deixavam entrar na cidade.

12 E Naftali correu e com a sua espada feriu dois deles, e cortou fora suas cabeças em um só golpe.

13 E ele se virou para os outros dois, e eis que haviam fugido, os perseguiu, alcançou eles, os feriu e os matou.

14 E os filhos de Jacó vieram para a cidade e observaram, e eis que havia outro muro na cidade, e procuraram o portão do muro e não conseguiram encontrá-lo, e Judá saltou por cima do topo da parede, e Simeão e Levi o seguiram, e os três desceram da parede para dentro da cidade.

15 Simeão e Levi mataram todos os homens que se dirigiam para se abrigarem na cidade, e também os habitantes da cidade com suas mulheres e pequeninos matavam a espada, e os gritos da cidade subiam ao céu.

16 E Dan e Naftali saltaram por cima do muro para ver o que causava o barulho de lamentação, pois os filhos de Jacó se sentiam ansiosos sobre seus irmãos, e eles ouviram os habitantes da cidade falando com lágrimas e súplicas, dizendo: tomem tudo o que possuímos na cidade e retirai-vos, apenas não nos entreguem à morte.

17 E quando Judá, Simeão e Levi tinham parado de ferir os habitantes da cidade, eles subiram o muro e chamaram a Dan e Naftali, que estavam em cima do muro, e chamaram o resto dos seus irmãos e informou-os da entrada da cidade, e todos os filhos de Jacó vieram buscar os despojos.

18 E os filhos de Jacó tomaram o despojo da cidade de Cházar, os rebanhos e manadas, e a propriedade, e eles levaram tudo o que podia ser capturado, e foram embora naquele dia da cidade.

19 E no dia seguinte, os filhos de Jacó foram para Sarton, pois ouviram dizer que os homens de Sarton que haviam permanecido na cidade estavam agrupando para lutar com eles, por terem matado seu rei, e Sarton era uma cidade muito alta e fortificada, e tinha uma profunda muralha em torno dela.

20 E o pilar da muralha era de cerca de 50 côvados e sua largura de 40 côvados, e não havia lugar para um homem entrar na cidade por conta da muralha, e os filhos de Jacó vieram a muralha da cidade, e eles procuraram uma entrada nela, mas não conseguiram encontrá-la.

21 Pois a entrada da cidade estava na parte traseira, e todo o homem que queria entrar na cidade vinha por esse caminho e dava a volta a toda a cidade, e só depois entrava na cidade.

22 E os filhos de Jacó viram que não conseguiam encontrar o caminho para a cidade e sua raiva acendeu-se sobremaneira, e os habitantes da cidade vendo que os filhos de Jacó estavam vindo contra eles, tinham muito medo, pois tinham ouvido falar de sua força e o que eles tinham feito a Cházar.

23 E os habitantes da cidade de Sarton não podiam sair aos filhos de Jacó depois de se terem agrupado na cidade para lutar contra eles, para que eles não entrassem assim na cidade, mas quando viram que eles estavam vindo em direção deles, eles ficaram com muito medo, pois eles tinham ouvido falar de sua força e que eles tinham feito a Cházar.

24 Então os habitantes de Sarton rapidamente tiraram a ponte da estrada da cidade, desde o seu lugar, antes dos filhos de Jacó chegarem, e eles a trouxeram para a cidade.

25 E os filhos de Jacó vieram e procuraram o caminho para a cidade, e não podiam encontrá-lo e os habitantes da cidade subiram para o topo da parede, e os filhos de Jacó estavam buscando uma entrada para a cidade.

26 E os habitantes da cidade censuraram os filhos de Jacó do alto do muro, e os amaldiçoou, e os filhos de Jacó ouviram as injúrias, e ficaram enfurecidos, e sua raiva ardia dentro deles.

27 E os filhos de Jacó foram provocados por eles, e todos eles se esforçaram e passaram sobre a muralha com a força de sua raiva, e através do seu poderio ultrapassaram os 40 côvados de largura da muralha.

28 E quando eles passaram a muralha eles estavam sob a parede da cidade, eles encontraram todas as portas da cidade fechadas com portas de ferro.

29 E os filhos de Jacó aproximaram-se para abrir as portas da cidade, e os habitantes não os deixavam, pois desde o topo do muro eles estavam lançando pedras e flechas sobre eles.

30 E o número de pessoas que estavam em cima do muro era cerca de 400 homens, e quando os filhos de Jacó viram que os homens da cidade não iriam deixá-los abrir as portas da cidade,

saltaram e escalaram ao topo do muro; e Judá subiu primeiro pela a parte leste da cidade.

31 E Gade e Aser subiram atrás dele pelo oeste da cidade; Simeão e Levi pelo norte e Dan e Rúben, pelo sul.

32 E os homens que estavam no topo da parede, os habitantes da cidade, vendo que os filhos de Jacó se iam chegando para eles, todos eles fugiram do muro, desceram para a cidade, e esconderam-se no meio da cidade.

33 E Issacar e Naftali, que permaneceram sob a parede, aproximaram-se e quebraram as portas da cidade, e acenderam um fogo às portas de ferro fundido da cidade, e todos os filhos de Jacó entraram na cidade, eles e todos os seus homens, e eles lutaram com os habitantes da cidade de Sarton e feriram ao fio da espada, e ninguém se levantou diante deles.

34 E cerca de 200 homens fugiram da cidade, e todos eles foram e se esconderam numa torre perto da cidade, e Judá os perseguiu até a torre e a derrubaram e caiu sobre os homens, e eles morreram.

35 E os filhos de Jacó foram até a entrada do topo daquela torre e eles viram, e eis que havia uma outra torre forte e alta a uma distância da cidade e o topo dela chegava ao céu; os filhos de Jacó se apressaram e desceram, e foram com todos os seus homens para a torre, e a acharam cheia com cerca de 300 homens, mulheres e pequeninos.

36 E os filhos de Jacó fizeram uma ferida grande nos homens na torre e eles correram e fugiram.

37 E Simeão e Levi perseguiram-nos, quando 12 homens poderosos e valentes saíram para os combater do lugar onde tinham se escondido.

38 E os doze homens mantiveram uma forte batalha contra Simeão e Levi, e os filhos de Jacó não puderam prevalecer sobre eles, e aqueles homens valentes quebraram os escudos de Simeão e Levi, e um deles atingiu a cabeça de Levi com sua espada, e Levi apressadamente colocou a mão à sua cabeça, pois ele tinha medo da espada, e a espada atingiu sua mão, e procurava matá-lo, mas apenas um pouco da mão de Levi foi cortada.

39 E Levi aproveitou a espada do homem valente em sua mão, e levou-a a força contra o homem, e com ela golpeou a cabeça do homem poderoso, e ele cortou sua cabeça.

40 E os 11 homens aproximaram-se para lutar com Levi, pois viram que um deles estava morto, e os filhos de Jacó lutaram, mas não puderam prevalecer sobre eles, pois aqueles homens eram muito poderosos.

41 E os filhos de Jacó vendo que não poderiam prevalecer sobre eles, Simeão deu um alto e enorme grito, e os onze homens poderosos ficaram chocados ao ouvir a voz de Simeão gritando.

42 E Judá a uma distância conhecia a voz dos gritos de Simeão; e Naftali e Judá correram com seus escudos para Simeão e Levi, e encontrou-os a lutar com os homens poderosos, incapazes de prevalecer sobre eles, pois seus escudos foram quebrados.

43 E Naftali viu que os escudos de Simeão e Levi estavam quebrados, e ele tomou dois escudos de seus servos e os trouxe a Simeão e Levi.

44 E Simeão, Levi e Judá no mesmo dia lutaram contra três dos onze homens poderosos até a hora do pôr do sol, mas não puderam prevalecer sobre eles.

45 E isso foi dito a Jacó, e ele estava extremamente triste, e orou ao Senhor; e ele e seu filho Naftali foram contra esses valentes.

46 E Jacó aproximou-se e pegou no seu arco, e aproximou-se desses poderosos, e matou três de seus homens com o arco; e os oito restantes viraram as costas, e eis que guerra era travada contra eles na frente e atrás, e eles temeram muito por suas vidas, e não podiam resistir diante dos filhos de Jacó, e fugiram de diante deles.

47 E, na fuga eles encontraram com Dan e Aser vindo em direção a eles e caíram sobre eles, e lutaram e mataram dois deles, e Judá e seus irmãos correram atrás deles, e feriram o restante deles, e os mataram.

48 E todos os filhos de Jacó voltaram e caminharam sobre a cidade, procurando encontrar todos os homens, e encontraram cerca de 20 jovens em uma caverna na cidade, e Gade e Aser feriram a todos, e Dan e Naftali descobriram o resto dos homens que fugiram e tinham escapado da segunda torre, e feriram todos eles.

49 E os filhos de Jacó feriram todos os habitantes da cidade de Sarton, mas as mulheres e pequeninos eles deixaram na cidade e não os mataram.

50 E todos os moradores da cidade de Sarton eram homens poderosos, um deles iria perseguir mil, e dois deles não fugiam de 10.000 do resto dos homens.

51 E os filhos de Jacó mataram todos os habitantes da cidade de Sarton ao fio da espada, nenhum homem prosperou contra eles, e eles deixaram as mulheres na cidade.

52 E os filhos de Jacó tomaram todo o despojo da cidade, e capturaram o que eles desejavam, e eles levaram rebanhos e manadas e propriedade da cidade, e os filhos de Jacó fizeram a Sarton e seus habitantes, como haviam feito para Cházar e seus habitantes, e eles tornaram e se retiraram.

* * *

38:5,6 - O patriarca Jacó mata com seu arco os quatro reis que ainda restavam para batalha.

38:18 - Os filhos de Jacó matam a todos os moradores da cidade de Cházar.

38:39 - Levi aproveita-se da espada que estava na mão de um poderoso guerreiro e força-a contra o pescoço do próprio homem, matando-o.

38:49-51 - Os filhos de Jacó destroem a cidade de Sarton e matam a todos os homens que viviam nela.

CAPÍTULO 39
OS FILHOS DE JACÓ DESTROEM AS CIDADES DE CANAÃ

1 E quando os filhos de Jacó saíram da cidade de Sarton, eles tinham percorrido cerca de duzentos côvados quando se encontraram com os habitantes de Tapnach vindo na direção deles, para lutar com eles, porque eles tinham ferido a seu rei de Tapnach e todos os seus homens.

2 Então, todos os que restaram na cidade de Tapnach saíram para lutar com os filhos de Jacó e eles pensaram em devolver o saque e os despojos que tinham capturado na cidade de Cházar e Sarton.

3 E o resto dos homens de Tapnach lutou com os filhos de Jacó naquele lugar, e os filhos de Jacó feriram-nos, e eles fugiram, e eles os perseguiram até a cidade de Arbelan, e todos eles caíram diante dos filhos de Jacó.

4 E os filhos de Jacó voltaram e vieram a Tapnach, para tirar o despojo dos de Tapnach, e quando eles vieram para Tapnach ouviram que o povo de Arbelan tinha ido ao encontro deles para salvar o despojo de seus irmãos, e os filhos de Jacó deixaram 10 de seus homens em Tapnach para saquear a cidade, e saíram em direção às pessoas de Arbelan.

5 E os homens de Arbelan saíram com suas esposas para lutar com os filhos de Jacó, pois suas esposas eram experientes em batalha; e eles saíram, cerca de 400 homens e mulheres.

6 E todos os filhos de Jacó gritaram em alta voz, e todos eles correram para os habitantes de Arbelan, e com uma grande voz e tremenda.

7 E os habitantes de Arbelan ouviram o barulho dos gritos dos filhos de Jacó, e seus rugidos como o ruído de leões e como o bramido do mar e suas ondas.

8 E medo e terror possuíram seus corações por conta dos filhos de Jacó, e eles ficaram com muito medo deles, e eles recuaram e fugiram de diante deles para a cidade, e os filhos de Jacó perseguiram-nos até à porta da cidade, e vieram sobre eles na cidade.

9 E os filhos de Jacó lutaram com eles na cidade, e todas as suas mulheres estavam envolvidas e atirando contra os filhos de Jacó, e o combate foi muito grave entre eles, durante todo dia até à noite.

10 E os filhos de Jacó, não puderam prevalecer sobre eles, e os filhos de Jacó quase pereceram na batalha, e os filhos de Jacó clamaram ao Senhor e foram prevalecendo até à noite, e os filhos de Jacó feriram

todos os moradores de Arbelan ao fio da espada, homens, mulheres e pequeninos.

11 E também o restante das pessoas que fugiram de Sarton, os filhos de Jacó feriram em Arbelan, e os filhos de Jacó fizeram de Arbelan e Tapnach como tinham feito a Cházar e Sarton, e quando as mulheres viram que todos os homens estavam mortos, elas foram para cima dos telhados da cidade e feriram os filhos de Jacó, atirando pedras como chuva.

12 E os filhos de Jacó se apressaram e entraram na cidade e cercaram todas as mulheres e as feriram ao fio da espada, e os filhos de Jacó capturaram todo o despojo: rebanhos, manadas e gado.

13 E os filhos de Jacó fizeram a Machnaymah como haviam feito para Tapnach, para Cházar e Shiloh. E eles voltaram de lá e foram embora.

14 E no quinto dia os filhos de Jacó ouviram que o povo de Gaás se reuniu para batalhar contra eles, porque eles tinham matado o seu rei e os seus capitães, pois havia 14 capitães, na cidade de Gaash, e os filhos de Jacó tinham matado todos eles na primeira batalha.

15 E os filhos de Jacó se cingiram nesse dia de suas armas de guerra e marcharam para a batalha contra os habitantes de Gaás; e em Gaás havia um povo forte e poderoso de pessoas dos amorreus . Gaás era a cidade mais forte e melhor fortificada de todas as cidades dos amorreus, e tinha três paredes.

16 E os filhos de Jacó vieram a Gaás e encontraram as portas da cidade bloqueadas e cerca de 500 homens em pé na parte superior da parede exterior, e a maior parte, um povo numeroso como a areia na praia do mar estavam emboscados para os filhos de Jacó de fora da cidade, na parte traseira da mesma.

17 E os filhos de Jacó aproximaram-se para abrir as portas da cidade, e eis que aqueles que estavam na emboscada na parte de traz da cidade saíram de seus lugares e rodearam os filhos de Jacó.

18 E os filhos de Jacó foram envolvidos entre o povo de Gaás, e a batalha estava à sua frente e atrás, e todos os homens que estavam em cima do muro, estavam lançando a partir da parede sobre eles, flechas e pedras.

19 E Judá, vendo que os homens de Gaás estavam ficando muito pesados para eles, deu o mais penetrante e tremendo grito e todos os homens de Gaás ficaram aterrorizados com a voz de grito de Judá, e os homens caíram do muro com seu grito poderoso, e todos aqueles que estavam dentro e fora da cidade ficaram com muito medo por suas vidas.

20 E os filhos de Jacó ainda chegaram perto de quebrar as portas da cidade, quando os homens de Gaás atiraram pedras e flechas sobre eles a partir do topo da parede, e os fez fugir do portão.

21 E os filhos de Jacó se voltaram contra os homens de Gaás que estavam com eles fora da cidade, e os feriram terrivelmente, como bater contra cabaças, e não puderam resistir contra os filhos de Jacó, pois o medo e terror se apoderaram deles com o grito de Judá.

22 E os filhos de Jacó mataram todos os homens que estavam fora da cidade, e os filhos de Jacó ainda se aproximaram para efetuar uma entrada para a cidade, e lutarem debaixo os muros da cidade, mas eles não conseguiram, pois todos os habitantes de Gaás que permaneceram na cidade haviam cercado as paredes de Gaás em todas as direções, de modo que os filhos de Jacó não conseguiram se aproximar da cidade para lutar.

23 E quando os filhos de Jacó se chegavam a um canto a lutar sob a parede, os habitantes de Gaás atiravam flechas e pedras sobre eles como pancadas de chuva, e eles fugiam de debaixo da parede.

24 E o povo de Gaás que estava em cima do muro, vendo que os filhos de Jacó não podiam prevalecer contra eles sob a parede, provocaram os filhos de Jacó, com estas palavras, dizendo:

25 Qual é o problema com vocês na batalha que não conseguem prevalecer? Vocês podem então fazer à poderosa cidade de Gaás e seus habitantes como vocês fizeram às outras cidades dos amorreus, que não eram tão poderosas? Certamente, contra os mais fracos entre nós vocês fizeram essas coisas, e os mataram na entrada da cidade, pois ficaram sem força quando eles foram aterrorizados com o som de vossos gritos.

26 E agora vocês, então, são incapazes de lutar neste lugar? Certamente que aqui vocês morrerão todos, e nós iremos vingar a causa daquelas cidades que vocês transfomaram em resíduos.

27 E os habitantes de Gaás muito difamaram os filhos de Jacó e injuriado-os com seus deuses,

continuaram a lançar flechas e pedras sobre eles a partir da parede.

28 E Judá e seus irmãos ouviram as palavras dos habitantes de Gaás e sua raiva aumentava; e Judá estava com ciúmes de seu Deus neste assunto e ele gritou e disse: Senhor, ajuda-nos, envia ajuda para nós e nossos irmãos.

29 E ele correu a distância com toda sua força, com a sua espada desembainhada na mão, e ele saltou do chão e pelo poder da sua força, subiu na parede, e sua espada caiu de sua mão.

30 E Judá gritou contra a parede, e todos os homens que estavam em cima do muro estavam aterrorizados, e alguns deles caíram do muro para dentro da cidade e morreram, e aqueles que ainda estavam na parede, quando viram a força de Judá, eles ficaram com muito medo por suas vidas e fugiram para dentro da cidade.

31 E alguns foram encorajados a lutar com Judá sobre o muro, e chegaram perto para matar ele quando viram que não havia espada na mão de Judá ; e eles queriam expulsá-lo da muralha para seus irmãos, e vinte homens da cidade vieram para ajudá-los, e eles tendo cercado Judá, todos gritaram contra ele, e se aproximaram dele com espadas desembainhadas, e, aterrorizado, Judá gritou para seus irmãos da muralha.

32 E Jacó e seus filhos pegaram no arco sob a muralha e feriram três dos homens que estavam sobre a parte superior da parede, e Judá continuou a chorar e ele exclamou: Ó Senhor , ajuda-nos, Senhor, livrai-nos, e ele gritou em alta voz contra a muralha, e o grito foi ouvido a uma grande distância.

33 E após esse choro, novamente ele tornou a gritar, e todos os homens que cercaram Judá sobre o topo do muro estavam aterrorizados, e cada um jogou sua espada ao som dos gritos de Judá e seu tremor, e fugiram.

34 E Judá tomou as espadas que tinham caído de suas mãos, e Judá pelejou com eles e matou 20 de seus homens sobre a muralha.

35 E cerca de 80 homens e mulheres ainda subiram o muro da cidade e todos eles cercaram Judá, e o Senhor provocou o temor de Judá, em seus corações, e foram incapazes de aproximar-se dele.

36 E Jacó e todos os que estavam com ele pegaram o arco por debaixo da parede (ou muro), e feriram 10 homens sobre o muro, e eles caíram abaixo da parede, diante de Jacó e seus filhos.

37 E o povo sobre o muro, vendo que 20 de seus homens haviam caído, ainda correram para Judá, com as espadas desembainhadas, mas não podiam aproximar-se dele, pois estavam apavorados com a força de Judá.

38 E um dos seus homens valentes cujo nome era Arud, aproximou-se para atacar Judá na cabeça com sua espada, quando Judá apressadamente colocou seu escudo sobre sua cabeça para a proteger, e a espada bateu nele e foi dividido em dois.

39 E este homem poderoso depois de ter atingido Judá fugiu para salvar sua vida com medo de Judá, e seus pés escorregaram na parede e ele caiu entre os filhos de Jacó, que estavam em baixo da parede, e os filhos de Jacó o feriram na cabeça e o mataram.

40 E Judá estava ferido do golpe do homem poderoso, e Judá tinha quase morrido.

41 E Judá gritou contra a parede devido à dor produzida pelo golpe e quando Dan o ouviu, a sua raiva ardeu dentro dele, e ele também se levantou e tomando distância, correu e saltou do chão e escalou na muralha animado com sua força e ira.

42 E quando Dan chegou ao topo do muro próximo a Judá, todos os homens que ficaram contra Judá sobre o muro fugiram, e eles foram até à segunda muralha, e eles atiraram flechas e pedras sobre Dan e Judá da segunda parede, e esforçaram-se para retirá-los da parede.

43 E as flechas e pedras atingiram Dan e Judá e quase morreram no muro, e onde quer que Dan e Judá fugissem da parede, eles eram atacados com flechas e pedras a partir da segunda parede.

44 E Jacó e seus filhos ainda estavam na entrada da cidade, em baixo da primeira parede, e eles não foram capazes de usar o arco contra os habitantes da cidade, já que não podiam ser vistos por eles, estando sobre a segunda parede.

45 Dan e Judá, quando não podiam mais suportar as pedras e flechas que caíram sobre eles da segunda parede, ambos saltaram sobre a segunda parede perto das pessoas da cidade, e quando as pessoas da cidade que estavam sobre a segunda parede viram que Dan e Judá tinham chegado a eles sobre a

segunda parede, todos eles gritaram e desceram abaixo entre as paredes.

46 E Jacó e seus filhos ouviram o barulho dos gritos do povo da cidade e eles ainda estavam na entrada da cidade, e eles estavam ansiosos por Dan e Judá, que não mais foram vistos por eles, estando sobre a segunda parede.

47 E Naftali subiu, animado com seu poder e ira, e saltou sobre o primeiro muro para ver o que causava o barulho de gritos que ouvia na cidade, e Issacar e Zebulom aproximaram-se para quebrar as portas da cidade, abriram as portas da cidade e vieram para a cidade.

48 E Naftali saltou da primeira parede para a segunda, e veio para ajudar seus irmãos, e os habitantes de Gaás que estavam em cima do muro, vendo Naftali, um terceiro que vinha para ajudar seus irmãos, todos eles fugiram e desceram para a cidade, e Jacó, e todos os seus filhos e todos os seus homens servos vieram até a cidade a eles.

49 Judá, Dan e Naftali desceram do muro para a cidade e perseguiram os habitantes da cidade; e Simeão e Levi estavam de fora da cidade e não sabiam que o portão fora aberto, e saíram de lá para a parede e desceram aos seus irmãos na cidade.

50 E os habitantes da cidade tinham descido para a cidade, e os filhos de Jacó se chegaram a eles de diferentes direções, e a batalha apertou contra eles de frente e por trás deles, e os filhos de Jacó os feriram terrivelmente, e mataram cerca de 20 mil deles, homens e mulheres, e nenhum deles pode levantar-se contra os filhos de Jacó.

51 E o sangue fluiu em abundância na cidade, e foi como um riacho de água, e o sangue fluiu como um riacho para a parte externa da cidade, e chegou ao deserto de Bethchorin.

52 E o povo de Bethchorin viu à distância o sangue a fluir a partir da cidade de Gaash, e cerca de 70 homens de entre eles correram para ver o sangue, e eles vieram para o lugar onde o sangue estava.

53 E eles seguiram a trilha de sangue e chegaram à parede da cidade de Gaash, e viram o fluxo de sangue da cidade, e ouviram a voz de choro dos habitantes de Gaash, pois isso subiu ao céu, e o sangue continuava a fluir abundantemente como um riacho de água.

54 E todos os filhos de Jacó, continuavam ferindo os habitantes de Gaash, e estavam envolvidos em exterminá-los até à noite, cerca de 20 mil homens e mulheres. E as pessoas de Chorin disseram: Certamente este é o trabalho dos hebreus, pois eles ainda estão levando a guerra a todas as cidades dos amorreus.

55 E essas pessoas se apressaram e correram para Bethchorin, e cada um tomou suas armas de guerra, e gritaram para todos os habitantes da Bethchorin e também de Girt, para tomarem suas armas de guerra para irem lutar contra os filhos de Jacó.

56 E quando os filhos de Jacó tinham terminado de ferir os habitantes de Gaash, eles caminharam sobre a cidade, para retirar todo o morto, e chegando na parte mais interna da cidade e mais adiante, eles se encontraram com três homens muito poderosos, e não havia espada nas suas mãos.

57 E os filhos de Jacó vieram até o lugar onde eles estavam, e os homens poderosos correram deles, e um deles tomou Zebulom, pois viu que ele era um rapaz jovem e de baixa estatura, e com sua força arrastou-o pelo chão.

58 E Jacó correu para ele com sua espada e o feriu abaixo de seus lombos com a espada, e cortou-o em dois, e o corpo caiu sobre Zebulom.

59 E o segundo abordou e empurrou Jacó para o chão, e Jacó virou-se para ele e gritou enquanto Simeão e Levi correram e feriram-no sobre os quadris com a espada e derrubaram-o no chão.

60 E o homem poderoso se levantou do chão com ira e animado de poder. E Judá veio sobre ele antes dele ter ficado de pé, e atingiu-o na cabeça com a espada, e sua cabeça foi dividida e ele morreu.

61 E o terceiro homem poderoso, vendo que seus companheiros foram mortos, correu dos filhos de Jacó, e os filhos de Jacó o perseguiram na cidade, e enquanto o homem poderoso fugia ele encontrou uma das espadas dos habitantes da cidade, e ele pegou e virou-se para os filhos de Jacó e lutou contra eles com aquela espada.

62 E o homem poderoso correu para Judá para golpeá-lo na cabeça com a espada, e não havia escudo na mão de Judá. E quando ele foi com o objetivo de atingi-lo, Naftali às pressas tomou o seu escudo e colocou-o sobre a cabeça de Judá, e a espada do homem poderoso atingiu o escudo de

Naftali e Judá escapou da espada.

63 E Simeão e Levi correram sobre o homem poderoso, com suas espadas e investiram com força contra ele com as suas espadas, e as duas espadas entraram no corpo do homem poderoso e foi dividido em dois.

64 E os filhos de Jacó feriram os três homens poderosos dessa vez, juntamente com todos os habitantes de Gaás, e o dia estava prestes a cair.

65 E os filhos de Jacó percorreram Gaás e tomaram todo o despojo da cidade, até os pequenos e as mulheres que não morreram, e os filhos de Jacó fizeram a Gaás como eles tinham feito a Sarton e Shiloh.

* * *

39:5 - Na cidade de Arbelan, os homens e as mulheres saíram a batalha contra os filhos de Jacó.

39:15 - Os filhos de Jacó partem para a batalha contra a mais poderosa das cidades dos amorreus.

39:24-28 - Os habitantes de Gaás difamaram os filhos de Jacó e os injuriaram em nome dos seus deuses. (I Samuel 17:42,43)

39:50 - Jacó e seus filhos destroem a mais poderosa cidade dos amorreus, matando cerca de 20.000 pessoas

39:51-53 - A matança dos filhos de Jacó contra os habitantes de Gaás foi tão intensa que fluía da cidade tanto sangue que parecia um riacho.

CAPÍTULO 40
OS REIS DE CANAÃ TEMEM OS FILHOS DE JACÓ E PEDEM PAZ

1 E os filhos de Jacó tomaram todo o despojo de Gaás, e saíram da cidade à noite.

2 Eles estavam marchando através da fortaleza de Bethchorin, e os habitantes de Bethchorin estavam indo para o castelo para encontrá-los, e naquela noite os filhos de Jacó lutaram com os habitantes de Bethchorin, no castelo de Bethchorin.

3 E todos os habitantes da Bethchorin eram homens poderosos, um deles não fugia diante de mil homens; e eles lutaram nessa noite no castelo e seus gritos eram ouvidos longe naquela noite, e a terra tremeu com seus gritos.

4 E todos os filhos de Jacó temiam esses homens, pois eles não estavam acostumados a lutar no escuro, e eles ficaram muito confundidos; e os filhos de Jacó clamaram ao Senhor, dizendo: Ajuda-nos, Senhor, livra-nos para que não morramos pelas mãos desses homens incircuncisos.

5 E o Senhor ouviu a voz dos filhos de Jacó e o Senhor causou grande terror e confusão para espantar as pessoas de Bethchorin, e lutaram entre si, uns com os outros, na escuridão da noite, e feriram-se uns aos outros em grande número.

6 E os filhos de Jacó, sabendo que o Senhor trouxe um espírito de perversidade entre aqueles homens, e que eles lutavam cada homem com o seu próximo, saíram de entre as bandas do povo de Bethchorin e se afastaram pela descida do castelo de Bethchorin, a uma boa distância, e ficaram em segurança com seus jovens aquela noite.

7 E o povo de Bethchorin lutou toda a noite, cada homem com o seu irmão, e o outro com o seu próximo, e eles gritaram em todas as direções sobre o castelo, e seu clamor foi ouvido à distância, e toda a terra tremeu em sua voz, pois eles eram poderosos, acima de todos os povos da terra.

8 E todos os habitantes e reis das cidades dos cananeus, os heteus, os amorreus, os heveus, todos de Canaã e também os que estavam do outro lado do Jordão, ouviram o barulho da gritaria naquela

noite.

9 E eles disseram: Certamente, estas são as batalhas dos hebreus, que estão lutando contra as sete cidades que vieram a eles, e quem pode estar contra os hebreus?

10 E todos os habitantes das cidades dos cananeus e todos aqueles que estavam no outro lado do Jordão, tinham muito medo dos filhos de Jacó, pois disseram: Eis que o mesmo será a nós como foi feito a essas cidades, pois quem pode estar contra a sua poderosa força?

11 E os gritos dos Bethchorin eram muito grandes naquela noite, e continuaram a aumentar; e feriram-se uns aos outros até de manhã, e muitos deles foram mortos.

12 E a manhã apareceu e os filhos de Jacó levantaram-se de madrugada e foram até ao castelo e feriram aqueles que restaram dos Bethchorin de uma forma terrível, e todos foram mortos no castelo.

13 E no sexto dia todos os habitantes de Canaã viram à distância todas as pessoas de Bethchorin mortas no castelo de Bethchorin, espalhadas como carcaças de cordeiros e cabritos.

14 E os filhos de Jacó levaram todo o despojo que tinham capturado a partir de Gaás e foram para Bethchorin, e encontraram a cidade cheia de pessoas como a areia do mar, e eles lutaram com elas, e os filhos de Jacó as feriram até anoitecer.

15 E os filhos de Jacó fizeram a Bethchorin como haviam feito para Gaás e Tapnach, e como haviam feito a Cházar, a Sarton e Shiloh.

16 E os filhos de Jacó levaram consigo os despojos de Bethchorin e todo o seu despojo das cidades, e nesse dia eles regressaram para casa, a Siquém.

17 E os filhos de Jacó chegaram a casa, à cidade de Siquém, e eles permaneceram na cidade e descansaram da guerra, e passaram ali a noite toda.

18 E todos os seus servos, juntamente com todo o seu despojo que haviam tomado das cidades, deixaram fora da cidade, e não entraram na cidade, pois disseram: Porventura pode haver ainda mais luta contra nós, e eles podem vir a assediar-nos em Siquém.

19 E Jacó e seus filhos e os seus homens permaneceram naquela noite e no dia seguinte na parte do campo que Jacó havia comprado de Hamor por cinco siclos, e tudo o que eles tinham capturado estava com eles.

20 E todo o montante que os filhos de Jacó haviam capturado estava na parte do campo, imensa como a areia na praia do mar.

21 E os habitantes da terra os observavam de longe, e todos os habitantes da terra estavam com medo dos filhos de Jacó, que tinham feito tal coisa que nenhum rei, desde os dias antigos, tinha feito algo semelhante.

22 E os sete reis dos cananeus resolveram fazer a paz com os filhos de Jacó, pois eles estavam com muito medo por suas vidas, por causa dos filhos de Jacó.

23 E naquele dia, sendo o sétimo dia, Jafia rei de Hebron falou secretamente ao rei de Ai, ao rei de Gibeão, ao rei de Salém, ao rei de Adulam, ao rei de Laquis, ao rei de Cházar e para todos os reis que estavam sob sua sujeição, dizendo:

24 Subam comigo, e vinde a mim para que possamos ir aos filhos de Jacó, e eu vou fazer paz com eles, e formar um tratado com eles, senão todas as suas terras serão destruídas pelas espadas dos filhos de Jacó, como fizeram a Siquém e as cidades ao redor, como vocês já ouviram falar.

25 E, quando vocês vierem a mim, não venham com muitos homens, mas que cada rei traga seus três capitães das cabeças, e cada capitão traga três de seus oficiais.

26 E venham todos para Hebron, e vamos juntos aos filhos de Jacó, e suplicar-lhes que eles façam um tratado de paz com a gente.

27 E todos os reis fizeram como o rei de Hebrom tinha dito, pois todos eles estavam sob seu conselho e comando, e todos os reis de Canaã se juntaram para ir para aos filhos de Jacó, para fazer a paz com eles, e os filhos de Jacó voltaram e foram para a parte do campo que estava em Siquém, pois não confiavam nos reis da terra.

28 E os filhos de Jacó voltaram e permaneceram na parte do campo durante dez dias, e ninguém veio para fazer guerra com eles.

29 E quando os filhos de Jacó viram que não havia aparência de guerra, todos eles partiram e foram para a cidade de Siquém, e os filhos de Jacó permaneceram em Siquém.

30 E ao final de 40 dias, todos os reis dos amorreus, decidiram partir de todos os seus lugares e chegaram a Hebrom, a Jafia, rei de Hebrom.

31 E o número de reis que vieram a Hebrom, a fazer a paz com os filhos de Jacó, foi de 21 reis, e o número de capitães que vieram com eles foi 69, e seus homens eram 189, e todos esses reis e seus homens descansaram no Monte Hebrom.

32 E o rei de Hebrom saiu com seus três capitães e nove homens, e estes reis resolveram ir aos filhos de Jacó para fazer a paz.

33 E disseram ao rei de Hebrom: Vai tu diante de nós com os teus homens, e fala por nós aos filhos de Jacó, e nós iremos depois de ti e confirmaremos as tuas palavras; e o rei de Hebrom assim fez.

34 E os filhos de Jacó souberam que todos os reis de Canaã se tinham reunido e descansavam em Hebrom, e os filhos de Jacó enviaram quatro de seus servos como espiões, dizendo: Vão, e espiem esses reis, pesquisem e analisem os seus homens se são muitos ou poucos, e se eles são de número reduzido e voltem.

35 E os servos de Jacó foram secretamente a estes reis, e fizeram o que os filhos de Jacó lhes ordenaram, e nesse dia eles voltaram para os filhos de Jacó, e disseram: Nós fomos a esses reis, e eles são poucos em número, e nós os contamos todos, e eis que são 288, reis e homens.

36 E os filhos de Jacó disseram: são poucos em número, portanto, nem todos iremos a eles. E de manhã os filhos de Jacó levantaram-se e escolheram 62 de seus homens e 10 dos filhos de Jacó foram com eles, e eles se cingiram de suas armas de guerra, porque diziam: Eles estão vindo para fazer a guerra com a gente, pois não sabiam que eles estavam vindo para fazer paz com eles.

37 E os filhos de Jacó com os seus servos foram para o portão de Siquém para diante daqueles reis, e seu pai Jacó estava com eles.

38 E quando chegaram diante deles, eis que o rei de Hebrom e seus três capitães e nove homens que com ele estavam, vindo ao longo da estrada para os filhos de Jacó, e os filhos de Jacó levantaram os olhos e viram à distância Jafia, rei de Hebrom, com seus capitães, vindo em direção a eles, e os filhos de Jacó mantiveram a sua posição na porta de Siquém, e não prosseguiram.

39 E o rei de Hebrom continuou a avançar, ele e seus capitães, até que chegou perto dos filhos de Jacó e ele e seus capitães se inclinaram para eles no chão. O rei de Hebrom estava sentado com seus capitães diante de Jacó.

40 E os filhos de Jacó lhe disseram: O que se abateu sobre ti, ó rei de Hebrom? Por que decidiste tu vir a nós neste dia? O que queres reclamar de nós? E o rei de Hebrom disse: Jacó, peço-te, meu senhor, todos os reis dos cananeus querem neste dia vir fazer paz contigo.

41 E os filhos de Jacó ouviram as palavras do rei de Hebron, e eles não aceitaram a sua proposta, pois os filhos de Jacó não acreditavam nele, pois imaginavam que o rei de Hebron tinha falado enganosamente a eles.

42 E o rei de Hebrom sabia pelas palavras dos filhos de Jacó que não acreditaram em suas palavras; o rei de Hebrom aproximou-se mais perto de Jacó, e disse-lhe: rogo-te, meu senhor, para que tenhas a certeza de que todos esses reis vieram a ti pacificamente, que atentes que eles não vêm com todos os seus homens e que eles não trazem suas armas de guerra com eles, pois eles vieram para buscar a paz do meu senhor e seus filhos.

43 E os filhos de Jacó responderam ao rei de Hebron, dizendo: Manda a todos estes reis, se tu falas verdade para nós, que venham sozinhos diante de nós desarmados e iremos então saber que eles buscam a paz de nós.

44 E Jafia, rei de Hebrom, enviou um dos seus homens para os reis, e todos eles vieram diante dos filhos de Jacó, e inclinaram-se para o chão, e estes reis sentaram-se diante de Jacó e seus filhos, e falaram-lhes, dizendo:

45 Ouvimos tudo o que vocês fizeram aos reis dos amorreus, com vossa espada e braço muito forte, de modo que nenhum homem pode ficar de pé diante de vocês, e nós estávamos com medo de vocês por causa de nossas vidas, para que não se abata sobre nós como aconteceu a eles.

46 Assim, nós viemos a vós para formar um tratado de paz entre nós, e agora, portanto, haja entre nós uma aliança de paz e de verdade, em que vocês não vão se meter com a gente, na medida em que nós não interferiremos com vocês.

47 E os filhos de Jacó souberam que eles tinham realmente vindo para buscar a paz com eles, e os filhos de Jacó os ouviram e fizeram uma aliança com eles.

48 E os filhos de Jacó juraram-lhes que eles não iriam se meter com eles e todos os reis dos cananeus juraram também a eles; e os filhos de Jacó os fizeram tributários daquele dia em diante.

49 E depois disso todos os chefes destes reis vieram com seus homens diante de Jacó, com presentes em suas mãos para Jacó e seus filhos, e inclinaram-se a ele para o chão.

50 E estes reis então exortaram os filhos de Jacó e pediram-lhes para devolverem todo o seu despojo que tinham capturado das sete cidades dos amorreus, e os filhos de Jacó assim fizeram, e eles devolveram tudo o que tinham capturado: as mulheres, os pequeninos, o gado e todo o seu despojo que tinham tomado, e eles mandaram, e eles foram embora cada um à sua cidade.

51 E todos estes reis curvaram-se novamente para os filhos de Jacó, e eles enviaram-lhes ou trouxeram-lhes muitos presentes naqueles dias. E os filhos de Jacó despediram esses reis e os seus homens e eles se foram pacificamente para longe deles, para suas cidades, e os filhos de Jacó também voltaram para sua casa, a Siquém.

52 E houve paz daquele dia em diante entre os filhos de Jacó e os reis dos cananeus, até que os filhos de Israel vieram a herdar a terra de Canaã.

* * *

40:4-6 - Os filhos de Jacó clamaram ao Senhor por causa dos moradores de Bethchorin e os moradores da cidade começaram a lutar entre si e se mataram durante toda a noite. (II Crônicas 20:22-24)

40:27 - Um grupo formado por 21 reis cananeus procuram a Jacó e seus filhos para firmarem um acordo de paz.

40:43-47 - Os filhos de Jacó aceitam o acordo de paz que foi pedido pelos 21 reis cananeus.

CAPÍTULO 41
OS SONHOS DE JOSÉ

1 E no final desse ano, os filhos de Jacó partiram de Siquém, e eles chegaram a Hebron, a seu pai Isaac, e habitaram ali, mas a seus rebanhos e manadas eles alimentavam diariamente em Siquém, pois não havia ali naqueles dias bons pastos; e Jacó e seus filhos e toda a casa habitaram no vale de Hebron.

2 E foi naqueles dias, daquele ano, sendo o ano 106 da vida de Jacó, no décimo ano de Jacó ter vindo de Padã- Arã, que Lia, mulher de Jacó morreu; e ela tinha 51 anos de idade, e morreu, em Hebron.

3 E Jacó e seus filhos a enterraram na cova do campo de Macpela, que está em Hebron, que Abraão tinha comprado dos filhos de Hete, para a posse de um lugar de enterro.

4 E os filhos de Jacó habitaram com seu pai no vale de Hebron, e todos os moradores da terra sabiam de sua força e sua fama que correra por toda a terra.

5 E José, filho de Jacó, e seu irmão Benjamim, os filhos de Raquel, mulher de Jacó, eram ainda jovens, e não saíram com seus irmãos durante as suas batalhas nas cidades dos amorreus.

6 Quando José viu a força de seus irmãos e sua grandeza, ele elogiou-os e exaltou-os, mas ele classificou-se maior do que eles, e exaltou-se acima deles. E Jacó, seu pai, também o amava mais do que qualquer um de seus filhos, pois ele era um filho de sua velhice, e através de seu amor por ele, fez-lhe uma túnica de várias cores.

7 E, quando José viu que seu pai o amava mais do que seus irmãos, ele continuou a exaltar-se acima

de seus irmãos, e ele trazia a seu pai maus relatos a respeito de seus irmãos.

8 E os filhos de Jacó vendo toda a conduta de José em relação a eles, e que o seu pai o amava mais do que a todos eles, odiaram-no e não podiam falar-lhe pacificamente todos os dias.

9 José tinha dezessete anos, e exaltava-se diante de seus irmãos, e pensou em elevar-se acima deles.

10 Naquela época, ele teve um sonho, e ele veio a seus irmãos e disse-lhes seu sonho, e ele disse-lhes: Eu sonhei um sonho, e eis que estavam todos atando molhos em um campo, e meu feixe se levantou e colocou-se sobre a terra e seus molhos o cercavam e inclinavam se para ele.

11 E seus irmãos, responderam-lhe e disseram-lhe: Que quer dizer esse sonho que tu sonhaste? Que tu imaginas em teu coração em reinar ou governar sobre nós?

12 E ele ainda veio, e disse a coisa a seu pai Jacó, e ele beijou José quando ouviu estas palavras da sua boca, e Jacó abençoou José.

13 E quando os filhos de Jacó viram que seu pai havia abençoado a José e tinha beijado ele, e que ele o amava muito, ficaram com ciúmes dele e o odiaram ainda mais.

14 Depois disto, José relatou outro sonho e o relatou a seu pai na presença de seus irmãos e José disse a seu pai e irmãos: eis que novamente tive um sonho, e eis que o sol, a lua e as onze estrelas se inclinavam para mim.

15 E o seu pai, ouviu as palavras de José e seu sonho, e vendo que seus irmãos odiavam José por conta dessa matéria, Jacó repreendeu a José diante de seus irmãos por conta dessa coisa, dizendo: Que quer dizer este sonho que tiveste, estás te exaltando perante os teus irmãos, que são mais velhos do que tu?

16 Tu imaginas no teu coração que eu e tua mãe e teus onze irmãos viremos a nos inclinar diante de ti, já que tu falas estas coisas?

17 E seus irmãos tinham inveja dele por conta de suas palavras e sonhos, e eles continuaram a odiá-lo; e Jacó guardava os sonhos em seu coração.

18 E os filhos de Jacó foram um dia a alimentar o rebanho de seu pai em Siquém, pois eram pastores ainda naqueles dias, e enquanto os filhos de Jacó apascentavam em Siquém, eles se atrasaram, e a hora de recolher o gado chegou e eles não tinham regressado.

19 E Jacó viu que seus filhos estavam atrasados em Siquém, e Jacó disse para consigo: Porventura o povo de Siquém se levantou para lutar contra eles, pois eles se atrasaram neste dia.

20 E Jacó chamou seu filho José e ordenou-lhe, dizendo: Eis que teus irmãos estão apascentando em Siquém neste dia, e eis que ainda não voltaram; vai agora, pois, e vê onde eles estão, e traz-me de volta notícias sobre o bem-estar dos teus irmãos e o bem-estar do rebanho.

21 E Jacó enviou seu filho José para o vale de Hebrom, e José veio a seus irmãos em Siquém, e não conseguia encontrá-los. E José subiu sobre o campo, que estava perto Siquém para ver onde seus irmãos haviam se dirigido, e ele se perdeu no seu caminho no deserto, e não sabia para que lado deveria ir.

22 E um anjo do Senhor o encontrou vagando na estrada em direção ao campo e José disse ao anjo do Senhor: Estou procurando meus irmãos; tu não ouviste dizer onde estão apascentando? E o anjo do Senhor disse a José: Eu vi teus irmãos apascentando aqui, e eu ouvi dizer que iriam se apascentar em Dotã.

23 E José ouviu a voz do anjo do Senhor, e foi a seus irmãos em Dotã e os achou em Dotã alimentando o rebanho.

24 E José avançou para seus irmãos, e antes que ele tivesse chegado a eles, eles resolveram matá-lo.

25 E Simeão disse a seus irmãos: Eis aqui o homem dos sonhos, está chegando a nós neste dia ; e agora, portanto, virá e vamos matá-lo e lançá-lo em um dos poços que estão no deserto, e quando seu pai o procurar de nós, vamos dizer que uma besta-fera o devorou.

26 Mas Rúben, ouvindo as palavras de seus irmãos sobre José , disse-lhes: Vocês não devem fazer isso, pois como poderemos olhar para o nosso pai Jacó? Lançai-o neste poço para morrer ali, mas não estendam a mão sobre ele para derramar seu sangue. Rúben disse isso a fim de livrá-lo de suas mãos, para trazê-lo de volta para seu pai.

27 E quando José chegou a seus irmãos, ele se sentou diante deles, e eles se levantaram sobre ele e

agarraram- no e feriram-no lançando-o para a terra, e tiraram o casaco de muitas cores que ele vestia.

28 E tomaram e lançaram-no na cova, e no poço não havia água, mas serpentes e escorpiões. E José estava com medo das serpentes e escorpiões que estavam no poço. E José gritou em alta voz, e o Senhor escondeu as serpentes e escorpiões nas laterais do poço, e eles não fizeram mal a José.

29 E clamou José para fora do poço a seus irmãos, e disse-lhes: O que eu fiz a vós, e em que pequei? Por que não temem o Senhor a meu respeito? Não sou eu de seus ossos e carne, e não é Jacó seu pai, o meu pai? Por que vocês fazem isso a mim neste dia, e como vocês vão ser capazes de olhar para o nosso pai Jacó?

30 E continuou a gritar e a chamar a seus irmãos, e ele disse: ó Judá, Simeão e Levi, irmãos meus, me levantem do lugar de trevas em que vocês me colocaram, e venham para que tenham compaixão de mim, ó filhos do Senhor e filhos de Jacó, meu pai. E se eu pequei contra vós, não são vocês os filhos de Abraão, Isaac e Jacó? Se eles viram um órfão e tiveram compaixão por ele, ou um que estava com fome, e deram-lhe pão para comer, ou um que estava com sede, e deram-lhe água para beber, ou um que estava nu, e o cobriram com vestes!

31 E como então vocês irão reter vossa piedade de seu irmão, porque eu sou da vossa carne e ossos, e se eu pequei contra vós, certamente vocês vão fazer isso por causa do meu pai!

32 E José disse estas palavras do poço, e seus irmãos não podiam ouvi-lo, nem inclinar seus ouvidos para as palavras de José; e José estava chorando e chorando na cova.

33 E José disse: Oh, que o meu pai saiba hoje, o ato que meus irmãos têm feito a mim, e as palavras que eles têm hoje falado contra mim.

34 E todos os seus irmãos ouviram seus gritos e choro no poço, e seus irmãos foram e retiraram-se da cova, para que eles não pudessem ouvir os gritos de José e sua voz chorando na cova.

* * *

41:5 - Como ainda eram jovens, José e Benjamim não saíram junto com seus irmãos para as batalhas contra as cidades dos amorreus.

41:22,23 - José se perde no deserto e é informado por um anjo com aparência humana sobre o paradeiro de seus irmãos. (Gênesis 37:15,16)

41:25 - A ideia de matar a José e ocultar seu corpo foi de Simeão. (Gênesis 37:18-20)

41:28-31 - José é lançado por seus irmãos em um poço com serpentes e escorpiões. De lá, suplica aos irmãos que se compadeçam dele, mas eles não atendem o pedido de José.

CAPÍTULO 42
JOSÉ E VENDIDO COMO ESCRAVO

1 E eles se foram e se sentaram no lado oposto, à distância de um tiro de arco; e eles sentaram-se para comer pão, e enquanto eles estavam comendo, eles formaram juntamente conselho do que seria feito com ele: se matá-lo ou levá-lo de volta para seu pai.

2 Eles estavam formando conselho e quando eles levantaram os olhos, e viram, e eis que uma companhia de ismaelitas vinha à distância, pela estrada de Gileade, indo para o Egito.

3 E Judá disse-lhes: Que ganho será para nós se matarmos nosso irmão? Porventura Deus não vai cobrar isso de nós? Este é, então, o conselho a respeito dele, que se deve fazer-lhe: Eis que esta companhia de ismaelitas desce para o Egito.

4 Agora, pois, vamos nos livrar dele com eles, e não seja nossa mão sobre ele, e eles vão levá-lo junto com eles, e ele vai se perder entre os povos da terra, e nós não iremos matá-lo com nossas próprias mãos. E a proposta agradou a seus irmãos e eles fizeram conforme a palavra de Judá.

5 E enquanto eles estavam pensando sobre este assunto, e antes que a companhia de ismaelitas houvesse chegado até eles, sete comerciantes de Midiã passaram por eles, e enquanto passavam, eles estavam com sede, e eles levantaram os olhos e viram o buraco em que José estava emparedado, e eles olharam, e eis que toda a espécie de ave estava sobre ele. E estes midianitas correram para o poço para beber água, pois pensaram que ele continha água, e dirigindo-se ao poço eles ouviram a voz de José chorando na cova, e eles olharam para dentro do poço, e eles viram e eis que era um jovem de bela aparência e favorecido.

6 E chamaram-lhe e disseram: Quem és tu e quem te trouxe para cá, e quem te colocou neste poço, aqui no deserto? E todos eles ajudaram a levantar José e eles puxaram-no para fora, e trouxeram-no da cova, e levaram- no e partiram em sua viagem e passaram por seus irmãos.

7 E estes lhes disseram: Por que você s fazem isso, para tirar do poço o nosso servo? Certamente que colocamos este jovem no poço porque se rebelou contra nós, e vocês vêm e o tiram e levam-no embora, agora pois, devolvam- nos o nosso servo.

8 E os midianitas responderam e disseram aos filhos de Jacó: É este o vosso servo, ou este homem vos dirige? Porventura serão vocês todos os servos dele, pois ele é mais formoso e favorecido do que qualquer um de vocês, e por que todos falam falsamente a nós?

9 Agora, portanto, não vamos ouvir as vossas palavras, nem assistir a vocês, pois encontramos o jovem no poço no deserto, e nós o levamos, vamos, portanto, seguir em frente.

10 E todos os filhos de Jacó aproximaram-se e levantaram-se para eles e disseram-lhes: Devolvam-nos o nosso servo, e por que todos vocês morrerão pelo fio da espada? E os midianitas gritaram contra eles, e eles sacaram suas espadas, e aproximaram-se para lutar com os filhos de Jacó.

11 E eis que Simeão levantou-se de seu assento contra eles, e saltou do chão e desembainhou a espada e se aproximou dos midianitas, e ele deu um grito terrível diante deles, de modo que o seu grito foi ouvido à distância, e a terra tremeu dos gritos de Simeão.

12 E os midianitas estavam aterrorizados por conta de Simeão e do som do seu grito, e eles caíram sobre os seus rostos, e ficaram excessivamente alarmados.

13 E Simeão disse-lhes: Em verdade eu sou Simeão, filho de Jacó, do hebreu, que com o meu irmão, destruímos a cidade de Siquém, e as cidades dos amorreus. E assim fará Deus através de mim, a todos os teus irmãos, do povo de Midiã, como se fez também aos reis de Canaã, que vieram antes e eles não puderam lutar contra mim.

14 Agora, pois, dá-nos de volta o jovem que tomaram, para que não entreguemos a vossa carne para as aves do céu e para os animais da terra.

15 E os midianitas ficaram com mais medo de Simeão, e eles se aproximaram dos filhos de Jacó com terror e medo, e com palavras pacíficas, dizendo:

16 Certamente vocês já disseram que o jovem é o teu servo, e que ele se rebelou contra vocês, e, portanto, colocaram-o no abismo, o que então vocês vão fazer com um servo que é rebelde contra seu mestre? Agora, portanto, vendam ele para nós, e nós vamos dar-vos tudo o que pedirem por ele, mas do Senhor vinha isto, a fim de que os filhos de Jacó não matassem seu irmão.

17 E os midianitas viram que José era de uma aparência atraente e bem favorecida, e eles puseram em seus corações que era urgente comprá-lo de seus irmãos.

18 E os filhos de Jacó ouviram os midianitas e eles venderam seu irmão José por vinte moedas de prata; Ruben não estava com eles e os midianitas levaram José e continuaram sua jornada para Gileade.

19 Eles estavam indo ao longo da estrada e os midianitas arrependeram-se do que tinham feito, em ter comprado o jovem, e um disse para o outro: que é essa coisa que temos feito, ao tomar este jovem dos hebreus, que é de aparência atraente e bem favorecida.

20 Talvez esse jovem seja roubado da terra dos hebreus, e por que então temos feito esta coisa? E se ele estiver sendo procurado e o encontrarem em nossas mãos, vamos todos morrer por causa dele.

21 Certamente que homens resistentes e poderosos o venderam para nós, a força de um dos quais vocês viram este dia; talvez eles o roubaram de sua terra com a sua força e com o seu poderoso braço, e, por isso, venderam- nos pelo pequeno valor que demos a eles.

22 E enquanto estavam assim discursando juntos, eles olharam, e eis que a companhia de ismaelitas que

os filhos de Jacó avistaram em primeiro lugar, estava avançando para os midianitas, e os midianitas disseram uns aos outros: Vinde, vamos vender esse jovem para a companhia de ismaelitas que está vindo em nossa direção, e vamos tomar dele o pouco que nós demos por ele, e seremos livres desse mal.

23 E eles o fizeram, e chegaram aos ismaelitas e os midianitas venderam José para os ismaelitas por vinte moedas de prata que tinham dado por ele a seus irmãos.

24 E os midianitas seguiram o seu caminho para a Gileade, e os ismaelitas levaram José e eles o colocaram em cima de um dos camelos, e eles o levavam para o Egito.

25 E José ouviu que os ismaelitas prosseguiam para o Egito, e José lamentou e chorou por isso, de que ele estava indo para longe da terra de Canaã, para longe de seu pai; e ele chorou amargamente enquanto ele estava andando em cima do camelo, e um de seus homens observou ele, e fê-lo descer do camelo e andar a pé, e ainda assim, José continuou a chorar e chorar, e disse: Ó meu pai, meu pai.

26 E um dos ismaelitas se levantou e feriu José na bochecha, e ele ainda continuou a chorar. E José estava cansado da estrada e foi incapaz de prosseguir em conta a amargura de sua alma ; e todos eles feriram e o afligiram na estrada e o aterrorizaram para que deixasse de chorar.

27 E o Senhor viu a aflição de José e seu problema, e o Senhor fez descer sobre aqueles homens escuridão e confusão, e a mão de cada um que o feriu se tornou atrofiada.

28 E disseram uns aos outros: Que é isto que Deus nos tem feito na estrada? E eles não sabiam que isto se abateu sobre eles por conta de José. E os homens prosseguiram na estrada, e eles passaram ao longo da estrada de Efrata , onde Raquel fora enterrada.

29 E José chegou à sepultura de sua mãe e correu para a sepultura de sua mãe, e caiu sobre o túmulo e chorou.

30 E José gritou em voz alta sobre o túmulo de sua mãe, e disse: Ó minha mãe, minha mãe, Ó tu que fizeste nascer, acorda agora, e sobe a ver o teu filho, como ele foi vendido como escravo, e ninguém tem dó dele.

31 Ó sobe e vê o teu filho, chora comigo por causa dos meus problemas, e vê o coração de meus irmãos.

32 Desperta minha mãe, desperta ! Acorda do teu sono por mim e batalha contra meus irmãos. Oh, como me tiraram o meu casaco, e me venderam já duas vezes como escravo, e separaram-me do meu pai, e não há ninguém que tenha pena de mim.

33 Desperta e coloca a tua causa contra eles diante de Deus, e vê quem Deus vai justificar no julgamento, e a quem vai condenar.

34 Levanta-te, ó minha mãe, ergue-te, desperta do teu sono e vê meu pai como sua alma está para comigo neste dia, e consola-o e anima o seu coração.

35 E José continuou a falar essas palavras, e José gritou e chorou amargamente sobre o túmulo de sua mãe, e ele parou de falar, e com a amargura de coração, ele se tornou como uma pedra sobre o túmulo.

36 E José ouviu uma voz que lhe falava de debaixo da terra, que lhe respondeu com amargura de coração, e com uma voz de choro e orando com estas palavras:

37 Meu filho, José, eu ouvi a voz do teu choro e a voz de tuas lamentações; e vi as tuas lágrimas.

38 Conheço as tuas angústias, meu filho, e isso me entristece porque o teu pesar grande e abundante é adicionado à minha dor.

39 Agora, pois, meu filho, meu filho José, espera no Senhor, e aguarda por Ele e não tenhas medo, porque o Senhor é contigo. Ele te livrará de todos os problemas.

40 Levanta-te, meu filho, desce para o Egito com teus senhores e não tenhas medo, porque o Senhor está contigo, meu filho. E ela continuou a falar palavras semelhantes a estas a José.

41 E José, ouvindo isto, ele se espantou muito com isso, e ele continuou a chorar. E após isto, um dos ismaelitas observou ele chorando e chorando em cima do túmulo, e sua ira se acendeu contra ele, e ele o levou de lá, e ele o feriu e o amaldiçoou.

42 E José disse aos homens: Que eu ache graça aos vossos olhos para me levarem de volta para minha casa a meu pai, e ele vos dará abundância de riquezas.

43 Responderam-lhe eles, dizendo: Não és tu um escravo, e onde está o teu pai? E se tu tivesses um pai, tu não terias sido vendido já duas vezes por escravo por tão pouco valor; e sua raiva foi ainda maior contra

ele, e eles continuaram a espancar ele para o castigarem, e José chorou amargamente.

44 E o Senhor viu a aflição de José, e Senhor feriu novamente estes homens, e os castigou, e o Senhor fez com que a escuridão os envolvesse sobre a terra, e os relâmpagos brilharam e o trovão rugiu, e a terra tremeu com a voz do trovão e do vento forte, e os homens ficaram apavorados e não sabiam onde deviam ir.

45 E os animais e camelos pararam, e eles os levaram, mas eles não quiseram ir; eles os feriram, mas eles se agacharam no chão e os homens disseram uns aos outros: O que Deus nos tem feito? Quais são as nossas transgressões, e quais são os nossos pecados que estas coisas, assim, nos sobrevieram?

46 E um deles respondeu, e disse-lhes: Talvez seja por causa do pecado com que afligem este escravo; por isso essa coisa acontecido neste dia para nós, agora, portanto, implorem-lhe fortemente para que nos perdoe, e então saberemos porque sucede este mal a nós, e se Deus tiver compaixão por nós, então saberemos que tudo vem a nós por conta do pecado de que afligimos este escravo.

47 E os homens assim o fizeram, e eles suplicaram a José e pressionaram o para perdoá-los, e eles disseram: Pecamos contra o Senhor e contra ti, pois agora vimos para te solicitar de teu Deus que ele repudie a morte de entre nós, porque pecamos contra ele.

48 E José fez de acordo com suas palavras, e o Senhor ouviu a José, e o Senhor afastou a praga com que Ele havia afligido a esses homens por conta de José, e os animais se levantaram do chão e os conduziram e continuaram; e a fúria da tempestade amainou e a terra tornou-se tranquila, e os homens prosseguiram em sua viagem para ir para o Egito, e os homens sabiam que este mal lhes havia acontecido por conta de José.

49 E disseram uns aos outros: Eis que nós sabemos que foi por causa de sua aflição que este mal se abateu sobre nós, agora, pois, por que haveremos de levar essa morte sobre nossas almas? Retenhamos conselho do que fazer para este escravo.

50 E um deles respondeu e disse: Certamente ele nos disse para levá-lo de volta para seu pai, agora portanto, vem, vamos levá-lo de volta e iremos para o lugar que ele vai nos dizer, e tomar de sua família o preço que nós demos para ele e para nós, então, irmos embora.

51 E um deles respondeu de novo e disse: Eis que este conselho é muito bom, mas não podemos fazê-lo, pois o caminho é muito longe de nós, e não podemos sair de nossa estrada.

52   E mais um respondeu, e disse-lhes: Isto é o conselho a ser adotado, não teremos de nos desviar dela; eis que neste dia vamos para o Egito, e quando tivermos entrado no Egito, vamos vendê-lo lá a um preço elevado, e seremos livres de sua maldade.

53 E isso agradou aos homens e eles o fizeram, e continuaram a viagem para o Egito com José.

* * *

42:22-24 - Os midianitas se arrependem de ter comprado José e o vendem para os ismaelitas (ou seja, descendentes de Ismael) por 20 moedas de prata.

42:37-40 – A mensagem da Bíblia é clara quanto a impossibilidade de comunicação entre os que estão vivos e os que já morreram (Eclesiastes 9:5,6). Por conta disso, é muito provável que a narrativa aqui apresentada seja resultado de alguma adição feita por interferência de crenças da época e da própria tradição oral dos hebreus.

42:43-45 - Deus fere aos ismaelitas por terem maltratado a José no caminho para o Egito.

CAPÍTULO 43

A ANGÚSTIA DE RUBÉN POR NÃO ENCONTRAR JOSÉ NO POÇO

1 E quando os filhos de Jacó venderam seu irmão José aos midianitas, seus corações ficaram doloridos por causa dele, e se arrependeram de seus atos, e eles procuraram por ele para trazê-lo de volta, mas não conseguiram encontrá-lo.

2, Rúben voltou à cova em que José tinha sido posto, a fim de levantá-lo para fora, e restituí-lo a seu pai, e Rúben ficou ao lado da cova, e ele não ouviu uma palavra, e ele chamou : José! José! E ninguém respondeu ou disse uma palavra.

3 E Rúben disse: José morreu por medo ou alguma serpente causou sua morte; e Rúben desceu ao poço, e ele procurou por José e não podia encontrá-lo no poço e ele saiu de novo.

4 E Rúben rasgou suas vestes e disse: O menino não está lá, e como poderei consolar meu pai se ele estiver morto? E ele foi para seus irmãos e encontrou-os em luto por conta de José; e eles combinaram junto como informar seu pai sobre ele, e Rúben disse a seus irmãos, eu vim para o poço e eis que José não estava lá, então o que diremos a nosso pai, pois o meu pai vai requerer o rapaz de mim.

5 E seus irmãos lhe responderam, dizendo: Assim e assim fizemos, e nossos corações doeram, depois disso, por conta deste ato, e agora vamos procurar uma desculpa que vamos dar a nosso pai.

6 E Rúben disse-lhes: Que é isto que temos feito para levar os cabelos brancos de nosso pai à sepultura em tristeza? A coisa que vocês fizeram não é boa.

7 E Rúben sentou-se com eles, e todos se levantaram e juraram um ao outro em não contar esta coisa a Jacó, e todos eles, disseram: O homem que disser isso para o nosso pai ou a sua família, ou que vá relatar isso a qualquer um dos filhos da terra, vamos todos nos levantar contra ele e matá-lo à espada.

8 E os filhos de Jacó temiam este assunto, do mais jovem ao mais velho, e ninguém falou uma palavra, e eles esconderam a coisa em seus corações.

9 E depois sentaram-se para determinar e inventar algo a dizer a seu pai Jacó sobre todas estas coisas.

10 E Issacar disse-lhes: Eis aqui um conselho para vocês, se parecer bem em seus olhos para fazer esta coisa, em tomarmos o casaco que pertence a José e rasgá-lo, e matar um bode e mergulhá-lo em seu sangue.

11 E enviá-lo para o nosso pai e quando ele o vir, iremos dizer a ele que uma besta-fera o devorou, portanto, tomemos o seu casaco e eis que o seu sangue será sobre a sua pelagem, e fazendo isto estaremos livres dos murmúrios de nosso pai.

12 E o conselho de Issacar lhes satisfez, e eles lhe deram ouvidos e fizeram conforme a palavra que Issacar aconselhou-os.

13 E apresaram-se e pegaram a túnica de José e rasgaram-na; e mataram um cabrito e tingiram a túnica no sangue dele, e então a pisaram no pó, e eles mandaram o casaco para seu pai Jacó, pela mão de Naftali, e ordenou-lhe que dissesse estas palavras:

14 Nós reunimos o gado e tinhamos chegado tão longe como o caminho para Siquém, e mais adiante, quando encontramos este casaco na estrada no deserto mergulhado em sangue e em pó; agora, portanto, vê se é a túnica de teu filho, ou não.

15 E Naftali se foi de seus irmãos e veio a seu pai e deu-lhe o casaco, e ele falou-lhe todas as palavras que se lhe tinham ordenado.

16 E Jacó viu a túnica de José e ele sabia disso e ele caiu com o rosto no chão, e tornou-se imóvel como uma pedra; depois se levantou e gritou com voz alta e chorando disse: É a túnica de meu filho José!

17 E Jacó se apressou e mandou um de seus servos a seus filhos, que foi até eles e encontrou-os vindo ao longo da estrada com o rebanho.

18 E os filhos de Jacó vieram a seu pai sobre a noite, e eis que suas vestes estavam rasgadas e poeira era

sobre a sua cabeça, e eles encontraram o seu pai gritando e chorando com grande voz.

19 E Jacó disse a seus filhos: Digam-me a verdade: que mal têm vocês trazido neste dia, repentinamente sobre mim? E eles responderam a seu pai Jacó, dizendo: Nós viemos ao longo deste dia após o rebanho ter sido recolhido, e chegamos até a cidade de Siquém pela estrada no deserto, e encontramos este casaco cheio de sangue sobre o chão, e nós não sabíamos a quem pertenceria e enviamos-te pois talvez tu pudesses saber.

20 E Jacó ouviu as palavras de seus filhos, e clamou com grande voz, e disse ele: é o casaco do meu filho, uma besta-fera o devorou; José está feito em pedaços, porque o enviei neste dia para ver se tudo estava bem com você s e com o rebanho e para trazer-me novas de vocês, e ele foi como eu ordenei, e isto aconteceu com ele neste dia, eu pensava que meu filho estava com vocês.

21 E os filhos de Jacó, respondendo, disseram: Ele não veio para nós, nem nós temos visto ele a partir do momento da nossa ida até agora.

22 E quando Jacó ouviu estas palavras, ele mais uma vez gritou em voz alta e se levantou e rasgou as suas vestes, e pôs saco sobre os seus lombos, e ele chorou amargamente e ele chorou e levantou a sua voz em pranto e exclamou e disse estas palavras;

23 José, meu filho, ó meu filho José, eu hoje te enviei para bem-estar de teus irmãos, e eis que tu tens sido rasgado em pedaços; através da minha mão foi que isso aconteceu com meu filho.

24 Entristeço-me por ti, meu filho José, entristeço-me por ti; foste como doce para mim durante a vida, e agora como excessivamente amarga é tua morte para mim.

25 E que eu tivesse morrido no lugar de José meu filho, pois me entristeço, infelizmente para ti ó meu filho, ó meu filho, meu filho. Meu filho José, onde estás, e onde tu foste parar? Desperta, desperta do teu lugar, e vem ver a minha tristeza por ti, ó meu filho José.

26 Vem agora e conta as lágrimas que jorram dos meus olhos pelo meu rosto, leva-as diante do Senhor, para que sua raiva se aparte de mim.

27 Ó meu filho José, como tu caíste, pela mão de um por quem ninguém tinha caído desde o princípio do mundo até este dia; porque tu tens sido condenado à morte, pela ferida de um inimigo, afligido com crueldade, mas com certeza eu sei que isso aconteceu a ti, por conta da multidão dos meus pecados.

28 Desperta agora e vê quão amargo é o meu pesar por ti, ó meu filho, apesar de eu não te cobrir, nem te moldar, nem te ter dado fôlego e alma, mas foi Deus quem te formou e construiu os teus ossos e cobriu-os com a carne, e soprou em tuas narinas o sopro da vida, e em seguida ele deu-te a mim.

29 Agora, verdadeiramente Deus quem te deu a mim tomou-te de mim, e tal, então, te sobreveio.

30 E Jacó continuou a falar semelhante a estas palavras a respeito de José, e ele chorou amargamente e ele caiu no chão e ficou imóvel.

31 E todos os filhos de Jacó vendo o pesar de seu pai, eles se arrependeram do que tinham feito, e eles também choraram amargamente.

32 E Judá se levantou, e levantou a cabeça do pai do chão, e colocou-a no colo, e ele limpou as lágrimas de seu pai de sua face, e Judá chorava, enquanto a cabeça de seu pai estava deitada no colo, imóvel como uma pedra.

33 E os filhos de Jacó viram o pesar de seu pai, e levantaram as suas vozes e continuaram a chorar, e Jacó ainda estava deitado no chão imóvel como uma pedra.

34 E todos os seus filhos e seus servos e filhos dos seu servos se levantaram e puseram-se em volta dele a confortá-lo, e ele se recusou a ser consolado.

35 E toda a família de Jacó levantou-se e lamentou com um grande pranto por conta de José e do pesar de seu pai; e a notícia chegou a Isaac, filho de Abraão, o pai de Jacó, e ele chorou amargamente por conta de José, ele e toda a sua casa, e ele partiu do local onde morava, em Hebron, e os seus homens com ele ; e Isaque confortou Jacó, seu filho, e ele se recusou a ser consolado.

36 E, depois disso, Jacó levantou-se do chão, e suas lágrimas corriam pela sua face, e ele disse a seus filhos: Levantem-se e tirem suas espadas e seus arcos, ide fora, para o campo, e procurem encontrar o corpo do meu filho e tragam-no para mim para que eu possa enterrá-lo.

37 Procurem também, peço-vos, entre os animais e cacem-nos, e o que aparecer diante de vocês que se possa aproveitar, tragam para mim. Talvez o Senhor tenha piedade neste dia de minha aflição e se levante

antes de que se rasgue o corpo de meu filho em pedaços; tragam-no para mim e eu vou vingar a causa do meu filho.

38   E seus filhos fizeram como seu pai lhes havia ordenado, e levantaram-se cedo de manhã, e cada um tomou a sua espada e seu arco em sua mão, e saíram para o campo para caçar os animais.

39   E Jacó ainda estava chorando em voz alta e chorando e andando para lá e para cá em casa, e ferindo as mãos, dizendo: José, meu filho, meu filho José.

40   E os filhos de Jacó foram para o deserto para apreender os animais, e eis que um lobo veio em direção a eles, e eles o prenderam, e trouxeram-o a seu pai, e eles disseram a ele: este foi o primeiro que nós encontramos, e o trouxemos a ti, como tu nos ordenaste e o corpo de teu filho não conseguimos encontrar.

41   E Jacó tomou a besta das mãos de seus filhos, e ele gritou em alta voz chorando, segurando o animal em sua mão, e ele falou com um coração amargo à besta : Por que devoraste meu filho José, e como não temeste o Deus daterra ou da minha angústia para com meu filho de José?

42   E tu devoraste meu filho por nada, porque ele não cometeu nenhuma violência, e te tornaste assim culpado por sua conta, pois Deus vai exigir-lhe recompensa.

43   E o Senhor abriu a boca do animal, a fim de consolar Jacó com suas palavras, e ele respondeu a Jacó e falou estas palavras a ele:

44   Vive Deus que nos criou na terra, e como vive a tua alma, meu senhor, eu não vi o teu filho, nem eu orasguei em pedaços, mas de uma terra distante eu também vim para buscar meu filho que passou de mim neste dia, e eu não sei se ele está vivo ou morto.

45   E hoje cheguei ao campo para buscar o meu filho, e seus filhos me agarraram e aumentaram a minha dor, e neste dia de hoje me trouxeram diante de ti, e eu já falei todas as minhas palavras para ti.

46   E agora, pois, ó filho do homem, eu estou em tuas mãos, e faz-me neste dia como parecer bem aos teus olhos, mas com a vida de Deus, que me criou, eu não vi o teu filho, nem eu o rasguei em pedaços, nem a carne do homem entrou em minha boca todos os dias da minha vida.

47   E quando Jacó ouviu as palavras da besta, ele ficou bastante espantado, e libertando o animal de sua mão, ele foi pelo seu caminho.

48   E Jacó ainda estava chorando em voz alta por José, dia após dia, e ele chorou por seu filho muitos dias.

* * *

43:1 - Os filhos de Jacó se arrependem de terem vendido a seu irmão José.

43:9-11 - Issacar é o responsável pelo plano que justificava a suposta morte de José. (Gênesis 37:31,32)

43:27 - De acordo com a fala de Jacó, nunca um ser humano havia sido morto por um animal.

43:40-47 - Os filhos de Jacó levam a seu pai um lobo como a suposta fera que teria matado José. Assim como ocorreu com a jumenta de Balaão, o Senhor abriu a boca do animal para que ele apresentasse sua defesa. (Números 22:27-31)

CAPÍTULO 44
JOSÉ É VENDIDO A POTIFAR, OFICIAL DE FARAÓ

1 E os filhos de Ismael, que compraram José dos midianitas, que o tinham comprado de seus irmãos, foram para o Egito com José. E quando chegaram ao Egito, eles se encontraram com quatro homens dos filhos de Medan, filho de Abraão, que tinha saído da terra do Egito em sua jornada.

2 E os ismaelitas disseram-lhes: Vocês desejam comprar este escravo? E disseram: Dá-lo para nós, e

eles entregaram José, e eles viram que ele era um jovem muito atraente e o compraram por 20 moedas de prata.

3 E os ismaelitas continuaram a sua viagem para o Egito e os filhos de Medan também retornaram para o Egito nesse dia; e eles disseram uns aos outros: Temos ouvido que Potifar, oficial de Faraó, capitão da guarda, procura um bom servo que possa assistir diante dele para atendê-lo e fazê-lo mordomo da sua casa e tudo que lhe pertence.

4 Agora, vamos vendê-lo a ele pelo preço que desejarmos, se ele for capaz de dar-nos o que exigirmos a ele.

5 E foram a casa de Potifar, e disseram-lhe: Temos ouvido dizer que tu buscas um servo bom para assistir-te, e eis que temos um servo que vai satisfazer-te. Se tu puderes dar a nós o que desejamos, iremos vendê-lo a ti.

6 E disse Potifar: Tragam diante de mim e eu vou vê-lo; se ele me agradar, darei o que vocês exigirem por ele.

7 E eles foram e trouxeram José e colocaram-no diante de Potifar; e ele viu a José, e ele lhe agradou muito, e Potifar disse-lhes: Digam-me o que vocês desejam por este jovem.

8 E eles disseram: Quatrocentas moedas de prata é o que desejamos por ele; e Potifar disse: eu as darei se vocês me trouxerem o registro de sua venda e me contarem a sua história, pois talvez ele possa ser roubado, porque este jovem não é nem um escravo, nem o filho de um escravo, mas eu observo nele a aparência de uma pessoa agradável e bonita.

9 E eles foram e trouxeram os ismaelitas que o haviam vendido a eles, e disseram-lhe, falando: Ele é um escravo e foi vendido para eles.

10 E Potifar ouviu as palavras dos ismaelitas e deu a prata a eles; e eles tomaram a prata e foram em sua jornada; e os ismaelitas também retornaram a casa.

11 E Potifar tomou José e levou-o para sua casa para que ele pudesse servi-lo. E José achou graça aos olhos de Potifar, e ele confiou nele, e fê-lo mordomo da sua casa, e tudo o que lhe pertencia, entregou na sua mão.

12 E o Senhor estava com José, e ele tornou-se um homem próspero, e abençoou o Senhor a casa de Potifar por causa de José.

13 E Potifar deixou tudo o que tinha na mão de José, e José era um que decidia o que entrar e sair; e tudo era regulamentado por seu desejo na casa de Potifar.

14 E José tinha 18 anos de idade; era um jovem de belos olhos e de formosa aparência, e como ele não havia em toda a terra do Egito.

15 Naquele tempo, enquanto ele estava na casa de seu senhor, entrando e saindo da casa e assistindo seu mestre, Zelicah, esposa de seu mestre, levantou os olhos na direção de José e ela olhou para ele, e eis que ele era um jovem atraente e bem favorecido.

16 E ela cobiçou sua beleza em seu coração e sua alma se fixou em José, e ela seduziu-o dia após dia. Zelicah seduzia José diariamente, mas José não pôde levantar os seus olhos para contemplar a mulher de seu mestre.

17 E Zelicah disse-lhe: Que boa é a tua aparência e forma, realmente eu olhei em todos os escravos, e não vi um tão bonito como tu, e disse-lhe José: Certamente Aquele que me criou no ventre de minha mãe criou toda a humanidade.

18 E ela lhe disse: Quão formosos são os teus olhos, com os quais tu deslumbras todos os habitantes do Egito, homens e mulheres; e ele disse-lhe: como eles são lindos enquanto estamos vivos, mas tu deves querer contemplá-los no túmulo; certamente te afastarias deles.

19 E ela lhe disse: Como belas e agradáveis são todas as tuas palavras; toma agora, eu peço-te, a harpa, que está na casa, e toca-a com tuas mãos e vamos ouvir as tuas palavras.

20 E ele lhe disse: Como belas e agradáveis são as minhas palavras quando eu canto o louvor de meu Deus e a sua glória; e a mulher lhe disse: Como é muito bonito o cabelo da tua cabeça, eis o pente de ouro que está na casa; tome-o, e enrola o cabelo da tua cabeça.

21 E ele disse-lhe: Até quando irás falar estas palavras? Deixa de pronunciar estas palavras para mim e levanta-te e dedica-te aos teus assuntos domésticos.

22 E ela disse-lhe: Não há ninguém na minha casa, e não há nada para atender, a não ser às tuas palavras e desejo; ainda assim, não obstante tudo isso, ela não conseguiu atrair José a ela, nem ele colocava o olho nela, mas dirigiu seus olhos para o chão abaixo.

23 E Zelicah desejava José em seu coração, que ele se deitasse com ela. No momento em que José estava sentado em casa fazendo seu trabalho, Zelicah veio e sentou-se diante dele; e ela seduziu-o diariamente com o seu discurso para se deitar com ele ou sempre olhava para ele, mas José não dava ouvidos a ela.

24 E ela disse-lhe: Se tu não fizeres de acordo com as minhas palavras, vou te punir com a pena de morte e colocar um jugo de ferro sobre ti.

25 E José disse-lhe: Certamente Deus foi que criou o homem livre das cadeias de prisioneiros; é Ele quem me livrará da tua prisão e de teu juízo.

26 E, quando ela viu que não poderia prevalecer sobre ele para convencê-lo e sua alma estando ainda fixa sobre ele, seu desejo a jogou numa doença grave.

27 E todas as mulheres do Egito vieram visitá-la, e elas disseram-lhe: Por que estás neste estado de declínio? Tu que de nada tem falta; certamente o teu marido é um grande príncipe e estimado à vista do rei; não deverias ter tu falta de nada do que desejasse o teu coração?

28 E Zelicah respondeu-lhes, dizendo: Neste dia deve ser dado a conhecer-vos, de onde vem este mal que me transtorna e que vocês observam em mim. E ela mandou suas empregadas a preparar alimento para todas as mulheres, e ela fez um banquete para elas e todas aquelas mulheres comeram em casa de Zelicah.

29 E ela deu-lhes facas para descascar as cidras para comê-las, e ela ordenou que José se vestisse com roupas caras, e que ele aparecesse diante delas. José veio diante de seus olhos e todas as mulheres olhavam José e não conseguiam tirar os olhos de cima dele e todas elas cortaram suas mãos com as facas que tinham em suas mãos, e todas as cidras que estavam em suas mãos estavam cheias de sangue.

30 E elas não sabiam o que tinham feito, mas continuaram a olhar para a beleza de José.

31 E Zelicah viu o que tinham feito, e ela disse-lhes: O que é este trabalho que vocês fizeram? Eis que vos dei cidras para comer e vocês todas cortaram suas mãos.

32 E todas as mulheres viram as suas mãos, e eis que elas estavam cheias de sangue, e seu sangue escorria sobre suas vestes, e disseram-lhe: este escravo em sua casa tem nos deixada admiradas, e nós não conseguíamos tirar os olhos dele por causa de sua beleza.

33 E ela disse-lhes: Certamente isso aconteceu com vocês no momento que vocês olharam ele e vocês não puderam conter-se dele; como então posso abster-me quando ele está constantemente em minha casa e eu o vejo dia após dia entrando e saindo da minha casa? Como posso evitar este declínio ou perecer por conta disso?

34 E disseram-lhe: As palavras são verdadeiras, pois quem pode ver esta bela forma em casa e abster-se dela? E ele não é teu escravo e serviçal em tua casa, e por que tu não lhe dizes o que está em teu coração? E porque permanece a tua alma na morte através deste problema?

35 E ela disse-lhes: Eu estou procurando diariamente convencê-lo e ele não concorda com meus desejos, e eu prometi-lhe tudo o que é bom, e ainda assim eu não obtive retorno dele; estou, portanto, neste estado de declínio, como vocês estão vendo.

36 E Zelicah ficou muito doente devido ao seu desejo por José e ela ficou desesperadamente apaixonada por ele; e todas as pessoas da casa de Zelicah e seu marido não sabiam nada sobre este assunto, que Zelicah estava doente devido ao seu amor a José.

37 E todas as pessoas da casa dela perguntavam-lhe, dizendo: Por que estás doente e em declínio se não te falta nada? E ela disse-lhes: Eu não sei o que é isto que está aumentando diariamente em mim.

38 E todas as mulheres e suas amigas vinham diariamente para vê-la, e elas falaram com ela. E elas disseram- lhe: Isso só é possível por causa de seu amor à José; e disseram-lhe: Seduze-o e pega-o secretamente, talvez ele te ouça, e evite esta tua morte.

39 Zelicah ficou pior devido seu amor a José e ela continuou a piorar, até que ela não tinha mais forças.

40 Em um determinado dia, José estava fazendo o trabalho de seu mestre em casa e Zelicah veio secretamente a ele e de repente caiu sobre ele. E José foi contra ela e foi mais forte do que ela,

colocando-a no chão.

41 E Zelicah chorou pelo desejo no seu coração em direção a ele, e ela suplicou à ele com lágrimas que fluíram do seu rosto. Ela falou-lhe em voz de súplica e na amargura de alma, dizendo:

42 Já ouviste falar, viste ou conheceste uma mulher tão bonita como eu sou, ou melhor do que eu, que fale diariamente a ti, cair em declínio devido ao amor por ti; confere toda esta honra sobre ti, e ainda tu não dás ouvido à minha voz?

43 E se for por medo de teu mestre, por que ele pode punir-te, como o rei vive nenhum dano deverá vir a ti devido a isto; agora, por conseguinte, peço que me escutes, devolve-me a honra que te consenti e adia esta morte de mim; por que eu deveria morrer por tua causa? E ela deixou de falar.

44 E José respondeu a ela, dizendo: Abster-me-ei e deixe o assunto para meu mestre . Eis que meu mestre conhece tudo o que está comigo em casa, pois tudo o que pertence a ele, entregou em minha mão . E como poderei fazer essas coisas na casa de meu mestre?

45 Pois ele me tem também muito honrado em sua casa e também me fez supervisor de sua casa. E ele tem me exaltado, e não há ninguém maior nesta casa do que eu ; e meu mestre não absteve nada de mim, com exceção de ti, que é sua esposa. Como então podes tu falar essas palavras a mim e como podes fazer este grande mal e pecado ao Senhor e ao teu marido?

46 Agora, portanto abstenha-se, e não fale mais palavras como estas porque eu não vou ouvir as tuas palavras; Mas Zelicah não ouviu a José quando falou estas palavras para ela, mas ela diariamente seduzia-o a lhe dar ouvidos.

47 E foi depois que o rio de Mitzraim (Egito) encheu até as margens e todos os habitantes de Mitzraim e também o rei e os príncipes saíram com tambores e danças, pois era um grande feriado em Mitzraim no momento da inundação do mar Sihor; todos foram lá para festejar o dia.

48 E quando os mitzri (egípcios) saíam para o rio para se alegrarem, como era seu costume, todos as pessoas da casa de Potifar foram com ele, mas Zelicah não foi com eles, pois ela disse: Eu estou indisposta; e permaneceu sozinha em casa e nenhuma outra pessoa ficou com ela na casa.

49 E ela levantou-se e foi ao templo na casa, vestiu-se em trajes principescos, e colocou em cima de sua cabeça pedras preciosas e pedras de ônix, incrustadas com prata e ouro; e ela embelezou seu rosto e a sua pele com todos os tipos de líquidos e perfumou o templo e a casa com Cássia, incenso e espalhou mirra e aloés. Depois sentou-se na entrada do templo, na passagem da casa, por onde José passaria para fazer seu trabalho, e eis que José veio do campo, e entrou na casa para fazer o trabalho de seu mestre.

50 E ele veio para o lugar que teria que passar e viu todo o trabalho de Zelicah; e ele voltou.

51 Zelicah viu José voltar, e gritou para ele, dizendo: Aonde tu vais, José? Venha para o teu trabalho e eis que eu darei espaço antes que tu chegues a meu assento.

52 E José retornou, veio para casa e passou dali para o lugar de sua sede, e ele sentou-se para fazer o trabalho de seu mestre, como de costume. E eis que Zelicah veio a ele e ficou diante dele com o seu vestuário principesco e o perfume de suas roupas se espalhou à distância.

53 E ela apressou-se e pegou em José e seus vestuários e ela lhe disse: Como o rei vive, se tu não quiseres realizar meu pedido, tu irás morrer neste dia; e ela esticou para trás sua outra mão e tirou uma espada de baixo do seu vestuário, e colocou-a no pescoço de José, e disse: Sobe e realiza meu pedido e, se não me atenderes, tu morrerás neste dia.

54 E José teve medo de fazer isto, e ele levantou-se para fugir dela. Então ela segurou suas vestes, e no terror de sua fuga a roupa que Zelicah segurava foi rasgada e José deixou a roupa na mão de Zelicah; e ele fugiu e saiu, pois ele estava com medo.

55 E quando Zelicah viu que o vestuário de José foi rasgado e que o deixou em sua mão e tinha fugido, ela temeu por sua vida, pois que a notícia sobre ela poderia se espalhar; e ela levantou-se e agiu com astúcia, e tirou de si o vestuário em que ela estava vestida, e ela se vestiu com outras peças de roupas.

56 E ela tomou o vestuário de José e colocou ao lado dela; e entrou e sentou-se no mesmo lugar onde ela tinha se sentado na sua doença, diante do povo de sua casa que tinha saído ao rio. Ela chamou um jovem rapaz que estava então na casa e ela mandou chamar as pessoas da casa para ela.

57 E quando ela os viu, ela disse-lhes com uma voz alta e de lamentação: Vejam que o hebreu que seu mestre trouxe a esta casa fez, pois ele veio neste dia deitar-se comigo.

58 Pois quando vocês saíram ele veio para casa e vendo que não havia nenhuma pessoa na casa, ele veio até mim e pegou-me com a intenção de deitar-se comigo.

59 E segurei suas vestes e as rasguei e gritei com ele em grande voz. E quando eu levantei minha voz, ele ficou com medo por sua vida, deixou sua roupa diante de mim e fugiu.

60 E as pessoas da casa dela não falaram nada, mas sua ira acendeu-se contra José. E foram ao seu mestre e disseram-lhe as palavras de sua artimanha.

61 E Potifar voltou para casa enfurecido, e sua esposa gritou para ele, dizendo: O que é essa coisa que fizestes a mim em trazer um servo hebreu a minha casa; pois ele veio a mim neste dia para divertir-se comigo; assim,ele fez a mim neste dia.

62 Potifar ouviu sua esposa e ordenou que José fosse punido com chibatadas severas; e eles o fizeram.

63 E enquanto eles estavam batendo, José gritou com grande voz e levantou os seus olhos para o céu e disse: Ó Senhor, tu sabes que eu sou inocente de todas estas coisas, e por que eu morrerei neste dia através da falsidade, pela mão desses incircuncisos homens maus, que tu bem conheces?

64 E enquanto os homens de Potifar estavam batendo, José continuou a gritar e chorar, e havia uma criança de onze meses de idade e o Senhor abriu a boca da criança, e falou estas palavras diante dos homens de Potifar, que batiam em José, dizendo:

65 O que vocês querem deste homem, e por que vocês fazem este mal a ele? Minha mãe fala falsamente e mente; assim foi a coisa.

66 E a criança disse-lhes exatamente tudo o que aconteceu e todas as palavras de Zelicah para José, dia após dia, assim ela os declarou.

67 E todos os homens ouviram as palavras do seu filho e eles questionaram muito as palavras da criança; e a criança deixou de falar e ficou muda.

68 Potifar ficou muito envergonhado com as palavras de seu filho, e mandou que seus homens não batessem mais em José; e os homens deixaram de bater em José.

69 E Potifar pegou José, e ordenou-lhe a comparecer perante a Justiça diante dos sacerdotes, que eram juízes pertencentes ao rei, para julgá-lo sobre este assunto.

70 E Potifar e José vieram diante dos sacerdotes que eram juízes do rei, e disse a eles: Decidam, peço-vos, que condenação é devida a um servo que fez o que ele fez.

71 E os sacerdotes disseram a José: Por que tu fizeste isto ao teu mestre? E José respondeu-lhes, dizendo: Não foi bem assim meus senhores, assim foi o assunto; e Potifar disse: José, certamente confiei em tuas mãos todos os que pertenciam a mim e eu nada retive, exceto minha esposa; e como pudeste fazer-me este mal?

72 E José respondeu dizendo: Não, meu senhor. Como o Senhor vive e como tua alma vive, meu senhor, a palavra que tu ouviste de tua esposa é falsa, pois assim foi o caso neste dia.

73 Um ano foi decorrido para mim desde que eu estou em tua casa. Tu tens visto qualquer iniquidade em mim, ou qualquer coisa que possa fazer com que exija a minha vida?

74 E os sacerdotes disseram a Potifar: Enviar-nos, te pedimos, e traz diante de nós as vestes rasgadas de José e deixe-nos ver o rasgo na mesma. Se o rasgo é na frente da peça de roupa, então, seu rosto estava em frente ao dela, então ela provavelmente o segurou para chegar a ele, e com dolo tua esposa fez tudo o que ela falou.

75   E trouxeram a roupa de José diante dos sacerdotes que eram juízes, e eles olharam, e eis que o rasgo estava na frente da roupa de José, e todos os sacerdotes souberam que ela o havia pressionado, e eles disseram: a sentença de morte não é devida a este escravo, pois ele não fez nada; mas seu julgamento é que ele seja colocado na prisão devido ao relato, que através do qual diz que ele foi contra tua esposa.

76 E Potifar ouviu suas palavras, e ele colocou-o na prisão, no lugar onde estavam confinados os prisioneiros do rei; e José ficou na casa de confinamento doze anos.

77 E não obstante isto, a esposa de seu mestre não se esqueceu dele; e ela não cessou de falar a ele dia após dia para que ouvisse a ela, e no final de três meses, Zelicah continuou indo ver José na casa de confinamento, dia- a-dia, e ela tentou-o para que lhe desse ouvidos. E Zelicah disse a José: Quanto tempo tu permanecerás aqui? Mas ouve agora a minha voz, e eu te tirarei desta prisão.

78 E José respondeu: É melhor para mim permanecer nesta prisão do que ouvir tuas palavras, pecando contra o Senhor. E ela disse-lhe: Se tu não realizares meu desejo, eu vou arrancar fora teus olhos, adicionar grilhões a teus pés e vou te entregar nas mãos de quem nunca conheceste antes.

79 E José respondeu a ela e disse: Eis que o Criador de toda a terra é capaz de livrar-me de tudo o que tu possas fazer a mim, pois ele abre os olhos dos cegos, e liberta os cativos, e preserva todos os estranhos que estão inquietos com a terra.

80 E quando Zelicah viu que não conseguia convencer José a ouvi-la, ela parou de seduzi-lo José continuou confinado na prisão. E Jacó, pai de José, e todos os seus irmãos que estavam na terra de Canaan ainda choravam e choravam naqueles dias por causa de José, e Jacob recusou-se a ser consolado por causa de José e Jacó chorou e lamentou todos aqueles dias.

* * *

44:8-10 - Os ismaelitas vendem José aos midianitas e estes o vendem para Potifar por 400 moedas de prata.

44:14 - José tinha apenas 18 anos de idade quando foi levado a casa de Potifar.

44:24 - A mulher de Potifar ameaça José para que ele se relacione com ela, mas o jovem não lhe dá ouvidos.

44:47,48 - Em uma espécie de feriado nacional egípcio, a mulher de Potifar aproveita-se de não ter mais ninguém em casa e tenta forçar José a se relacionar com ela, mas ele não consente nisso. (Gênesis 39:11,12)

44:64-68 - José é castigado com severas chibatadas. Orando ao Senhor para que o livrasse da morte, Deus abre a boca de uma criança de apenas 11 meses que testemunha diante de todos a inocência de José.

44:74,75 - A sabedoria dos sacerdotes que julgaram a acusação que a mulher de Potifar fez a José.

44:76 - Embora fosse inocente da acusação que lhe foi feita, José permanece preso por 12 anos.

44:79 - Diante de novas ameaças da mulher de Potifar, José revela sua confiança em Deus.

CAPÍTULO 45

UM RELATO DAS FAMÍLIAS DOS FILHOS DE JACÓ

1 E foi nesse tempo, nesse ano, que é o ano da ida de José para Mitzraim (Egito) após seus irmãos teremvendido ele, que Ruben, filho de Jacó, foi para Timnah, e tomou-lhe como esposa Uliuram, a filha de Avi, o cananeu, e ele veio a ela.

2   E Uliuram, a esposa de Ruben, concebeu e deu à luz a Hanoch, Palu, Chetzron e Carmi - quatro filhos; e Shamiul, seu irmão tomou sua irmã Dinah como esposa, e ela deu à luz para ele a Memuel, Yamin, Ohad, Yachin e Zochar, cinco filhos.

3 E depois veio para Bunah, a mulher cananéia, a mesma Bunah quem Shamiul tomou em cativeiro da cidade de Shechem (Siquém), e Bunah era sua mulher antes de Dinah e servia a ela; e Shamiul veio a ela, e ela deu à luz Shául.

4 E Judá foi naquela época para Adulam e ele veio a um homem de Adulam. Seu nome era Hirah, e Judá viu lá a filha de um homem de Canaan, e seu nome era Aliyath, filha de Shua, e ele a tomou como mulher e Aliyath deu à luz para Judá a Er, Onan e Shiloh; três filhos.

5 E Levi e Issachar foram para as terras do Oriente, e tomaram para si mesmos para esposas as filhas de Yobab, filho de Yoctan, filho de Eber; as esposas e Yobab, filho de Yoctan , tiveram duas

filhas; o nome do mais velha era Adinah e o nome da mais jovem era Aridah.

6 Levi tomou Adinah e Issachar tomou Aridah e eles vieram para a terra de Canaan para a casa de seu pai e Adinah deu à luz para Levi a Gershon, Kehath e Merari; três filhos.

7 E Aridah deu à luz à Issachar: Tola, Puvah, Jó e Shomron, quatro filhos; e Dan foi para a terra de Moabe e tomou como esposa Aphlaleth, filha de Chamudan o moabita, e ele a trouxe à terra de Canaan.

8 E Aphlaleth era estéril, ela não tinha descendência, e o Senhor depois lembrou-se de Aphlaleth, a esposa de Dan, e ela concebeu e deu à luz um filho, e ela chamou o seu nome de Chushim.

9 E Gad e Naftali foram a Haran e tomaram as filhas de Amuram, o filho de Uz, filho de Nahor, como esposas.

10 E estes são os nomes das filhas de Amuram; o nome da mais velha foi Merimah e o nome da mais jovem Uzith; Naftali tomou Merimah e Gad tomou Uzith; e levaram-nas para a terra de Canaan, para a casa do seu pai.

11 E Merimah gerou Yachzeel para Naftali, Guni, Yazer e Shalem, quatro filhos; e Uzith Gerou a Gad, Zephion, Chagi, Shuni, Ezbon, Eri, Arodi e Arali, sete filhos.

12 E Aser foi e tomou Adon, filha de Aphlal, filho de Hadad, filho de Ismael, como esposa, e ele trouxe-a à terra de Canaan.

13 E Adon, a esposa de Aser, morreu naqueles dias: ela não tinha dado a ele nenhuma descendência; e foi depois da morte de Adon, que Aser passou para o outro lado do rio, e tomou como esposa Hadurah, a filha de Abimaul, filho de Eber, filho de Shuam (este é Shem ou Sem).

14 E a jovem era de uma aparência bonita e uma mulher sábia, e ela foi a esposa de Malkiul, filho de Elam, filho de Shuam (Shem ou Sem).

15 E Hadurah deu à luz uma filha para Malkiul, e ele a chamou de Serach, e Malkiul morreu após isso, e Hadurah permaneceu na casa de seu pai.

16 E depois da morte da esposa em Aser, ele tomou Hadurah como esposa, e a trouxe para a terra de Canaan; e Serach, sua filha, também a trouxe, e ela tinha treze anos de idade, e a donzela foi trazida para a casa de Jacó.

17 E a donzela era de uma aparência bonita, e ela andou nos caminhos dos filhos de Jacó; e não lhe faltava nada. O Senhor deu-lhe sabedoria e compreensão.

18 E Hadurah, a esposa de Aser, concebeu e deu à luz: Yimnah, Yishvah, Yishvi e Beriah; quatro filhos.

19 E Zebulom foi a Midian e tomou como esposa Merishah, a filha de Molad, o filho de Abida, filho de Midian e a trouxe à terra de Canaan.

20 E Merushah gerou Sered a Zebulom, Elon e Yachleel; três filhos.

21 E Jacó enviou para Aram, filho de Zoba, filho de Terah, e ele tomou para seu filho Benjamin, Mechalia, filha de Aram; e ela veio para a terra de Canaan para casa de Jacó; e Benjamin tinha dez anos quando ficou com Mechalia, a filha de Aram , como esposa.

22   E Mechalia concebeu e gerou para Benjamin a Bela, Becher, Ashbel, Gera e Naaman, cinco filhos; e Benjamin tomou depois como esposa Aribath, a filha de Shomron, filho de Abruham, de sua primeira esposa, e ela tinha dezoito anos de idade, e gerou para Benjamin a Achi, Vosh, Mupim, Chupim e Ord; cinco filhos.

23 E naqueles dias Judá foi à casa de Shuam (Sem) e tomou Tamar, a filha de Elam, o filho de Shuam, como esposa para seu primeiro filho Er.

24 E Er veio a sua esposa Tamar, e ela tornou-se sua esposa; e quando ele chegou a ela, ele desperdiçava sua semente (sêmen), e seu trabalho foi mau aos olhos do Senhor; e o Senhor o matou.

25 E foi depois da morte de Er, o primogênito de Judá, que Judá disse à Onan: toma a esposa do teu irmão e se case com ela como o parente próximo, e levante a semente para o teu irmão.

26 Onan tomou Tamar como esposa, e ele veio a ela. Onan também fez igual ao trabalho de seu irmão, e seu trabalho foi mau aos olhos do Senhor, e Deus também o matou.

27 E quando Onan morreu, Judá disse à Tamar: Permanece na tua casa de teu pai, até que meu filho

Shiloh esteja crescido; e Judá não teve mais nenhum prazer em Tamar, para dar-lhe a Shiloh, pois ele disse: Porventura também acabará morrendo como seus irmãos.

28 E Tamar permaneceu na casa de seu pai, e Tamar ficou na casa do pai algum tempo.

29 E no final do ano, Aliyath, a esposa de Judá, morreu; e Judá foi consolado por sua esposa, e após a morte de Aliyath, Judá subiu com seu amigo Hirah para Timnah para negociar suas ovelhas.

30 E Tamar ouviu que Judá tinha subido para Timnah para negociar as ovelhas e que Shiloh estava crescido, e Judá não se agradava mais dela.

31 E Tamar retirou as peças de vestuário de sua viuvez, e ela colocou umas roupas sobre ela, e ela cobriu-se inteiramente, e ela foi e sentou-se na via pública, na estrada para Timnah.

32 E Judá passou e a viu, e levou-a. E ele tomou a ela, e ela concebeu por ele, e no momento do nascimento, eis que havia gêmeos em seu ventre, e ele chamou o nome do primeiro Perez e o nome do segundo Zarah.

* * *

45:5-7 – Jó, o homem mais rico do Oriente – Jó 1:3, era o 3° filho de Issacar e integrou a lista dos descendentes de Jacó que foram ao Egito (Gênesis 46:13). Cabe destacar que, dependendo da versão da Bíblia, seu nome aparece como Jó (ARA) ou Jasube (NVI).

45:31,32 - Ainda que sem saber, Judá acaba por engravidar a própria nora. (Gênesis 38:15-18)

CAPÍTULO 46
JOSÉ INTERPRETA SONHOS DE COMPANHEIROS DE PRISÃO

1 Naqueles dias, José estava ainda na prisão na terra do Egito.

2 Naquela época os atendentes de faraó ficaram de pé diante dele: o chefe dos mordomos e o chefe dos padeiros que pertenciam ao rei de Mitzraim (Egito).

3 E o mordomo tomou vinho e o colocou diante do rei para beber, e o padeiro colocou o pão diante do rei para comer, e o rei bebeu o vinho e comeu o pão, ele e seus funcionários e ministros que comeram na mesa do rei.

4 E enquanto eles estavam comendo e bebendo lá, o mordomo e o padeiro permaneceram e os ministros do faraó encontraram muitas moscas no vinho que tinha trazido o mordomo; e pedras de nitrato foram encontradas no pão da padaria.

5 O capitão colocou José com o atendente oficial do faraó, e os oficiais do faraó estavam presos há um ano.

6 E no final do ano, ambos sonharam sonhos em uma noite, na prisão onde eles estavam. Pela manhã, José foi assisti-los como de costume e os viu, e eis que seus rostos estavam abatidos e tristes.

7 E José perguntou-lhes: Porque estão seus rostos tristes e desanimados neste dia? E eles disseram: Tivemos sonhos e não há ninguém para interpretá-los; e José disse-lhes: Conte-me, eu lhes peço, seus sonhos para mim, e o Senhor dará a vocês uma resposta de paz como vocês desejam.

8 E o mordomo contou seu sonho à José e ele disse: Eu tive meu sonho, e eis uma grande vinha estava diante de mim, e eis que na vinha eu vi três ramos, e a vinha rapidamente cresceu e alcançou uma grande altura e seus ramos foram curados e tornaram-se uvas.

9 E eu peguei as uvas e pressionei-as em um copo, e coloquei-o nas mãos do faraó, e ele bebeu; e José disse-lhe: os três ramos da vinha são três dias.

10 Ainda no prazo de três dias, o rei vai mandar seres levado para fora, e ele irá te restaurar ao teu

ofício e tornarás a dar ao rei seu vinho para beber como no início, quando eras mordomo; mas deixe-me encontrar favor nos teus olhos, para que te lembres de mim quando faraó estiver bem contigo, e tragas bondade sobre mim e tires-me desta prisão, pois fui roubado da terra de Canaan e fui vendido como um escravo neste lugar.

11 E também o que foi dito relativo à esposa do meu mestre é falso, pois eles colocaram-me neste calabouço por nada; e o mordomo respondeu a José, dizendo: Se o rei lidar bem comigo como antes, tal como tu interpretaste a mim, vou fazer tudo o que tu desejas, e te tirarei deste calabouço.

12 E o padeiro, vendo que José com precisão havia interpretado o sonho do mordomo, também aproximou-se e contou todo o seu sonho a José.

13 E ele lhe disse: No meu sonho eu vi, e eis que havia três cestas brancas na minha cabeça; e olhei e eis que lá estavam no cesto superior, todos os tipos de carnes cozidas para faraó, e eis que as aves estavam comendo-as de fora de minha cabeça.

14 E José lhe disse: As três cestas que tu viste são três dias; e dentro de três dias faraó cortará tua cabeça e a pendurará numa árvore, e as aves irão comer a tua carne, como viste em teu sonho.

15 Naqueles dias a rainha estava prestes a dar à luz, e após esse dia ela gerou um filho ao rei de Mitzraim e proclamaram que o rei tinha recebido seu primeiro filho. E todo o povo do Egito juntamente com os funcionários e agentes do faraó alegraram-se grandemente.

16 E após o terceiro dia de seu nascimento, faraó fez uma festa para seus funcionários e agentes, os anfitriões da terra de Zoar e da terra de Mitzraim.

17 E todo o povo de Mitzraim e os servos de faraó vieram para comer e beber com o rei na festa de seu filho e para se alegrar com a alegria do rei.

18 E todos os oficiais do rei e seus servos foram alegrar-se nesse momento durante oito dias de festa, e festejaram com todos instrumentos musicais, com tamborins e com danças na casa do rei por oito dias.

19 E o mordomo, a quem José tinha interpretado seu sonho, esqueceu-se de José, e ele não falou ao rei como ele havia prometido, pois isto veio do Senhor para punir José, pois ele havia confiado no homem.

20 E José permaneceu após isso na prisão dois anos, até que completou doze anos.

* * *

46:19 - Após interpretar os sonhos dos oficiais de faraó, José permanece mais dois anos como prisioneiro; era uma punição do Senhor pelo fato de José confiar na ajuda do homem para tirá-lo da prisão.

CAPÍTULO 47

ISAQUE ABENÇOA SEUS DOIS FILHOS E MORRE

1 E Isaac, filho de Abraão, vivia naqueles dias na terra de Canaan. Ele estava com 180 anos de idade, e Esaú, seu filho, o irmão de Jacó, estava na terra de Edom, ele e seus filhos tinham posses entre os filhos de Seir.

2 E Esaú ouviu que o tempo de seu pai estava findando-se à morte e ele e seus filhos e sua casa vieram a terra de Canaan, a casa do seu pai. E Jacó e seus filhos saíram do local onde eles habitavam em Hebron, e todos eles vieram a seu pai Isaac; e encontraram Esaú e seus filhos na tenda.

3 Jacó e seus filhos sentaram-se diante de seu pai Isaac, e Jacó estava ainda de luto por seu filho José.

4 E Isaac disse a Jacó: Traga-me aqui teus filhos e eu os abençoarei; e Jacó trouxe seus onze filhos

diante de seu pai Isaac.

5 E Isaac colocou suas mãos sobre todos os filhos de Jacó, e ele pegou-os, abraçou-os e beijou-os um por um, e Isaac abençoou-os naquele dia, e ele disse-lhes: Que possa o Criador de vossos pais vos abençoar e aumentar tuas sementes como as estrelas do céu em grande número.

6 E Isaac abençoou também os filhos de Esaú, dizendo: Que possa Deus fazer vocês serem um pavor e um terror para todos que estivem diante de vocês e todos os vossos inimigos.

7 E Isaac chamou Jacó e seus filhos, e todos eles vieram e sentaram-se diante de Isaac, e ele disse a Jacó: Deus Criador de toda a Terra disse a mim: À tua semente Eu darei esta terra como uma herança, se tuas crianças mantiverem meus estatutos e caminhos e Eu cumprirei o juramento que jurei a teu pai Abraão.

8 Agora, portanto, meu filho, ensina a teus filhos e as tuas crianças a temer a Deus e a andarem no bom caminho que agradará ao Deus Criador, para se manterem nos caminhos do Senhor e seus estatutos, e o Senhor também manterá sua aliança com Abraão, e vai fazer o bem a vocês e suas sementes todos os dias.

9 E quando Isaac terminou as instruções à Jacó e seus filhos, ele entregou o espírito e morreu.

10 E Jacó e Esaú caíram sobre o rosto de seu pai Isaac e choraram. Isaac (ou Isaque) tinha cento e oitenta anos de idade quando morreu na terra de Canaan, em Hebrom, então seus filhos o levaram para a caverna de Macpela, que tinha sido comprada por Abraão dos filhos de Het, como possessão de um local para enterros.

11 E todos os reis da terra de Canaan foram com Jacó e Esaú para enterrar Isaac; e todos os reis de Canaan mostraram grande honra à Isaac em sua morte.

12 E os filhos de Jacó e os filhos de Esaú foram descalços por todo o caminho, andando e lamentando até que chegaram à Kireath-Arba.

13 E Jacó e Esaú enterraram seu pai Isaac na caverna de Macpela, que é em Kireath-Arba , em Hebron, e eles enterraram-no com grande honra, como no funeral de reis.

14 E Jacó e seus filhos, e Esaú e seus filhos, e todos os reis de Canaan fizeram um luto grande e pesado, e eles enterraram-no e fizeram muitos dias de luto por ele.

15 E Isaac, deixou seu gado e suas posses e todos os que pertenciam a ele paras seus filhos; e Esaú disse à Jacó: Eis que eu peço a ti, tudo o que nosso pai deixou vamos dividir em duas partes e eu terei a escolha; e Jacó disse: Vamos fazê-lo.

16 E Jacó tomou tudo que Isaac deixou na terra de Canaan, o gado e a propriedade, e ele colocou-o em duas partes diante de Esaú e seus filhos, e ele disse: Esaú, eis que tudo isto esta diante de ti, escolhe tu mesmo a metade que tu queres tomar.

17 E Jacó disse à Esaú: Ouve, peço-te, o que vou falar a ti: O Senhor do Céu e da Terra falou a nossos pais Abraão e Isaac dizendo: À tua semente, dou desta terra como herança para sempre.

18 Agora, portanto, tudo o que nosso pai deixou está diante de ti, e eis que toda a terra está diante de ti; escolhe tu o que tu desejares.

19 Se tu desejares a terra inteira, toma-a para ti e teus filhos para sempre; e se tu desejas as riquezas, leva-as para ti e eu tomarei esta terra para mim e para meus filhos para herdá-la para sempre.

20 E Nebayoth, filho de Ismael, estava na terra com seus filhos, e Esaú o consultou, dizendo:

21 Tem, portanto, Jacó dito a mim, e assim ele me respondeu, agora dá-me teu conselho e ouvirei.

22 E Nebayoth disse: O que é isto que Jacó disse a ti? Eis que todos os filhos de Canaan vivem com segurança em suas terras, e Jacó disse que irá herdá-la com sua semente todos os dias.

23 Vá agora e pega as riquezas de teu pai e deixa Jacó teu irmão na terra, como ele tem falado.

24 Esaú levantou-se e voltou a Jacó, e fez tudo o que Nebayoth, o filho de Ismael tinha aconselhado. Esaú tomou todas as riquezas que Isaac tinha deixado: os servos, as bestas, o gado e todas as riquezas; e ele não deu nada ao seu irmão Jacó; e Jacó tomou toda a terra de Canaan, do rio Mitzraim (Egito) até ao rio Eufrates, e ele o tomou como posse eterna para seus filhos e para sua semente depois dele para sempre.

25 Jacó também tirou a seu irmão Esaú a caverna de Macpela, em Hebron, que Abraão havia comprado de Ephron como possessão de um local de enterro, para ele e sua semente para sempre.

26 E Jacó escreveu no livro de compra, e assinou-o, e ele testemunhou tudo isso com quatro testemunhas fiéis.

27 E estas são as palavras que Jacó escreveu no livro, dizendo: A terra de Canaan e todas as cidades dos hititas, heveus, jebuseus, amorreus, perizeus e os girgaseus, e as 7 nações do rio Mitzraim até o rio Eufrates.

28 E a cidade de Hebron (Hebrom), que é Kireath-Arba, e a caverna que está nela, tudo comprou Jacó de seu irmão Esaú por valor e possessão como herança para sua semente depois dele para sempre.

29 E Jacó levou o livro da compra e da assinatura, e ele colocou-os em um recipiente de barro para que eles pudessem permanecer por muito tempo, e ele os entregou nas mãos de seus filhos.

30 Esaú tomou tudo que seu pai tinha deixado a eles depois da morte de seu irmão Jacó e ele levou todos os bens, de homem e bestas, camelos e burros, bois e cordeiros, prata e ouro, pedras e obdélio e todas as riquezas que pertenciam a Isaac, filho de Abraão; não houve nada que Esaú não tomasse para si, de tudo o que Isaac tinha deixado após sua morte.

31 E Esaú levou tudo isso e ele e seus filhos foram para sua casa, para a terra de Seir, o horeu, longe de seu irmão Jacó e seus filhos.

32 E Esaú tinha posses entre os filhos de Seir, e não retornou à terra de Canaan depois desse dia.

33 E toda terra de Canaan tornou-se uma herança aos filhos de Israel como herança eterna. E Esaú com todos os seus filhos herdaram a montanha de Seir.

* * *

47:10 - Jacó e Esaú choram a morte de seu paie sepultam a Isaque, que falece com 180 anos de idade. (Gênesis 35:28,29)

47:26-30 - Com a morte de Isaque, Esaú herda todos os bens de seu pai, ao passo que Jacó herdou a promessa divina de dar-lhe toda a terra dos cananeus.

CAPÍTULO 48

OS SONHOS DE FARAÓ

1 Naqueles dias, após a morte de Isaac, o Senhor mandou uma fome sobre toda a terra.

2 Naquele tempo, o rei faraó de Mitzraim (Egito) estava sentado no seu trono na terra de Mitzraim e deitado em sua cama e teve sonhos. E faraó viu em seu sonho que ele estava em pé ao lado do rio Mitzraim.

3 E quando estava em pé, viu que sete vacas gordas e bem favorecidas em gordura vieram do rio.

4 E sete outras vacas, magras e mal favorecidas, vieram depois delas; e as sete vacas mal favorecidas engoliram aquelas bem favorecidas, e ainda assim sua aparência estava doente como no início.

5 Ele acordou e dormiu novamente e ele sonhou uma segunda vez, e viu que sete espigas de milho surgiram num caule, grandes e boas; e sete espigas finas brotaram com o vento do leste depois delas, e as espigas finas engoliram as completas, e faraó acordou de seu sonho.

6 De manhã, o rei lembrou-se de seus sonhos, e seu espírito ficou incomodado por causa de seus sonhos. E o rei apressou-se e chamou a todos os magos e sábios de Mitzraim, e eles vieram e ficaram diante de faraó.

7 E o rei disse-lhes: Eu tive sonhos e não há ninguém para interpretá-los; e eles disseram a seu rei: Relate teus sonhos a teus servos e vamos ouvi-los.

8 E o rei contou seus sonhos para eles, e eles todos responderam e disseram com uma só voz para o

rei: Que o rei viva para sempre; e esta é a interpretação dos teus sonhos.

9 As sete vacas boas que tu viste, mostram sete filhas que vão nascer-te nos últimos dias, e as sete vacas que viste surgirem depois delas e engoli-las são um sinal de que as filhas que nascerão de ti vão morrer durante a vida útil do rei.

10 E o que tu viste no segundo sonho de sete espigas de milho completas e boas provenientes do caule, esta é sua interpretação: que tu irás construir para si mesmo nos últimos dias sete cidades em toda a terra de Mitzraim; e isso que viste das sete espigas de milho magras, surgindo depois delas e engolindo-as enquanto tu observavas com teus olhos, é um sinal de que as cidades que tu irás construir vão ser destruídas nos últimos dias do tempo de vida do rei.

11 E quando eles falavam, o rei não inclinou seu ouvido para estas palavras, nem marcou em seu coração, pois o rei sabia que não davam uma boa interpretação dos sonhos; e quando eles tinham acabado de falar diante dele, o rei respondeu-lhes, dizendo: O que são estas coisas que falaram a mim? Certamente são falsidade e mentiras; portanto agora deem a interpretação adequada dos meus sonhos, para que vocês não morram.

12 E o rei chamou novamente a outros sábios e eles vieram e ficaram diante do rei, e se acendeu a ira do rei e ele estava muito irritado, e o rei disse-lhes: Certamente vocês falam mentiras e falsidades absolutas em suas palavras.

13 E o rei ordenou que uma proclamação deveria ser emitida em toda a terra de Mitzraim, dizendo: Está resolvido pelo rei e seus grandes homens, que qualquer sábio homem que conheça e entenda a interpretação dos sonhos, e não vir neste dia diante do rei, morrerá.

14 E o homem que declarar ao rei a correta interpretação dos seus sonhos lhe será dado tudo o que pedir do rei. E todos os sábios da terra vieram de Mitzraim (Egito) diante do rei, juntamente com todos os magos e feiticeiros que estavam em Mitzraim e em Goshen, em Ramesés, em Tachpanches, em Zoar e em todos os lugares das fronteiras de Mitzraim e todos eles mantiveram-se diante do rei.

15 E todos os nobres e os príncipes e os atendentes pertencentes ao rei, vieram junto de todas as cidades de Mitzraim e todos eles sentaram-se diante do rei, e o rei contou o seu sonho diante dos sábios e príncipes e todos os que se sentaram diante do rei ficaram surpreendidos com a visão.

16 E todos os sábios que estavam diante do rei dividiram-se muito em interpretação dos seus sonhos; alguns deles disseram ao rei, dizendo: As sete vacas boas seriam sete reis, da casa do rei que iriam ser levantados sobre Mitzraim.

17 E as sete vacas más seriam sete príncipes que iriam se levantar contra eles nos últimos dias e destruí-los; e as sete espigas de milho são os sete príncipes grandes pertencentes à Mitzraim, que cairão nas mãos dos sete príncipes menos poderosos de seus inimigos, nas guerras de nosso senhor.

18 E alguns deles interpretaram ao rei dessa maneira, dizendo: as sete vacas boas são as cidades fortes de Mitzraim e as sete vacas más são as sete nações da terra dos cananeus, que virão contra sete cidades de Mitzraim nos últimos dias e destruí-las.

19 E é isso que viste o segundo sonho, de sete boas e más espigas de milho: um sinal de que o governo de Mitzraim voltará novamente à tua semente como no início.

20 E no seu reinado as pessoas das cidades de Mitzraim vão virar-se contra sete cidades de Canaã que são mais fortes do que eles são, e irão destruí-los e o governo de Mitzraim voltará à sua semente.

21 E alguns deles disseram ao rei, o que é a interpretação dos teus sonhos: as sete vacas boas são sete rainhas, que tu tomarás como esposas nos últimos dias e as sete vacas más indicam que as mulheres vão todas morrer durante a vida do rei.

22 E as sete espigas boas e más de milho que tu viste no segundo sonho, são quatorze crianças, e nos últimos dias eles irão se levantar e lutar entre eles mesmos, e sete deles irão derrotar os sete que são mais poderosos.

23 E alguns deles disseram estas palavras ao rei, dizendo: As sete vacas boas mostram que sete filhos nascerão a ti, e eles vão matar sete crianças das tuas crianças nos últimos dias; e as sete boas espigas de milho que tu viste no segundo sonho, são esses príncipes contra quem sete outros

príncipes menos poderosos irão lutar e destruí-los nos últimos dias e vingar a causa das tuas crianças; e o governo vai voltar novamente à sua semente.

24 E o rei ouviu todas as palavras dos sábios de Mitzraim (Egito) e suas interpretações dos seus sonhos, e nenhuma delas congratulou-se com o rei.

25 E o rei em sua sabedoria sabia que eles não falavam completamente certo em todas estas palavras, pois isto vinha do Senhor para frustrar as palavras dos sábios de Mitzraim, para que José pudesse sair da prisão e para que ele se tornasse grande em Mitzraim.

26 E o rei viu que nenhum entre todos os sábios e mágicos de Mitzraim falou corretamente com ele, e acendeu a sua ira, e sua raiva queimou dentro de si.

27 E o rei ordenou que todos os sábios e mágicos devessem sair diante dele, e todos eles saíram de diante do rei com vergonha e desgraça.

28 E o rei ordenou que uma proclamação fosse enviada ao longo de Mitzraim para matar todos os mágicos que estavam em Mitzraim e nenhum deles deveria permanecer vivo.

29 E os comandantes da guarda pertencentes ao rei levantaram-se, e cada homem tomou sua espada, e eles começaram a matar os magos de Mitzraim e os sábios.

30 E depois disso, Merod, mordomo chefe do rei, veio e curvou-se diante do rei e sentou-se diante dele.

31 E o mordomo disse: Ó rei, que o rei viva para sempre, e seu governo seja exaltado na terra.

32 Tu estiveste irritado com teu servo naqueles dias, agora dois anos passados, e colocaste-me no confinamento, e eu estive há algum tempo no confinamento, eu e o chefe dos padeiros.

33 E havia entre nós um servo hebreu pertencente ao capitão da guarda, seu nome era José; seu mestre havia ficado irritado com ele e colocou-o na casa do confinamento, e ele atendeu-nos lá.

34 E em algum tempo depois quando estávamos no confinamento, sonhamos sonhos em uma noite, eu e o chefe dos padeiros; sonhamos, cada homem de acordo com a interpretação de seu sonho.

35 E nós de manhã os contamos para aquele servo, que interpretou os nossos sonhos, para cada homem de acordo com seu sonho, ele interpretou corretamente.

36 E aconteceu exatamente como interpretou para nós; não caiu por terra qualquer uma das suas palavras.

37 E agora, portanto, meu senhor e rei, não mate o povo de Mitzraim por nada; eis que esse escravo ainda se limita na casa pelo capitão da guarda de seu mestre, na casa do confinamento.

38 Se isto agradar o rei, ele fará conhecida a ti a interpretação correta do sonho que tu tiveste.

39 E o rei ouviu as palavras do mordomo chefe, e ordenou que os sábios de Mitzraim não fossem mortos.

40 E o rei ordenou a seus servos que trouxessem José diante dele, e o rei disse: Vá a ele e não o aterrorize para que ele não fique confuso, e não saiba falar corretamente.

41 E os servos do rei foram para José, e trouxeram-no às pressas da masmorra, e os servos do rei o barbearam, e eles mudaram sua vestimenta de prisão, e ele veio diante do rei.

42 E o rei estava sentado no seu trono real em um vestido principesco ao redor com um éfode dourado; e o ouro fino cintilava, e o carbúnculo e o rubi e a esmeralda, juntamente com todas as pedras preciosas que estavam na cabeça do rei, deslumbravam aos olhos, e José maravilhou-se muito com o rei.

43 E o trono na qual o rei sentou estava coberto com ouro, prata e pedras de ônix, e ele tinha 70 degraus.

44 Era costume em toda a terra de Mitzraim que cada homem que viesse falar com o rei, se ele fosse um príncipe ou um que era estimável diante do rei, ele subia ao trono do rei até o trigésimo primeiro passo, e o rei desceria para o trigésimo sexto passo, e falava com ele.

45 Se ele fosse uma das pessoas comuns, ele subia ao terceiro degrau, e o rei iria descia até o quarto, e falaria com ele; esse era seu costume. Além disso, também era costume que qualquer homem que conseguisse falar em todas as 70 línguas, ele subiria os 70 degraus e falaria antes que ele chegasse ao rei.

46 E qualquer homem que não fosse possível concluir a setenta, ele subia tantos degraus quanto as línguas que ele sabia falar.

47 E era costume naqueles dias em Mitzraim que ninguém deveria reinar sobre eles, mas apenas quem entendesse falar em setenta línguas.

48 E quando José veio diante do rei, ele curvou-se ao chão diante do rei e ele subiu para a terceira etapa; e o rei sentou-se na quarta etapa e falou com José.

49 E o rei disse: José, eu tive um sonho, e não há nenhum interpretador para interpretá-lo corretamente, e ordenei neste dia que todos os magos de Mitzraim e os sábios devessem vir diante de mim, e eu contei meus sonhos para eles e ninguém pôde interpretá-los corretamente para mim.

50 E após isso, neste dia ouvi no que diz respeito a ti, que tu és um homem sábio e podes interpretar corretamente cada sonho que tu ouças.

51 E José respondeu à faraó, dizendo: Que faraó conte-me os seus sonhos que tiveste, certamente as interpretações pertencem ao Criador; e o faraó contou seus sonhos a José: o sonho das vacas e o sonho das espigas de milho; e o rei parou de falar.

52 E José estava revestido com o Espírito do Senhor diante do rei, e ele sabia que todas as coisas que iriam acontecer ao rei depois desse dia, e sabia a interpretação adequada do sonho do rei e ele falou diante do rei.

53 E José encontrou favor aos olhos do rei, e o rei inclinou suas orelhas e seu coração e ouviu todas as palavras de José. E José disse ao rei: Não imagines que são dois sonhos, pois ele é apenas um sonho, pois o que Deus escolheu fazer em toda a terra demonstrou ao rei em seu sonho e isso é a interpretação do teu sonho:

54 Quanto às sete vacas boas e espigas de milho, são sete anos e as sete vacas más e as espigas de milho também são sete anos. É um único sonho.

55 Eis que os sete anos que estão chegando serão de uma grande abundância em toda a terra e depois destes anos de fartura, os sete anos de fome os seguirão, uma fome muito grave; e toda a abundância será esquecida da terra e a fome vai consumir os habitantes da terra.

56 O rei sonhou um e o sonho repetiu-se ao faraó. A coisa é estabelecida por Deus e Ele as trará em breve.

57 Agora, portanto, vou te dar conselhos para livrares a tua alma, e as almas dos habitantes da terra do mal da fome: busque em todo teu reino um homem muito discreto e sábio, que conheça todos os assuntos de governo, e nomeia-o superintendente sobre a terra de Mitzraim (Egito).

58 E deixa o homem a quem tu colocares sobre toda a terra de Mitzraim nomear oficiais sob ele, que eles reúnam todos os alimentos dos bons anos que estão chegando, e deixá-los tomar o milho e depositá-lo nos teus depósitos.

59 E deixa-os manter esse alimento para os sete anos de fome, para que possam ser enfrentados por ti e o teu povo e tua terra inteira, e que tu e a tua terra não sejam atingidos pela fome.

60 Faça que todos os habitantes da terra sejam também ordenados; eles se reúnam, cada homem a produzir de seu campo, de todos os tipos de alimentos, durante os sete anos bons, e que eles coloquem-nos em seus depósitos, para que possam ser encontrados para eles nos dias da fome, e que eles possam viver sobre ela.

61 Esta é a interpretação adequada do teu sonho, e este é o conselho dado para salvar tua alma e as almas de todos os teus subalternos.

62 E o rei respondeu e disse a José: Quem diz e quem sabe se tuas palavras estão corretas? E ele disse ao rei: Isso será um sinal para respeitares todas as minhas palavras, pois são verdadeiras, e que o meu conselho é bom para ti.

63 Eis que tua esposa está assentada neste dia com as dores do parto, e ela te dará à luz um filho, e tu irás te alegrar com ele; quando o teu filho tiver ido adiante desde o ventre de sua mãe, teu primogênito que nasceu nestes dois anos antes irá morrer, e tu serás confortado com a criança que vai nascer a ti neste dia.

64 E José terminou falando estas palavras ao rei, e ele curvou-se diante do rei e saiu. Quando José tinha saído da presença do rei, os sinais que José tinha falado ao rei vieram e aconteceram nesse dia.

65 E a rainha deu à luz um filho nesse dia e o rei ouviu as boas novas sobre seu filho, e ele exultou ; e quando o informante tinha ido de diante da presença do rei, os agentes do rei encontraram o filho primogênito do rei caído morto no chão.

66 E houve grande lamentação e ruído na casa do rei. O rei ouviu e disse: O que é o ruído e a lamentação que ouvi na casa? E eles disseram ao rei que seu filho primogênito tinha morrido; então o rei soube que as palavras de José estavam corretas e o rei foi consolado por seu filho pela criança que nasceu-lhe nesse dia como José tinha falado.

* * *

48:11,12 - Os sábios do Egito não são capazes de dar a verdadeira interpretação do sonho de faraó. (Gênesis 41:8)

48:26-28 - Assim como faria Nabucodonosor séculos mais tarde, faraó ordena a morte de todos os sábios e magos que haviam no seu reino por não interpretarem o sonho que teve. (Daniel 2:12)

48:45-47 - Os egípcios reconheciam a existência de 70 línguas humanas. Estas surgiram a partir do episódio da Torre de Babel, onde 70 anjos são enviados por Deus para confundir a língua dos homens. (9:32)

48:52,53 - José é levado a presença de faraó para revelar a interpretação do sonho que teve o rei. (Gênesis 41:25)

48:62-66 - O sinal dado por José que atestava a veracidade da interpretação do sonho se cumpre naquele dia.

CAPÍTULO 49
FARAÓ NOMEIA JOSÉ COMO GOVERNADOR DO EGITO

1 Após estas coisas, o rei reuniu e congregou todos os seus oficiais e servos e todos os príncipes e nobres pertencentes ao rei e todos eles vieram diante do rei.

2 E o rei disse-lhes: Eis que vocês têm visto e ouvido todas as palavras deste homem hebreu e todos os sinais que ele declarou que viriam a se passar, e nenhuma das suas palavras caiu por terra.

3 Vocês sabem que ele deu uma interpretação certa do sonho e que certamente virá a acontecer, agora, portanto, aconselhem-se e saibam o que irão fazer, e como a terra será liberta da fome.

4 Procurem agora e vejam se alguém semelhante pode ser encontrado, em cujo coração exista então a sabedoria e conhecimento, e eu o nomearei sobre a terra.

5 Pois vocês já ouviram falar do aviso do homem hebreu para salvar a terra desta fome, e eu sei que a terra não será livrada da fome a não ser com os conselhos do homem em hebreu, com o qual me aconselhou.

6 E todos responderam ao rei e disseram: O conselho que o hebreu deu é bom; agora, portanto, nosso senhor e rei, eis que a terra inteira esta na tua mão; faz o que parecer bem aos teus olhos.

7 Ele quem tu escolheste, e quem tu na tua sabedoria for sábio e capaz de livrar a terra com sua sabedoria, ele quem o rei indicar, estará sujeita a ele toda a terra.

8 E o rei disse para todos os oficiais: Eu pensei, uma vez que o Criador revelou para o homem hebreu tudo o que ele falou, não há nenhum outro tão discreto e sábio na terra inteira como ele; se parecer bem aos vossos olhos, eu o colocarei sobre a terra, para salvar a terra com sua sabedoria.

9 E todos os oficiais do rei disseram: Mas certamente está escrito nas leis de Mitzraim, e não deve ser violado, que nenhum homem deve reinar sobre Mitzraim, nem ser o segundo para o rei, mas apenas aquele que tem conhecimento em todas as línguas dos filhos dos homens.

10 Portanto, nosso senhor e rei, eis que este homem hebreu só sabe falar a língua hebraica, e como

então, ele pode ser sobre nós o segundo no âmbito do governo, um homem que nem mesmo conhece nossa língua?

11 Agora pedimos para chamá-lo, para que ele venha diante de ti, e te prove em todas as coisas, e faça como lhe parecer bem.

12 E o rei disse: Isso deve ser feito amanhã, e a coisa que você disse é boa; e todos os oficiais vieram no mesmo dia diante do rei.

13 E naquela noite, Deus enviou um de seus anjos do ensino, e ele veio a terra de Mitzraim a José, e o anjo de Deus ficou com José, e eis que José estava deitado na cama à noite na casa de seu mestre, no calabouço, pois seu mestre tinha colocado ele de volta no calabouço por causa de sua esposa.

14 E o anjo despertou-lhe do seu sono, e José levantou-se, e eis que o anjo de Deus estava de pé em frente a ele. E o anjo falou com José, e ensinou-lhe todas as línguas dos homens naquela noite.

15 E o anjo de Deus foi-se e José retornou para sua cama; e José ficou espantado com a visão que teve.

16 E veio à manhã, e o rei chamou a todos os seus funcionários e agentes, e eles vieram e sentaram-se diante do rei, e o rei ordenou que José fosse trazido; e os servos do rei foram e trouxeram José diante de faraó.

17 E o rei veio e subiu os degraus do trono, e José falou com o rei em todas as línguas, antes que chegasse diante do rei no septuagésimo degrau, e sentou-se diante do rei.

18 E o rei muito exultou por José e os oficiais do rei exultaram grandemente com o rei quando ouviram todas as palavras de José.

19 E a coisa parecia boa aos olhos do rei e da diretoria, nomear José para ser segundo diante do rei sobre a terra inteira de Mitzraim. E o rei falou com José, dizendo:

20 Tu me deste conselhos para designar um homem sábio sobre a terra de Mitzraim, e por sua sabedoria livrar a terra da fome; agora, portanto, uma vez que o Criador fez tudo isso conhecido a ti, e todas as palavras que tu falaste, não há em toda a terra um homem discreto e sábio como tu.

21 E teu nome não mais será chamado José, mas Zaphnath Paaneah deve ser o teu nome; serás o segundo no Egito, abaixo apenas de mim; e da tua palavra deve ser todos os assuntos do meu governo, sob tua palavra meu povo deverá sair e entrar.

22 Também debaixo de tua mão meus servos e oficiais receberão o salário que é dado mensalmente, e a ti todas as pessoas da terra deverão curvar-se; só no meu trono eu serei maior do que tu.

23 E o rei tirou o anel de sua mão e colocou-o sobre a mão de José e o rei vestiu José com um vestuário principesco, e colocou a coroa dourada sobre sua cabeça; e ele ainda colocou uma corrente dourada em seu pescoço.

24 E o rei ordenou a seus servos, e eles fizeram ele andar na segunda carruagem que pertence ao rei, que fica oposta à carruagem do rei, e montava em um grande e forte cavalo dos cavalos do rei, e foi conduzido pelas ruas da terra de Mitzraim.

25 E o rei ordenou que todos aqueles que tocassem tamborins, harpas e outros instrumentos musicais deveriam ir adiante com José; mil tamborins, mil mecholoth e mil nebalins foram após ele.

26 E cinco mil homens, com espadas desembainhadas brilhantes em suas mãos, foram marchando diante de José, e vinte mil dos grandes homens do rei vestiram-se com cintas de pele coberta com ouro, marcharam à direita de José, e vinte mil na sua esquerda, e todas as mulheres e as donzelas foram para os telhados, ou ficaram nas ruas divertindo-se e alegrando-se devido a José e olhavam para a aparência de José e sua beleza.

27 E as pessoas do rei foram diante dele e atrás dele, perfumaram a estrada com incenso e com cássia, e todos os tipos de perfume finos, e dispersaram mirra e aloés ao longo da estrada, e vinte homens proclamaram estas palavras diante dele em toda terra em voz alta:

28 Vocês vêem este homem a quem o rei escolheu para ser seu segundo? Todos os assuntos do governo serão regulamentados por ele, e aquele que transgredir as suas ordens ou que não se curvar diante dele deve morrer, pois ele se rebelará contra o rei e seu segundo.

29 E quando os arautos haviam cessado de proclamar, todas as pessoas de Mitzraim curvaram-se

diante de José e disseram: Que viva o rei, que viva também seu segundo! E todos os habitantes de Mitzraim curvaram-se ao longo da estrada, e quando os arautos se aproximaram deles, eles curvaram- se, e eles exultaram com todos os tipos de tamborins, mechol e nebal a José.

30 E José sobre seu cavalo levantou os olhos para o céu e clamou e disse: Ele ressuscita o pobre homem do pó, ele levanta os necessitados do monturo. Ó Deus, feliz é o homem que confia em ti.

31 E José passou por toda a terra de Mitzraim com os servos do faraó e os oficiais, e eles lhe mostraram a terra inteira de Mitzraim e os tesouros do rei.

32 E José retornou, e veio nesse diante a faraó, e o rei deu a José uma posse na terra de Mitzraim, uma possessão de campos e vinhedos e o rei deu a José três mil talentos de prata e mil talentos de ouro e pedras de ônix e obdelium e muitos presentes.

33 E no dia seguinte, o rei mandou todos os povos de Mitzraim trazer a José ofertas e presentes, e que aquele que violasse o comando do rei deveria morrer; e eles fizeram um altar, na rua da cidade, e espalharam vestuário lá, e quem trouxesse algo a José deveria colocar no lugar alto.

34 E todo o povo de Mitzraim lançava coisas no altar; um homem um brinco de ouro, e outros anéis e brincos e diferentes trabalhos de ouro e prata, e pedras de ônix e obdellium colocaram no altar; cada um deu alguma coisa do que possuía.

35 E José tomou todas estas coisas e as colocou no seu tesouro. E todos os oficiais e nobres pertencentes ao rei exaltaram José, e eles lhe deram muitos presentes, vendo que o rei tinha o escolhido para ser seu segundo.

36 E o rei enviou para Potiphera, o filho de Ahiram, sacerdote de On, e ele levou sua jovem filha Osnathe e deu-a a José como esposa.

37 E a donzela era muito bonita, uma virgem, à qual homem nenhum tinha conhecido; e José levou-a como esposa; o rei disse a José: Eu sou o faraó, e ao seu lado nenhum deve se atrever a levantar a mão ou seu pé, para legislar o meu povo em toda a terra de Mitzraim.

38 E José tinha trinta anos quando ele ficou diante de faraó, e José saiu de diante do rei, e ele tornou-se o segundo no lugar do rei de Mitzraim.

39 E o rei deu a José cem servos para atender-lhe em sua casa, e José também enviou e comprou muitos servos, e permaneceram na casa de José.

40 José então construiu para si mesmo uma casa muito magnífica como as casas dos reis, perante o tribunal do palácio do rei, e ele fez na casa um grande templo, muito elegante em aparência e conveniente para sua residência; durante três anos ficou José construindo sua casa.

41 E José fez para si um trono muito elegante, abundante em ouro e prata e o cobriu com obdellium e pedras de ônix, e ele fez-lhe a semelhança de toda a terra de Mitzraim e a semelhança do rio Mitzraim que regava a terra inteira de Mitzraim; e José sentou-se com segurança no seu trono em sua casa, e Deus aumentou a sabedoria de José.

42 E todos os habitantes de Mitzraim e os servos de faraó e seus príncipes amaram José excessivamente, pois isto vinha de Deus para José.

43 E José tinha um exército que fazia guerra, indo em exércitos e tropas com o número de quarenta mil e seiscentos homens, capazes de suportar em armas para ajudar o rei e José contra o inimigo, além de oficiais do rei e seus servos e habitantes de Mitzraim sem número.

44 E José deu a seus homens poderosos e todos os do seu exército, escudos e dardos e elmos e casacos de despacho e pedras para fundas.

* * *

49:13,14 - O anjo do Senhor é enviado à cela de José para ensiná-lo em uma noite as setenta línguas dos homens.

49:23,24 - O rei do Egito constitui a José como governador sobre toda a terra do Egito. (Gênesis 41:42,43)

49:30 - Assim como Ana iria fazer séculos mais tarde, José louva a Deus por exaltá-lo. (I Samuel 2:8)

CAPÍTULO 50
PREVALECE NO EGITO GRANDE ABUNDANCIA

1 Nesse momento, os filhos Társis vieram contra os filhos de Ismael e fizeram guerra, com os filhos de Társis despojando os ismaelitas por um longo tempo.

2 E os filhos de Ismael eram pouco numerosos naqueles dias, e eles não poderiam prevalecer sobre os filhos de Társis; e eles foram extremamente oprimidos.

3 E os homens velhos dos ismaelitas enviaram um registro para o rei de Mitzraim, dizendo: Enviem peço-lhes, teus servos oficiais e exércitos, para nos ajudar a lutar contra os filhos de Társis, pois nós estamos sendo consumidos por um longo tempo.

4 E faraó enviou José com os valentes e o exército que estavam com ele e também os homens poderosos da casa do rei.

5 E eles foram para as terras de Havilá para os filhos de Ismael, para auxiliá-los contra os filhos de Társis; e os filhos de Ismael lutaram com os filhos de Társis, e José derrotou os tarsiitas, e ele subjugou todas as suas terras. E os filhos de Ismael habitam nela até este dia.

6 E quando a terra de Társis foi subjugada, todos os tarsiitas fugiram, e entraram na fronteira de seus irmãos, filhos de Yavan (Grécia). José com todos os seus homens poderosos e o exército retornaram à Mitzraim, com nenhum homem deles faltando.

7 E no final do ano, no segundo ano de José reinando sobre Mitzraim, o Senhor trouxe grande abundância em toda a terra por sete anos, como José tinha falado, pois Deus abençoou a totalidade da produção da terra naqueles dias durante sete anos, e eles comeram e ficaram muito satisfeitos.

8 E José naquela é poca tinha oficiais sob as suas ordens e eles coletaram todo o alimento dos bons anos; e coletaram o milho anualmente, e colocaram-no nos tesouros de José.

9 E a todo momento quando eles reuniam a comida, José ordenava que trouxessem o milho nas espigas, e também trouxessem consigo alguns dos solos do campo, para que ele não se estragasse.

10 E José fez desse jeito ano após ano; e ele empilhou milho como a areia do mar em abundância, pois seus depósitos eram imensos e não poderiam ser numerados pela abundância.

11 E também a todos os habitantes de Mitzraim, reuniram todos os tipos de alimentos em seus depósitos em grande abundância durante os sete anos bons, mas não o fizeram como José fez.

12 E todos os alimentos que José e os mitzri (egípcios) haviam reunido durante os sete anos de abundância foram assegurados nos depósitos para os sete anos de fome, para manter a terra inteira.

13 E cada homem dos habitantes do Egito encheu sua loja e seu lugar escondido com milho, para servir de apoio durante a fome.

14 E José colocou todo o alimento que ele tinha reunido em todas as cidades de Mitzraim, e ele fechou todos os depósitos e sentinelas foram colocadas sobre eles.

15 E a esposa de José, Osnath, filha de Potiphera, gerou-lhe dois filhos: Manasseh (ou Manassés) e Efraim. José tinha trinta e quatro anos de idade quando ela os gerou.

16 E os rapazes cresceram e eles andaram em seus caminhos e em suas instruções, não se desviaram do caminho que seu pai ensinou-lhes, quer para a direita ou esquerda.

17 E o Senhor estava com os rapazes, e eles cresceram e tinham conhecimento e habilidade e sabedoria em todos os assuntos de governo e os oficiais do rei e seus grandes homens, dos habitantes de Mitzraim, exaltaram os rapazes e eles foram criados entre as crianças do rei.

18 Os sete anos de abundância que estavam em todo o país chegaram ao fim e sete anos de fome vieram depois deles, como José tinha falado; e a fome estava em toda terra.

19 E todos os povos de Mitzraim (Egito) viram que havia começado a fome na terra de Mitzraim, e todas as pessoas de Mitzraim abriram seus estoques de milho, pois a fome prevaleceu sobre eles.

20 E encontraram todo o alimento que estava em seus depósitos cheio de vermes e não apto para comer; e a fome prevaleceu em toda a terra, e todos os habitantes de Mitzraim vieram e choraram

diante de faraó, pois a fome era pesada sobre eles.

21 E eles disseram a Faraó: Dê comida aos teus servos ou nós morreremos de fome diante dos teus olhos, mesmo nós e nossos pequeninos?

22 Faraó respondeu-lhes, dizendo: E vocês choram a mim? José não mandou guardar o milho convenientemente durante os sete anos de abundância para os anos de fome? E porque vocês não ouviram a sua voz?

23 E o povo de Mitzraim respondeu ao rei, dizendo: Como tua alma vive, nosso senhor, teu servos fizeram tudo o que José ordenou; teus servos também reuniram em toda a produção de seus campos durante os sete anos de abundância e colocou-a em depósitos até este dia.

24 E quando a fome prevaleceu sobre teus servos, abrimos os depósitos, e eis que todos nossos produtos estavam cheio de vermes e não estava apto para comer.

25 E quando o rei ouviu tudo o que tinha acontecido aos habitantes de Mitzraim, o rei ficou com muito medo devido à fome, e ele ficou muito apavorado; e o rei respondeu ao povo de Mitzraim, dizendo: Já que tudo isso aconteceu a vocês, vão até José e façam tudo o que ele disser; não transgridam seus comandos.

26 E todo o povo de Mitzraim saiu e veio a José e disse-lhe: Dê-nos alimentos, senão nós morreremos diante de ti devido à fome; nós reunimos nossa produção durante os 7 anos como tu mandaste e colocamos no depósito, mas tudo isto caiu sobre nós.

27 E quando José ouviu todas as palavras do povo de Mitzraim e o que tinha acontecido, José abriu todos os seus depósitos, e ele vendeu ao povo de Mitzraim.

28 E a fome prevaleceu em toda a terra, e a fome estava em todos os países, mas na terra de Mitzraim havia produtos à venda.

29 E todos os habitantes de Mitzraim vieram a José comprar milho, pois a fome prevaleceu sobre eles, e todo seu milho estava estragado e José diariamente vendeu para todo o povo de Mitzraim.

30 E todos os habitantes da terra de Canaan , os filisteus, os que vivem além do Jordão, os filhos do Oriente e todas as cidades das terras distantes e próximas ouviram que havia milho em Mitzraim; e todos eles vieram para Mitzraim comprar milho, porque a fome prevaleceu sobre eles.

31 E José abriu os depósitos de milho, e colocou oficiais sobre eles, e diariamente vendiam a todos que vieram.

32 E José sabia que seus irmãos também chegariam à Mitzraim para comprar milho, pois a fome prevaleceu por toda a terra. E José mandou todos seus povos que proclamassem em toda a terra de Mitzraim, dizendo:

33 É o prazer do rei, de seu segundo e de seus grandes homens que qualquer pessoa que pretenda comprar milho em Mitzraim não enviem seus servos para Mitzraim para comprar, mas seus filhos, e também qualquer mitzri (egípcio) ou cananeu, que vier a qualquer um dos depósitos comprar milho em Mitzraim e ir e vendê-lo em toda a terra, ele deve morrer, porque ninguém deve comprar para vender, mas apenas para o sustento do seu agregado familiar.

34 Qualquer homem guiando 2 ou 3 animais morrerá, pois o homem só deve conduzir seu animal.

35 E José colocou sentinelas nos portões de Mitzraim e mandou-os, dizendo: Qualquer pessoa que vier para comprar milho, faça-o inserir seu nome e o nome de seu pai e o nome do pai de seu pai por escrito, e tudo o que é escrito por dia, envie a mim à noite para que eu possa saber seus nomes.

36 E José colocou oficiais em toda a terra e mandou que eles fizessem todas estas coisas.

37 E José fez todas estas coisas e fez estes estatutos, a fim de que ele soubesse quando seus irmãos viessem a Mitzraim para comprar milho; e as pessoas de José fizeram isto ser proclamado em Mitzraim, de acordo com estas palavras e estatutos que José mandou.

38 E todos os habitantes do Leste e oeste do país e de toda a terra ouviram os estatutos e regulamentos que José tinha promulgado em Mitzraim e os habitantes das partes extremas da terra vieram e compraram o milho em Mitzraim dia após dia e, em seguida, se afastavam.

39 E todos os oficiais de Mitzraim fizeram como José mandou; e todos os que vieram para Mitzraim para comprar milho, os guardiões do portão escreviam seus nomes, e os nomes de seus pais e traziam diariamente à noite para José.

* * *

50:4,5 - José sai com um poderoso exército para enfrentar o povo que oprimia os ismaelitas.

50:19,20 - O alimento armazenado pelos egípcios durante os sete anos de fartura estragou nos celeiros.

50:27,28 - Com a chegada dos anos de fome, José vende alimentos aos egípcios e moradores de outras terras. (Gênesis 41:56,57)

CAPÍTULO 51
JACÓ ENVIA FILHOS AO EGITO PARA COMPRAR ALIMENTOS

1 E Jacó ouviu que havia milho em Mitzraim (Egito) e chamou seus filhos para irem para comprar milho, pois sobre eles também a fome prevaleceu; e ele chamou a seus filhos, dizendo:

2 Eis que ouço que há milho em Mitzraim e todas as pessoas da terra vão lá para comprar; agora, portanto, por que vocês mostram-se satisfeitos diante de toda a terra? Vão vocês também para Mitzraim e comprem um pouco de milho entre aqueles que vêm de lá, para que talvez não morramos.

3 E os filhos de Jacó ouviram a voz de seu pai, e eles foram para Mitzraim para comprar milho.

4 E Jacó seu pai mandou-os, dizendo: Quando vocês forem para a cidade não entrem juntos em um portão, por causa dos habitantes da terra.

5 E os filhos de Jacó saíram e foram para Mitzraim. E os filhos de Jacó fizeram tudo como seu pai lhes tinha comandado e Jacó não enviou Benjamim, pois ele disse: Pois algum acidente pode acontecer-lhe na estrada como com seu irmão; e dez dos filhos de Jacó saíram.

6 E enquanto os filhos de Jacó estavam indo no caminho, e eles se arrependeram do que tinham feito a José, e eles falavam uns dos outros, dizendo: Sabemos que nosso irmão José foi para Mitzraim e agora vamos procurá-lo para onde vamos, e se pudermos encontrá-lo vamos tomá-lo de seu mestre por um preço de resgate, e se não, pela força, ou nós morreremos por ele.

7 E os filhos de Jacó concordaram com esta coisa, e fortaleceram-se devido a José, para livrá-lo da mão de seu mestre e os filhos de Jacó foram para Mitzraim; e quando eles chegaram perto de Mitzraim , eles separaram-se uns dos outros, e eles entraram através de dez portões de Mitzraim e os guardas dos portões escreveram seus nomes nesse dia, e levaram-nos a José à noite.

8 E José leu os nomes das mãos dos guardas dos portões da cidade e descobriu que seus irmãos tinham entrado nos dez portões da cidade. E José nesse momento ordenou que devia ser proclamado em toda a terra de Mitzraim, dizendo:

9 Vá a todos os guardas dos armazéns, fechem todos os armazéns de milho e permitam que apenas um permaneça aberto, para que todos que venham só comprem deste armazém.

10 E os oficiais de José fizeram assim nesse tempo: fecharam todas os depósitos e deixaram apenas um aberto.

11 E José deu os nomes escritos de seus irmãos àqueles que ficaram destinados de abrir o depósito, e ele lhes disse: Todo aquele que vir a ti comprar milho, peça seu nome, e quando os homens desses nomes vierem diante de ti pegue-os e envie a mim; e assim fizeram.

12 E quando os filhos de Jacó vieram para a cidade, eles se uniram na cidade para procurar José antes de eles comprarem milho.

13 E eles foram para os muros das meretrizes, e procuraram José nos muros das meretrizes durante três dias, pois eles pensaram que José viria nos muros das prostitutas, pois José era muito bonito e bem favorecido e os filhos de Jacó procuraram José três dias e eles não puderam encontrá-lo.

14 E o homem que foi definido sobre o depósito aberto, procurou por aqueles nomes que José tinha dado a ele, e ele não os encontrou.

15 E ele foi a José, dizendo: Estes três dias se passaram e esses homens cujos nomes de que tu me deste a mim não vieram; e José mandou servos a procurar os homens em todo Mitzraim e trazê-los diante dele.

16 E os servos de José foram a Mitzraim e não puderam encontrá-los e, em seguida, foram a Goshen, e eles não estavam lá e, em seguida, foram para a cidade de Ramsés e não foi possível encontrá-los.

17 E José continuou a enviar dezesseis agentes a buscar seus irmãos, e eles foram e espalharam-se nos quatro cantos da cidade e quatro dos servos entraram na casa das prostitutas, e encontraram os dez homens lá procurando seu irmão.

18 E os quatro homens os levaram e os trouxeram diante dele, e eles curvaram-se diante dele. José estava sentado no seu trono em seu templo, vestido com roupa principesca, e na sua cabeça estava uma grande coroa de ouro, e todos os valentes estavam sentados em torno dele.

19 E os filhos de Jacó viram José, sua figura, a beleza e a dignidade do seu semblante parecia maravilhoso aos seus olhos, e eles curvaram-se a ele no chão.

20 E José viu seus irmãos e ele conheceu-os, mas eles não o conheceram, pois José era muito grande em seus olhos, portanto eles não o conheceram.

21 E José falou a eles dizendo: De onde provêem vós? E todos eles responderam: Teus servos vieram da terra de Canaan para comprar milho, pois a fome prevalece em toda a terra, e teus servos ouviram que havia milho em Mitzraim, pois viemos juntos com outros para comprar milho para nosso sustento.

22 E José respondeu-lhes, dizendo: Se vocês vieram a comprar, como vocês dizem, por que vocês vieram através de dez portões da cidade? Vocês só podem ter vindo para espiar a terra.

23 E, todos juntos, eles responderam a José e disseram: Não, meu senhor, temos razão; teus servos não são espiões, mas viemos para comprar milho, pois teus servos são todos irmãos, filhos de um homem na terra de Canaan e nosso pai nos ordenou, dizendo: Quando vocês chegaram na cidade, não entrem juntos em um portão, por causa dos habitantes da terra.

24 E José novamente respondeu-lhes e disse: Isso é a coisa que eu falei a vocês: vocês vieram para espiar a terra, por conseguinte, todos vocês vieram dos dez portões da cidade; vocês vieram para ver a nudez da terra.

25 Certamente cada um que vem comprar milho vai em seu caminho, e vocês já estão há três dias na terra, e o que vocês faziam nos muros das prostitutas, onde vocês ficaram todos estes três dias? Certamente espiões é que fazem estas coisas.

26 E eles disseram a José: Seja isto longe de nosso senhor falar assim; pois somos doze irmãos, filhos de nosso pai Jacó, na terra de Canaan, filho de Isaac, filho de Abraão, o hebreu. Eis que o mais jovem está com nosso pai neste dia, na terra de Canaan, e um já não é mais, pois ele foi perdido de nós, e pensamos que talvez ele pudesse estar nesta terra, então o procuramos em toda a terra, e fomos inclusive à casa de prostitutas para procurá-lo lá.

27 E José disse-lhes: E vocês procuraram-no por toda a terra, e só permaneceu Mitzraim para que vocês pudessem procurá-lo aqui? E o que também seu irmão iria fazer nas casas das meretrizes, embora ele estivesse em Mitzraim? Vocês não disseram que são os filhos de Isaac, filho de Abraão, e o que então os filhos de Isaac fariam nas casas de prostitutas?

28   E disseram-lhe: Porque ouvimos que os ismaelitas roubaram ele de nós e foi dito que eles venderam-no em Mitzraim, e teu servo, nosso irmão, é muito bonito e bem favorecido, então pensamos que ele estaria certamente nas casas de prostitutas; por conseguinte, teus servos foram para procurá-lo, e dar resgate por ele. E José ainda respondeu-lhes, dizendo: Certamente falam falsamente e proferem mentiras, para dizer de vós que sois filhos de Abraão; como faraó vive, vocês são espiões. Por isso vocês foram para as casas de prostitutas onde vocês não pudessem ser conhecidos.

29 E José disse-lhes: E agora, se vocês acharem ele e seu mestre requerer de vocês um alto preço,

vocês dariam para ele? E eles disseram: Isto lhe será dado.

30 E ele disse-lhes: E se seu mestre não concordar em entregar-lhe por um alto preço, o que vocês vão fazer-lhe por sua causa? E eles responderam-lhe, dizendo: Se ele não entregá-lo, nós vamos matá-lo e tomar nosso irmão e iremos embora.

31 E José disse-lhes: É isto que tenho dito de vocês: são espiões e vieram para matar os habitantes da terra, pois ouvimos que dois de seus irmãos mataram todos os habitantes de Sechem (Siquém), na terra de Canaan, por causa da sua irmã, e vocês agora vieram fazer de forma semelhante em Mitzraim por causa de seu irmão.

32 Só assim saberei que vocês são homens verdadeiros: se vocês enviarem para casa um de entre vocês, para buscar seu irmão e trazê-lo aqui para mim; fazendo essa coisa vou saber que vocês estão certos.

33 E José chamou 70 homens poderosos, e disse-lhes:

34 Peguem estes homens e leve-os para o confinamento.

35 E os valentes levaram os dez homens, eles segurou-os e os colocaram em confinamento; e eles ficaram no confinamento três dias.

36 E no terceiro dia, José os tirou do confinamento, e ele disse-lhes: Façam isto por si mesmos; se forem homens verdadeiros para que vocês possam viver; um dos vossos irmãos ficará confinado enquanto vocês vão levar para casa o milho para seu lar na terra de Canaan, e buscar o seu irmão mais jovem e trazê-lo aqui para mim, para que eu possa saber que vocês são verdadeiros homens ao fazerem isto.

37 E José afastou-se deles e veio a câmara, e chorou um grande pranto, pois ficou com pena deles, e lavou o rosto e voltou a eles, e ele pegou Shamiul (Simeão) e mandou-lhe ser preso, mas Simeão não estava disposto a fazer isso, ele era um homem muito poderoso e eles não podiam prendê-lo.

38 E José chamou seus homens poderosos, e setenta homens valentes vieram diante dele com espadas desembainhadas em suas mãos, e os filhos de Jacó ficaram aterrorizados com eles.

39 E José disse-lhes: Peguem este homem e coloquem-no na prisão, até que seus irmãos voltem; e os homens valentes de José apressaram-se e eles todos se deitaram em cima de Simeão para amarrá-lo, e Simeão deu um grito alto e terrível, e o grito foi ouvido à distância.

40 E todos os homens valentes de José ficaram apavorados ao som do grito e todos caíram sobre seus rostos e ficaram com muito medo e fugiram.

41 E todos os homens que estavam com José fugiram, pois ficaram com muito medo por suas vidas, e apenas José e Manassés, seu filho, lá permaneceram; e José e Manassés viram a força de Simeão, e ele ficou extremamente encolerizado.

42 E Manassés, o filho de José, atacou Simeão; e Manassés acertou um golpe forte em Simeão, com o punho na parte de trás do seu pescoço, e Simeão foi atiçado em sua fúria.

43 E Manassés segurou Simeão, e ele segurou-o violentamente, e ele prendeu-o e o trouxe para a casa de confinamento, e todos os filhos de Jacó ficaram espantados com o ato do jovem.

44 E Simeão disse a seus irmãos: Nenhum de vocês deve dizer que fui dominado por um egípcio, mas que fui dominado por um da casa de meu pai.

45 E após isso José ordenou aos que foram definidos sobre o armazém, que enchessem seus sacos com milho, tanto quanto eles pudessem carregar, e para restaurar o dinheiro de cada homem em seu saco, e dar-lhes a provisão para a estrada, e assim fizeram a eles.

46 E José ordenou-lhes, dizendo: Tomem cuidado para não transgredir meu pedido e tragam seu irmão com o eu lhes disse, e quando vocês trouxerem seu irmão a mim, então eu saberei que vocês são verdadeiros homens e poderão trafegar na terra, e vou restaurar a vocês seu irmão e poderão retornar em paz a seu pai.

47 E eles todos responderam: Conforme o nosso senhor fala, assim faremos; e eles curvaram-se no chão.

48 E cada homem colocou seu milho em seu burro, e saíram para ir para a terra de Canaan para seu pai. Eles foram descansar e Levi abriu seu saco para dar provisões ao seu burro; e ele olhou e o seu dinheiro em todo o peso estava no seu saco.

49 E o homem ficou com muito medo, e ele disse a seus irmãos: Meu dinheiro foi devolvido, e está no saco; e os homens ficaram com muito medo, e eles disseram: O que é isto que Deus fez para nós?

50 E todos disseram: E onde está a bondade do Senhor para com nossos pais, com Abraão, Isaac, e Jacó, por Deus ter neste dia nos entregando nas mãos do rei de Mitzraim para inventar contra nós?

51 E Judá disse: Certamente somos culpados, pecadores diante de Deus nosso Criador por ter vendido o nosso irmão, nossa própria carne; e ainda assim vocês dizem: "onde está a bondade de Deus para com nossos pais?"

52 E Ruben disse-lhes: Eu não disse a vocês, "não pequem contra o rapaz", e vocês não me ouviram! Agora, Deus o está requerendo de nós, e como vocês ousam dizer: "onde está a bondade de Deus para com nossos pais", enquanto vocês pecam contra Ele?

53 E eles ficaram durante a noite naquele lugar, e levantaram-se no início da manhã e carregavam seus burros com seu milho, e foram para casa de seu pai na terra de Canaan.

54 E Jacó e seu agregado familiar saíram para atender aos seus filhos; e Jacó olhou, e eis que seu filho Simeão não estava com eles, e Jacó disse a seus filhos: Onde está seu irmão Simeão, a quem não vejo? E seus filhos lhe disseram tudo o que tinha acontecido em Mitzraim (Egito).

* * *

51:6 - Os filhos de Jacó vão ao Egito para comprar alimento e decidem procurar José por toda terra do Egito.

51:17-19 - Os filhos de Jacó são levados a presença de seu irmao José e não o reconhecem. Eles se curvam diante do próprio irmão, cumprindo-se assim o sonho de José. (Gênesis 37:6-8)

51:41-43 - José ordena que Simão permaneça preso até que seus irmãos regressem ao Egito com seu irmão Benjamim. É seu filho Manassés que imobiliza a Simão e o leva à força para prisão.

CAPÍTULO 52
A TRISTEZA DE JACÓ COM A AUSÊNCIA DE SIMEÃO

1 E entraram em sua casa e cada homem abriu seu saco, e olharam, e eis que no saco de cada homem o dinheiro estava lá. Por isso eles e seu pai ficaram grandemente apavorados.

2 E Jacó disse-lhes: O que é isto que vocês fizeram a mim? Eu enviei seu irmão José para saber sobre o vosso bem-estar, e vocês disseram-me: "Uma besta selvagem o devorou".

3 E Simeão foi com vocês para comprar alimentos, e vocês dizem que o rei de Mitzraim colocou-o na prisão; e vocês desejam tomar Benyamim (Benjamin) para que morra também, e derrubar todos meus cabelos brancos pela tristeza, ao túmulo de Benjamin e seu irmão Yaohusaf (José).

4 Agora, portanto, meu filho não irá com vocês, pois seu irmão está morto e ele foi deixado sozinho, podem abatê-lo pelo caminho em que vocês vão, como se abateu seu irmão.

5 E Ruben disse a seu pai: Tu poderás matar meus dois filhos se eu não trouxer teu filho e colocá-lo diante de ti; e Jacó disse: Não vão para Mitzraim, pois meu filho não irá com vocês, nem morrerá como seu irmão.

6 E Judá disse-lhes: Fiquemos até que o milho esteja terminado e então ele irá dizer: Peguem seu irmão, e ele vai livrar sua própria vida e a vida de todos os seus parentes do perigo da fome.

7 E naqueles dias a fome estava por toda a terra e todas as pessoas da terra foram para Mitzraim para comprar alimentos, pois a fome prevaleceu grandemente entre eles; e o filhos de Jacó permaneceram em Canaan, um ano e dois meses até que seu milho terminou.

8 E aconteceu depois que seu milho terminou, o acampamento inteiro de Jacó estava assolado pela fome e todas as crianças dos filhos de Jacó se reuniram e eles se aproximaram de Jacó, e todos eles

cercaram-no, e disseram a ele: Dê-nos pão, para que todos nós não pereçamos por causa da fome na tua presença?

9 Jacó ouviu as palavras das crianças de seus filhos, e chorou um grande choro, e sua pena foi despertada por eles. Então Jacó chamou por seus filhos e eles todos vieram e sentaram-se diante dele.

10 E Jacó disse-lhes: Vocês não viram como seus filhos choraram sobre mim, neste dia, dizendo: Dá-nos pão, e não há nenhum? Agora, portanto, vão e comprem para nós um pouco de comida.

11 E Judá respondeu e disse a seu pai: Se tu enviares nosso irmão conosco, nós iremos e compraremos milho para ti, mas se tu não quiseres enviá-lo, então nós não iremos, pois certamente o rei de Mitzraim obrigou-nos, dizendo: Vocês não devem ver meu rosto, a menos que seu irmão esteja com vocês; pois o rei de Mitzraim é um forte e poderoso homem, e eis que nós não devemos ir a ele sem o nosso irmão, senão todos nós seremos condenados à morte.

12   Não sabes tu e tu não ouviste, que este rei é muito poderoso e sábio, e não há como ele em toda a terra? Eis que já vimos todos os reis da terra e não vimos um como esse rei, o rei de Mitzraim; certamente entre todos os reis da terra, nenhum é maior que Abimeleque, rei dos filisteus. Porém o rei de Mitzraim é maior e mais poderoso do que ele; e Abimeleque só pode ser comparado a um de seus oficiais.

13 Pai, tu não viste seu palácio e seu trono e todos os seus servos diante dele. Tu não viste esse rei sobre seu trono em sua aparição de pompa real, vestido em suas vestes majestosas com uma grande coroa dourada sobre sua cabeça; tu não viste a honra e o poder que Deus deu-lhe, pois não há como ele em toda a Terra.

14 Pai, tu não viste a sabedoria, a compreensão e o conhecimento que o Criador tem dado em seu coração, nem ouviste sua doce voz quando falou para nós.

15 Nós não sabemos pai, o que o fez conhecer nossos nomes e tudo que caiu sobre nós, ainda ele perguntou também por ti, dizendo: Seu pai ainda vive, e está tudo bem com ele?

16 Tu não viste os assuntos do governo de Mitzraim regulamentados por ele, sem inquirir de faraó seu senhor. Tu não viste o pavor e medo que ele impõe a todos os egípcios.

17 E também quando partimos, nós ameaçamos fazer a Mitzraim como fizemos ao resto das cidades dos amorreus e ficamos extremamente encolerizados com todas as suas palavras que ele disse, colocando-nos como espiões, e agora, quando novamente chegarmos diante dele seu terror cairá sobre nós todos, e nem um de nós será capaz de falar com ele quer uma pequena ou uma grande coisa.

18 Agora, portanto, pai, envie, te pedimos, o rapaz com a gente e iremos e compraremos alimento para nosso supstento e não morreremos com a fome. E Jacó disse: Por que vocês têm lidado tão mal comigo e informaram ao rei que tinham um irmão? O que é essa coisa que vocês fizeram comigo?

19 E Judá disse a Jacó: Dê o rapaz em meus cuidados e desceremos a Mitzraim (Egito) e compraremos milho e em seguida retornarmos. Se o rapaz não estiver com a gente, então deixe-me ter a tua culpa para sempre.

20 Tu não viste as nossas crianças chorando diante de ti devido à fome, e não há nenhum poder em tua mão para satisfazê-los? Agora deixe tua piedade despertar por eles e envie nosso irmão conosco e nós iremos.

21 Pois como a bondade de Deus foi para com os nossos antepassados, também será manifestada a ti; como tu dizes que o rei de Mitzraim irá tirar teu filho? Como o Senhor vive, não o deixarei até que eu o traga e coloque o diante de ti; mas peça por nós ao Senhor, que Ele possa lidar gentilmente conosco, para que possamos ser recebidos favoravelmente e gentilmente diante do rei de Mitzraim e seus homens, pois agora nós iremos retornar pela segunda vez com teu filho.

22 E Jacó disse a seus filhos; Eu confio em Deus, o Criador (Yaohuh Ulhim), que Ele possa livrar-nos, e dar- nos favor aos olhos do rei de Mitzraim e aos olhos de todos os seus homens.

23 Agora, portanto, vão para o homem, e levem para ele em suas mãos um presente do que possa ser obtido na terra e levem diante dele. E o Criador Todo-Poderoso pode lhes dar favor diante dele,

para que ele possa enviar Benjamin e Simeão, vossos irmãos, com vocês.

24 E todos os homens levantaram-se, e eles levaram seu irmão Benjamin, e tomaram em suas mãos um grande presente do melhor da terra, e eles também tomaram uma porção dupla de prata.

25 E Jacó estritamente ordenou a seus filhos sobre Benjamin, dizendo: Tomem conta dele no caminho que vocês estão indo, e não separem-se na estrada e nem em Mitzraim.

26 E Jacó foi a seus filhos, e colocou suas mãos diante deles e orou ao Senhor por seus filhos, dizendo: Ó Deus do céu e da terra, lembra-te de teu pacto com nosso pai Abraão, lembra-te do meu pai Isaac e sê gentil com meus filhos e livra-os das mãos do rei de Mitzraim; faça-o , eu peço-te, ó Deus, por causa dos teus favores, e resgata todos os meus filhos e resgata-os do poder egípcio; e envie com eles os seus dois irmãos.

27 E todas as esposas dos filhos de Jacó e seus filhos levantaram os olhos para o céu e eles todos choraram diante de Deus e gritaram-lhe para livrar seus pais das mãos do rei de Mitzraim.

28 E Jacó escreveu um registro para o rei de Mitzraim e deu-lhe na mão de Judá e nas mãos de seus filhos para o rei de Mitzraim, dizendo:

29 Do teu servo Jacó, filho de Isaac, filho de Abraão, o hebreu, o Príncipe do Criador (Ulhim), para o rei poderoso e sábio, o revelador dos segredos, rei de Mitzraim (Egito), saudações.

30 Seja isto conhecido a meu senhor, o rei de Mitzraim: a fome está ferindo a terra de Canaan, e eu envio meus filhos a nos comprar alimentos de ti para nosso sustento.

31 Pois meus filhos me cercam e sou muito velho e já não vejo com os meus olhos, pois os meus olhos tornaram- se muito pesados por causa da idade, bem como com o choro diário por meu filho, por José, que foi perdido de diante de mim; e eu ordenei a meus filhos que eles não entrassem juntos pelos portões da cidade quando eles chegassem a Mıztraim, por causa dos habitantes da terra.

32 E eu também ordenei-lhes ir a Mitzraim a procurar por meu filho, José, talvez eles pudessem encontrá-lo ai, e assim fizeram, e tu os consideraste como espiões na terra.

33 Não ouvimos nós a respeito de ti, que tu interpretaste o sonho de faraó e falaste verdadeiramente a ele? Como, então, tu não sabes em tua sabedoria se meus filhos são espiões ou não?

34 Agora, portanto, meu senhor e rei, eis que eu enviei meu filho diante de ti, como tu falaste a meus filhos. Imploro que coloque teus olhos sobre ele e que ele retorne para mim em paz com seus irmãos.

35 Não sabes tu, ou ouviste tu, o que nosso Deus fez a faraó quando ele tomou minha mãe (Sarah), e o que ele fez à Abimeleque, rei dos filisteus, por causa dela, e também o que nosso pai Abraão fez aos nove reis de Elão, como os derrotou a todos, com alguns homens que estavam com ele?

36 E também o que meus dois filhos Simeão e Levi fizeram a oito cidades dos amorreus, como eles destruíram- nas devido à sua irmã Dina?

37 E também por seu irmão Benjamin eles consolaram-se pela perda de seu irmão José; o que então, farão para ele quando virem a mão de qualquer povo prevalecer sobre eles, por sua causa?

38 Não sabes, ó rei de Mitzraim, que o poder do Criador está conosco e que também Ele ouve nossas orações e ama-nos todos os dias?

39 E quando meus filhos me contaram sobre tuas negociações com eles, eu não chamei a Deus por sua causa, pois senão tu terias perecido com teus homens antes que meu filho Benjamim viesse diante de ti, mas eu pensei que como Simeão, meu filho, estava em tua casa, talvez tu pudesses tratá-lo amavelmente.

40 Agora, portanto, eis que Benjamim, meu filho, vai até ti com meus filhos; toma conta dele e coloca os teus olhos sobre ele e, então, Ulhim colocará seus olhos sobre ti e todo teu reino.

41 Agora que eu te disse tudo o que está no meu coração, e eis que meus filhos estão chegando a ti com seu irmão; examina a face de toda a terra por causa deles e envie-os em paz com seus irmãos.

42 E Jacó deu o registro para seus filhos, a cargo de Judá para dar-lhe ao rei de Mitzraim (Egito).

* * *

52:12-16 - O testemunho de Judá para seu pai Jacó acerca da glória de José, governador de todo o Egito.

52:19 - Judá assume o compromisso diante de seu pai de cuidar de Benjamim (Gênesis 43:9). Séculos depois, o Senhor advertiu a Salomão sobre a ruptura do reino de Israel e disse-lhe que lhe deixaria apenas uma tribo: Judá (I Reis 11:13). Mesmo com a divisão das tribos de Israel, Judá permaneceu fiel a promessa feita a Jacó e manteve Benjamim sob seus cuidados. (I Reis 12:22-24).

CAPÍTULO 53
OS FILHOS DE JACÓ NOVAMENTE VÃO AO EGITO COMPRAR PÃO

1 E os filhos de Jacó levantaram-se e tomaram Benjamim e todos os presentes e foram para Mitzraim e ficaram diante de José.

2 José viu seu irmão Benjamim com eles, e ele saudou-os, e estes homens chegaram à casa de José.

3 José ordenou ao superintendente de sua casa, a dar a seus irmãos comida, e ele o fez.

4 E ao meio-dia, José mandou seus homens entrarem diante dele com Benjamim. E os homens disseram ao superintendente da casa de José sobre a prata que foi devolvida em seus sacos e ele disse-lhes: Isto será bem para vocês, não tenham medo; e trouxe seu irmão Simeão até eles.

5 E Simeão disse a seus irmãos: O senhor dos egípcios agiu muito gentilmente comigo; ele não me manteve preso, como vocês viram com os seus olhos, pois quando vocês saíram da cidade ele libertou-me e tratou-me gentilmente comigo em sua casa.

6 E Judá tomou Benjamim pela mão e eles vieram diante de José, e eles curvaram-se no chão.

7 E os homens deram o presente a José e todos eles sentaram-se diante dele. José disse a eles: Está tudo bem com vocês, está bem com seus filhos, está tudo bem com seu pai idoso? E eles disseram: Está tudo bem; e Judá tomou o registro que Jacó tinha enviado, e deu-o na mão de José.

8 E José leu a carta e conheceu a letra de seu pai e ele quis chorar; e ele entrou em uma sala interior e chorou um grande choro, saindo depois.

9 E ele levantou os olhos e viu seu irmão Benjamim e ele disse: Este é seu irmão de quem vocês falaram para mim? Benjamim se aproximou de José; e José colocou sua mão sobre sua cabeça e ele lhe disse: Deus possa ser bom para ti, meu filho.

10 E quando José viu seu irmão, filho de sua mãe, desejou novamente chorar, e ele entrou na câmara e chorou lá; e ele lavou o rosto e saiu, e absteve-se do choro José então disse: Preparem comida.

11 E José tinha uma taça donde ele bebeu, e era de prata belamente incrustada com pedras de ônix e obdellium; e José colocou a taça aos olhos dos seus irmãos enquanto eles estavam assentados para comer.

12 E José disse aos homens: Eu sei por esta taça que Ruben é o primogênito, Simeão, Levi, Judá, Issachar e Zebulom são filhos de uma mãe; assentai-vos para comer de acordo com seus nascimentos.

13 E ele também colocou os outros de acordo com seus nascimentos, e ele disse: Eu sei que este seu irmão mais jovem não tem nenhum irmão e como não tem nenhum irmão, deve sentar-se e comer comigo.

14 E Benjamim subiu diante de José, e sentou-se no trono, e os homens contemplaram os atos de José, e eles estavam espantados com seus atos. Os homens comeram e beberam nesse momento com José e ele deu, em seguida presentes, e José deu um presente a Benjamim. Manassés e Efraim viram os atos de seu pai e eles também deram presentes a ele; e Osnath deu-lhe um presente; e havia

cinco presentes na mão de Benjamim.

15 E José trouxe vinho para beber, e eles não quiseram beber, e eles disseram: Desde o dia em que José foi perdido nós não bebemos vinho, nem comemos qualquer iguaria.

16 E José jurou-lhes, e ele insistiu-lhes muito, e beberam abundantemente com ele naquele dia, e José depois virou-se para seu irmão Benjamim para falar com ele, e Benjamin ainda estava sentado no trono diante de José.

17 E José disse-lhe: Você teve algum filho? E ele disse: Teu servo tem dez filhos e estes são seus nomes: Bela, Becher, Ashbal, Gera, Naamã, Achi, Rosh, Mupim, Chupim e Ord e eu chamei seus nomes após meu irmão , quem eu não vi.

18 E ele ordenou que eles trouxessem diante dele seu mapa das estrelas, segundo o qual José sabia todos os tempos, e José disse a Benjamim: ouvi dizer que os hebreus são familiarizados com toda a sabedoria; tu sabes alguma coisa disto?

19 E Benjamim disse: Teu servo conhece toda a sabedoria que meu pai ensinou-me; e José disse: Benjamim, olha agora no presente instrumento e entenda onde teu irmão José está no Egito, que você disse que desceu ao Egito.

20 E Benjamim contemplou esse instrumento com o mapa das estrelas do céu e ele foi sábio e olhou para saber onde estava seu irmão. Benjamim dividiu a terra inteira de Mitzraim em quatro divisões e ele descobriu que aquele que estava sentado no trono diante dele era seu irmão José; e Benjamim questionou muito e quando José viu que Benjamim ficou muito admirado, disse: o que viste, e por que estás surpreso?

21 E Benjamim disse a José: Eu posso ver por isso, que meu irmão José está assentado aqui comigo sobre o trono; e José lhe disse: Eu sou teu irmão José; não revele isto para teus irmãos. Eis que vou enviar-te com eles quando eles forem embora, e eu mandarei eles serem trazidos de volta novamente para a cidade, e eu te levarei para longe deles.

22 E se eles se arriscarem as suas vidas e lutarem por ti, então eu saberei que eles se arrependeram do que eles fizeram a mim, e vou revelar-me. Mas se eles te abandonarem quando eu levar-te, então tu permanecerás comigo, e vou disputar com eles; e eles deverão se afastar, e não vou revelar-me para eles.

23 Nesse momento José mandou seu oficial preencher seus sacos com comida e colocar cada dinheiro dos homens em seu saco; mandou também colocar a taça no saco de Benjamim e dar-lhes provisão para a estrada; e assim fizeram.

24 E no dia seguinte, os homens levantaram-se no início da manhã e eles carregaram seus burros com seu milho e saíram com Benjamim; e eles foram para a terra de Canaan com seu irmão Benjamim.

25 Eles não tinham ido longe de Mitzraim, quando José ordenou aos que eram de sua casa, dizendo: vão, persigam estes homens antes de irem muito longe de Mitzraim e digam-lhes: Por que vocês roubaram a taça do meu mestre?

26 E o oficial de José foi, e ele chegou a eles, e ele falou-lhes todas as palavras de José; e quando eles ouviram isto ficaram extremamente irritados, e eles disseram: Aquele com o qual a taça de seu mestre for encontrada, deve morrer e nós também nos tornarmos escravos.

27 E eles apressaram-se e cada homem derrubou seu saco de seu burro, e olharam dentro dos sacos e a taça foi encontrada no saco de Benjamim. E eles rasgaram suas vestes e voltaram para a cidade, e eles bateram em Benjamim na estrada, continuaram batendo até que eles chegaram à cidade e ficaram diante de José.

28 E acendeu a raiva de Judá, e ele disse: Este homem só nos trouxe de volta para que destruamos Mitzraim (Egito) neste dia.

29 E os homens chegaram à casa de José, e encontraram José sentado no seu trono, e todos os homens poderosos de pé na sua direita e esquerda.

30 E José disse-lhes: O que é este ato que vocês cometeram, pegando minha taça de prata e indo embora? Mas eu sei que vocês tomaram meu copo para saberem em que parte da terra está seu irmão.

31 E Judá disse: O que vamos dizer ao nosso senhor, o que falaremos, e como nos vamos justificar a nós mesmos? Deus neste dia encontrou a iniquidade em teus servos, portanto Ele fez esta coisa a nós neste dia.

32 E José levantou-se e pegou Benjamim e levou-o de seus irmãos com violência; e ele veio para a casa e trancou a porta para eles, e José mandou os de sua casa para o que deviam dizer a eles: Assim diz o rei, vão em paz a seu pai, eis que eu tomei o homem em cuja mão foi encontrada a minha taça.

* * *

53:6 - Judá comparece diante de José segurando seu irmão Benjamim pela mão.

53:15 - Outra demonstração do arrependimento que os irmãos de José sentiam pelo que fizeram com ele.

53:20,21 - Benjamim descobre que o governador do Egito é seu irmão desaparecido José.

CAPÍTULO 54
JUDÁ ROMPE A PORTA PARA CHEGAR A JOSÉ E BENJAMIM

1 Quando Judá viu as ações de José, aproximou-se, quebrou a porta e veio com seus irmãos diante de José.

2 E Judá disse a José: não deixe isto parecer ruim na vista do meu senhor; permita ao teu servo, eu lhe peço, dizer uma palavra diante de ti? E José disse-lhe: Diga.

3 E Judá falou diante de José e seus irmãos que estavam lá perante ele; e Judá disse a José: Certamente quando nós primeiramente viemos a nosso senhor para comprar alimentos, tu nos consideraste como espiões da terra, e trouxemos Benjamim diante de ti, e tu ainda brincas conosco neste dia.

4 Agora, portanto, ó rei, ouça minhas palavras, e permita, eu peço-te, que nosso irmão possa ir junto com a gente para nosso pai, para que tua alma não pereça este dia com todas as almas dos habitantes de Mitzraim.

5 Não sabes tu o que dois dos meus irmãos, Simeão e Levi, fizeram à cidade de Shechem (Siquém) e a sete cidades dos amorreus, devido à nossa irmã Dina, e também o que faríamos por meu irmão Benjamim?

6 E eu com minha força, que sou maior e mais poderoso que ambos, venho neste dia contra ti e tua terra se tu não estiveres disposto a enviar nosso irmão.

7 Não ouviste o que o nosso Deus, que nos escolheu, fez a faraó devido a Sara nossa mãe, a quem ele tirou de nosso pai, que Ele feriu seu acampamento familiar com pragas pesadas, mesmo até este dia, os egípcios contam esta maravilha uns aos outros? Assim irá o nosso Deus fazer a ti por causa de Benjamim, quem tu tens neste dia tomado de seu pai e devido aos males que tu neste dia fizeste a nós na tua terra; pois nosso Deus vai se lembrar de sua aliança com Abraão, nosso pai e trará mal sobre ti, porque tu entristeceste a alma do nosso pai neste dia.

8 Agora, portanto, ouve minhas palavras que eu tenho neste dia dito a ti, e deixa nosso irmão para que ele possa ir embora, para que tu e o povo da tua terra não morram pela espada, pois você s não poderão prevalecer sobre mim.

9 E José respondeu a Judá, dizendo: Por que tu abres tua boca e por que tu te vanglorias sobre nós, dizendo: Força é comigo? Como faraó vive, se eu mandar todos meus valentes homens para lutar com você, certamente tu e estes teus irmãos irão afundar na lama.

10 E Judá disse a José: Certamente eu vim a ti e teu povo para terem medo de mim; como o Senhor vive, se eu tirar uma vez minha espada, eu não a guardarei novamente até que eu tenha neste dia

matado todo Mitzraim; vai ter início contigo, e eu terminarei com faraó, teu mestre.

11 José respondeu e disse: Certamente força não pertence só a ti; eu sou mais forte e mais poderoso do que tu. Certamente que se tu tirares tua espada eu a colocarei ao teu pescoço, e no pescoço de todos teus irmãos.

12 E Judá disse-lhe: Certamente se eu neste dia abrir minha boca contra ti, eu te engolirei até que tu sejas destruído de fora da terra e perecer neste dia do teu reino. E José disse: Certamente se tu abrires tua boca eu tenho poder para fechar tua boca com uma pedra, até que não sejas capaz de pronunciar uma palavra. Vê quantas pedras estão aqui, realmente posso pegar uma pedra e forçá-la na tua boca e quebrar teus maxilares.

13 E Judá disse: o Senhor é testemunha entre nós, que nós não desejamos batalhar contigo; apenas dê-nos nosso irmão e nos iremos de ti; e José respondeu e disse: Como faraó vive, ainda que todos os reis de Canaan viessem juntamente com você, você não o levaria de minha mão.

14 Agora, portanto, vá até seu pai e seu irmão será para mim um escravo, pois ele roubou a casa do rei. E Judá disse: O que é isto para ti ou para a pessoa do rei. Certamente o rei vai por diante de sua casa, em toda a terra, prata e ouro, quer em presentes ou despesas, e tu ainda requeres sobre tua taça que tu colocaste no saco de nosso irmão e dizes que ele roubou de ti?

15 O Senhor, o Criador, proíbe que nosso irmão Benjamim, ou qualquer um da semente de Abraão roube de ti ou de qualquer outra pessoa, seja rei, príncipe ou qualquer homem.

16 Agora, portanto, deixe esta acusação para que toda a terra não ouça tuas palavras, dizendo que, por um pouco de prata, o rei de Mitzraim debateu com homens, e ele acusou-os e levou seu irmão como um escravo.

17 E José respondeu e disse: Levem esta taça, e vão, e deixem seu irmão como escravo, pois é o juízo de um ladrão ser um escravo.

18 E Judá disse: Por que não tens vergonha de tuas palavras, em deixar nosso irmão e pegar a taça? Certamente se tu nos deres a taça, ou mil vezes mais, não deixaremos nosso irmão pela prata que é encontrada na mão de qualquer homem, mas nós vamos morrer por ele.

19 E José respondeu: E por que vocês abandonaram seu irmão e venderam-no por vinte peças de prata até este dia; e por que, então, vocês não fariam o mesmo para este seu irmão?

20 E Judá disse: Deus é testemunha entre mim e ti, que não desejamos esta batalha; agora, pois, dá-nos nosso irmão e vamos partir sem brigar.

21 E José respondeu e disse: Se reunirem todos os reis da terra, não vão ser capazes de tomar seu irmão de minha mão; e Judá disse: O que é que vamos dizer a nosso pai, quando ele vir que nosso irmão não veio conosco, e chorar por ele?

22 E José respondeu e disse: Isto é o que vocês dirão a seu pai: A corda vem antes do balde.

23 E Judá disse: Certamente tu és um rei; e por que tu falas estas coisas, dando um falso juízo?

24 E José respondeu e disse: Não há nenhum juízo falso na palavra sobre seu irmão José, pois todos vocês venderam-no para os midianitas, por vinte peças de prata, e vocês todos mentiram a seu pai e disseram-lhe, que uma besta má o devorou e que José foi rasgado em pedaços.

25 E Judá disse: Eis que o fogo de Shuam (Shem ou Sem) queima em meu coração. Agora eu vou queimar sua terra com o fogo; e José respondeu e disse: Certamente tua cunhada Tamar, que matou seus filhos, extinguiu o incêndio de Shechem (Siquém).

26 E Judá: Se eu arrancar um único cabelo da minha carne, eu irei preencher toda Mitzraim com seu sangue.

27 E José respondeu, e disse: Esse é seu costume, fazer como você fez a seu irmão, a quem você vendeu, e banhou seu casaco em sangue, e trouxe a seu pai para que pudesse dizer que uma besta má o devorou, e aqui está o seu sangue.

28 E quando Judá ouviu esta coisa ele ficou extremamente irritado, e sua raiva queimou dentro dele. E havia naquele lugar uma pedra, cujo peso era cerca de quatrocentos shekels, e a raiva de Judá foi estimulada, e ele pegou a pedra com uma mão e jogou para os céus e a pegou com a mão esquerda.

29 E ele a colocou depois sob seus pés, e sentou-se sobre ela com toda sua força e a pedra foi transformada em pó pela força de Judá.

30 E José viu o ato de Judá e ele ficou com muito medo, mas ele chamou Manassés e seu irmão, seus filhos, e eles também fizeram com outra pedra como Judá; e Judá disse a seus irmãos: Não deixe qualquer um de vocês dizer que este homem é um egípcio, mas por ter feito isso, ele deve ser da família do nosso pai.

31 E José disse: Não somente para vocês é dada força, pois também somos homens poderosos. E Judá disse a José: Deixe, eu lhe peço, nosso irmão partir, e não arruinaremos teu país neste dia.

32 E José respondeu e disse-lhes: Vão e digam a seu pai que uma besta má devorou-o, como vocês disseram sobre seu irmão José.

33 E Judá disse a seu irmão Naftali: Vá agora e numere todas as ruas de Mitzraim e volte e diga-me; e Simeão disse-lhe: Que esta coisa não seja um problema para ti; agora eu vou para o monte pegar uma grande pedra do monte e nivelar em cada um em Mitzraim e matar todos que estão nela.

34 E José ouviu todas estas palavras que seus irmãos falaram diante dele; e não sabiam que José entendia-os, pois eles imaginavam que ele não soubesse falar hebraico.

35 E José teve muito medo das palavras de seus irmãos porque eles iriam destruir Mitzraim; e ele mandou seu filho Manassés, dizendo: Vá agora apressa-te e traz até mim todos os habitantes de Mitzraim e todos os homens valentes junto e que eles venham a mim agora a cavalo e a pé e com todos os tipos de instrumentos musicais, e Manassés foi e assim fez.

36 E Naftali fez como Judá lhe ordenou, pois Naftali era rápido como um cavalo ligeiro e ele foi por entre as espigas de milho e não puderam alcançá-lo.

37 E ele foi e numerou todas as ruas de Mitzraim e contou as doze, e ele veio às pressas e disse a Judá; e Judá disse a seus irmãos: Apressem-se, cada um coloque sua espada sobre seus lombos, e nós iremos sobre Mitzraim e mataremos todos, e não deixem um remanescente permanecer.

38 E Judá disse: Eis que irei destruir três das ruas com minha força, e vocês devem cada um destruir uma rua; e quando Judá estava dizendo isto, eis que os habitantes de Mitzraim e todos os homens poderosos vieram em direção a eles, com todos os tipos de instrumentos musicais e gritando alto.

39 E seu número foi de quinhentos na cavalaria e infantaria de dez mil e quatrocentos homens que poderiam lutar sem espada ou lança, apenas com as mãos e a força que tinham.

40 E todos os homens poderosos vieram com grande assalto e gritando, e todos eles cercaram os filhos de Jacó e a terra tremeu ao som de seus gritos.

41 E quando os filhos de Jacó viram estas tropas, eles tiveram muito medo por suas vidas, e José fez isto para aterrorizar os filhos de Jacó para que se acalmassem.

42 E Judá, vendo alguns dos seus irmãos aterrorizados, disse-lhes: Porque estão com medo, uma vez que Ulhim (Deus) está conosco? E quando Judá viu todos os povos de Mitzraim ao redor sob o comando de José para aterrorizá-los, somente José ordenou-lhes, dizendo: Não toquem em qualquer um deles.

43 Em seguida, Judá apressou-se e puxou a sua espada e soltou um grito alto e amargo e ele bateu com sua espada, e ele saltou em terra, e ele ainda continuou a gritar contra todas as pessoas.

44 E quando ele fez esta coisa, o Senhor fez o terror por Judá e seus irmãos cair sobre os valentes homens e todas as pessoas que os cercavam.

45 E todos eles fugiram ao som do grito, e eles ficaram apavorados, e caíram uns sobre os outros, e muitos deles morreram quando caíram, e eles todos fugiram de diante de Judá e seus irmãos e de diante de José.

46 E enquanto eles estavam fugindo, Judá e seus irmãos perseguiram-nos até à casa de Faraó, e todos eles escaparam. Judá novamente sentou-se diante de José, rugiu como um leão e deu um grito grande e tremendo.

47 E o grito foi ouvido à distância, e todos os habitantes de Succoth ouviram-no, e todo Mitzraim tremeu ao som do grito, e também as paredes de Mitzraim e da terra de Goshen caíram pela agitação da terra. Faraó também caiu do seu trono sobre o chão e também todas as mulheres grávidas de Mitzraim e Goshen abortaram quando ouviram o ruído do terremoto, pois ficaram apavoradas.

48 Faraó enviou palavra, dizendo: O que é isto que aconteceu neste dia na terra de Mitzraim? E eles

vieram e disseram-lhe todas as coisas do começo ao fim; e faraó ficou alarmado, se questionou e teve muito medo.

49 E seu medo aumentou quando ele ouviu todas estas coisas, e ele chamou José, dizendo: Tu trouxeste a mim hebreus para destruir toda Mitzraim; o que você fará com um escravo ladrão? Mande-o embora e deixe-o ir com seus irmãos, e não nos deixe perecer através seu mal, mesmo nós, você e toda Mitzraim.

50 Se tu não desejares fazer isto, tirem de ti todas as minhas coisas valiosas, e vá com eles à sua terra, se tu gostas deles, pois eles neste dia destruirão todo o meu país e matarão todo o meu povo; até mesmo as mulheres de Mitzraim abortaram devido a seus gritos; veja o que eles fizeram apenas com seus gritos e falando. Por outro lado, se eles lutarem com a espada, destruirão a terra; agora, portanto, escolhe o que tu desejas, se eu ou os hebreus; se Mitzraim ou a terra dos hebreus.

51 E eles vieram e disseram José todas as palavras de faraó e José ficou com muito medo das palavras de faraó e Judá e seus irmãos permaneceram ainda diante de José indignados e furiosos, e todos os filhos de Jacó rugiram a José, como o rugir do mar e suas ondas.

52 E José teve muito medo de seus irmãos e de faraó, e José procurou um pretexto para tornar-se conhecido a seus irmãos, antes que eles destruíssem toda Mitzraim.

53 E José mandou seu filho Manassés e ele correu e se aproximou de Judá, colocando sua mão sobre os seus ombros, mas a raiva de Judá permaneceu.

54 E Judá disse a seus irmãos: que ninguém de vocês diga que este é o ato de um jovem mitzri (egípcio), pois isso é o trabalho de um nascido da casa do meu pai.

55 E José, vendo e sabendo que a raiva de Judá permaneceu, se aproximou para falar com Judá suavemente.

56 E José disse a Judá: certamente você falou verdade em ter neste dia verificado suas afirmações sobre sua força; que o seu Deus, que se agrada em você, aumente sua saúde. Mas diga-me verdadeiramente por que, de entre todos os teus irmãos, só tu pelejas comigo por conta do rapaz e nenhum deles falou uma palavra para mim que lhe digam respeito.

57 E Judá respondeu a José dizendo: Certamente tu deves saber que eu fiquei de segurança para o rapaz para seu pai, dizendo: Se eu não o trouxesse, eu deveria ter a culpa para sempre.

58, Portanto, eu me aproximei a ti, de entre todos os meus irmãos, porque eu vi que tu não estavas dispostos a deixá-lo ir de ti. Agora, portanto, possa eu achar favor em teus olhos para que tu o mandes ir com a gente, e eis que eu serei como um substituto para ele, e te servirei em tudo o que desejares, pois onde quer que me envies, irei te servir com grande energia.

59 Envia-me agora para um rei poderoso que tem se rebelado contra ti, e tu sabes o que eu irei fazer à sua terra; embora ele possa ter cavalaria e infantaria ou um número grande de pessoas poderosas, vou matar todos eles e trazer a cabeça do rei diante de ti.

60 Não sabes tu ou não ouviste, que nosso pai Abraão com seu servo Eliazer derrotou todos os reis de Elão com seus anfitriões em uma noite e eles não deixaram nenhum restante? E desde esse dia a força do nosso pai foi dada para nós como uma herança, para nós e nossas sementes para sempre.

61 E José respondeu e disse: Você fala verdade e falsidade não está em sua boca, pois também foi dito para nós que os hebreus têm poder e que o Senhor seu Criador se agrada muito neles; quem então será contras eles?

62. No entanto, nesta condição eu enviarei seu irmão, se você trouxer diante de mim o filho de sua mãe, de quem você disse que ele tinha ido de você para Mitzraim; e ele deve vir a passar quando você trouxer a mim seu irmão irá levá-lo em seu lugar, porque nenhum de vocês foi segurança para ele para com seu pai, e quando ele vier até mim, eu vou então enviar com você seu irmão para quem no qual você ficou como segurança.

63 E raiva de Judá se acendeu contra José quando falou isto, e de seus olhos caíram sangue devido à raiva, e ele disse a seus irmãos: Como este homem busca neste dia sua própria destruição e de toda Mitzraim!

64 E Simeão respondeu a José, dizendo: Nós não dissemos a ti antes que não sabíamos o ponto exato pelo qual ele passou, e se ele estava morto ou vivo e, portanto, como meu senhor fala estas

coisas?

65 E José observou o semblante de Judá reconhecendo-o e sua raiva começou a abrandar, quando ele falou-lhe, dizendo: Traga a mim seu outro irmão em vez deste irmão.

66 E José disse a seus irmãos: Certamente vocês disseram que seu irmão estava morto ou perdido; agora se eu o chamasse neste dia, e ele devesse vir diante de vocês, vocês se entregariam a mim em vez de seu irmão?

67 José começou a gritar: José, José, venha neste dia diante de mim e de teus irmãos e sente-se diante deles.

68 E quando José falou isto diante deles, olharam cada um a para um lado, para ver de onde José viria.

69 E José observou todos os seus atos, e disse-lhes: Por que vocês olham aqui e ali? Eu sou José, a quem venderam para Mitzraim; agora, portanto, não chorem por terem me vendido, pois foi para um apoio durante a fome que Deus enviou a vocês.

70   E seus irmãos ficaram aterrorizados por ele quando ouviram as palavras de José; e Judá ficou extremamente aterrorizado com ele.

71 E quando Benjamim ouviu as palavras de José, ele foi diante dele na parte interna da casa e Benjamim correu a José seu irmão e o abraçou, e caiu sobre seu pescoço e eles choraram.

72 E quando os irmãos de José viram que Benjamim tinha caído sobre o pescoço do irmão e chorou com ele, eles também caíram sobre José e o abraçaram, e eles choraram muito com José.

73 E a novidade foi ouvida na casa de José, que eram seus irmãos; e isto agradou a faraó excessivamente, pois ele teve medo deles pelo fato de poderem destruir Mitzraim.

74 E faraó enviou seus servos para José para felicitá-lo sobre seus irmãos que tinham chegado a ele e todos os comandantes dos exércitos e as tropas que estavam em Mitzraim vieram para se alegrar com José e Mitzraim inteira muito alegrou-se sobre os irmãos de José.

75 E faraó enviou seus servos para José, dizendo: Diz a teus irmãos para buscar todos os pertencentes deles, e deixe que eles venham até mim e eu vou colocá-los na melhor parte das terras de Mitzraim; e eles o fizeram.

76 E José ordenou que os de sua casa trouxessem os presentes de seus irmãos e vestuário, e trouxe-lhes muitas roupas sendo vestes reais e muitos presentes, e José os dividiu entre seus irmãos.

77 E ele deu a cada um dos seus irmãos uma peça de vestuário de ouro e prata e trezentas peças de prata; e José mandou todos eles para colocarem o vestuário, para serem trazidos diante de faraó.

78   Faraó vendo que os irmãos de José eram todos homens valentes e belos em aparência, ele exultou grandemente.

79 E eles mais tarde saíram da presença de faraó para ir para a terra de Canaan, para seu pai, e seu irmão Benjamim foi com eles.

80 E José deu-lhes onze carros de faraó, e deu-lhes sua carruagem, sobre a qual ele andou no dia da sua coroação em Mitzraim, para buscar seu pai para Mitzraim Egito; e José enviou para as crianças de todos os seus irmãos, vestuário de acordo com seus números e cem peças de prata para cada um deles. Também enviou peças de roupas para as esposas de seus irmãos, vestuário da esposa do rei.

81 E ele deu a cada um dos seus irmãos dez homens para ir com eles para a terra de Canaan para servi-los, para servir a seus filhos e todos que lhes pertenciam na vinda para Mitzraim.

82 E José enviou pela mão do seu irmão Benjamim, dez trajes de vestuário para seus dez filhos, uma parte acima do resto dos filhos de Jacó.

83 E enviou a cada um, cinquenta peças de prata e dez carruagens na conta de faraó. Ele enviou para seu pai dez burros carregados com todos os luxos de Mitzraim e outros dez burros carregados com milho e pão e nutrição para seu pai e a todos os que estavam com ele; assim como deu a eles provisões para comerem na estrada.

84 E ele enviou à sua irmã Dina vestuário de prata e ouro, incenso e mirra, aloés e ornamentos femininos em grande abundância; e enviou o mesmo das esposas de faraó, para as esposas de Benjamim.

85 E ele deu a todos os seus irmãos, também para suas esposas, todos os tipos de pedras de ônix e

obdellium e de todas as coisas valiosas entre o grande povo de Mitzraim e nada de todas as coisas caras foi deixada, do que José enviou para casa de seu pai.

86 E enviou os seus irmãos, e eles foram, e ele enviou seu irmão Benjamim com eles.

87 E José saiu com eles para acompanhá-los na estrada até as fronteiras de Mitzraim e ele ordenou-lhes sobre seu pai e seus agregados familiar, dizendo para virem a Mitzraim (Egito).

88 E ele disse-lhes: Não briguem na estrada, pois esta coisa veio de Yaohuh (Deus) para nos livrar da fome, pois haverá ainda cinco anos de fome na terra.

89 E comandou-os, dizendo: Quando vocês chegarem à terra de Canaan, não vão de repente diante de meu pai nesta questão, mas ajam em sua sabedoria.

90 E José deixou de instruí-los e ele virou-se e voltou para Mitzraim; e os filhos de Jacó foram para a terra de Canaan, com alegria e contentamento para seu pai Jacó.

91 E eles vieram até as fronteiras da terra e disseram uns aos outros: o que é que vamos fazer neste assunto diante de nosso pai; se falarmos subitamente a ele e dissermos isto, ele ficará muito alarmado com as nossas palavras e não vai acreditar em nós.

92 E eles foram até que eles chegaram quase até suas casas e encontraram Serach, a filha de Asher, vindo para encontrá-los, e a donzela era muito boa e sutil, e sabia tocar harpa.

93 E chamaram-lhe e ela veio diante deles, e ela beijou-os e eles a pegaram e deram-lhe uma harpa, dizendo: Vá agora diante de nosso pai e senta-te diante dele, e toque a harpa, e fala essas palavras.

94 E eles mandaram-na para ir para sua casa, e ela pegou a harpa e apressou-se diante deles e ela veio e sentou- se perto de Jacó.

95 E tocou bem e cantou e soltou na doçura das suas palavras: José, meu tio, está vivo, e ele governa em toda a terra de Mitzraim, e não está morto.

96 E ela continuou a repetir e proferir estas palavras, e Jacó ouviu suas palavras e elas foram agradáveis a ele.

97 Escutou enquanto ela repetiu-lhe duas vezes e três vezes; então a alegria entrou no coração de Jacó por causa da doçura das suas palavras, e o Espírito de Deus estava sobre ele e sabia que todas as palavras dela eram verdade.

98 E Jacó abençoou Serach quando ela falou estas palavras diante dele, e ele disse: Minha filha, que a morte nunca prevaleça sobre ti, pois tu reviveste meu espírito; apenas fale ainda diante de mim como tens falado, pois tu me alegras com todas as tuas palavras.

99 E ela continuou a cantar essas palavras e Jacó ouviu; e isto o encheu de prazer e se alegrou, e o Espírito de Deus estava sobre ele.

100 Enquanto ele ainda estava falando com ela, chegaram seus filhos com cavalos e carruagens e vestuário real e servos andando diante deles.

101 E Jacó levantou-se para encontrá-los e os viu vestidos com vestuário real; e ele viu todos os tesouros que José tinha enviado para eles.

102 E disseram-lhe: Seja informado que nosso irmão José está vivo, e é ele quem governa em toda a terra de Mitzraim. Foi ele quem falou a nós como nós te dissemos.

103 E Jacó ouviu todas as palavras de seus filhos e seu coração palpitou devido a suas palavras, pois ele não podia acreditar, até que ele viu o que José lhes tinha dado, e o que ele havia enviado a ele e todos os sinais que José havia dito a eles.

104 E eles abriram diante dele, e mostraram-lhe tudo o que José tinha enviado. E ele soube que eles tinham falado a verdade e se alegrou excessivamente por causa de seu filho.

105 E Jacó disse: é suficiente para eu saber que meu filho José ainda está vivo; vou vê-lo antes de morrer.

106 E seus filhos lhe disseram tudo que tinha acontecido e Jacó disse: Eu vou a Mitzraim para ver meu filho.

107 E Jacó levantou-se e colocou o vestuário que José tinha lhe enviado e depois de ter se lavado, ele cortou o cabelo, colocou sobre sua cabeça o turbante que José tinha enviado a ele.

108 E todas as pessoas da casa de Jacó e suas esposas colocam suas roupas que José tinha enviado para eles e eles muito se alegraram em José ainda estar vivo, e dele estar governando Mitzraim.

109 E os habitantes de Canaan ouviram sobre isto, e vieram e se alegraram com Jacó por ele ainda estar vivo.

110 E Jacó fez uma festa para eles durante três dias, e todos os reis de Canaan e nobres da terra comeram e beberam e exultaram na casa de Jacó.

* * *

54:1 - Depois de ver a prisão de Benjamim, Judá quebra a porta e se apresenta com seus irmãos diante de José.

54:10-12 - Registro do início da violenta discussão entre José e seu irmão Judá.

54:36 - Essa velocidade de Naftali seria apresentada em outras narrativas do Livro do Justo (38:12,13/39:62/56:59) e seu pai Jacó a menciona quando abençoa seu filho pouco antes de sua morte, comparando-o a uma "gazela solta" (Gênesis 49:21), animal cuja velocidade pode atingir incríveis 100 quilômetros por hora (km/h).

54:46 – Judá rugiu como um leão! Interessante notar que a imagem de um leão era usada no estandarte da tribo de Judá em suas incursões militares. O próprio Jesus é também denominado como o Leão da tribo de Judá. (Apocalipse 5:5)

54:50 - Faraó temia os filhos de Jacó, reconhecendo que aqueles 10 homens seriam capazes de destruir o Egito.

54:56-58 - Judá estava disposto a ser prisioneiro de José em lugar de seu irmão Benjamim. (Gênesis 44:32-34)

54:66-70 - Em uma narrativa ricas em detalhes, José finalmente se revela a seus irmãos.

54:71-73 - A revelação de José é marcada por fortes emoções entre os 12 filhos de Jacó; sabendo da notícia, o rei do Egito sente-se aliviado, pois temia os filhos de Jacó. (Gênesis 45:14-16)

54:105 - Ouvindo que José estava vivo, Jacó decide ir ao Egito para ver seu filho. (Gênesis 45:28)

CAPÍTULO 55
O SENHOR ORDENA A JACÓ PARA IR AO EGITO

1 E depois disto Jacó disse: Vou ir e ver o meu filho em Mitzraim (Egito) e em seguida voltarei para a terra de Canaã no que Deus disse a Abraão, porque eu não posso deixar a terra do meu local de nascimento.

2 Eis que a palavra de Deus veio-lhe, dizendo: Vá para o Egito com toda a tua casa e permaneçam lá; não tenham medo de descer para o Egito, pois lá o farei uma grande nação.

3 E Jacó disse dentro de si mesmo: Vou ir e ver meu filho para saber se o temor de seu Deus esta ainda em seu coração por causa do povo de Mitzraim (Egito).

4 E Deus disse a Jacó: Não temas por José, pois ele ainda mantém sua integridade em me servir, como será bem visto diante de ti; e Jacó exultou excessivamente por seu filho.

5 Naquela época, Jacó mandou seus filhos e família irem ao Egito, de acordo com a palavra de Deus a ele.

Jacó levantou-se com seus filhos e seu agregado familiar e saiu da terra de Canaã, de Beershebah (Berseba), com alegria e felicidade no coração, e eles foram para a terra de Mitzraim.

6 E veio passar quando eles estavam perto de Mitzraim (Egito), Jacó enviou Judá antes dele até José

para que ele pudesse mostrar-lhe a situação em Mitzraim; e Judá fez de acordo com a palavra de seu pai, e apressou-se e correu e veio a José, e eles deram para eles um lugar na terra de Goshen para toda sua família; e Judá retornou e veio ao longo da estrada a seu pai.

7 E José tomou a carruagem e reuniu todos os seus homens poderosos e seus servos e todos os oficiais de Mitzraim (Egito) para irem encontrar-se com seu pai Jacó, e uma ordem de José foi proclamada no Egito, dizendo: Todos os que não forem conhecer Jacó, morrerão.

8 E no dia seguinte, José saiu por toda Mitzraim com um grande e poderoso exército, todos vestidos com roupas de linho fino e púrpura e com instrumentos de ouro e prata e com armas de guerra com eles.

9 E todos foram encontrar Jacó com todos os tipos de instrumentos musicais, com bateria e tamborins, aspergindo mirra e aloés ao longo da estrada; e eles foram segundo sua moda e a terra chocou com seus gritos.

10 E todas as mulheres de Mitzraim (Egito) foram sobre os telhados de suas casas e sobre as paredes para conhecer Jacó; e sobre a cabeça de José estava uma coroa régia do faraó; e eis que faraó tinha enviado-lhe para colocar no momento que estivesse indo encontrar seu pai.

11 E quando José estava entre cinquenta cúbitos de seu pai, ele desceu da carruage e caminhou em direção a seu pai, e quando todos os oficiais de Mitzraim e seus nobres viram que José tinha ido a pé em direção a seu pai, eles também foram e andaram a pé em direção a Jacó.

12 E quando Jacó se aproximou dos soldados de José, Jacó observou os soldados que estavam vindo em direção a ele com José e gratificou-o muito. E Jacó ficou espantado com eles.

13 E Jacó disse a Judá: Quem é este homem que vejo no exército do Egito vestido em traje majestoso, com uma roupa muito vermelha e uma coroa real sobre sua cabeça, que desceu de sua carruagem e está vindo em direção a nós? E Judá respondeu a seu pai,dizendo: Ele é o teu filho José, o rei! E Jacó exultou em ver a honra do seu filho.

14 E José veio a seu pai, e ele curvou-se diante de seu pai e todos os homens do exército curvaram-se no chão com ele, diante de Jacó.

15 E eis que Jacó correu a seu filho José e caiu sobre seu pescoço, e beijou-o; e eles choraram, e José também abraçou seu pai e beijou-o e eles choraram. E todas as pessoas de Mitzraim (Egito) choraram com eles.

16 Jacó disse a José: agora vou morrer com alegria depois de ter visto tua face, pois ainda vives e com honra.

17 E os filhos de Jacó, suas esposas, seus filhos. seus servos e todos os da casa de Jacó choraram muito com José, e beijaram-no e choraram muito com ele.

18 E José e todos do seu povo voltaram então mais tarde para casa em Mitzraim, e Jacó e seus filhos e todos os filhos do seu agregado familiar, vieram com José para Mitzraim (Egito), e José colocou-os na melhor parte do Egito, na terra de Goshen.

19 E José disse a seu pai e seus irmãos: Vou ir e dizer a faraó, assim: Meus irmãos e a casa do meu pai e todos os que pertencem a eles, vieram até mim, e eis que eles estão na terra de Goshen.

20 E José assim fez, e tomou seus irmãos Ruben, Issachar Zebulom e seu irmão Benjamim e ele colocou-os diante de faraó.

21 E José falou a faraó, assim: Meus irmãos e a casa do meu pai e todos que lhes pertençam, juntamente com seus rebanhos e gado, vieram a mim da terra de Canaã para permanecer em Mitzraim, pois a fome está severa sobre eles.

22 E o faraó disse a José: Coloque teu pai e irmãos na melhor parte da terra; não lhe prive de nada do que é bom, e os leve a comer da gordura da terra.

23 E José respondeu, dizendo: Eis que eu os coloquei na terra de Goshen, pois eles são pastores; portanto que eles permaneçam em Goshen para alimentar seus rebanhos longe dos mitzri (egípcios).

24 E faraó disse a José: Faça para teus irmãos tudo o que eles disserem a ti; e os filhos de Jacó curvaram-se diante de faraó, e eles saíram em paz e José depois trouxe seu pai diante de faraó.

25 E Jacó veio e curvou-se diante de faraó, e Jacó abençoou faraó e ele então saiu; e Jacó e todos os

seus filhos e sua família moraram na terra de Goshen.

26 No segundo ano, que é o ano cento e trinta da vida de Jacó, José sustentou seu pai, seus irmãos e o seu agregado familiar com pão, todos os dias da fome; nada lhes faltou.

27 E José deu-lhes a melhor parte da terra inteira; o melhor de Mitzraim (Egito) tiveram em todos os dias de José; e José também deu-lhes a todos da casa de seu pai, roupas e vestuário de ano em ano; e os filhos de Jacó permaneceram com segurança em Mitzraim em todos os dias do seu irmão.

28 E Jacó sempre comeu na mesa de José. Jacó e seus filhos não deixaram a mesa de José dia ou noite, além das crianças de Jacó que comiam em suas casas.

29 E toda Mitzraim (Egito) comeu pão durante os dias da fome da casa de José, pois todos os mitzri (egípcios) venderam tudo que lhes pertenciam devido à fome.

30 E José comprou todas as terras e campos de Mitzraim para faraó, e José forneceu pão para o Egito todos os dias da fome, e José recolheu a prata e o ouro que vinham até ele por milho que eles compraram em toda a terra, e ele acumulou muito ouro e prata, além de uma quantidade de pedras de ônix, obdellium e vestuário valioso que eles traziam a José de todas as partes da terra quando seu dinheiro foi gasto.

31 E José tomou a prata e o ouro que entrou em sua mão, cerca de setenta e dois talentos de ouro e prata e também pedras de ônix e obdellium em grande abundância. José pegou e o ocultou em quatro partes; e ele escondeu uma parte no deserto, perto do Mar Vermelho; e uma parte no rio Perath; e a terceira e quarta parte ele escondeu no deserto oposto ao deserto da Pérsia e dos Medos.

32 E pegou uma parte de ouro e prata que foi deixado e deu para todos os seus irmãos e a toda casa de seu pai, e as mulheres da casa de seu pai; e o resto trouxe para a casa de faraó, cerca de vinte talentos de ouro e prata.

33 E José deu todo o ouro e prata que permaneceram a faraó, e colocou-o no tesouro de faraó. E os dias da fome cessaram depois disto na terra; e eles semearam e colheram na terra inteira e obtiveram sua quantidade usual por ano; e não lhes faltava nada.

34 E José habitou em segurança na terra do Egito e a terra inteira estava sob seus conselhos; e o seu pai e todos os seus irmãos habitavam na terra de Goshen e tomaram posse dela.

35 E José ficou muito velho e avançado em dias, e seus dois filhos, Efraim e Manassés, mantiveram-se constantemente na casa de Jacó, juntamente com as crianças dos filhos de Jacó, seus irmãos, para aprenderem os caminhos do Senhor (Yaohuh) e a sua Lei.

36 E Yaohuhcaf (Jacó) e seus filhos habitaram na terra de Mitzraim, na terra de Goshen, e eles tomaram posse da mesma, e eles foram frutíferos e multiplicaram-se nela.

* * *

55:1,2 - Crendo na promessa divina de que a semente de Abraão herdaria a terra de Canaã, Jacó planeja visitar a José e regressar a terra prometida. Deus, no entanto, ordena que ele permaneça no Egito. (Gênesis 46:1-4)

55:8-15 - Detalhes da narrativa do encontro entre Jacó e seu filho José. (Gênesis 46:29)

55:23 - Os irmãos de José precisavam alimentar seus rebanhos longe dos egípcios porque aquele povo achava ser desprezível e mesmo abominável o ofício de pastor de ovelhas. (Gênesis 46:34)

55:35 - Os filhos de José passam a frequentar a casa de seu avô Jacó para aprender os caminhos do Senhor.

CAPÍTULO 56
DEPOIS DE HABITAR 17 ANOS NO EGITO, JACÓ MORRE

1 E Jacó viveu na terra do Egito dezessete anos, e os dias de Jacó e os anos de sua vida foram 147 anos.

2 Naquela época Jacó foi atacado com uma doença da qual ele morreu, e ele mandou chamar por seu filho José em Mitzraim (Egito) e seu filho José veio a seu pai.

3 E Jacó disse a José e a seus filhos: Eis que eu morrerei, e o Deus de seus ancestrais irá visitá-los e levá-los de volta para a terra, que o Senhor jurou dar-vos, e aos seus filhos; agora pois, quando eu estiver morto, enterrem- me na caverna que está em Macpela, em Hebrom, na terra de Canaan, perto de meus antepassados.

4 E Jacó fez seus filhos jurarem enterrá-lo em Macpela, em Hebrom, e seus filhos juraram-lhe sobre isto.

5 E ordenou-os, dizendo: Sirvam a Deus vosso Criador, pois Aquele que livrou seus pais, também irá livrá-los de todos os problemas.

6 E Jacó disse: Chamem todos os seus filhos a mim . E todos os filhos dos filhos (netos) de Jacó vieram e sentaram-se diante dele; e Jacó abençoou-os, e ele disse-lhes: Que o Deus de seus pais concedam-lhes mil vezes mais, e te abençoem, e que Ele possa dar-lhes a bênção de seu pai, Abraão; e todos os filhos dos filhos de Jacó saíram naquele dia, depois dele os ter abençoado.

7 E no dia seguinte, Jacó chamou novamente por seus filhos, e eles todos reuniram-se e vieram a ele e sentaram-se diante dele, e Jacó naquele dia abençoou seus filhos antes de sua morte. Cada homem ele abençoou de acordo com a sua bênção. Eis que isto está escrito no livro da Lei de Deus relativos a Yaoshorul (Israel).

8 E Jacó disse a Judá: Eu sei meu filho, que tu és um homem poderoso para teus irmãos; reina sobre eles e teus filhos reinarão sobre seus filhos para sempre.

9 Ensina apenas a teus filhos o uso do arco e de todas as armas de guerra, a fim de que eles possam combater nas batalhas de seus irmãos que governem sobre seus inimigos.

10 E Jacó comandou novamente seus filhos nesse dia, dizendo: Eis que estarei neste dia reunindo-me ao meu povo; levem-me de Mitzraim (Egito) e enterrem-me na caverna de Macpela como eu vos mandei.

11 Prestem atenção, pois peço que nenhum dos vossos filhos me carregue, mas apenas vocês. E esse é o modo como vocês devem me fazer, quando vocês levarem meu corpo para a terra de Canaan, para me enterrarem.

12 Yaohuhdah (Judá), Issachar e Zebulom incluídos carregarão meu caixão do lado oriental; Ruben, Shamiul (Simeão) e Gad no sul; Ephraim, Manasseh e Benyamim no ocidental; Dan, Asher e Naftali no norte.

13 Não deixem Levi levar com vocês, pois ele e seus filhos levarão a Arca da Aliança de Deus com os israelitas no acampamento, nem deixem José meu filho levar, pois ele é um rei; então deixe-o em sua honra. Efraim e Manasseh devem estar em seu lugar.

14 Assim vocês devem fazer a mim quando vocês me levarem; não negligenciem qualquer coisa de tudo o que eu mandei a vocês; e quando isto passar ao fazerem a mim, que o Senhor se lembre favoravelmente de vocês e seus filhos depois de vocês para sempre.

15 E vocês, meus filhos, honre cada um seu irmão e seus parentes, e mandem seus filhos e os filhos de seus filhos após vocês servir a Yaohuh, o Deus de seus antepassados, todos os dias.

16 Para que vocês possam prolongar seus dias na terra, vocês e seus filhos e os filhos de seus filhos devem sempre fazer o que é bom e reto aos olhos de Deus, vosso Senhor, andando em todos os seus caminhos.

17 E tu, meu filho José, perdoa, peço, os erros de teus irmãos e todas as suas transgressões, e o prejuízo que eles jogaram sobre ti, pois o Senhor permitiu isto, para teu benefício e benefício de teus filhos.

18   E meu filho, não abandones teus irmãos aos habitantes de Mitzraim, nem machuque seus sentimentos, pois eis que eu os consigno na mão do Senhor e na tua mão, para protegê-los dos mitzri (egípcios); e os filhos de Jacó responderam a seu pai dizendo: Oh nosso pai, tudo o que tu nos ordenaste, assim vamos fazer; para que Deus esteja conosco.

19 E Jacó disse a seus filhos: Assim Deus estará com vocês, quando vocês se mantiverem em todos os seus caminhos; não saíam de seus caminhos, ou para a direita, ou para a esquerda, e façam o que é bom e reto aos seus olhos.

20 Porque sei que muitos e graves problemas irão acontecer nos últimos dias na terra; sim, a seus filhos e os filhos de seus filhos; apenas sirvam a Deus e Ele irá salvar vocês de todos os problemas.

21 E isto virá a se passar quando vocês estiverem seguindo a Deus e a servi-lo e vão ensinar seus filhos depois de vocês, e os filhos de seus filhos a conhecerem a Deus; e então Deus levantará de seus filhos um servo de entre seus filhos, e Deus vai livrar vocês através de sua mão de todas as tribulações, e trazê-los para fora de Mitzraim e trazê-los para o terra de seus pais, para herdá-la com segurança.

22 E Jacó terminou de ordenar seus filhos, e colocou seus pés na cama, e morreu, e foi levado para seu povo.

23 E José caiu sobre seu pai e chorou sobre ele, e beijou-o, e ele gritou com voz amarga: Ó meu pai, meu pai.

24 E as esposas de seus filhos e sua família vieram e caíram sobre Jacó, e eles choraram sobre ele, e choraram em voz muito alta sobre Jacó.

25 E todos os filhos de Jacó levantaram-se juntos e eles rasgaram suas vestes. E todos eles colocaram pano de saco sobre seus lombos e eles caíram em seus rostos e lançaram poeira sobre suas cabeças para os céus.

26 E o acontecido foi dito à Osnath, esposa de José, e levantou-se e colocou um pano de saco; e ela com todas as mulheres mitzri (egípcias) com ela vieram e choraram por Jacó.

27 E também todas as pessoas de Mitzraim que conheciam Jacó vieram todos no mesmo dia quando ouviram isto e toda Mitzraim chorou por muitos dias.

28 E também da terra de Canaan, as mulheres vieram a Mitzraim quando ouviram que Jacó estava morto, e elas choraram por ele em Mitzraim por setenta dias.

29 E aconteceu depois disto que José ordenou seus servos, os médicos, a embalsamar seu pai com mirra e incenso e todo o tipo de incenso e perfumes. E os médicos embalsamaram Jacó como José havia ordenado.

30 E todas as pessoas do Egito e os anciãos e todos os habitantes da terra de Goshen, choraram e lamentaram por Jacó; e todos os seus filhos e os filhos do seu agregado familiar lamentaram e choraram por seu pai Jacó por muitos dias.

31 E depois que os dias de seu choro passaram, no final de setenta dias, José disse a faraó: Vou enterrar a meu pai na terra de Canaan, como ele me fez jurar, e, em seguida, vou voltar.

32 E faraó enviou José, dizendo: Vá e enterre teu pai, como ele disse e como ele o fez jurar. José levantou-se com todos os seus irmãos para ir para a terra de Canaan para enterrar seu pai Jacó como ele ordenou-lhes.

33 E faraó ordenou que fosse proclamado em toda Mitzraim, dizendo: Quem não for com José e seus irmãos para a terra de Canaan para enterrar Jacó, morrerá.

34 E toda Mitzraim ouviu a proclamação do faraó, e todos eles levantaram-se juntos e todos os servos de faraó e as pessoas idosas de sua casa e todos os sábios da terra de Mitzraim foram com José; e todos os funcionários e nobres do faraó foram com os servos de José e foram para enterrar Jacó na terra de Canaan.

35 E os filhos de Jacó transportaram o caixão sobre a qual ele jazia; de acordo com tudo o que seu pai ordenou- lhes, assim fizeram seus filhos a ele.

36 E o caixão era de ouro puro e foi incrustado com pedras de ônix e obdellium; e a cobertura do caixão era de ouro batido, unido com cadarços e sobre eles haviam ganchos de pedras e obdellium.

37 E José colocou sobre a cabeça de seu pai Jacó uma grande coroa dourada, e ele colocou um cetro

de ouro em sua mão; e eles cercaram o caixão, como era o costume dos reis durante suas vidas.

38 E todas as tropas de Mitzraim passaram diante dele nessa matriz : em primeiro lugar todos os homens poderosos de faraó e os valentes de José e depois o resto dos habitantes de Mitzraim. E eles foram todos cingidos com espadas e equipados com casacos de assalto e as armas da guerra estavam sobre eles.

39 E todos os que choravam e estavam enlutados foram a uma distância oposta ao caixão, indo e chorando e lamentando; e o resto do povo seguia o caixão.

40 E José e seus agregados foram juntos perto do caixão descalços e chorando e o resto dos servos de José foram em torno dele; cada homem tinha seus ornamentos sobre si e estavam armados com armas de guerra.

41 E cinquenta servos de Jacó passaram à frente do caixão e eles jogaram ao longo da estrada mirra e aloés e todo o tipo de perfume. Todos os filhos de Jacó que carregavam o caixão andaram sobre o perfume e os servos de Jacó foram diante deles jogando o perfume ao longo da estrada.

42 E José foi com um pesado exército e eles fizeram depois conforme seu jeito todos os dias até chegarem na terra de Canaan; e eles vieram para a eira de Atad, que era do outro lado da Jordânia, e eles choraram um grande e pesado luto naquele lugar.

43 E todos os reis de Canaan ouviram falar disto. E todos eles saíram, cada homem de sua casa, trinta e um reis de Canaan, e todos eles vieram com seus homens para chorar e lamentar sobre Jacó.

44 E todos estes reis contemplaram o caixão de Jacó, e eis que a coroa de José estava sobre Jacó. Eles também colocaram suas coroas sobre o caixão, e cercaram-no com coroas.

45 E todos estes reis fizeram naquele lugar um pesado e grande luto com os filhos de Jacó e com os egípcios em honra a Jacó, pois todos os reis de Canaan conheciam o valor de Jacó e seus filhos.

46 E a notícia chegou a Esaú, dizendo: Jacó morreu no Egito e seus filhos e toda Mitzraim estão transportando-o para terra de Canaan para enterrá-lo.

47 E Esaú ouviu e ele estava habitando no Monte Seir. Então levantou-se com os seus filhos e todo seu povo, e todos os do seu agregado familiar, um povo extremamente grande, vieram lamentar e chorar sobre Jacó.

48 E veio Esaú e chorou por seu irmão Jacó; e Mitzraim e toda Canaan, todos novamente choraram um grande luto com Esaú por Jacó naquele lugar.

49 E José e seus irmãos levaram seu pai Jacó daquele lugar; e eles foram para Hebron para enterrar Jacó na caverna de seus pais.

50 E eles vieram a Kireath-arba, para a caverna, e assim que eles chegaram, Esaú ficou com os seus filhos contra José e seus irmãos como um obstáculo na caverna, dizendo: Jacó não deve ser enterrado nela, pois ela pertence a nós e ao nosso pai.

51 E José e seus irmãos ouviram as palavras dos filhos de Esaú, e eles ficaram extremamente irados, e se aproximou José até Esaú, dizendo: O que é essa coisa que eles dizem? Certamente meu pai Jacó comprou de ti por grandes riquezas após a morte de Isaac há vinte e cinco anos atrás. E também toda a terra de Canaan ele comprou de ti e de teus filhos, e da tua semente após ti.

52 E Jacó comprou para seus filhos e sua semente depois dele como uma herança para sempre, e por que tu falas estas coisas neste dia?

53 Esaú respondeu, dizendo-lhe: Tu falas falsamente, pois eu não vendi qualquer coisa pertencente a mim em toda esta terra, como tu dizes; nem meu irmão Jacó comprou algo pertencente a mim nesta terra.

54 E Esaú falou estas coisas para enganar José com suas palavras, pois sabia Esaú que José não estava presente naqueles dias quando Esaú vendeu todos os pertencentes a ele na terra de Canaan para Jacó.

55 E José disse a Esaú: Certamente meu pai inseriu estas coisas no registro de compra e testemunhou o registro com testemunhas, e eis que ele está no Egito.

56 E Esaú respondeu, dizendo-lhe: Traga o registro, tudo o que tu encontrares no registro, então vamos fazer.

57 E José chamou a Naftali seu irmão, e ele disse: rápido, faça o que te peço; vá para Mitzraim e

traga todos os registros: o registro da compra, o registro selado e o registro aberto, e também todos os primeiros registros em que todas as transações do direito de primogênitura estão escritos, que busques tu no Egito.

58 E tu trarás aqui até nós, para que saibamos todas as palavras de Esaú e seus filhos que eles falaram hoje.

59 E Naftali ouviu a voz de José e ele apressou-se e correu para ir para Mitzraim, e Naftali foi mais leve no pé do que qualquer um dos cervos do deserto, pois ele ia sobre as espigas de milho sem as comprimir.

60 E quando Esaú viu que Naftali tinha ido para buscar os registros, ele e seus filhos aumentaram sua resistência contra a caverna e Esaú e todos os seus subiram contra José e seus irmãos à batalha.

61 E os filhos de Jacó e o povo de Mitzraim lutaram com Esaú e seus homens. E os filhos de Esaú e seu povo foram derrotados diante dos filhos de Jacó e os filhos de Jacó derrubaram do povo de Esaú quarenta homens.

62 E Chushim, o filho de Dan, o filho de Jacó, estava naquele tempo com os filhos de Jacó, mas ele estava a aproximadamente cem côvados distante do local da batalha, pois ele permaneceu com as crianças dos filhos de Jacó e com o caixão para guardá-lo.

63 Chushim era surdo e mudo, ainda assim entendeu a voz de consternação entre os homens.

64 E ele perguntou, dizendo: Por que vocês não enterram o morto, e o que é esta grande consternação? E eles responderam-lhe com as palavras de Esaú e seus filhos; e ele correu a Esaú no meio da batalha e ele matou Esaú com uma espada. Ele cortou sua cabeça e a lançou à distância; e Esaú caiu entre as pessoas da batalha.

65 E quando Chushim fez isto, os filhos de Jacó prevaleceram sobre os filhos de Esaú, assim, os filhos de Jacó enterraram seu pai Jacó pela força na caverna; e os filhos de Esaú contemplaram isto.

66 E Jacó foi enterrado em Hebron, na caverna de Macpela, que tinha comprado Abraão dos filhos de Heth como posse de um local de enterro, e foi enterrado com trajes muito caros.

67 E nenhum rei tinha dado tal honra como José pagou a seu pai em sua morte, pois ele o enterrou com muita honra, como os sepultamentos dos reis.

* * *

56:7 - O Livro do Justo cita a narrativa de Gênesis, revelando que a bênção com a qual o patriarca Jacó abençoou a cada um de seus filhos está registrada no Livro da Lei. (Gênesis 49:1-28)

56:8,9 - Jacó orienta Judá a ensinar a seus filhos o uso do arco. As palavras de Jacó registradas no Livro do Justo foram citadas de forma direta pelo rei Davi. (II Samuel 1:18)

56:17 - Jacó pede a José que perdoe seus irmãos pelo mal que lhe fizeram. Pouco depois da morte de Jacó, seus filhos temem que José lhes faça mal e relembram o pedido de seu pai. (Gênesis 50:15-20)

56:21 - Após declarar a vocação de Levi e seus filhos (56:13), Jacó anuncia que Deus levantará entre seus descendentes um libertador - que seria o profeta Moisés - que os livraria das tribulações que viriam sobre eles no Egito, conduzindo-os a terra de Canaã.

56:33,34 - Por ordem de faraó, todos os habitantes do Egito foram à Canaã para sepultar ao patriarca Jacó.

56:43,44 - Todos os 31 reis de Canaã saem para participar do funeral de Jacó, depositando em seu caixão suas coroas. Representava de forma profética a conquista da terra prometida, quando Josué iria liderar os filhos de Israel e vencer em suas guerras a 31 reis cananeus. (Josué 12:7-24)

56:50-52 - Esaú vai ao encontro dos filhos de Jacó para impedi-los de enterrar o corpo de Jacó na caverna comprada por Abraão para esta finalidade. (Gênesis 23:16-18)

56:64 - Esaú é morto em batalha por um dos netos de Jacó, morrendo assim no dia do sepultamento de seu irmão.

CAPÍTULO 57
OS FILHOS DE ESAÚ FAZEM GUERRA AOS FILHOS DE JACÓ

1 E foi depois disso que os filhos de Esaú travaram guerra com os filhos de Jacó, em Hebrom; e Esaú ainda estava deitado morto e não havia sido enterrado.

2 A batalha foi pesada entre eles e os filhos de Esaú foram derrotados diante dos filhos de Jacó. E os filhos de Jacó mataram uma quantidade enorme dos filhos de Esaú, oitenta homens, e não morreu nenhum do povo dos filhos de Jacó; e a mão de José prevaleceu sobre todas as pessoas dos filhos de Esaú, e ele tomou Zepho, filho de Ulifaz, o filho de Esaú, e cinquenta de seus homens em cativeiro, e ele prendeu-os com correntes de ferro, e deram-lhes na mão dos seus servos para trazê-los para Mitzraim (Egito).

3 E quando os filhos de Jacó tinham aprisionado Zepho e seu povo, todos os da casa de Esaú que permaneceram ficaram com muito medo por suas vidas, pois que eles também seriam tomados em cativeiro e todos fugiram com Ulifaz, o filho de Esaú e seu povo, com o corpo de Esaú; e foram na estrada para a montanha de Seir.

4 E eles reuniram-se em Seir e enterraram Esaú em Seir, mas eles não tinham trazido sua cabeça com eles para Seir, pois ela foi enterrada no lugar onde a batalha ocorreu em Hebron.

5 E aconteceu que, quando os filhos de Esaú tinham fugido dos filhos de Jacó, os filhos de Jacó perseguiram-nos até as fronteiras de Seir, mas eles não mataram um único homem dentre eles, pois o corpo de Esaú que eles levavam consigo aumentou sua confusão, então eles fugiram e os filhos de Jacó voltaram, e vieram para o lugar onde seus irmãos estavam em Hebrom e lá permaneceram naquele dia e no dia seguinte, até que eles descansaram da batalha.

6 E no terceiro dia, os filhos de Esaú reuniram todos os filhos de Seir, o horeu, e eles reuniram todos os filhos do Oriente, uma multidão de pessoas como a areia do mar, e foram a Mitzraim para lutar com José e seus irmãos, a fim de livrar seus irmãos.

7 E José e todos os filhos de Jacó ouviram dizer que os filhos de Esaú e os seus filhos do Oriente vinham até eles para batalha para livrar seus irmãos.

8 José e seus irmãos e os homens fortes de Mitzraim saíram e lutaram na cidade de Ramsés. José e seus irmãos travaram uma tremenda batalha entre os filhos de Esaú e os filhos do Oriente.

9 E eles mataram deles seiscentos mil homens e mataram entre todos eles os valentes dos filhos de Seir, o horeu; somente alguns permaneceram e eles mataram também muitos dos filhos do Oriente e dos filhos de Esaú; e Ulifaz o filho de Esaú e os do Oriente, todos fugiram de diante de José e seus irmãos.

10 E José e seus irmãos perseguiram-nos até que eles chegassem à Succoth, e ainda mataram deles trinta homens em Succoth; e o restante fugiu e eles fugiram cada um para sua cidade.

11 E José e seus irmãos e os valentes de Mitzraim voltaram com alegria e júbilo de coração, pois que eles tinham ferido todos os seus inimigos.

12 E Zepho, o filho de Elifaz, e seus homens, ainda eram escravos em Mitzraim dos filhos de Jacó, e aumentaram suas dores.

13 E quando os filhos de Esaú e os filhos de Seir retornaram a sua terra, os filhos de Seir viram que eles tinham todos caídos nas mãos dos filhos de Jacó e do povo egípcio por causa da batalha dos filhos de Esaú.

14 E os filhos de Seir disseram aos filhos de Esaú: Vocês já viram e assim vocês sabem que esta campanha foi por vossa causa, e nenhum homem poderoso ou um adepto na guerra nos restou.

15 Agora, portanto, vão de nossa terra! Saiam de diante de nós para a terra de Canaan, a terra de habitação de seus pais; por que seus filhos devem herdar os efeitos dos nossos em dias futuros?

16 E os filhos de Esaú não ouviram os filhos de Seir, e os filhos de Seir consideraram fazer a guerra com eles.

17 E os filhos de Esaú secretamente foram ao rei Angeas da África, que o mesmo é Dinhabah, dizendo:

18 Envia até nós alguns dos teus homens e deixa-os chegar até nós, e nós vamos lutar juntos contra os filhos de Seir, o horeu, pois que eles resolveram lutar conosco, para nos expulsar da terra.

19 E Angeas, o rei de Dinhabah, assim fez, pois ele era naqueles dias amigável aos filhos de Esaú; e Angeas enviou quinhentos valentes de infantaria para os filhos de Esaú, e oitocentos de cavalaria.

20 Os filhos de Seir foram aos filhos do Oriente e até os filhos de Midian, dizendo: Vocês viram o que os filhos de Esaú fizeram a nós, sobre o qual fomos quase todos destruídos, em sua batalha com os filhos de Jacó.

21 Agora, portanto, vêm até nós e ajuda-nos e nós vamos combatê-los juntos, e nós vamos expulsá-los da terra, e vingar a causa de nossos irmãos que morreram por esta causa, em sua batalha com seus irmãos, os filhos de Jacó.

22 E todos os filhos do Oriente ouviram os filhos de Seir, e eles vieram-lhes em cerca de oitocentos homens com espadas desembainhadas, e os filhos de Esaú lutaram com os de Seir nesse momento no deserto de Paran.

23 E os filhos de Seir, então, prevaleceram sobre os filhos de Esaú, e os filhos de Seir mataram nesse dia dos filhos de Esaú nessa batalha, cerca de duzentos homens do povo do rei de Angeas de Dinhabah.

24 E no segundo dia, os filhos de Esaú vieram novamente para combater uma segunda vez com os filhos de Seir, e na batalha feriram os filhos de Esaú nesta segunda vez, muito devido aos filhos de Seir.

25 E quando os filhos de Esaú viram que os filhos de Seir foram mais poderosos do que eles; foram alguns homens dos filhos de Esaú viraram-se e ajudaram os filhos de Seir, seus inimigos.

26 E lá caíram ainda do povo dos filhos de Esaú na segunda batalha cinquenta e oito homens do povo do rei Angeas, de Dinhabah.

27 E no terceiro dia, os filhos de Esaú ouviram que alguns dos seus irmãos tinham virado para lutar contra eles na segunda batalha; e os filhos de Esaú choraram quando eles ouviram isto.

28 E eles disseram: O que faremos a nossos irmãos que viraram-se de nós para ajudar aos filhos de Seir, nossos inimigos? E os filhos de Esaú novamente foram ao rei de Angeas de Dinhabah, dizendo:

29 Envie para nós novamente outros homens, para que com eles possamos lutar contra os filhos de Seir, pois foram já duas vezes mais poderosos do que nós fomos.

30 E Angeas novamente enviou para os filhos de Esaú cerca de seiscentos homens valentes e eles vieram para ajudar os filhos de Esaú.

31 E dentro de dez dias, os filhos de Esaú novamente travaram guerra com os filhos de Seir no deserto de Paran, e a batalha foi muito severa sobre os filhos de Seir, e os filhos de Esaú prevaleceram neste momento sobre os filhos de Seir; e os filhos de Seir foram derrotados diante dos filhos de Esaú; e os filhos de Esaú mataram dentre eles cerca de dois mil homens.

32 E todos os homens poderosos dos filhos de Seir morreram nessa batalha e lá permaneceram apenas seus filhos que foram deixados em suas cidades.

33 Midian e todos os filhos do Oriente fugiram da batalha, e eles deixaram os filhos de Seir e fugiram quando viram que a batalha fora severa sobre eles, e os filhos de Esaú perseguiram todos os filhos do Oriente até que chegaram a suas terras.

34 E os filhos de Esaú mataram ainda deles cerca de duzentos e cinquenta homens, e das pessoas dos filhos de Esaú caíram cerca de trinta homens, mas este mal veio sobre eles através de seus irmãos voltando-se para ajudar os filhos de Seir, o horeu. E os filhos de Esaú novamente ouviram os maus feitos de seus irmãos e eles novamente lamentaram muito devido a isso.

35 E veio passar depois da batalha que os filhos de Esaú voltaram e vieram para casa em Seir. E os filhos de Esaú mataram aqueles que haviam permanecido na terra dos filhos de Seir; eles também mataram suas esposas e as crianças e não deixaram uma alma viva, exceto cinquenta jovens rapazes e donzelas que eles deixaram viver; e os filhos de Esaú não os mataram, e os rapazes se

tornaram seus escravos e as donzelas tomaram como esposas.

36 E os filhos de Esaú habitaram no lugar dos filhos de Seir e eles herdaram suas terras e tomaram posse dela.

37 E os filhos de Esaú tomaram todos os pertences da terra dos filhos de Seir ; também seus rebanhos, seus bois e seus bens e todos os pertences dos filhos de Seir pegaram os filhos de Esaú. E os filhos de Esaú habitaram em Seir no lugar dos filhos de Seir até este dia e os filhos de Esaú dividiram a terra em divisões para os cinco filhos de Esaú, de acordo com suas famílias.

38 E aconteceu naqueles dias que os filhos de Esaú resolveram coroar um rei sobre eles na terra dos quais se tornaram possuidores. E eles disseram entre si: não é assim, pois ele reinará sobre nós em nossa terra e estaremos sob o seu conselho, e ele deverá lutar nossas batalhas contra os nossos inimigos; e assim fizeram.

39 E todos os filhos de Esaú juraram, dizendo: que nenhum dos seus irmãos devem reinar sobre eles, mas um homem estranho que não é de seus irmãos, pois as almas de todos os filhos de Esaú amarguraram cada homem contra seu filho, irmão e amigo, em virtude do mal por eles sustentado de seus irmãos quando lutaram com os filhos de Seir.

40 Por conseguinte, os filhos de Esaú juraram dizendo que daquele dia em diante não seria escolhido um rei de seus irmãos, mas um de uma terra estranha, até este dia.

41 E havia lá um homem do povo de Angeas, rei de Dinhabah; seu nome era Bela, o filho de Beor, que era um homem muito valente, belo e sábio em toda sabedoria . Era um homem de senso e conselho; e não havia nenhuma das pessoas de Angeas que fosse como ele.

42 E os filhos de Esaú levaram-no e ungiram-no, e coroaram-no como rei; e eles curvaram-se a ele, e disseram- lhe: Que viva o rei, que viva o rei!

43 E espalhou-se a notícia, e trouxeram-lhe cada homem, brincos de ouro e prata, anéis ou braceletes; e eles fizeram dele muito rico em prata e ouro, em pedras de ônix e obdellium, e eles fizeram um trono real, e colocaram uma coroa na sua cabeça. Eles construíram um palácio para ele morar, tornando-se rei sobre todos os filhos de Esaú.

44 E o povo de Angeas retornou de sua batalha dos filhos de Esaú e voltaram a seu mestre em Dinhabah.

45 E Bela reinou sobre os filhos de Esaú trinta anos, e os filhos de Esaú habitavam na terra em vez dos filhos de Seir; e eles habitaram com segurança em seu lugar até este dia.

* * *

57:7-9 - Os descendentes de Esaú e todos os moradores de Seir saem em batalha contra os filhos de Jacó no Egito, sofrendo uma dolorosa derrota que resultou na morte de 600 mil homens dos que enfrentaram Israel.

57:35-37 - Os moradores de Seir e os descendentes de Esaú travam uma longa batalha pelo direito de habitar nas terras de Seir. Os filhos de Esaú vencem seus inimigos e tomam posse de suas terras e bens. (Deuteronômio 2:4,5)

CAPÍTULO 58
FARAÓ MORRE E O GOVERNO DO EGITO RECAI SOBRE JOSÉ

1 E aconteceu no trigésimo segundo ano da ida dos israelitas para Mitzraim (Egito), que é o ano setenta e um da vida de José, que morreu o rei-faraó de Mitzraim; e Magron, seu filho, reinou em seu lugar.

2 E faraó mandou José antes de sua morte, ser como um pai para seu filho Magron e que seu filho Magron deveria estar sob o cuidado de José e sob o seu conselho.

3 E todo o Egito consentiu nisto de que José deveria ser rei sobre eles, pois todos os egípcios amavam José até então. Magron, o filho do faraó, sentou no trono do seu pai e ele se tornou rei naqueles dias.

4 Magron tinha quarenta e um anos de idade quando ele começou a reinar e 40 anos ele reinou no Egito; e todo Egito chamou seu nome faraó, como era seu costume no Egito para cada rei que reinava sobre eles.

5 E aconteceu que, ao faraó reinar no lugar de seu pai, ele colocou as leis do Egito e todos os assuntos de governo na mão de José, como seu pai tinha comandado a ele.

6 E José tornou-se rei sobre o Egito, pois ele governou sobre o Egito; e toda a nação estava sob seus cuidados, e sob o seu conselho; todo Egito inclinava-se a José após a morte de faraó e eles o amaram muito.

7 Mas havia algumas pessoas entre eles que não gostavam dele, dizendo: Nenhum estranho deve reinar sobre nós; ainda assim, todo o governo do Egito estava atribuído naqueles dias a José após a morte do faraó; ele era o regulador, fazendo como ele gostava em toda a terra, sem qualquer um interferir.

8 E todo Egito estava sob os cuidados de José; e José fez guerra contra seus inimigos que os cercavam, e ele os subjugou. Também toda a terra e todos os filisteus, até às fronteiras de Canaan, José os subjugou; e eles estavam todos sob seu poder e pagavam um imposto anual para José.

9 E o rei-faraó do Egito sentou-se no seu trono no lugar de seu pai, mas ele estava sob o controle e conselho de José, como ele estava antes sob o controle de seu pai.

10 Nem ele reinou na terra do Egito, mas José reinou sobre todo o país do Egito até o grande rio Perath.

11 E José foi bem sucedido em todos os seus caminhos e Deus estava com ele; e concedeu a José adicional sabedoria, honra e amor a ele dado pelos corações dos egípcios e em toda terra. E José reinou sobre todo o país quarenta anos.

12 E todos os países dos filisteus, e Canaan, e Sidom e do outro lado do Jordão, trouxeram presentes a José todos os seus dias, e todo o país estava na mão de José. E eles trouxeram-lhe um tributo anual como foi regulamentado, pois José tinha lutado contra todos os seus inimigos da vizinhança e subjugando-os, e o país inteiro estava na mão de José. Assim José sentou-se com segurança no seu trono no Egito.

13 E também todos os seus irmãos filhos de Jacó habitaram firmemente na terra, todos os dias de José. E eles foram frutíferos e multiplicaram-se excessivamente na terra e serviram a Deus todos os dias, como seu pai Jacó tinha ordenado a eles.

14 E aconteceu ao final de muitos dias e anos, quando os filhos de Esaú habitavam calmamente em suas terras com Bela, seu rei, que os filhos de Esaú foram frutíferos e multiplicaram-se na terra. E eles decidiram ir e lutar com os filhos de Jacó e todo Egito, para livrar seu irmão Zepho, filho de Ulifaz, e seus homens, pois eles ainda eram naqueles dias escravos de José.

15 E os filhos de Esaú foram a todos os filhos do Oriente e fizeram a paz com eles; e todos os filhos do Oriente vieram para ir com os filhos de Esaú ao Egito para a batalha.

16 E vieram também do povo de Angeas, rei de Dinhabah, e eles também enviaram os filhos de Ismael, e eles também vieram a eles.

17 E todas estas pessoas reuniram-se e vieram a Seir para ajudar os filhos de Esaú em sua batalha. Este acampamento foi muito grande em pessoas, numeroso como a areia do mar, cerca de 800 mil homens, infantaria e cavalaria e estas tropas foram ao Egito para lutar com os filhos de Jacó, acampando em Ramsés.

18 E José foi com seus irmãos e com os valentes do Egito, cerca de seiscentos homens, e lutaram com eles na terra de Ramsés; e os filhos de Jacó nesse momento novamente lutaram contra os filhos de Esaú, no ano 50º da vida dos filhos Jacó no Egito, que é o 30º ano do reinado de Bela sobre os filhos de Esaú em Seir.

19 E Deus entregou todos os homens poderosos de Esaú e os filhos do Oriente na mão de José e seus irmãos; e o povo dos filhos de Esaú e os homens que vieram do Oriente foram derrotados

diante de José.

20 E do povo de Esaú e dos filhos do Oriente que foram massacrados, caíram diante dos filhos de Jacó aproximadamente duzentos mil homens, e seu rei Bela, rei o filho de Beor, caiu com eles na batalha. E quando os filhos de Esaú viram que seu rei tinha caído na batalha e estava morto, suas mãos enfraqueceram-se no combate.

21 E José e seus irmãos e todo Egito ainda estava prevelecendo sobre as pessoas da casa de Esaú e as pessoas de Esaú tiveram medo dos filhos de Jacó e fugiram diante deles.

22 E José e seus irmãos e todo Egito os perseguiram por um dia de viagem, e feriram ainda deles cerca de trezentos homens, continuando a derrotá-los na estrada, e eles mais tarde voltaram.

23 E José e todos os seus irmãos voltaram ao Egito, nenhum homem faltava deles, mas dos egípcios lá caíram doze homens.

24 E quando José retornou ao Egito, ele ordenou que Zepho e seus homens fossem adicionalmente presos, e eles prenderam-nos em ferros, aumentando sua dor.

25 E todo o povo dos filhos de Esaú e dos filhos do Oriente voltaram em vergonha cada um para sua cidade, pois todos os homens poderosos que estavam com eles tinham caído no campo de batalha.

26 E quando os filhos de Esaú viram que seu rei havia morrido em batalha, eles tomaram um homem do povo dos filhos de Leste; seu nome era Yobab, filho de Zarach, da terra de Botzrah; eles levaram-no para reinar sobre eles em vez da Bela, seu rei.

27 E Yobab sentou-se no trono de Bela como rei em seu lugar. Yobab reinou em Edom ao longo de todos os filhos de Esaú durante dez anos e os filhos de Esaú não mais lutaram com os filhos Jacó daquele dia em diante, pois os filhos de Esaú sabiam o valor dos filhos de Jacó e eles tinham muito medo deles.

28 Mas desse dia em diante os filhos de Esaú odiaram os filhos de Jacó e o ódio e inimizade foram muito fortes entre eles todos os dias, até este dia.

29 E aconteceu depois disso, no final de dez anos, que Yobab, filho de Zarach, de Botzrah, morreu; e os filhos de Esaú tomaram um homem cujo nome era Chusham, da terra de Teman, e fizeram dele rei sobre eles no lugar de Yobab. E reinou Chusham em Edom sobre todos os filhos de Esaú por vinte anos.

30 E José, rei do Egipo, e seus irmãos e todos os filhos de Israel habitaram com segurança no Egito naqueles dias, juntamente com todos os filhos de José e seus irmãos. Não tiveram qualquer entrave ou acidente na terra do Egito naquela época; assim a nação descansou da guerra nos dias de José e seus irmãos.

* * *

58:4-6 - Após a morte de faraó, seu filho assume o trono. Apesar disso, José continua a ser governador do Egito.

58:17,18 - Os descendentes de Esaú - chamados edomitas - reunem um numeroso exército de 800 mil homens para enfrentar os filhos de Jacó, que saem a batalha contra aquela multidão com apenas 600 homens.

58:27,28 - Depois de serem mais uma vez derrotados pelos filhos de Jacó, os descendentes de Esaú desistem de sair a batalha contra seus irmãos. Apesar disso, nascia uma forte inimizade entre as nações que ali se formavam.

CAPÍTULO 59

A POSTERIDADE DE JACÓ NO EGITO

1 E estes são os nomes dos filhos de Israel que habitaram no Egito, que tinham vindo com Jacó, todos os filhos de Jacó que vieram ao Egito, cada homem com seu agregado familiar.

2 Filhos de Léa foram: Rúben, Simeão, Levi, Judá, Issachar e Zebulom e sua irmã Dinah.

3 E foram os filhos de Raquel: José e Benjamin.

4 E foram os filhos de Zilpa, a serva de Léa: Gade e Aser.

5 E os filhos de Bila, a serva de Raquel, foram: Dan e Naftali.

6 E estes foram seus descendentes que nasceram em Canaan, antes deles virem ao Egito com seu pai Jacó.

7 Os filhos de Rúben foram: Chanoch, Pallu, Chetzron e Carmi.

8 E os filhos de Simeão foram: Yemuel, Yamin, Ohad, Yachin, Zochar e Shaul, filho da mulher cananéia.

9 E os filhos de Levi foram: Gershon, Kehath e Merari e sua irmã Yoquebede (Joquebede), que nasceu em sua ida ao Egito.

10 E os filhos de Judá foram: Er, Onã, Shelá, Perez e Zarach.

11 E Er e Onã morreram na terra de Canaan; e os filhos de Perez foram Chezron e Chamul.

12 E os filhos de Issacar foram: Tola, Puvah, Jó e Shomron.

13 E os filhos de Zebulom foram: Sered, Elon e Yachleel, e o filho de Dan foi Chushim.

14 E os filhos de Naftali foram: Yachzeel, Guni, Yetzer e Shilam.

15 E os filhos de Gad foram: Ziphion, Chaggi, Shuni, Ezbon, Eri, Arodi e Areli.

16 E os filhos de Asher foram: Yimnah, Yishvah, Yishvi, Beriah e sua irmã Serach; e os filhos de Beriah foram Cheber e Malchiel.

17 E os filhos de Benjamim: foram Bela, Becher, Ashbel, Gera, Naamã, Achi, Rosh, Mupim, Chupim e Ord.

18 E os filhos de José, que nasceram-lhe no Egito, eram Manasseh e Efraim.

19 E todas as almas que saíram de lombos de Jacó foram setenta almas. Estas são as que vieram com Jacó seu pai até o Egito para morar lá. José e todos os seus irmãos habitaram com segurança no Egito, e eles comeram do melhor do Egito durante todos os dias da vida de José.

20 E José viveu na terra do Egipto 93 anos, e José reinou sobre todo Egito oitenta anos.

21 E quando os dias de José estavam terminados e estava prestes a morrer, ele chamou por seus irmãos e toda casa de seu pai, e todos vieram juntos e sentaram-se diante dele.

22 E José disse a seus irmãos e a toda a casa de seu pai: Eis que eu morrerei e Deus certamente irá visitá-los, e vos levará à terra que Ele jurou a seus pais para dar-lhes.

23 Quando Deus os visitar para vos levar daqui a terra de seus pais, levem meus ossos com vocês.

24 E José fez os filhos de Israel jurarem à sua semente depois dele, dizendo: Deus vai certamente visitá-los e vocês devem levar meus ossos com vocês daqui.

25 E aconteceu que José morreu, nesse mesmo ano, o 71° ano da vinda dos israelitas ao Egito.

26 E José tinha cento e dez anos de idade quando morreu na terra do Egito e todos seus irmãos e todos os seus servos embalsamaram José, como era seu costume; e seus irmãos e todo o Egito choraram por ele sete dias.

27 E eles colocaram José em um caixão cheio de especiarias e todo tipo de perfume e o enterraram ao lado do rio, que é Sihor; e seus filhos e todos os seus irmãos e toda a casa de seu pai fizeram luto por ele de sete dias.

28 E aconteceu da morte de José, que todos os egípcios começaram naqueles dias a criar regras sobre os filhos de Israel e o faraó, rei de Mitzraim (Egito), que reinou no lugar de seu pai, tomou todas as leis do Egito e conduziu todo o governo do Egito sob o seu conselho, e ele reinou com segurança sobre o seu povo.

59:9 - Joquebede, aquela que viria a ser mãe do profeta Moisés, é aqui mencionada.

59:19 - Os descendentes de Jacó que foram para o Egito foram 70 homens. (Gênesis 46:27)

59:20 - José reina sobre todo o Egito por um período de 80 anos, sendo o primeiro dos filhos de Jacó a morrer.

CAPÍTULO 60
ZEFÔ, NETO DE ESAÚ, ESCAPA DO EGITO

1 E quando virou o ano, sendo o ano setenta e dois da vinda dos israelitas ao Egito, após a morte de José, aconteceu que Zepho, filho de Elifaz, filho de Esaú, fugiu do Egito com seus homens e foram embora.

2 E eles foram para a África, que é Dinhabah, para abrigar-se com o rei de Angeas da África; e Angeas recebeu- lhes com muita honra, fazendo de Zepho o capitão do seu exército.

3 E Zepho encontrou favor aos olhos de Angeas e aos olhos de seu povo. Zepho foi o capitão do exército do rei Angeas da África por muitos dias.

4 E Zepho seduziu o rei Angeas para reunir todo o seu exército para ir e lutar contra os egípcios e os filhos de Jacó e vingar a causa de seus irmãos.

5 Mas Angeas não escutou Zepho para fazer isto, pois sabia Angeas da força dos filhos de Jacó e o que eles tinham feito a seu exército em sua guerra com os filhos de Esaú.

6 E Zepho foi naqueles dias muito importante aos olhos de Angeas e aos olhos de todo seu povo; e ele continuamente tentava convencer o rei para fazer a guerra ao Egito, mas Angeas não o ouviu neste assunto.

7 E aconteceu naqueles dias que houve na terra de Chittim um homem na cidade de Puzimna, cujo nome era Uzu. Ele se tornou degenerado e deificado pelos filhos de Chittim; e o homem morreu e não tinha nenhum filho, apenas uma filha, cujo nome era Yania.

8 E a donzela era extremamente bela e inteligente e lá não foi vista nenhuma como ela devida a sua beleza e sabedoria em toda a terra.

9 E o povo do rei Angeas da África a viu e vieram e a elogiaram para ele. E Angeas foi até os filhos de Chittim e pediu para levá-la como esposa. As pessoas de Chittim consentiram em dá-la a ele como mulher.

10 E quando os mensageiros de Angeas estavam retornando da terra de Chittim para retomar sua viagem, eis que os mensageiros do rei Turnus, de Bibentu, veio para Chittim; pois o rei Turnus de Bibentu também enviou seus mensageiros para pedir Yania para ele, para tomá-la para si como esposa, pois todos os seus homens tinham também elogiado ela para ele; por isso ele enviou todos os seus servos até ela.

11 E os servos de Turnus vieram para Chittim e eles pediram por Yania para ser levada até Turnus, seu rei, como esposa.

12 E o povo de Chittim disse-lhes: Nós não podemos dar-lhe, porque Angeas, rei da África, desejou levá-la até ele como esposa antes de você vir e por isto tivemos que dar ela a ele. Sendo assim, não podemos privar Angeas da donzela para dá-la a Turnus.

13 Pois nós temos muito medo de Angeas, pois ele pode vir em batalha contra nós e nos destruir e Turnus, seu mestre, não será capaz de nos libertar de sua mão.

14 E quando os mensageiros do Turnus ouviram todas as palavras dos filhos de Chittim, eles voltaram para seu mestre e disseram-lhe todas as palavras dos filhos de Chittim.

15 E os filhos de Chittim enviaram um memorial para Angeas, dizendo: Eis que Turnus foi até

Yania para levá-la como esposa e não podemos atender a ele; ouvimos que ele recolheu todo o seu exército para ir à guerra contra ti. Ele tem a intenção de passar a estrada de Sardunia para lutar contra o teu irmão Lucus e depois ele virá para lutar contra ti.

16 E Angeas ouviu as palavras dos filhos de Chittim que mandaram-lhe no registro e sua raiva foi estimulada; e ele levantou-se e reuniu um exército inteiro e veio através das ilhas do mar, a estrada para Sardunia, até seu irmão Lucus, rei de Sardunia.

17 E Niblos, o filho de Lucus, ouviu que seu tio Angeas estava chegando e ele saiu para encontrá-lo com um pesado exército. E ele beijou-o e abraçaram-se. Niblos disse a Angeas: Tu perguntaste sobre meu pai, após seu bem-estar, então eu vou contigo para lutar com Turnus; peço-te por ele, que me faças capitão do seu exército; e Angeas assim fez, e ele veio a seu irmão, e seu irmão veio encontrá-lo, e ele perguntou-lhe sobre seu bem-estar.

18 E Angeas perguntou a seu irmão Lucus sobre seu bem-estar e para tornar seu filho Niblos capitão do seu exército; e Lucus assim fez. Angeas e seu irmão Lucus levantaram-se e eles foram em direção de Turnus à batalha; e lá foi com eles um grande exército e um povo numeroso.

19 E eles vieram em navios e foram à província de Ashtorash; e eis que o Turnus veio em direção a eles, porque eles saíram para Sardunia para destruí-la e depois a passar de lá para Angeas, para lutar com ele.

20 E Angeas e seu irmão Lucus encontraram Turnus no vale de Canopia e a batalha foi forte e poderosa entre eles naquele lugar.

21 E a batalha foi grave a Lucus, rei de Sardunia, e todo o seu exército caiu. Niblos, seu filho, também caiu nessa batalha.

22 E seu tio Angeas ordenou a seus servos e fizeram um caixão dourado para Niblos e o colocaram nele; e Angeas novamente travou batalha contra Turnus e foi Angeas mais forte do que ele e o matou. Ele derrotou todo seu povo ao fio da espada e Angeas vingou a causa de Niblos, filho do seu irmão, e a causa do exército de seu irmão Lucus

23 E quando morreu Turnus, as mãos daqueles que sobreviveram naquela batalha tornaram-se fracas e fugiram de diante de Angeas e Lucus, seu irmão.

24 E Angeas e seu irmão Lucus os perseguiram até ao alto da estrada, que é entre Alphanu e Romah; e eles massacraram o exército inteiro de Turnus ao fio da espada.

25 E Lucus, rei de Sardunia, ordenou a seus servos para que fizessem um caixão de latão no qual eles deveriam colocar no corpo de seu filho Niblos; e eles enterraram-no naquele lugar.

26 E construíram-lhe uma torre alta no alto da estrada, e chamaram o nome dela de Niblos até este dia; e eles também enterraram Turnus, rei de Bibentu, lá naquele lugar com Niblos.

27 E eis que após o alto da estrada, entre Alphanu e Romah, o túmulo de Niblos é de um lado e o túmulo de Turnus do outro; e há um pavimento entre eles até este dia.

28 E quando Niblos foi enterrado, Lucus, seu pai, retornou com seu exército para sua terra de Sardunia. Angeas, seu irmão, o rei da África, foi com seu povo até a cidade de Bibentu, ou seja, a cidade de Turnus.

29 E os habitantes de Bibentu ouviram falar de sua fama e eles tiveram muito medo dele. Eles saíram para encontrá-lo com choro e súplica; e os habitantes de Bibentu pediram a Angeas para não os matar nem destruir sua cidade. E assim fez, pois Bibentu era naqueles dias contada como uma das cidades dos filhos de Chittim. Assim ele não destruiu a cidade.

30 Mas daquele dia em diante as tropas do rei da África iriam para Chittim para despojá-la e saqueá-la; e sempre que eles foram, Zepho, o capitão do exército de Angeas, ia com eles.

31 E aconteceu depois disto que Angeas voltou com seu exército e eles vieram para a cidade de Puzimna. Angeas tomou dali Yania, a filha de Uzu, como esposa e a trouxe à sua cidade na África.

* * *

60:1,2 - Zefo, neto de Esaú que era prisioneiro no Egito, foge para África e se torna capitão do exército do rei Angeas.

CAPÍTULO 61

GUERRAS E CONTENDAS DAS NAÇÕES DA ÁFRICA COM ZEFÔ

1 E nesse tempo, o rei do Egipto comandou a todo o seu povo para fazer para ele um palácio forte no Egito.

2 E também comandou os filhos de Jacó para auxiliar os egípcios no edifício; e os egípcios fizeram um bonito e elegante palácio para habitação real e morou ali; e renovou seu governo, reinando com segurança.

3 E Zebulom, filho de Jacó, morreu naquele ano, que é o ano setenta e dois da vinda dos israelitas para o Egito; e Zebulom morreu com 114 anos e foi colocado em um caixão e dado nas mãos de seus filhos.

4 E no ano setenta e cinco morreu seu irmão Simeão; ele tinha cento e vinte anos de idade na sua morte e também foi colocado em um caixão e dado nas mãos de seus filhos.

5 E Zepho, filho de Ulifaz, o filho de Esaú, capitão do exército de Angeas, rei de Dinhabah, ficou ainda diariamente procurando convencer Angeas para se preparar para a batalha e lutar com os filhos de Jacó no Egito, e Angeas não estava disposto a fazer isto, pois seus servos tinham contado a ele todo o poder dos filhos de Jacó e o que eles tinham lhes feito em sua batalha com os filhos de Esaú.

6 E Zepho ficou naqueles dias diariamente buscando convencer Angeas para lutar com os filhos de Jacó.

7 E depois de algum tempo, Angeas ouviu a Zepho e consentiu lutar com os filhos de Jacó no Egito. Angeas organizou todo o seu povo, um povo numeroso como a areia do mar, para ir à batalha no Egito.

8 E entre os servos de Angeas havia um jovem de quinze anos de idade: Balaão, o filho de Beor, era o seu nome. E o jovem era muito sábio e entendido na arte de bruxaria.

9 E Angeas disse a Balaão: Conjure por nós, eu te peço, através da bruxaria, para que possamos saber quem vai prevalecer nesta batalha a qual estamos indo.

10 E Balaão ordenou que eles trouxessem cera; e ele fez semelhante a carros e cavaleiros representando o exército de Angeas e o exército do Egito e colocou-os nas águas astuciosamente preparadas para aquele propósito; e ele pegou em sua mão os ramos de murtas e exerceu sua astúcia; e juntou a eles sobre a água, e lá apareceu-lhe na água as imagens do exército de Angeas caindo diante dos egípcios e dos filhos de Jacó.

11 Balaão disse isto a Angeas. E o rei, desesperado, não se armou para ir ao Egito e ficou em sua cidade.

12 E quando Zepho, o filho de Ulifaz (ou Elifaz), viu que Angeas desesperou-se em ir adiante à batalha com os egípcios, Zepho fugiu de Angeas da África e ele veio a Chittim.

13 E todo o povo de Chittim o recebeu com muita honra e eles o contrataram para lutar suas batalhas todos os dias. Assim Zepho tornou-se extremamente rico naqueles dias e as tropas do rei da África ainda se propagaram naqueles dias. E os filhos de Chittim reuniram-se e foram para Cuptizia por causa das tropas do rei Angeas, da África, que estavam avançando sobre eles.

14 Zepho perdeu um novilho jovem e saiu para procurá-lo; ele ouviu algo sobre a montanha.

15 E Zepho foi e olhou, e eis que havia uma grande caverna na parte inferior da montanha e havia uma grande pedra na entrada da caverna. Zepho retirou a pedra e entrou na caverna e ele olhou; e eis que um animal grande estava devorando o novilho; do meio para cima este animal se assemelhava a um homem e do meio para baixo ele se parecia com um animal; Zepho foi contra o animal e matou-o com suas espadas.

16 E os habitantes de Chittim ouviram falar disto e eles muito exultaram. Eles então disseram: O que vamos fazer a este homem que matou este animal que devorou nosso gado?

17 E todos eles reuniram-se para consagrar um dia no ano a ele, e chamaram o seu nome Zepho

por causa de seu nome; e trouxeram-lhe ofertas de bebida ano após ano naquele dia. E eles trouxeram-lhe presentes.

18 Naquela época, Yania, a filha de Uzu, esposa do rei Angeas ficou doente. E sua doença foi fortemente sentida por Angeas e seus oficiais. O rei Angeas disse a seus homens sábios: o que eu faço a Yania, e como eu a curarei de sua doença? E seus homens sábios disseram-lhe: Porque o ar do nosso país não é como o ar da terra de Chittim e a nossa água não é similar à água deles; por isso então a rainha ficou doente.

19 Pois através da mudança de ar e da água ela ficou doente e também porque em seu país ela bebeu água que veio de Purmah, que seus antepassados tinham trazido até lá com pontes.

20 E Angeas comandou seus servos e trouxeram-lhe carregamentos de águas de Purmah pertencentes a Chittim, e eles testaram essas águas e todas as águas das terras da África; e viram que estas águas eram mais leves que as águas da África.

21 Angeas viu isto e ordenou a todos os seus oficiais para reunir os cortadores de pedras, em milhares e dezenas de milhares, e eles cortaram pedras sem número. E os construtores vieram e construíram uma ponte extremamente forte e eles transportaram as fontes de águas da terra de Chittim para África. Assim as águas foram levadas para Yania, a rainha, e para todas as suas ocupações, para beber, para cozinhar, para lavar-se e banhar-se; e para regar todas as sementes das quais os alimentos podiam ser obtidos e todos os frutos da terra.

22 E o rei ordenou que deveriam ser levados do solo de Chittim em grandes navios e eles trouxeram as pedras para construir. E os construtores construíram palácios para Yania e a rainha ficou curada de sua doença.

23 E na revolução do ano, as tropas da África continuaram vindo à terra de Chittim para saquear como de costume. Zepho, filho de Ulifaz, ouviu seu relatório e deu ordens a respeito deles; e Zepho lutou contra eles; e eles fugiram de diante dele, e Zepho livrou a terra de Chittim deles.

24 E os filhos de Chittim viram o valor de Zepho e resolveram fazer Zepho rei sobre eles. Assim ele tornou- se rei sobre eles; e enquanto ele reinou, eles subjugaram os filhos de Tubal e todas as ilhas circundantes.

25 E seu rei Zepho foi o cabeça, e fizeram a guerra com as ilhas e Tubal e eles subjugou-os. Quando eles voltaram da batalha, renovaram seu governo com ele. E os habitantes de Chittim construíram para ele um palácio muito grande para sua habitação real e sede e fizeram um grande trono para ele. Zepho reinou sobre a terra inteira de Chittim e sobre a terra de Itália por um período de cinquenta anos.

* * *

61:1,2 - Os descendentes de Jacó trabalham com os egípcios na construção de um palácio para habitação do rei.

61:8-10 - Balaão aparece aqui registrado pela primeira vez. Através de seus conhecimentos de bruxaria, descobre que o exército de Angeas seria derrotado se saíssem para fazer guerra aos filhos de Jacó.

CAPÍTULO 62
GUERRAS E CONTENDAS DAS NAÇÕES DA ÁFRICA

1 No ano 79 dos israelitas no Egito, morreu Ruben, o filho de Jacó, na terra do Egito. Ruben tinha 125 anos de idade quando morreu. Os israelitas o colocaram em um caixão e ele foi dado nas mãos de seus filhos.

2 E no ano 80, morreu seu irmão Dan; ele tinha 120 anos na sua morte e também foi colocado em um caixão e dado nas mãos de seus filhos.

3 Naquele ano morreu Chusham, rei de Edom; e depois dele reinou Hadad, filho de Bedad, por trinta e cinco anos; e no ano 81 morreu Issachar, o filho de Jacó, e Issachar tinha 122 anos de idade no momento da sua morte; ele foi colocado em um caixão no Egito e entregue nas mãos de seus filhos.

4 E no ano de 82, Asher, seu irmão, morreu; ele tinha 123 anos de idade no momento da sua morte e foi colocado em um caixão no Egito e foi dado nas mãos de seus filhos.

5 E no ano de 83, morreu Gad; ele tinha 125 anos de idade em sua morte e foi colocado em um caixão no Egito e dado nas mãos de seus filhos.

6 E aconteceu no ano de 84, que é o ano cinquenta do reinado de Hadad, filho de Bedad, rei de Edom, que Hadad reuniu todos os filhos de Esaú; e ele tinha todo o seu exército em prontidão, cerca de 400.000 homens. Eles dirigiram-se para a terra de Moabe e foram para lutar com Moabe e torná-los tributados a eles.

7 E os filhos de Moabe souberam disto e tiveram muito medo; e foram aos filhos de Midian para ajudá-los a lutar com Hadad, filho de Bedad, rei de Edom.

8 E Hadad veio a terra de Moabe; e os moabitas e os filhos de Midian saíram para encontrá-los e eles colocaram-se em posição de batalha contra ele no campo de Moabe.

9 E Hadad lutou com Moabe e lá ficaram dos filhos de Moabe e Midian, mortos, cerca de 200.000 homens.

10 E a batalha foi muito ruim para Moabe. Quando os filhos de Moabe viram que estavam perdendo a batalha enfraqueceram as mãos e viraram as costas e partiram, deixando os filhos de Midian continuarem sozinhos a batalha.

11 E os filhos de Midian não sabiam das intenções de Moabe, mas eles reforçaram-se em batalha e lutaram com Hadad e todo seu exército; e toda Midian caiu diante dele.

12 E Hadad derrotou Midian em uma pesada batalha, e ele matou-os ao fio da espada. Não deixaram remanescentes daqueles que vieram para ajudar Moabe.

13 E quando todos os filhos de Midian tinham perecido na batalha e os filhos de Moabe tinham escapado, Hadad fez Moabe pagar-lhes tributos. Os moabitas ficaram sob sua mão e eles deram um imposto anual como foi ordenado. Hadad então virou-se e voltou à sua terra.

14 E na virada do ano, quando o resto do povo de Midian que estava na terra ouviu que todos os seus irmãos tinham caído na batalha com Hadad por causa de Moabe, porque os filhos de Moabe tinham virado as costas em batalha e deixaram os de Midian para lutar sozinhos, então 5 dos príncipes de Midian resolveram com o resto de seus irmãos que permaneceram na terra ir lutar contra Moabe para vingar a causa de seus irmãos.

15 E os filhos de Midian foram a todos os seus irmãos e os filhos do Leste e todos os seus irmãos, todos os filhos de Keturah (ou Quetura), para virem ajudar Midian a lutar contra Moabe.

16 E os filhos de Moabe souberam disto e tiveram muito medo, pois todos os filhos do Oriente reuniram-se contra eles para a batalha. E os filhos de Moabe enviaram um memorial para a terra de Edom, para Hadad, filho de Bedad, dizendo:

17 Venham agora até nós, e ajuda-nos, e nós derrotaremos Midian, pois todos eles reuniram-se e estão vindo contra nós, com todos os seus irmãos, os filhos do Oriente, à batalha, para vingar a causa de Midian que caiu na batalha.

18 E Hadad, filho de Bedad, rei de Edom, saiu com todo o seu exército e foi para a terra de Moabe para lutar com Midian. E os midianitas e os filhos do Oriente lutaram contra os moabitas, no campo de Moabe, e a batalha foi muito feroz entre eles.

19 E Hadad derrotou todos os filhos de Midian e os filhos do Oriente ao fio da espada. Hadad nesse momento livrou Moabe das mãos de Midian e aqueles que permaneceram de Midian e dos filhos do Oriente fugiram de diante de Hadad e seu exército. Hadad perseguiu-os às suas terras e derrotou-os em uma pesada derrota, e os mortos caíram na estrada.

20 E Hadad livrou Moabe das mãos de Midian, pois todos os filhos de Midian tinham caído ao fio da espada, e Hadad virou-se e voltou para sua terra.

21 E a partir desse dia, os filhos de Midian odiaram os filhos de Moabe, porque eles tinham caído

na batalha por causa deles. E houve uma grande e poderosa inimizade entre todos eles, todos os dias.

22 E todos os que foram encontrados de Midian na estrada, na terra de Moabe, pereceram pela espada de Moabe; e todos os que foram encontrados de Moabe na estrada, na terra de Midian, morreram pela espada de Midian; Assim fez Midian a Moabe, e Moabe a Midian por muitos dias.

23 E aconteceu nesse momento que Judá, filho de Jacó, morreu no Egito, no ano 86 da vinda de Jacó para o Egito; e Judá tinha 129 anos de idade em sua morte e eles o embalsamaram e o colocaram em um caixão; e ele foi dado nas mãos de seus filhos.

24 E no ano 89, morreu Naftali; ele tinha 132 anos de idade e foi colocado em um caixão e dado nas mãos de seus filhos.

25 E aconteceu no ano 91 dos israelitas no Egito, que é o trigésimo ano do reinado de Zepho, o filho de Ulifaz (Elifaz), o filho de Esaú, sobre os filhos de Chittim, que os filhos da África vieram sobre os filhos de Chittim para saqueá-los como de costume, mas eles não tinham vindo a eles por treze anos.

26 E eles vieram a eles nesse ano e Zepho, o filho de Ulifaz, foi a eles com alguns de seus homens e atacou-os desesperadamente e as tropas da África fugiram diante de Zepho e os mortos caíram diante dele. Zepho e seus homens os perseguiram e os derrotaram antes que eles estivessem perto da África.

27 E Angeas, rei da África, soube o que Zepho tinha feito e ele se preocupou muito; e o rei Angeas teve medo de Zepho todos os dias.

* * *

62:7-12 - Os filhos de Moabe pedem auxílio aos midianitas para enfrentar o rei de Edom. Vendo que não prevaleceriam contra os inimigos, os moabitas abondanam os midianitas e deixa que eles enfrentem sozinhos aos edomitas.

62:15 - Os midianitas pedem auxílio aos filhos de Abraão e Quetura (Gênesis 25:1,2) para se vingarem dos moabitas.

CAPÍTULO 63

GUERRAS E CONTENDAS DAS NAÇÕES DA ÁFRICA II

1 E no ano 93 da chegada dos filhos de Jacó ao Egito que morreu Levi, filho de Jacó, no Egito; e Levi tinha 137 anos quando morreu e os israelitas o colocaram em um caixão; e ele foi dado nas mãos de seus filhos.

2 E aconteceu depois da morte de Levi, quando o Egito viu que os filhos de Jacó, os irmãos de José, estavam mortos, os egípcios começaram a afligir os filhos de Jacó e para amargar suas vidas desde esse dia até o dia de sua saída do Egito. Eles tomaram das mãos dos israelitas todas as vinhas e campos que José tinha dado a eles, e todas as elegantes casas em que viveu o povo de Israel e toda a gordura do Egito; os egípcios tomaram tudo dos filhos de Jacó naqueles dias.

3 E a mão de todo o Egito tornou-se mais pesada contra os filhos de Israel e os egípcios injuriaram os israelitas até que os filhos de Israel estivessem aborrecidos em suas vidas por causa dos egípcios.

4 E aconteceu naqueles dias, no ano cento e dois de Israel ter ido ao Egito, que morreu o rei faraó do Egito; e Melol, seu filho, reinou em seu lugar. E todos os valentes do Egito e toda aquela geração sabia que José e seus irmãos morreram naqueles dias.

5 E outra geração levantou-se em seu lugar, que não tinham conhecido os filhos de Jacó e todo o bem que eles tinham feito a eles e todo o seu poder no Egito.

6 Portanto, todo o Egito começou a partir desse dia para frente a amargar a vida dos filhos Jacó e a afligi-los com todos os tipos de trabalho forçado. Porque eles não tinham conhecido seus antepassados que os tinham livrado nos dias da fome.

7 E isso veio também de Deus para os filhos de Israel, para beneficiá-los em seus últimos dias; para que todos os filhos de Israel pudessem conhecer o Senhor Deus.

8 E para conhecerem os sinais e poderosas maravilhas que Deus faria no Egito por causa de seu povo Israel, a fim de que os filhos de Israel pudessem temer o Deus de seus antepassados e andar em seus caminhos, eles e sua semente após eles todos os dias.

9 Melol tinha vinte anos quando começou a reinar, e reinou noventa e quatro anos. E todo Egito chamou seu nome faraó após o nome de seu pai, como era costume fazer para cada rei que reinou sobre eles no Egito.

10 Nesse momento as tropas do rei Angeas da África foram a terra de Chittim como de costume para saquear.

11 E Zepho, o filho de Ulifaz, o filho de Esaú, ouviu seu relatório e saiu para encontrá-los com seu exército e combateu-os na estrada.

12 E Zepho derrotou as tropas do rei da África ao fio da espada e não deixou remanescentes deles; nem mesmo um retornou ao seu mestre na África.

13 E Angeas ouviu o que Zepho, filho de Ulifaz, tinha feito a todas as suas tropas, que ele as tinha destruído, e Angeas reuniu suas tropas, todos os homens da terra da África, um povo numeroso como a areia do mar.

14 E Angeas foi a Lucus seu irmão, dizendo: Vem a mim com todos os teus homens, e ajuda-me a derrotar Zepho e todos os filhos de Chittim que destruíram meus homens. E Lucus veio com todo o seu exército, uma força muito grande, para ajudar Angeas, seu irmão, a lutar contra Zepho e os filhos de Chittim.

15 E Zepho e os filhos de Chittim souberam disto, e tiveram muito medo, e grande terror em seus corações.

16 E Zepho também enviou uma carta para a terra de Edom, para Hadad, filho de Bedad, rei de Edom e para todos os filhos de Esaú, dizendo:

17 Ouvi dizer que Angeas, rei da África, está vindo até nós com seu irmão para a batalha contra nós; e estamos com muito medo dele, pois seu exército é muito grande, principalmente porque ele vem contra nós com seu irmão e seu exército da mesma forma.

18 Agora vem, portanto, e ajudem-me, e nós lutaremos em conjunto contra Angeas e seu irmão Lucus, e vocês assim nos salvarão de suas mãos, mas se não, saibam que todos nós morreremos.

19 E os filhos de Esaú enviaram uma carta para os filhos de Chittim e ao seu rei, Zepho, dizendo: Nós não podemos lutar contra Angeas e seu povo, pois um pacto de paz existe entre nós há muitos anos, desde os dias de Bela, nosso primeiro rei; e desde os dias de José, filho de Jacó, rei de Mitzraim (Egito), com quem nós lutamos no outro lado da Yordânia, quando enterraram seu pai.

20 E quando Zepho ouviu as palavras de seus irmãos, os filhos de Esaú, ele absteve-se deles. E Zepho ficou com muito medo de Angeas.

21 Angeas e seu irmão Lucus reuniram as forças, cerca de 800.000 homens, contra os filhos de Chittim.

22 E todos os filhos de Chittim disseram a Zepho: Peça por nós ao Senhor de teus antepassados; porventura ele poderá nos libertar da mão de Angeas e seu exército, pois ouvimos que Ele é um grande Senhor e que Ele livra todos os que confiam nele.

23 E Zepho ouviu suas palavras, e Zepho procurou a Deus e ele disse:

24 Deus de Abraão e Isaac, meus antepassados, neste dia eu sei que tu és um Senhor verdadeiro e todos os ídolos das nações são vãos e inúteis.

25 Lembra-te agora neste dia de mim, de tua aliança com Abraão, nosso pai, que nossos ancestrais contaram a nós e seja favorável a mim neste dia por causa de Abraão e Isaac, nossos pais, e salva-me

e aos filhos de Chittim das mãos do rei da África que vem contra nós à batalha.

26 E Deus ouviu a voz de Zepho e teve consideração por ele por causa de Abraão e Isaac. E Deus livrou Zepho e os filhos de Chittim das mãos de Angeas e seu povo.

27 E Zepho lutou contra Angeas, rei da África, e todo o seu povo nesse dia. E Deus entregou todo o povo de Angeas nas mãos dos filhos de Chittim.

28 E a batalha foi pesada contra Angeas e Zepho derrotou todos os homens de Angeas e seu irmão Lucus ao fio da espada, e caíram lá deles até à noite, naquele dia, cerca de 400.000 homens.

29 E quando Angeas viu que todos os seus homens morreram, ele enviou uma carta a todos os habitantes da África para virem a ele, para auxiliá-lo na batalha, e ele escreveu na carta, dizendo: Todos aqueles que forem encontrados na África venham a mim, de dez anos e para cima. Deixe todos eles virem até mim, e eis que se alguém não vir, ele morrerá; e tudo o que ele tem, com toda a sua casa, o rei irá tomar.

30 E todo o resto dos habitantes da África ficou aterrorizado com as palavras de Angeas, e lá saíram da cidade aproximadamente 300.000 homens e meninos, de dez anos para cima, e eles vieram para Angeas.

31 E no final de dez dias, Angeas renovou a batalha contra Zepho e os filhos de Chittim, e a batalha foi muito grande e forte entre eles.

32 E do exército de Angeas e Lucus, Zepho enviou muitos dos feridos as suas mãos, cerca de mil homens, e Sosiphtar, o capitão do exército de Angeas, caiu naquela batalha.

33 E quando Sosiphtar havia caído, as tropas africanas viraram as costas para fugir, e fugiram, e Angeas e Lucus, seu irmão, foram com eles.

34 E Zepho e os filhos de Chittim os perseguiram e eles os feriram ainda fortemente pela estrada, cerca de duzentos homens; e entre eles estava Azdrubal, o filho de Angeas, que tinha fugido com seu pai. E eles feriram vinte de seus homens na estrada, e escapou Azdrubal dos filhos de Chittim e eles não o mataram.

35 E Angeas e Lucus, seu irmão, fugiram com o resto de seus homens. E eles escaparam e entraram na África com terror e consternação, e Angeas temia todos os dias que Zepho, o filho de Ulifaz (Elifaz), fosse guerrear com ele.

* * *

63:1-3 - Com a morte de Levi, o último dos filhos de Jacó que ainda vivia no Egito, os egípcios começam a oprimir os hebreus.

63:7,8 - A opressão e dura servidão que faraó impôs aos descendentes de Jacó fazia parte do projeto de Deus.

63:22-26 - O rei Zefo, neto de Esaú, quando ora ao Deus de Abraão e Isaque, é socorrido pelo Senhor na batalha contra os exércitos do rei da África.

CAPÍTULO 64
ZEFÔ LIDERA UM GRANDE EXÉRCITO CONTRA O EGITO

1 E Balaão, o filho de Beor, foi naquela época com Angeas para batalha, mas quando viu que Zepho prevaleceu sobre Angeas, ele fugiu de lá e veio para Chittim.

2 E Zepho e os filhos de Chittim o receberam com grande honra, pois Zepho conhecia a sabedoria de Balaão e Zepho deu a Balaão muitos presentes; e ele permaneceu com ele.

3 E quando Zepho havia retornado da guerra, ele comandou todos os filhos de Chittim que foram à batalha com ele que fossem numerados, e eis que ninguém estava faltando.

4 E Zepho exultou por isto e ele renovou seu reino e fez uma festa para todos seus súditos.

5 Mas Zepho não se lembrou de Deus, e não considerou que Deus o tinha ajudado na batalha, e que Ele o tinha livrado e a seu povo das mãos do rei da África, mas ainda andou nos caminhos dos filhos de Chittim e dos ímpios filhos de Esaú, para servir outros falsos criadores que seus irmãos, os filhos de Esaú, tinham lhe ensinado; portanto, se diz: Dos ímpios vai adiante a impiedade.

6 E Zepho reinou sobre todos os filhos de Chittim com segurança, mas não conhecia Deus, que tinha livrado ele e seu povo das mãos do rei da África; e as tropas da África não vieram mais a Chittim para saquear como de costume, porque eles sabiam do poder do Zepho, que os tinha derrotado ao fio da espada. Assim Angeas temeu Zepho, o filho de Elifaz, e os filhos de Chittim, todos os dias.

7 Naquela época, quando Zepho havia retornado da guerra, e tinha visto como ele prevaleceu sobre todas as pessoas da África e os tinham ferido em batalha ao fio da espada, então aconselhou os filhos de Chittim a ir para o Egito lutar com os filhos de Jacó e com o rei-faraó do Egito.

8 Pois Zepho ouviu que os homens poderosos do Egito foram mortos. Ouviu também que José e os filhos de Jacó também estavam mortos e que todos os filhos dos filhos de Israel permaneciam no Egito.

9 E Zepho considerou ir lutar com eles e todo Egito para vingar a seus irmãos, os filhos de Esaú, a quem José e seus irmãos e todo Egito haviam derrotado em Canaan, quando eles foram enterrar Jacó em Hebrom.

10 E Zepho enviou mensageiros a Hadad, filho de Bedad, rei de Edom, e a seus irmãos filhos de Esaú, dizendo:

11 Vocês disseram que não iriam lutar contra o rei da África porque ele é um membro do seu pacto? Eis que eu lutei contra ele, e derrotei a ele e seu povo.

12 Portanto, agora eu vou lutar contra o Egito e contra os filhos de Jacó que estão lá, e vingar o que José, seus irmãos e antepassados fizeram-nos em Canaan quando eles subiram para enterrar seu pai em Hebron.

13 E se vocês estiverem dispostos a vir comigo a luta contra eles, nós vingaremos a causa de nossos irmãos.

14 E os filhos de Esaú ouviram as palavras de Zepho e os filhos de Esaú reuniram-se, um povo muito grande, e eles foram para ajudar a Zepho e os filhos de Chittim na batalha.

15 E Zepho foi a todos os filhos do Oriente e para os filhos de Ismael com palavras como estas e eles reuniram-se e vieram para ajudar Zepho e os filhos de Chittim na guerra contra o Egito.

16 E todos estes reis, o rei de Edom e os filhos do Oriente e todos os filhos de Ismael e Zepho, o rei de Chittim, saíram e dispuseram todos os seus exércitos em Hebrom.

17 E o acampamento era muito grande, estendendo em comprimento a distância de uma viagem de três dias. Era um número de pessoas como a areia do mar que de tão numerosa não pode ser contada.

18 E todos estes reis e seus exércitos foram contra o Egito na batalha e acamparam juntos no vale de Pathros.

19 E todo o Egito ouviu seu relatório e eles também reuniram todas as pessoas da terra do Egito e de todas as cidades pertencentes ao Egito, cerca de trezentos mil homens.

20 E os homens do Egito também foram aos filhos de Israel que estavam naqueles dias na terra de Goshen, para ir com eles e lutar contra esses reis.

21 E os homens de Israel reuniram-se e foram cerca de 150 homens à batalha para auxiliar os egípcios.

22 E os homens de Israel e do Egito saíram, com de trezentos mil e cento e cinquenta homens, e foram em direção aos reis para a batalha. E eles colocaram-se fora da terra de Goshen oposto à Pathros.

23 E os egípcios não confiavam em Israel para ir com seus soldados juntos à batalha, pois os egípcios disseram: Talvez Israel não nos livre da mão dos filhos de Esaú e Ismael, porque eles são seus irmãos.

24 E todos os egípcios disseram aos filhos de Israel: Permaneçam vocês aqui juntos em espera e nós

vamos ir e lutar contra os filhos de Esaú e Ismael; e se esses reis prevaleceram sobre nós, então vocês venham juntos sobre eles e ajudem-nos; e os filhos de Israel assim fizeram.

25 E Zepho, o filho de Ulifaz, o filho de Esaú, o rei de Chittim, e Hadad, filho de Bedad, rei de Edom, e todos os seus soldados e todos os filhos do Oriente, os filhos de Ismael, um povo numeroso como areia, acamparam juntos no vale de Pathros, oposto a Tachpanches.

26 E Balaão, o filho de Beor, o sírio, estava lá no acampamento de Zepho, pois ele veio com os filhos de Chittim para a batalha. E Balaão era um homem altamente homenageado por Zepho e seus homens.

27 E Zepho disse a Balaão: Tente por adivinhação saber quem vai prevalecer na batalha: nós ou os egípcios.

28 E Balaão levantou-se e tentou a arte da adivinhação e ele era hábil no conhecimento disto, mas ele estava confuso e o trabalho foi destruído em sua mão.

29 E tentou novamente, mas não teve êxito. Balaão desesperou-se e deixou-o e não o completou, pois isso veio de Deus, para fazer Zepho e seu povo cair na mão dos filhos de Israel, que tinham confiança em Deus, o Senhor de seus antepassados, em guerra.

30 E Zepho e Hadad colocaram suas forças na frente da batalha; e os egípcios foram sozinhos contra eles, cerca de trezentos mil homens, e nenhum homem de Israel estava com eles.

31 E os egípcios lutaram contra os reis perto de Pathros e Tachpanches e a batalha foi grave contra os egípcios.

32 E os reis eram mais fortes do que os egípcios em batalha e cerca de cento e oitenta homens do Egito caíram naquele dia, e cerca de trinta homens caíram das forças dos reis; todos os homens do Egito fugiram de diante dos reis, então os filhos de Esaú e Ismael perseguiram os egípcios e continuaram a feri-los até o lugar onde estava o acampamento dos filhos de Israel.

33 E os egípcios choraram aos filhos de Israel, dizendo: Venham a nós e ajudem-nos, e nos salvem da mão de Esaú, Ismael e dos filhos de Chittim.

34 E os cento e cinquenta homens dos filhos de Israel correram de seu posto aos exércitos dos reis e os filhos de Israel choraram a Deus seu Senhor para livrá-los.

35 E Deus ouviu a Israel. Deus entregou todos os homens dos reis em suas mãos, e os filhos de Israel lutaram contra os reis e os filhos de Israel feriram cerca de quatro mil homens dos reis.

36 E Deus enviou uma grande consternação no acampamento dos reis para que o medo dos filhos de Israel caísse sobre eles.

37 E todos os exércitos dos reis fugiram de diante dos filhos de Israel e os filhos de Israel os seguiram e continuaram a feri-los até as fronteiras da terra de Cush.

38 E mataram deles na estrada ainda dois mil homens, e dos filhos de Israel nenhum caiu.

39 E quando os egípcios viram que os filhos de Israel tinham lutado com tão poucos homens contra os reis, e que a batalha foi muito grave contra eles.

40 Todos os egípcios ficaram com medo por suas vidas devido a forte batalha e todo Egito fugiu, cada homem escondendo-se das forças da frente; e eles esconderam-se na estrada, deixando os israelitas lutarem.

41 E os filhos de Israel exerceram um golpe terrível contra homens dos reis e os egípcios voltaram depois que os israelitas tinham conduzido os inimigos até à fronteira da terra de Cush.

42 E todo Israel sabia a coisa que os homens do Egito tinham feito e que eles haviam fugido na batalha e deixaram os israelitas lutarem sozinhos.

43 Assim os filhos de Israel também agiram com astúcia quando retornavam da batalha; eles encontravam alguns dos egípcios na estrada e os feriram lá.

44 E enquanto eles os matavam, eles disseram-lhes estas palavras:

45 Portanto vocês fugiram e nos deixaram, sendo poucos homens para lutar contra estes reis que tinham um grande povo para nos ferir. E vocês pensam que podem livrar suas próprias almas?

46 E de alguns que os israelitas encontravam na estrada, falavam uns para os outros, dizendo: Mate, mate, pois ele é ismaelita ou edomita ou dos filhos de Chittim; e eles matavam, mas sabiam que eram egípcios.

47 E os filhos de Israel fizeram estas coisas astuciosamente contra os egípcios, porque eles os tinham abandonado em batalha e tinham fugido deles.

48 E os filhos de Israel mataram dos homens do Egito na estrada cerca de duzentos homens.

49 E todos os homens do Egito viram o mal que os filhos de Israel tinham feito a eles, então todo Egito temeu grandemente os filhos de Israel, pois viram seu grande poder e que nenhum homem deles havia caído.

50 Então todos os filhos de Israel retornaram com alegria para a estrada de Goshen e o resto dos homens voltou cada um a seu lugar no Egito.

* * *

64:1,2 - Vendo que o rei Angeas perdia a batalha, Balaão deixa as tropas do rei da África e foge para junto de Zefo.

64:23,24 - O rei Zefo reune um numeroso exército e parte junto com as tropas formadas pelos descendentes de Esaú e os de Ismael para combater os remanescentes de Jacó que viviam no Egito.

64:26-28 - Balaão tenta prever o resultado da batalha, mas Deus o impediu de antever no que daria aquela peleja.

64:33-36 - Os 150 homens de Israel que saíram junto com as tropas do Egito tomam a dianteira do combate e causam uma grande derrota aos inimigos que saíram para combatê-los.

CAPÍTULO 65
OS CONSELHOS DOS ANCIÃOS DO EGITO

1 E aconteceu que depois de passar estes fatos, todos os conselheiros de faraó, rei do Egito, e todos os sábios reuniram-se e vieram diante do rei, e curvaram-se, e eles sentaram-se diante dele.

2 E os conselheiros e os anciãos falaram ao rei do Egito, dizendo:

3 Eis que o povo dos filhos de Israel é maior e mais poderoso do que nós, e tu sabes o mal que eles fizeram para nós na estrada quando voltavam da batalha.

4 E tu também viste seu forte poder, pois este poder deles é de seus pais, pois alguns homens foram contra um povo numeroso como a areia e os mataram ao fio da espada e de si mesmos nem um caiu; portanto, se fossem mais numerosos, eles os teriam totalmente destruído.

5 Agora, pois, dá-nos conselhos do que fazer com eles, até que nós gradualmente os destruamos, para que eles não se tornem demasiado numerosos na nossa terra.

6 Pois se os filhos de Israel aumentarem na terra, eles vão se tornar um obstáculo para nós em caso de guerra se eles com sua grande força se juntarem a nossos inimigos e lutarem contra nós. Certamente irão destruir-nos na nossa terra.

7 Assim o rei respondeu os anciãos do Egito e disse-lhes: Este é o plano aconselhado contra Israel.

8 Eis que na terra temos Pitom e Ramsés, cidades não fortificadas contra a batalha; cabe a vocês e nós construí- las e a fortificá-las.

9 Agora, portanto, vá e aja astuciosamente com eles, e proclame uma voz no Egito e em Goshen sobre o comando do rei, dizendo:

10 Todos os homens do Egito, Goshen, Pathros e todos os seus habitantes! O rei ordenou-nos a construir em Pitom e Ramsés e as fortificá-las contra as batalhas; quem entre vocês de todo o Egito, dos filhos de Israel e de todos os habitantes das cidades que estiverem dispostos a construir conosco, devem cada um ter seus salários dados diariamente na ordem do rei. Então se reúnam e cheguem a Pitom e Ramsés para construir.

11 E enquanto vocês estiverem construindo, faça uma proclamação deste tipo em todo o Egito todos os dias com o comando do rei de Egito.

12 E quando alguns dos filhos de Israel vierem para construir com vocês, vocês devem dar-lhes seus salários diariamente por alguns dias.

13 E depois que eles estiverem construindo com vocês por seu salário diário, retirem-se deles diariamente um a um em segredo e, em seguida, você devem tornar-se seus mestres-construtores e oficiais; e devem deixá-los posteriormente para construir sem salário; eles devem se recusar. Então, em seguida, os forcem com todo o seu poder a construir.

14 E se vocês fizerem isso, será bom para fortalecer nossa terra, contra os filhos de Israel. Devido à fadiga da construção e do trabalho, os filhos de Israel irão diminuir, porque vocês irão privá-los de suas esposas.

15 E todos os sábios do Egito ouviram o conselheiro do rei e o conselho parecia bom aos seus olhos, e aos olhos dos servos de faraó, e aos olhos de todo o Egito; e eles fizeram de acordo com a palavra do rei.

16 E foram todos os servos do rei e fizeram uma proclamação em todo o Egipto, em Tachpanches, em Goshen e em todas as cidades que cercavam o Egito, dizendo:

17 Vocês viram o que os filhos de Esaú e Ismael fizeram contra nós, vindo à guerra e queriam destruir-nos.

18 Agora, portanto, o rei nos mandou fortificar a terra, para construir as cidades de Pitom e Ramsés, e a fortificá-las para a batalha, caso eles devam vir novamente contra nós.

19 Todo aquele que do Egito ou dos filhos de Israel vierem para construir conosco, ele deve ter seu salário diário dado pelo rei, como seu comando é para nós.

20 E quando o Egito e todos os filhos de Israel ouviram tudo o que os servos de faraó tinham falado, vieram os egípcios e os filhos de Israel para construir com os servos do faraó as cidades de Pitom e Ramsés, mas nenhum dos filhos de Levi veio com seus irmãos para construir.

21 E todos os servos de faraó e seus príncipes vieram primeiro com dolo para construir com todo o Israel como trabalhadores diários e eles deram a Israel sua locação diária no início.

22 E os servos de faraó construíram com Israel e foram empregados nesse trabalho com Israel por um mês.

23 E no final do mês, os servos de faraó começaram a retirar-se secretamente do povo de Israel diariamente.

24 E Israel continuou com o trabalho, mas em seguida, receberam seu salário diário, porque alguns dos homens do Egito estavam ainda prosseguindo o trabalho com Israel. Assim, os egípcios deram a Israel seu salário, na ordem que eles, os egípcios que eram seus colegas-operários, também pudessem levar o pagamento por seu trabalho.

25 E no final de um ano e quatro meses, todos os egípcios tinham-se retirado dos filhos de Israel; então os filhos de Israel foram deixados sozinhos envolvidos no trabalho.

26 E depois de todos os egípcios terem se retirado dos filhos de Israel, eles voltaram e tornaram-se opressores e oficiais sobre os israelitas. E alguns deles ficaram sobre os filhos de Israel como mestres de tarefa, para receber deles tudo o que deram como pagamento de seu trabalho.

27 E os egípcios fizeram dessa maneira para os filhos de Israel dia a dia, e os afligia em seu trabalho.

28 E todos os filhos de Israel ficaram sozinhos envolvidos no trabalho e os egípcios abstiveram-se de dar todo o pagamento para os filhos de Israel a partir desse momento adiante.

29 E quando alguns dos homens de Israel se recusaram a trabalhar por conta dos salários não estarem sendo dados a eles, então os exatores e os servos de faraó os oprimiam e os feriram com golpes pesados; assim, fizeram com que os filhos de Israel voltassem à força para trabalho com seus irmãos; Assim fizeram os egípcios a Israel todos os dias.

30 E todos os filhos de Israel tiveram muito medo dos egípcios por isso, e todos os filhos de Israel retornaram e trabalharam sozinhos e sem remuneração.

31 E os filhos de Israel construíram Pitom e Ramsés, e todos os filhos de Israel fizeram o trabalho, alguns faziam tijolos e alguns faziam os edifícios. Os filhos de Israel construíram e fortificaram toda

a terra do Egito e seus muros. Assim os israelitas ficaram envolvidos no trabalho por muitos anos, até que chegou a hora de quando Deus lembrou-se deles e levou-os fora do Egito.

32 Mas os filhos de Levi não foram empregados com seus irmãos do começo até o dia de sua saída do Egito.

33 Pois todos os filhos de Levi sabiam que os egípcios tinham falado todas estas palavras com dolo para os israelitas, por conseguinte, os filhos de Levi abstiveram-se de aproximar-se do trabalho com seus irmãos.

34 E os egípcios não direcionaram sua atenção para que os filhos de Levi trabalhassem mais tarde, pois eles não tinham ido com seus irmãos no início; por isso os egípcios os deixaram em paz.

35 E nas mãos dos homens do Egito foram instruídos com severidade contínua os filhos de Israel naquele trabalho e os egípcios fizeram os israelitas trabalharem com rigor.

36 E os egípcios amarguraram a vida dos filhos de Israel com trabalho duro, na construção e fabricação de tijolos e também em todos os tipos de trabalho no campo.

37 E os filhos de Israel chamaram Melol, o rei do Egito: "Meror, rei do Egito", porque nos seus dias os egípcios tinham amargurado suas vidas com todos os tipos de trabalho.

38 E todo o trabalho que era feito pelos egípcios foi feito pelos filhos de Israel; e os egípcios os exigiam com rigor, para poderem afligir os filhos de Israel. Mas quanto mais eles os afligiam, mais eles aumentavam e cresciam, de tal modo que os egípcios ficavam espantados com dos filhos de Israel.

* * *

65:6 - Os egípcios temem que os filhos de Israel se voltem contra eles e destruam o Egito. (Êxodo 1:10)

65:12-14 – A narrativa bíblica apresenta a servidão dos israelitas e o salmista menciona que esta se deu através da astúcia ou engano dos egípcios (Êxodo 1 / Salmos 105:25). O Livro do Justo apresenta aqui detalhes de como ocorreu todo esse processo que culminou na escravidão dos hebreus.

65:20 – Os levitas decidem não trabalhar como operários assalariados de faraó.

65:31-34 - Os descendentes de Levi não são escravizados pelos egípcios.

CAPÍTULO 66
FARAÓ DECRETA MORTE AOS MENINOS NASCIDOS EM ISRAEL

1 Naquele tempo morreu Hadad, filho de Bedad, rei de Edom, e Samlah de Mesrekah, do país dos filhos do Oriente, reinou em seu lugar.

2 No décimo terceiro ano do reinado do rei-faraó do Egito, no ano cento e vinte e cinco dos yaoshorulitas (ou israelitas) terem ido ao Egito, Samlah reinou sobre Edom dezoito anos.

3   E quando ele reinou, organizou seus exércitos para ir e lutar contra Zepho, o filho de Ulifaz e os filhos de Chittim, porque eles tinham feito guerra contra o rei Angeas da África, e eles destruíram todo o seu exército.

4   Mas ele não foi contra Zepho, pois os filhos de Esaú o impediram, dizendo: Ele foi seu irmão; então Samlah ouviu a voz dos filhos de Esaú e voltaram com toda sua força para a terra de Edom, e não continuaram sua caminhada para lutar contra Zepho, o filho de Ulifaz (Elifaz).

5 E o rei-faraó do Egito ouviu isto, dizendo: Samlah, rei de Edom, resolveu lutar contra os filhos de Chittim e depois ele virá para lutar contra o Egito.

6 E quando os egípcios ouviram falar deste assunto, eles aumentaram o trabalho sobre os filhos de Israel, para que os israelitas não fizessem a eles como eles fizeram na guerra com os filhos de Esaú

nos dias de Hadad.

7 Assim os egípcios disseram aos israelitas: Apressem-se e façam seu trabalho, terminem sua tarefa e reforcem a terra, pois os filhos de Esaú, vossos irmãos, devem vir lutar por vossa causa contra nós.

8 E os filhos de Israel fizeram o trabalho dos homens do Egito dia a dia; e os egípcios afligiram os filhos de Israel para diminuí-los na terra.

9 Mas quanto mais os egípcios aumentavam o trabalho sobre os filhos de Israel, assim os filhos de Israel aumentavam e se multiplicavam. E todo o Egito se encheu com os filhos de Israel.

10 No ano 125 da ida de Israel para o Egito, os egípcios viram que seu conselho não teve êxito contra Israel, pois eles aumentavam e cresciam, de tal forma que o Egito e a terra de Goshen foram totalmente preenchidas pelos filhos de Israel.

11 Então todos os anciãos do Egito e seus sábios vieram diante do rei, e curvaram e sentaram-se diante dele.

12 E todos os anciãos e sábios do Egito disseram ao rei: Que o rei possa viver para sempre; tu nos aconselhaste contra os filhos de Israel, e nós fizemos de acordo com a palavra do rei.

13 Mas proporcional ao aumento do trabalho assim eles aumentam e crescem na terra; e eis que todo o país esta cheio deles.

14 Agora, portanto, nosso senhor e rei, os olhos do Egito estão diante ti para receber conselhos e tua sabedoria, em como podemos prevalecer sobre Israel para destruí-lo ou diminuí-los da terra; e o rei respondeu-lhes: Deêm aconselhamento neste assunto, para que possamos saber o que fazer a eles.

15 E um oficial, um dos conselheiros do rei, cujo nome era Yob, da Mesopotâmia, da terra de Uz, respondeu ao rei, dizendo:

16 Se agradar ao rei, ouça o conselho de seu servo; e o rei lhe disse: Fale!

17 E falou Yob diante do rei, os príncipes e todos os sábios do Egito, dizendo:

18 Eis que o conselho do rei dado anteriormente a respeito do trabalho para os filhos de Israel é muito bom e vocês não devem remover o trabalho deles nunca.

19 Mas este é o aconselhamento pelo qual vocês podem diminuí-los, se parecer bom ao rei afligi-los.

20 Eis que nós temos temido guerra por um longo tempo, e dissemos: Quando Israel se tornar fecundo na terra, eles irão tirar-nos da terra se uma guerra ocorrer.

21 Se agradar ao rei, que seja feito um decreto real, a ser escrito nas leis do Egito e não deve ser revogado, que cada criança do sexo masculino nascida dos israelitas, o seu sangue deve ser derramado sobre o chão.

22 E fazendo isso, quando todas as crianças do sexo masculino de Israel tiverem morrido, o mal de suas guerras cessará; que o rei assim faça e envie para as parteiras hebraicas e ordene-as neste assunto para assim fazerem. Isto agradou ao rei e aos príncipes e fez o rei de acordo com a palavra de Yob.

23 O rei mandou chamar as parteiras hebreias; o nome de uma era Shephrah e o nome da outra Puah.

24 E as parteiras vieram diante do rei, e ficaram em sua presença.

25 E o rei disse-lhes: Ao fazer o ofício de parteira para as mulheres hebraicas (ou hebreias), e no parto, se for um filho, então vocês devem matá-lo, mas se ele for uma filha, então ela deve viver.

26 Mas se vocês não fizerem isto, então eu queimarei vocês e todas as suas casas com fogo.

27 Mas as parteiras temeram a Deus e não ouviram o rei do Egito, nem suas palavras; e quando as mulheres hebraicas pariam, filho ou filha, então fazia a parteira tudo o que era necessário para a criança, e deixava-a viver; assim fizeram as parteiras todos os dias.

28 E estas coisas foram ditas para o rei, e ele chamou as parteiras e disse para elas: Por que vocês fizeram isto, e salvaram as crianças, deixando-as vivas?

29 E as parteiras responderam e falaram juntas diante do rei, dizendo:

30 Oh rei, as mulheres hebraicas não são como as mulheres egípcias, pois todos os filhos de Israel são robustos, e antes de chegar a parteira já são nascidos, e para nós, tuas servas, por muitos dias nenhuma mulher hebraica tem dado à luz diante de nós, pois todas as mulheres são suas próprias parteiras, porque elas são robustas.

31 Faraó ouviu suas palavras e acreditou nelas neste assunto, e as parteiras retiraram-se do rei . E Deus bem as tratou e as pessoas multiplicaram-se excessivamente.

66:8,9 - Apesar da dura opressão dos egípcios, os filhos de Israel se multiplicavam na terra do Egito. (Êxodo 1:12)

66:23-27 - Orientado por um de seus conselheiros, faraó ordena que as parteiras hebréias matem os meninos hebreus que nasciam, mas elas temem a Deus e não acatam as ordens do rei.

CAPÍTULO 67
O NASCIMENTO DE ARÃO

1 Havia um homem na terra do Egito da semente de Levi, cujo nome era Amram, o filho de Kehath, filho de Levi, filho de Israel.

2 E este homem tomou uma esposa, chamada Yoquebede (Joquebede), a filha da irmã do pai de Levi; e ela tinha 226 anos de idade, e ele veio até ela.

3 E a mulher concebeu e gerou uma filha, e chamou o nome dela, Maoroem (ou Miriam), porque naqueles dias os egípcios tinham amargurado a vida dos filhos de Israel.

4 E ela concebeu novamente e gerou um filho, e ela chamou o seu nome Aaron (Aarão), pois nos dias de sua concepção, faraó começou a derramar o sangue das crianças masculinas de Israel.

5 Naqueles dias morreu Zepho, o filho de Ulifaz, filho de Esaú, rei de Chittim; e Yaneas reinou em seu lugar.

6 E o tempo que reinou Zepho sobre os filhos de Chittim foi de cinquenta anos, e ele morreu e foi enterrado na cidade de Nabna, na terra de Chittim.

7 E Yaneas, um dos homens poderosos dos filhos de Chittim, reinou depois dele; e ele reinou cinquenta anos.

8 E foi após a morte do rei de Chittim, que Balaão, o filho de Beor, fugiu da terra de Chittim, e veio para o Egipto, para o rei-faraó do Egipto.

9 E faraó o recebeu com grande honra, pois ele tinha ouvido falar de sua sabedoria, e deu-lhe presentes e fez dele um conselheiro e o engrandeceu.

10 E Balaão habitou no Egito em honra com todos os nobres do rei. Os nobres o exaltaram, porque todos eles cobiçavam aprender sua sabedoria.

11 E no ano 130 de Israel ter ido ao Egito, faraó sonhou que ele estava sentado no seu trono majestoso e levantou os olhos e viu um homem velho de pé diante dele; e lá estavam escalas nas mãos do homem velho, como aquelas usadas por comerciantes.

12 E o velho tomou as escalas e pendurou-as diante de faraó.

13 E o velho tomou todos os sábios do Egito e todos os seus nobres e grandes homens e ele os amarrou juntos e colocou-os em uma escala.

14 E ele tomou um cabrito de leite, e colocou-o em outra escala, e o cabrito preponderou sobre todos.

15 E o faraó ficou espantado com esta visão terrível, porque o cabrito não deveria preponderar sobre tudo. Faraó acordou, e eis que era um sonho.

16 E faraó levantou-se de manhã cedo e chamou todos os seus servos e contou a eles o sonho, e os homens tiveram muito medo.

17 E o rei disse para todos os seus sábios: Interpretem, peço-lhes, o sonho que eu sonhei, para eu saber.

18 E o filho de Beor, Balaão, respondeu ao rei e disse-lhe: Isso não significa outra coisa, mas um grande mal que vai vir contra o Egito nos últimos dias.

19 Pois um filho nascerá de Israel que irá destruir o Egito e seus habitantes, e levará os israelitas para fora do Egito com mão poderosa.

20 Agora, portanto, ó rei, dá-nos conselhos sobre este assunto, de modo que você possa destruir a esperança dos filhos de Israel e sua expectativa antes de surgir este mal contra o Egito.

21 E o rei disse a Balaão: O que vamos fazer para Israel? Certamente que depois de certo tempo que nós nos aconselhamos contra eles, não pudemos prevalecer sobre eles.

22 Agora, portanto, aconselha-nos também contra eles para que possamos prevalecer sobre eles.

23 E Balaão respondeu ao rei, dizendo: Vá agora e chame teus dois conselheiros e nós veremos os seus conselhos sobre este assunto e depois falará teu servo.

24 E o rei chamou seus 2 conselheiros: Reuel, o midianita, e Yob, o uzita; eles vieram diante do rei.

25 E o rei lhes disse: Eis que os dois ouviram o sonho que eu sonhei e a interpretação. Agora, portanto, dê-nos conselhos e saibam e vejam o que será feito para os filhos de Israel, para que nós possamos prevalecer sobre eles antes que seu mal caia contra nós.

26 E Reuel, o midianita, respondeu ao rei e disse: Que viva o rei, que viva o rei para sempre.

27 Se parecer bom para o rei, que desista dos israelitas e deixe-os; não estenda sua mão contra eles.

28 Pois estes são quem Deus escolheu no passado, e tomou como Povo de Sua herança dentre todas as nações e reis da terra; e quem estenderá sua mão contra eles com impunidade, e de quem seu Deus não os vingará?

29 Certamente tu sabes que quando Abraão desceu para o Egito, faraó, o antigo rei de Mitzraim, viu sua esposa Sara, e levou-a como esposa, porque Abraão disse: Ela é minha irmã, pois ele teve medo, pensando que os homens do Egipto poderiam matá-lo devido a sua esposa.

30 E quando o rei de Mitzraim tinha tomado Sara, Deus então feriu seu agregado familiar com pragas pesadas, até que ele restaurou a Abraão sua esposa Sara, então, ele ficou curado.

31 E Abimeleque, o gerarita, rei dos filisteus, Deus puniu por causa de Sara, esposa de Abraão, e parou cada ventre desde homens a bestas.

32 Quando seu Deus veio a Abimeleque no sonho de noite o aterrorizou , a fim que ele restaurasse a Abraão sua mulher Sara, que ele tinha tomado. Depois todas as pessoas de Gerar foram punidas por causa de Sara e Abraão orou a Deus por eles e suplicou por eles, e Deus os curou.

33 E Abimeleque temeu todo este mal que veio em cima dele e de seu povo e ele devolveu a Abraão sua esposa Sara; e deu-lhe com ela muitos presentes.

34 Ele fez assim também para com Isaque quando ele tinha o tirado de Gerar. Deus fez maravilhas para ele, pois todos os cursos de água de Gerar secaram e suas árvores produtivas não produziram.

35 Até que Abimeleque de Gerar, e Ahuzzath, um de seus amigos, e Pichol, o capitão de sua tropa, foram a ele e curvaram-se a ele no chão.

36 E pediram a ele para suplicar por eles, e ele orou a Deus por eles. Deus ouviu a súplica e Ele os curou.

37 Jacó também, um homem simples, foi liberto por meio de sua integridade das mãos de seu irmão Esaú e da mão de Labão, o sírio, irmão de sua mãe, que buscava sua vida. Da mesma forma da mão de todos os reis de Canaan que tinham chegado juntos contra ele e seus filhos para destruí-los e Deus os livrou de suas mãos, que viraram sobre eles e eles feriram seus inimigos.

38 Certamente o antigo faraó, pai do teu pai, levantou José, filho de Jacó, sobre todos os príncipes da terra do Egito, quando viu sua sabedoria, pois através dela ele livrou todos os habitantes da terra da fome.

39 Depois que ele ordenou a Jacó e seus filhos a descerem para o Egito, de forma que, através de sua virtude, a terra de Mitzraim (Egito) e a terra de Goshen pudessem ser livres da fome.

40 Agora, portanto, se parece bom aos teus olhos, deixem de destruir os filhos de Israel, mas se não for tua vontade que eles habitem no Egipto, mande-os para fora daqui, para que eles possam ir para a terra de Canaan, a terra onde seus antepassados peregrinaram.

41 E quando faraó ouviu as palavras de Yethro (Jetro) ficou muito irritado com ele, e ele foi-se em vergonha da presença do rei, e foi para Midian, sua terra.

42 E o rei disse a Yob, o uzita: O que tu dizes Yob, qual teu conselho a respeito de Israel?

43 Assim trabalho, disse ao rei, eis que todos os habitantes da terra estão no teu poder; deixe o rei fazer o que parecer bom em seus olhos.

44 E o rei disse: Balaão, o que tu dizes? Balaão, diga tua palavra para que nós possamos ouvi-la.

45 E Balaão disse ao rei: De tudo o que o rei aconselhar contra Israel, eles serão livrados e não poderás prevalecer sobre eles com conselho algum.

46 Pois se tu pensares diminui-los pelo fogo flamejante, tu não poderás prevalecer sobre eles, pois certamente seu Deus livrou Abraão seu pai, de Ur dos Caldeus; e se tu pensares destruí-los com uma espada, certamente Isaac seu pai foi livrado disto, e foi um carneiro colocado em seu lugar.

47 E se com trabalho duro e rigoroso tu pensares diminuir a eles, tu não prevalecerás mesmo neste contexto, pois seu pai Jacó serviu a Labão em todos os tipos de trabalho duro e prosperou.

48 Agora, portanto, ó rei, ouve minhas palavras, porque este é o conselho que é dado contra eles e que tu prevalecerás sobre eles. Tu não deverás deixar este conselho.

49 Se achares por bem, ó rei, dê uma ordem para que todos os seus filhos que forem nascidos deste dia em diante devem ser lançados na água, pois assim poderás tu limpar teu nome, pois nenhum deles, nem de seus pais, foram julgados dessa maneira.

50 E o rei ouviu as palavras de Balaão e a coisa agradou ao rei e aos príncipes; e o rei fez de acordo com a palavra de Balaão.

51 E o rei ordenou que fosse emitida uma lei a ser feita em toda a terra do Egito, dizendo: Cada criança do sexo masculino nascida de Israel a partir deste dia, deve ser lançada na água.

52 E faraó chamou a todos os seus servos, dizendo: Vão agora e procurem em toda a terra de Goshen onde estão os filhos de Israel e fazer com que cada filho nascido deva ser lançado no rio, mas cada filha vocês devem deixar viver.

53 E quando os filhos de Israel ouviram isto que ordenou o faraó, para lançar suas crianças do sexo masculine ao rio, algumas pessoas separaram-se de suas esposas e outros se uniram a elas.

54 E daquele dia em diante, quando as mulheres de Israel que mantiveram-se com seus maridos engravidavam, elas iam para o campo dar à luz, e davam à luz lá, e deixavam seus filhos sobre o campo e retornavam.

55 E Deus, que tinha jurado a seus antepassados multiplicá-los, enviou um de seus mensageiros de ensinamento que estão no céu para lavarem cada criança na água, e ungir e enfaixá-las, e colocava em suas mãos duas pedras lisas, de uma das quais sugava leite e da outra mel; e ele fez seus cabelos crescerem até aos joelhos, pelo qual podiam cobrir-se. E assim fez para consolá-los e para cobri-los, por causa de sua compaixão.

56 E Deus teve compaixão deles e teve desejo de multiplicá-los sobre a face da terra. Ele ordenou à terra a recebê- los, para serem preservados nela até à época de seu crescimento, após o qual a terra abriu sua boca e vomitou-os de volta, e eles brotaram na cidade como a erva da terra e a grama da floresta; e eles voltaram cada um à sua família e a casa de seu pai, e eles permaneceram com eles.

57 E os bebês dos filhos de Israel foram sobre a terra como a erva do campo, devido o favor de Deus com eles.

58 E quando todos os egípcios viram isto, eles saíram cada um a seu campo com seu jugo de bois e seu arado, e eles araram a terra como se ara no tempo de semeadura.

59 E quando eles araram, foram incapazes de ferir os bebês dos filhos de Israel, então as pessoas multiplicaram-se extremamente.

60 Faraó ordenou seus oficiais diariamente para ir a Goshen, e procurar os bebês dos filhos de Israel.

61 E quando eles procuravam e encontravam um, tomavam-no do seio da mãe pela força, e lançavam-no no rio, mas as crianças femininas deixaram com sua mãe. Assim fizeram os egípcios aos israelitas todos os dias.

* * *

67:8-10 - Balaão deixa o país em que vivia e é recebido por faraó, tornando-se um dos conselheiros do rei.

67:17-19 - Balaão interpreta o sonho de faraó, prenunciando o nascimento de Moisés e o êxodo dos israelitas.

67:23-27 - O início do conselho dado pelo midianita Reuel (Jetro) ao rei do Egito. Faraó não se agrada das palavras do conselheiro Reuel e ele decide regressar para a terra de Midiã.

67:45-50 - Balaão testemunha sobre a história dos patriarcas diante de faraó e o aconselha a matar todos os recém-nascidos hebreus a partir daquele dia, lançando os meninos no rio para morrerem. (Êxodo 1:22)

CAPÍTULO 68
NASCE MOISÉS, O FILHO DA PROMESSA

1 E foi nesse momento que o Espírito de Deus estava sobre Miriam, a filha de Amram, irmã de Aarão, e ela profetizou sobre sua casa, dizendo: Eis que um filho nascerá a nós, de meu pai e de minha mãe, e ele salvará Israel das mãos do Egipto.

2 E quando Amram ouviu as palavras de sua filha, ele levou sua esposa de volta para a casa, depois que ele tinha conduzido-a para longe no momento que faraó ordenou que cada criança do sexo masculino da casa de Jacó fosse lançada na água.

3 Assim, Amram levou Yoquebede (Joquebede), sua esposa, três anos depois que ele tinha a afastado; e ele veio a ela e a mulher concebeu.

4 E no final de sete meses desde sua concepção, ela deu à luz um filho, e toda a casa foi preenchida com grande luz, como da luz do sol e da lua, no momento de seu brilho.

5 E quando a mulher viu que a criança era boa e agradável à vista, escondeu-o por 3 meses numa sala interior.

6 Naqueles dias os egípcios conspiraram para destruir todos os israelitas.

7 E as mulheres egípcias foram para Goshen onde estavam os filhos de Israel e elas levavam sob seus ombros seus bebês que ainda não podiam falar.

8 E naqueles dias, quando as mulheres de Israel davam à luz, cada mulher escondia seu filho de diante dos egípcios, para que os egípcios não pudessem saber que tinham dado à luz e não pudessem destruí-los da terra.

9 E as mulheres egípcias vieram para Goshen e seus filhos que não podiam falar iam sobre seus ombros, e quando uma mulher egípcia entrava em casa de um israelita, o seu bebê começava a chorar.

10 E então as mulheres egípcias foram e disseram isto na casa do faraó.

11 E faraó enviou seus oficiais para levar as crianças e matá-las; assim fizeram os egípcios com as mulheres israelitas todos os dias.

12 E foi nesse momento, cerca de três meses antes de Yoquebede ter ocultado seu filho, que a notícia ficou conhecida na casa do faraó.

13 E a mulher apressou-se a tirar seu filho antes que os oficiais viessem, e preparou para ele uma arca de juncos, e a rebocou com lodo e piche e colocou a criança nela; e ela deixou-a pela beira do rio.

14 E sua irmã Miriam ficou de longe para saber o que seria feito a ele, e o que seria de sua vida.

15 E Deus enviou nesse momento um terrível calor na terra do Egito, que queimou a carne dos homens com sol, e oprimiu grandemente os egípcios.

16 E os egípcios desceram para tomar banho no rio, em virtude do calor consumidor que queimava sua carne.

17 E Bathia, a filha do faraó, foi também para tomar banho no rio por causa do calor; e as suas servas caminhavam ao lado do rio e todas as mulheres do Egito estavam bem.

18 E Bathia levantou os olhos para o rio, viu a arca sobre a água e enviou sua serva para buscá-la.

19 E ela a abriu e viu a criança; e eis que o bebê chorou, e ela teve compaixão dele, e ela disse: Esta é uma das crianças hebraicas.

20 E todas as mulheres do Egipto andando no lado do rio desejavam dar-lhe de mamar, mas ele não mamou, pois isto veio de Deus, a fim de restaurar-lhe ao seio de sua mãe.

21 E Miriam, sua irmã, estava naquela hora entre as mulheres egípcias ao lado do rio, e ela viu isto, e disse à filha do faraó: Devo buscar uma das mulheres hebraicas para que ela possa amamentar o filho por ti?

22 E filha do faraó disse-lhe: Vá! E a jovem foi, e chamou a mãe da criança.

23 E a filha de faraó disse para Yoquebede: Tome esta criança e a amamente para mim. Eu vou te pagar teus salários: duas porções de prata diariamente; e a mulher tomou o filho e amamentou-o.

24 E no final de dois anos, quando a criança cresceu, ela o trouxe para a filha de faraó, e ele foi para Bathia como se fosse um filho, e ela chamou seu nome Maimshê (Moisés), pois ela disse: Porque o salvei das águas.

25 E Amram, seu pai, chamou o seu nome Chabar, pois ele disse: Isto foi para comigo quando minha esposa voltou para casa depois de ter sido afastada.

26 E Yoquebede, sua mãe, chamou o seu nome Yekuthiul, porque ela disse: Eu tive esperança por ele no Todo-Poderoso, e Deus restaurou-o a mim.

27 E sua irmã Miriam chamou Yered, pois ela foi atrás dele no rio para saber qual seria seu fim.

28 E Aaron (Aarão), seu irmão, chamou o seu nome Abi Zanuch, dizendo: meu pai deixou minha mãe e retornou a ela por sua causa.

29 E Kehath, o pai de Amram, chamou o seu nome Abigdor, pois por sua causa, fez Deus reparar a violação da casa de Jacó, e eles já não poderiam jogar suas crianças do sexo masculino na água.

30 E sua enfermeira chamou-o de Abi Socho, dizendo: Em seu tabernáculo ele ficou escondido por três meses, por causa dos filhos da Ham.

31 Israel e todos o chamaram Shemayaoh, filho de Nathanul (Nethanel), pois eles disseram: Em seus dias Deus ouviu seu choro, e resgatou-os de seus opressores.

32 E Moisés ficou na casa do faraó e foi para Bathia, filha do faraó, como um filho; e Moisés cresceu entre os filhos do rei.

* * *

68:1 - A profecia de Miriam acerca do nascimento de seu irmão Moisés e do papel dele na libertação de Israel.

68:17-19 - O menino Moisés é salvo das águas do rio Nilo pela própria filha de faraó. (Êxodo 2:5,6)

68:24-31 - Os oito nomes que foram dados ao menino Moisés.

CAPÍTULO 69
FARAÓ CONDENA AO TRABALHO TODOS OS HEBREUS

1 E o rei de Edom morreu naqueles dias, no décimo oitavo ano do seu reinado, e foi enterrado em seu templo que ele construiu para si mesmo como sua residência real na terra de Edom.

2 E os filhos de Esaú foram a Pethor, que é sobre o rio, e eles buscaram um jovem de belos olhos e boa aparência, cujo nome era Shaul; e eles fizeram-o rei sobre eles no lugar de Samlah.

3 E Shaul reinou sobre todos os filhos de Esaú na terra de Edom por quarenta anos.

4 E o rei-faraó do Egito viu que o conselho que tinha dado Balaão a respeito dos filhos de Israel não teve êxito, mas que ainda eram frutuosos, multiplicando-se e aumentando em toda a terra do Egito.

5 Então faraó ordenou naqueles dias que fosse emitida em toda terra Egipto uma ordem para os filhos de Israel, dizendo: Nenhum homem deve diminuir qualquer coisa do seu trabalho diário.

6 E o homem que for encontrado deficiente em seu trabalho que realiza diariamente, seja em

argamassa ou em tijolos, seu filho mais jovem deverá ser colocado em seu lugar.

7 E o trabalho do Egipto foi reforçado mediante os filhos de Israel naqueles dias, e se um tijolo faltasse no trabalho diário de qualquer homem, os egípcios tomavam seu menino mais jovem a força de sua mãe e colocavam-no na obra no lugar do tijolo que seu pai tinha deixado faltando.

8 E os homens do Egipto fizeram assim a todos os filhos de Israel dia após dia, por um longo período.

9 Mas a tribo de Levi não trabalhou naquele tempo com os israelitas, seus irmãos, pois os filhos de Levi sabiam da astúcia que os egípcios exerceram no início para com os israelitas.

* * *

69:6,7 - A extrema crueldade de faraó com as crianças caçulas dos trabalhadores de Israel.

CAPÍTULO 70

MOISÉS COLOCA A COROA DO REI SOBRE A SUA CABEÇA

1 E no terceiro ano do nascimento de Moisés, o faraó estava sentado em um banquete; Alparanith, a rainha, estava sentada à sua direita, e Bathia à sua esquerda, o menino Moisés estava deitado no seu seio e Balaão, o filho de Beor, com seus 2 filhos, e todos os príncipes do reino estavam sentados à mesa na presença do rei.

2 E o menino estendeu sua mão sobre a cabeça do rei, e tomou a coroa do rei de sua cabeça e colocou-a na sua própria cabeça.

3 E quando o rei e os príncipes viram o que fez o menino, o rei e os príncipes ficaram aterrorizados e cada homem expressou espanto a seu vizinho.

4 E o rei disse aos príncipes que estavam na mesa com ele: O que dizem vocês, vós príncipes, a respeito disto, e qual deve ser o juízo contra o menino por conta deste ato?

5 E Balaão, o filho de Beor, o mágico, respondeu diante do rei e dos príncipes, e disse: Lembre-se agora, ó meu senhor e rei, o sonho que tu sonhaste há muitos dias e que teu servo interpretou a ti.

6 Agora, portanto, esta é uma criança das crianças hebraicas em quem está o Espírito de Deus; e não pense meu senhor o rei que este jovem fez isto sem conhecimento.

7 Pois ele é um menino hebreu e sabedoria e compreensão estão com ele, embora ele seja ainda uma criança; e com sabedoria ele fez isso e escolheu para si o reino do Egito.

8 Pois este é o costume dos hebreus para enganar os reis e os nobres, fazer todas estas coisas ardilosamente, de modo a fazer os reis da terra e seus homens tremerem.

9 Certamente tu sabes que Abraão, pai deles, agiu assim, e enganou o exército do rei Nimrod em Babel, e do rei Abimeleque de Gerar, e tomaram para si mesmos a terra dos filhos de Heth, e todos os reinos de Canaã.

10 E que ele desceu ao Egipto e disse que Soroah (Sara), sua esposa, era sua irmã, a fim de induzir ao erro, o Egito e seu rei.

11 Seu filho Isaac também assim fez quando ele foi para Gerar, e morou lá, e a sua força prevaleceu sobre o exército do rei Abimeleque dos filisteus.

12 Ele também pensou em fazer o reino dos filisteus cair, dizendo que Rebeca, sua esposa, era sua irmã.

13 Jacó também negociou traiçoeiramente com seu irmão e tirou seu direito de primogenitura e sua bênção.

14 Ele foi, então, para Padã-aram, à casa de Labão, irmão de sua mãe, e astuciosamente obteve dele, sua filha, seu gado e tudo o que pertencia a ele; e fugiu, e voltou para a terra de Canaã, para seu pai.

15 Seus filhos venderam seu irmão José que desceu para o Egipto e se tornou um escravo, e foi colocado na prisão por doze anos.

16 Até que o antigo faraó sonhou em sonhos e retirou-o da prisão e o colocou acima de todos os príncipes do Egipto por causa de ter interpretado seus sonhos.

17 E quando Deus trouxe fome em toda a terra, ele trouxe seu pai, todos os seus irmãos e todo o agregado familiar e ajudou-os sem preço ou recompensa, e comprou os egípcios para escravos.

18 Agora, portanto, meu rei e senhor, eis que esta criança está subindo em seu lugar no Egito, para fazer de acordo com seus atos e a barganhar com cada rei, príncipe e juiz.

19 Se agradar ao rei, deixe-nos agora derramar seu sangue no chão, antes que ele cresça e tome o governo da tua mão, e a esperança do Egipto pereça depois que ele reinar.

20 E o rei disse a Balaão: Chamemos todos os juízes do Egipto e os homens sábios, e deixe-nos saber se a sentença de morte é justa para este menino como tu dizes, e então, nós o mataremos.

21 E faraó foi e apelou a todos os sábios do Egipto e eles vieram diante do rei, e um mensageiro de Deus apareceu entre eles, e ele se parecia como um dos sábios do Egipto.

22 E o rei disse aos sábios: Certamente vocês já ouviram falar que este menino hebreu que está em minha casa fez, e assim Balaão julgou a esse respeito.

23 Agora julguem-no também e vejam o que é devido ao menino pelo ato que cometeu.

24 E o mensageiro, que parecia ser um dos sábios de faraó, respondeu e disse como segue, diante de todos os sábios do Egito, o rei e os príncipes:

25 Se isto agradar o rei, que o rei envie homens que trarão diante dele uma pedra ônix e um carvão de fogo e coloque ambos diante da criança. Se a criança esticar a sua mão e pegar a pedra ônix, então nós saberemos que com sabedoria o jovem fez tudo o que fez e nós precisaremos matá-lo.

26 Mas se ele adiante esticar sua mão sobre o carvão, então saberemos que não foi com sabedoria que ele fez isto, e ele viverá.

27 E a coisa pareceu boa aos olhos do rei e dos príncipes, então o rei fez de acordo com a palavra do mensageiro de Deus.

28 E o rei ordenou que a pedra ônix e o carvão fossem trazidos e colocados diante de Moisés.

29 E colocaram o menino diante deles e o rapaz esticou sua mão para a pedra ônix, mas o mensageiro de Deus pegou sua mão e a colocou sobre o carvão e ele pegou-o e colocou-o em sua boca e queimou parte de seus lábios e de sua língua. E ele tornou-se pesado na boca e língua.

30 E quando o rei e os príncipes viram isso, eles souberam que Moises não agiu com sabedoria em tirar a coroa da cabeça do rei.

31 Então o rei e os príncipes desistiram de matar a criança. Assim Moisés manteve-se na casa do faraó crescendo e Deus estava com ele.

32 E enquanto o menino estava na casa do rei, ele estava vestido em púrpura, e cresceu entre os filhos do rei.

33 E quando Moisés cresceu na casa do rei, Bathia, a filha do faraó, considerou-o como um filho, e toda a família do faraó o honrava e todos os homens do Egipto tiveram medo dele.

34 E ele diariamente saía, e entrava na terra de Goshen, onde seus irmãos, os filhos de Israel, estavam. E Moises via-os diariamente em falta de ar e trabalho forçado.

35 E Moisés perguntou a eles, dizendo: Porque este trabalho lhes é imposto dia-a-dia?

36 E disseram-lhe tudo o que tinha acontecido e todas as liminares que faraó tinha colocado sobre eles antes de seu nascimento.

37 E disseram-lhe todos os conselhos que Balaão, o filho de Beor, tinha aconselhado contra eles e o que ele tinha também aconselhado contra ele, para matá-lo, quando ele tinha tirado a coroa do rei fora de sua cabeça.

38 E quando Moisés ouviu estas coisas, sua raiva acendeu-se contra Balaão, e ele tentou matá-lo, e

ele estava de tocaia atrás dele diariamente.

39 E Balaão estava com medo de Moisés e ele e seus dois filhos levantaram-se e saíram do Egito e eles fugiram e livraram suas almas e colocaram-se na terra de Cush com Kikianus, rei de Cush.

40 E Moisés ficou na casa do rei saindo e chegando. Deus lhe deu favor aos olhos do faraó e aos olhos de todos os seus servos e aos olhos de todo o povo do Egito e eles amaram muito a Moisés.

41 E o dia chegou quando Moisés foi a Goshen para ver seus irmãos, que ele viu os filhos de Israel em seus encargos e trabalho forçado e Moisés entristeceu-se por causa deles.

42 E Moisés retornou ao Egito e chegou à casa de faraó e veio diante do rei e Moisés curvou-se diante do rei.

43 E Moisés disse a faraó: Peço-te, meu senhor, eu vim para fazer-lhe um pequeno pedido a ti; não faça meu rosto voltar vazio. E faraó disse-lhe: Fale!

44 E Moisés disse a faraó: Permita ser dado aos teus servos, os filhos de Israel que estão em Goshen, um dia para descanso de seu trabalho.

45 E o rei respondeu a Moisés e disse: Eu preencherei teu rosto a respeito disto e concederei o teu pedido.

46 E faraó ordenou que uma proclamação fosse emitida em todo o Egito e Goshen, dizendo:

47 Todos os filhos de Israel, assim diz o rei: Por seis dias, vocês devem fazer seu trabalho, mas no sétimo dia vocês devem descansar e não deverão fazer qualquer trabalho; assim vocês farão todos os dias, como o rei e Moisés, filho de Bathia, ordenou.

48 E Moisés exultou que o rei tinha concedido a ele, e os filhos de Israel fizeram como Moisés ordenou-lhes.

49 Pois isto veio de Deus para os filhos de Israel, pois Deus tinha começado a lembrar-se dos filhos de Israel para salvá-los, por amor a seus pais.

50 E Deus estava com Moisés e sua fama foi por toda terra do Egito.

51 E Moisés tornou-se grande aos olhos de todos os egípcios e aos olhos de todos os filhos de Israel, buscando o bem para seu povo Israel e falando palavras de paz sobre eles ao rei.

* * *

70:2,3 - O menino Moisés, com apenas três anos de idade, toma para si a coroa de faraó.

70:19 - Reconhecendo que o Espírito de Deus estava sobre Moisés, Balaão aconselha a faraó para que mate o menino.

70:29-31 - Como o anjo do Senhor salvou a Moisés e fez se tornar um homem "pesado de língua" (Êxodo 4:10)

70:37-39 - Moisés descobre o grande mal que Balaão fez a Israel e como aconselhou faraó a matá-lo. Por isso, procurou matar a Balaão que, para salvar a própria vida, fugiu do Egito com seus dois filhos para a terra de Cush.

70:44-47 - Moisés intercede pelos hebreus e faraó lhes permite descansar no sétimo dia da semana.

CAPÍTULO 71
MOISÉS MATA UM HOMEM E FOGE DO EGITO

1 E quando Moisés tinha dezoito anos de idade, ele desejou ver seu pai e mãe, e ele foi até eles em Goshen, e quando Moisés chegou perto de Goshen, ele veio para o lugar onde os filhos de Israel estavam envolvidos no trabalho, e ele observou seu jugo, e ele viu um egípcio ferindo um dos seus irmãos hebreus.

2 E quando o homem que era espancado viu Moises, ele correu a ele pedindo ajuda, pois Moisés era muito respeitado na casa do faraó; e ele lhe disse: Meu senhor, atenda-me; esse egípcio veio à minha casa no meio da noite, me amarrou, e tomou a minha esposa na minha presença e agora ele pretende tirar a minha vida.

3 E quando Moisés ouviu esta impiedade, sua raiva acendeu-se contra o egípcio, e ele virou-se para cá e para lá, e quando viu que não havia ninguém lá, matou o egípcio e escondeu-o na areia, e livrou o hebreu da mão daquele que o agredia.

4 E o hebreu foi para sua casa, e Moisés voltou para sua casa, a casa do rei.

5 E quando o homem voltou para casa, ele pensou em repudiar sua esposa, pois não era direito na casa de Jacó qualquer homem vir à sua esposa depois que ela tivesse sido violada.

6 A mulher foi e disse a seus irmãos; seus irmãos tentaram matá-lo e ele fugiu de sua casa e escapou.

7 E no segundo dia Moises foi a seus irmãos e olhou, e eis que dois homens estavam brigando; e ele disse ao perverso: porque tu feres teu vizinho?

8 E ele respondeu-lhe e lhe disse: Quem te colocou como um príncipe ou juiz sobre nós? Tu pensas matar-me como tu mataste o egípcio? E Moisés teve medo e disse: Certamente a coisa é conhecida?

9 Faraó ouviu falar deste caso e ele ordenou que Moisés fosse morto. Assim Deus enviou seu mensageiro e ele apareceu diante de faraó com a semelhança de um capitão da guarda.

10 E o mensageiro de Deus tomou a espada da mão do capitão da guarda e cortou sua cabeça com ela, pois a aparência do capitão da guarda foi transformada na aparência de Moisés.

11 E o mensageiro de Deus segurou a mão direita de Moisés e trouxe-o para fora do Egito e o colocou fora das fronteiras do Egito, a uma distância de viagem de quarenta dias.

12 E Aarão, seu irmão, permaneceu sozinho no Egito e profetizou para os filhos de Israel, dizendo:

13 Assim diz o Deus de seus antepassados: joguem fora, cada homem, as abominações dos seus olhos e não se sujem com os ídolos do Egito.

14 E os filhos de Israel se rebelaram e não ouviram Aarão nesse momento.

15 Deus pensou em destruí-los. E o faria se não fosse a lembrança do pacto que fez com Abraão, Isaac e Jacó

16 Naqueles dias a mão do faraó continuou a ser severa contra os filhos de Israel e ele os esmagou e oprimiu até o momento em que Deus enviou adiante sua palavra e tomou deles.

* * *

71:1-3 - Detalhes sobre o assassinato de um egípcio por Moisés.

71:11 - Assim como ocorreu com a família de Ló, o anjo do Senhor tomou a Moisés por sua mão e o tirou do Egito para livrá-lo da morte. (Gênesis 19:16)

CAPÍTULO 72
MOISÉS FOGE PARA CUSH E REINA

1 E foi naqueles dias que havia uma grande guerra entre os filhos de Cush e os filhos do Oriente e Aram; e eles se rebelaram contra o rei de Cush em cujas mãos eles estavam.

2 Então o rei Kikianus de Cush saiu com todos os filhos de Cush, um povo numeroso como a areia, e eles foram para lutar contra Aram e os filhos do Oriente, para sujeitá-los.

3 E quando Kikianus saiu, ele deixou Balaão, o mágico, com seus dois filhos, para proteger a cidade e a classe mais baixa do povo da terra.

4 Então Kikianus saiu para Aram e os filhos do Oriente e ele lutou contra eles e os feriu, e todos eles caíram feridos diante de Kikianus e seu povo.

5 E ele levou muitos deles cativos e ele trouxe-os sob sujeição como antes e ele acampou em suas terras para tomar tributo deles como de costume.

6 E Balaão, o filho de Beor, quando o rei de Cush deixou-o para proteger a cidade e os pobres da cidade, foi e aconselhou o povo da terra a se rebelar contra o rei Kikianus, para não deixá-lo entrar na cidade quando ele retornasse para casa.

7 E o povo o ouviu, e eles juraram e o fizeram rei sobre eles, e seus dois filhos comandantes do exército.

8 Assim eles foram, e levantaram as muralhas da cidade nos dois cantos, e fizeram uma forte construção.

9 E no terceiro canto eles cavaram valas sem número, entre a cidade e o rio que cercava a terra inteira de Cush, e fizeram as águas do rio passarem por lá.

10 No quarto canto, eles coletaram numerosas serpentes por seus encantamentos e bruxaria, e eles fortificaram a cidade e habitaram nela, e ninguém foi para fora ou entrou diante deles.

11 E Kikianus lutou contra Aram e os filhos do Oriente e ele subjugou-os como antes e deram-lhe o seu tributo habitual; e ele foi e voltou para sua terra.

12 E quando Kikianus, o rei de Cush, se aproximou de sua cidade e todos os comandantes das forças com ele, levantou os olhos e viu que as muralhas da cidade foram construídas muito elevadas, então os homens ficaram espantados com isso.

13 E eles disseram um para o outro: é porque eles viram que nós nos atrasamos na batalha e tiveram muitomedo por nós demorarmos, por isso levantaram as muralhas da cidade e fortificaram-na para que os reis de Canaã não pudessem vir em batalha contra eles.

14 Assim o rei e as tropas se aproximaram da porta da cidade, e olharam para cima, e eis que todos os portões da cidade foram fechados e chamaram as sentinelas, dizendo: Abram para que possamos entrar na cidade.

15 Mas as sentinelas recusaram-se a abrir-lhes por ordem de Balaão, o mágico, seu rei, eles não os deixaram entrar na sua cidade.

16 Então fizeram uma batalha com eles em frente do portão da cidade, e cento e trinta homens do exército de Kikianus caíram naquele dia.

17 E no dia seguinte, eles continuaram a lutar, e eles lutaram ao lado do rio, eles se esforçaram para passar, mas não foram capazes, assim que alguns deles se afundaram nos poços e morreram.

18 Assim o rei ordenou que fossem cortar as árvores para fazer jangadas, e eles o fizeram.

19 E quando eles vieram para o lugar das valas, as águas giravam em moinhos, e duzentos homens sobre dez jangadas foram afogados.

20 E no terceiro dia, eles vieram para lutar ao lado onde estavam as serpentes, mas eles não podiam aproximar- se lá, pois as serpentes do pântano mataram deles cento e setenta homens . Eles cessaram de lutar contra Cush e cercaram Cush durante nove anos; nenhuma pessoa entrou ou saiu.

21 Naquele tempo que a guerra e o cerco aconteciam contra Cush, Moisés fugiu do Egito e de faraó, que tentou matá-lo por ter assassinado o egípcio.

22 E Moisés tinha dezoito anos de idade quando ele fugiu do Egito da presença de Faraó e foi para o acampamento de Kikianus, que na época estava sitiando Cush.

23 E Moisés esteve nove anos no acampamento de Kikianus, rei de Cush. Todo o tempo que eles sitiavam Cush, Moisés saiu e entrou com eles.

24 E o rei, os príncipes e todos os homens de luta amaram Moisés, pois ele era grande e digno. Sua estatura era como um leão nobre, seu rosto era como o sol e sua força era como que de um leão; e le foi conselheiro do rei.

25 E no final de nove anos, Kikianus foi tomado por uma doença mortal e sua doença prevaleceu sobre ele e morreu no sétimo dia.

26 Assim seus servos o embalsamaram, o levaram e o enterraram em frente do portão da cidade para o norte da terra do Egito.

27 E construíram sobre ele um elegante edifício alto e forte, e colocaram grandes pedras abaixo.

28 E escribas do rei gravaram toda a força de seu rei Kikianus e todas as suas batalhas que ele tinha lutado; eis que elas estão escritas lá até este dia.

29 Após a morte do rei Kikianus, entristeceram-se suas tropas grandemente por causa da guerra.

30 Assim eles diziam um para o outro: Dá-nos conselho do que fazer neste momento, estando morando no deserto nove anos longe de nossas casas.

31 Se dissermos: Vamos lutar contra a cidade, muitos de nós vão cair feridos ou mortos; e se nós ficarmos aqui no cerco, nós também morreremos.

32 Pois agora, todos os reis de Aram e dos filhos do Oriente vão ouvir que nosso rei morreu, e eles irão atacar-nos de repente de forma hostil. Lutarão contra nós e não deixarão vestígio de nós.

33 Agora, façamos um rei sobre nós, e deixe-nos manter o cerco até a cidade ser entregue para nós.

34 E pretenderam escolher nesse dia um homem como seu novo rei no exército de Kikianus, e eles não tinham encontrado nenhum de sua escolha como Moisés para reinar sobre eles.

35 E eles apressaram-se, retirando cada homem seus vestuários e lançaram-nos no chão. Desta forma fizeram uma grande pilha e colocaram Moisés nela.

36 Levantou-se, tocaram trombetas e gritaram diante dele e disseram: Que viva o rei! Que viva o rei!

37 E todas as pessoas e nobres juraram-lhe dar-lhe de uma esposa como rainha: Adoniah, cushita, antiga esposa de Kikianus; e eles fizeram Moisés rei sobre eles naquele dia.

38 E todas as pessoas de Cush emitiram uma proclamação naquele dia, dizendo: Todo homem deve dar algo a Moisés do que está na sua posse.

39 E colocaram um lençol nos ombros, e cada homem lançou nele algo do que ele tivesse: um brinco de ouro e o outro uma moeda.

40 Também de pedras de ônix, obdellium, pérolas e mármore, jogaram os filhos de Cush para Moisés sobre o lençol. Também deram a ele prata e ouro em grande abundância.

41 E Moisés levou a prata e ouro, todos os vasos e as pedras obdellium e ônix, que todos os filhos de Cush tinham dado a ele, e ele colocou-os entre seus tesouros.

42 E Moisés reinou sobre os filhos de Cush naquele dia, no lugar do rei Kikianus de Cush.

72:3-7 - O rei Kikanus deixa a Balaão como seu representante em Cush, mas ele e seus filhos conspiram contra o rei e usurpam o trono.

72:22-24 - Com 18 anos de idade, Moisés se une com o exército de Cush que cercava a própria cidade e tentava retomá-la das mãos de Balaão e seus filhos. Breve relato da impressionante aparência de Moisés.

72:34-36 - Com a morte de Kikianus, Moisés é proclamado pelos homens do exército como o novo rei de Cush.

CAPÍTULO 73
O REINO DE MOISÉS E SUA ARTE ESTRATÉGICA NA GUERRA

1 No ano cinquenta e cinco do reinado de faraó, rei do Egipto, que é o ano cento e cinquenta e sete dos israelitas terem ido ao Egito, reinou Moisés em Cush (ou Cuxe).

2 Moisés tinha vinte e sete anos de idade quando começou a reinar em Cush, e quarenta anos ele reinou.

3 E Deus concedeu a Moisés graça aos olhos de todos os filhos de Cush e os filhos de Cush amaram-no excessivamente, pois Moisés foi favorecido por Deus e pelos homens.

4 E no sétimo dia de seu reinado, todos os filhos de Cush reuniram-se e vieram diante de Moisés, e curvaram-se diante dele no chão.

5 E falaram os filhos de Cush na presença do rei, dizendo: Dá-nos conselhos para que vejamos o que fazer a esta cidade.

6 Pois faz agora nove anos que temos sitiado a cidade, e não temos visto mais nossos filhos e nossas esposas.

7 Assim o rei respondeu-lhes, dizendo: Se vocês ouvirem minha voz em tudo o que eu vos comandar, então Deus dará a cidade em nossas mãos e nós iremos subjugá-la.

8 Porque, se nós lutarmos com eles como na antiga batalha que tivemos com eles antes da morte de Kikianus, muitos de nós vão cair feridos como antes.

9 Agora, portanto, eis aqui este é o conselho para vocês neste assunto. Se vocês ouvirem minha voz, então a cidade será entregue em nossas mãos.

10 Então todos eles responderam ao rei, dizendo: Tudo o que nosso senhor nos mandar, isso nós faremos.

11 E Moisés disse-lhes: Vão por todo o acampamento e proclamem uma voz a todo o povo, dizendo:

12 Assim diz o rei: Vão à floresta e tragam filhotes de cegonha; cada homem um filhote em sua mão.

13 E qualquer pessoa que transgredir a palavra do rei, que não trouxer o seu filhote, ele deve morrer e o rei irá tomar os pertencentes dele.

14 E quando vocês os trouxerem, deverão ficar os filhotes sob seus cuidados; vocês deverão cuidá-los até eles crescerem e vocês devem ensiná-los a mergulhar em voo, como os jovens falcões.

15 Então todos os filhos de Cush ouviram as palavras de Moisés, e levantaram-se e fizeram uma proclamação a ser emitida por todo o acampamento, dizendo:

16 A vocês, todos os filhos de Cush, a ordem do rei é que vocês vão todos juntos para a floresta e lá peguem os filhotes de cegonha, cada homem com seu filhote em sua mão, e vocês devem trazê-los para casa.

17 E qualquer pessoa que violar a ordem do rei, o rei tomará tudo o que pertence a ele.

18 E todas as pessoas fizeram-no, e eles saíram para a floresta, e escalaram as árvores de abetos e pegaram, cada homem, um filhote em sua mão; todos os filhotes de cegonhas e os trouxeram para o deserto e os criaram por ordem do rei, e eles os ensinaram no mergulho semelhante aos jovens falcões.

19 E depois que os filhotes de cegonhas estavam criados, o rei ordenou que eles não comessem por três dias, e todas as pessoas assim fizeram.

20 No terceiro dia, o rei disse-lhes: Esforcem- se, tornem-se homens valentes e coloque cada homem sua armadura, cinja suas espadas, monte cada homem seu cavalo e tome cada um seu filhote de cegonha na mão.

21 E vamos lutar contra a cidade onde as serpentes estão. Todas as pessoas fizeram como o rei tinha ordenado.

22 E tomou cada homem seu filhote em sua mão e foram embora; quando eles chegaram ao lugar das serpentes, o rei disse-lhes: Traga cada homem seu filhote até as serpentes.

23 E cada homem trouxe sua jovem cegonha pela ordem do rei e as jovens cegonhas correram até às serpentes, e elas devoraram todas as serpentes e as destruíram naquele lugar.

24 E quando o rei e o povo tinham visto que todas as serpentes estavam destruídas naquele lugar, todas as pessoas deram um grande grito.

25 E aproximaram-se; e eles entraram na cidade e lutaram contra ela, e a tomaram e subjugaram-na.

26 E ali morreram naquele dia 1.100 homens do povo da cidade, todos que habitavam a cidade, mas do povo do cerco, ninguém morreu.

27 Então todos os filhos de Cush foram cada um para sua casa, sua esposa e filhos e todos pertencentes a ele.

28 E Balaão, o mágico, quando viu que a cidade foi tomada, ele abriu a porta e ele e seus dois filhos e oito irmãos fugiram e retornaram ao Egito para faraó, rei do Egito.

29 Eles são os feiticeiros e mágicos que são mencionados no Livro da Lei, levantando-se contra Moisés quando Deus trouxe as pragas sobre o Egito.

30 Então Moisés tomou a cidade com sua sabedoria e os filhos de Cush o colocaram no trono no lugar de Kikianus, o antigo rei de Cush.

31 E o coroaram, e deram-lhe como esposa a Adoniah, a rainha, a cushite, antiga esposa de Kikianus.

32 E Moisés temeu o Deus de seus pais; então ele não entrou a ela, nem virou seus olhos para ela.

33 Pois Moisés lembrou-se como Abraão tinha feito seu servo Uliezer jurar, dizendo: Tu não levarás uma mulher das filhas de Canaã para meu filho Isaac.

34 E também que Isaac fez quando Jacó havia fugido de seu irmão, quando ele ordenou, dizendo: Tu não tomarás uma esposa das filhas de Canaã, nem farás aliança com qualquer um dos filhos de Cam.

35 Deus deu Cam, o filho de Noé, e seus filhos e todas as suas sementes como escravos para os filhos de Shuam (Sem) e para os filhos de Yafet (Jafé) até sua semente depois deles como escravos para sempre.

36 Portanto Moisés virou seu coração e nem olhou para a esposa de Kikianus, nos dias que reinou sobre Cush.

37 E Moisés temeu a Deus seu Senhor por toda a sua vida. Moisés andou diante de Deus em

verdade, com todo seu coração e alma e ele não se desviou do caminho certo todos os dias da sua vida. Ele não se desviou do caminho nem para a direita ou para a esquerda, no qual Abraão, Isaac e Jacó tinham andado.

38 E Moisés fortaleceu-se no reino dos filhos de Cush e ele guiou os filhos de Cush com sua habitual sabedoria. Assim Moisés prosperou em seu reino.

39 E nesse momento Aram e os filhos do Oriente ouviram que o rei Kikianus de Cush tinha morrido; então Aram e os filhos do Oriente rebelaram-se contra Cush naqueles dias.

40 E Moisés reuniu todos os filhos de Cush, um povo muito poderoso, cerca de trinta mil homens, e foram adiante para lutar contra Aram e os filhos do Oriente.

41 E eles foram inicialmente para os filhos de Aram. E quando ouviram os filhos do Oriente isso, foram para atingi-los e engajar-se em batalha com eles.

42 E a guerra foi grave contra os filhos do Oriente, pois Deus entregou os filhos do Oriente nas mãos de Moisés e cerca de trezentos homens caíram mortos.

43 E todos os filhos do Oriente voltaram e retiraram-se; assim Moisés e os filhos de Cush os seguiram e os subjugaram, colocando um imposto sobre eles, como era seu costume.

44 Então Moisés e todas as pessoas com ele foram de lá, para a terra de Aram para a batalha.

45 E o povo de Aram também foi para encontrá-los, e Moisés e os cuxitas lutaram contra eles e Deus entregou os inimigos nas mãos de Moisés; muitos dos homens de Aram caíram feridos.

46 E Aram também foi subjugado por Moisés e o povo de Cush, e também deram os impostos habituais.

47 E Moisés entregou Aram e os filhos do Oriente sob sujeição aos filhos de Cush. Desta forma, Moisés e todas as pessoas que estavam com ele, voltaram para a terra de Cush.

48 E Moisés fortaleceu-se no reino de Cush. Deus estava com ele e todos os filhos de Cush o temeram.

* * *

73:2 - Moisés reinou por 40 anos sobre os moradores do reino de Cush.

73:20-23 - A sábia estratégia de guerra criada por Moisés para penetrar na cidade de Cush e conquistá-la.

73:28,29 - Com a conquista de Cush, Balaão e seus filhos fogem outra vez para o Egito. O Livro do Justo informa ainda que Balaão e seus filhos são os feiticeiros citados no Livro da Lei como os opositores de Moisés diante de faraó. (Êxodo 7:11/7:22/8:7)

73:35 - Deus fez com que os cananeus fossem escravos dos descendentes de Sem e Jafé. (Gênesis 9:25-27)

CAPÍTULO 74
GUERRA NA ÁFRICA

1 No final dos anos morreu o rei Shaul, de Edom, e Baal Chanan, o filho de Achbor, reinou em seu lugar.

2 No décimo sexto ano do reinado de Moisés sobre Cush, Baal Chanan, o filho de Achbor, reinou na terra de Edom sobre todos os filhos de Edom por trinta e oito anos.

3 Em seus dias, os filhos de Moabe se rebelaram contra o poder de Edom, pois eram sujeitos a

Edom desde os dias de Hadad, filho de Bedad, que derrotou-os em Midian e trouxe Moabe à sujeição de Edom.

4 E quando Baal Chanan reinou sobre Edom, todos os moabitas retiraram sua lealdade de Edom.

5 E Angeas, rei da África, morreu naqueles dias e Azdrubal, seu filho, reinou em seu lugar.

6 E naqueles dias morreu Yaneas, rei dos filhos de Chittim, e eles enterraram-no em seu templo, que ele construiu para si mesmo, na planície de Canopia como residência; e Latinus reinou em seu lugar.

7 E no vigésimo segundo ano do reinado de Moisés sobre os filhos de Cush, reinou Latinus sobre os filhos de Chittim quarenta e cinco anos.

8 E ele também construiu para si uma torre grande e poderosa, e aí construiu um elegante templo para sua residência, para conduzir seu governo, como era o costume.

9 No terceiro ano do seu reinado, ele preparou uma proclamação a ser feita para todos os seus homens hábeis, quem fizessem muitos navios para ele.

10 E Latinus reuniu todas as suas forças e eles vieram nos navios e foram aí para lutar com Azdrubal, filho do rei Angeas da África, e eles vieram para África e engajaram-se na batalha com Azdrubal e seu exército.

11 E Latinus prevaleceu sobre Azdrubal. Latinus tomou de Azdrubal o aqueduto que seu pai tinha trazido dos filhos de Chittim, quando ele tomou Yaniah, filha de Uzi, como esposa, e Latinus derrubou a ponte do aqueduto, e feriu o exército inteiro de Azdrubal com um duro golpe.

12 E os homens fortes que restaram de Azdrubal fortaleceram-se e seus corações foram cheios de inveja, e cortejaram a morte, e novamente engajaram-se em batalha contra o rei Latinus de Chittim.

13 E a batalha foi severa sobre todos os homens da África e todos eles caíram feridos diante de Latinus e seu povo; e o rei Azdrubal também caiu nessa batalha.

14 E o rei Azdrubal tinha uma filha muito bonita, cujo nome era Ushpezena, e todos os homens da África atentavam para sua semelhança em suas vestes, devido à sua grande beleza e boa aparência.

15 E os homens de Latinus viram Ushpezena, filha de Azdrubal, e elogiaram-na a Latinus, seu rei.

16 Latinus ordenou que a trouxessem; e levaram Ushpezena a ele e voltou o seu caminho para Chittim.

17 E foi depois da morte de Azdrubal, filho de Angeas, quando Latinus tinha voltado para sua terra depois da batalha, que todos os habitantes da África levantaram-se e tomaram Anibal, filho de Angeas, o irmão mais novo de Azdrubal, e o fizeram rei no lugar de seu irmão sobre toda a África.

18 E quando ele reinou, ele resolveu ir para Chittim para lutar contra os filhos de Chittim, para vingar a causa de seu irmão Azdrubal e a causa dos habitantes da África, e ele assim fez.

19 E ele fez muitos navios e ele veio com todo o seu exército, e ele foi para Chittim.

20 Assim Anibal lutou com os filhos de Chittim e os filhos de Chittim caíram feridos diante de Aníbal e seu exército, e Anibal vingou a causa do seu irmão.

21 Anibal continuou a guerra por dezoito anos contra os filhos de Chittim e Anibal habitava em terrenos de Chittim, e acamparam lá por muito tempo.

22 E Anibal feriu os filhos de Chittim muito severamente, e ele matou seus grandes homens e príncipes, e do resto do povo feriu cerca de oitenta mil homens.

23 E no final dos dias e anos, Anibal retornou à sua terra a África, e ele reinou firmemente no lugar de seu irmão Azdrubal.

* * *

74:9,19 - O exército do rei de Sitim saía a guerra em navios preparados com esta finalidade.

CAPÍTULO 75
OS EFRAIMITAS SAEM DO EGITO PARA CANAÃ

1 E naquele tempo, no ano 180 da ida dos israelitas para o Egipto, saíram do Egito os homens valentes, trinta mil a pé dos filhos de Israel, que eram todos da tribo de José, dos filhos de Efraim, filho de José.

2 Pois eles disseram que o período estava concluído em que Deus tinha marcado para os filhos de Israel nos tempos antigos que Ele havia falado a Abraão.

3 E estes homens cingiram-se e colocaram cada um a sua espada ao seu lado, e cada homem pôs a sua armadura sobre si, e eles confiaram na sua força, e eles saíram juntos do Egito com mão forte.

4   Mas eles não levaram nenhuma provisão para a estrada, somente prata e ouro; nem mesmo pão para aquele dia eles levaram em suas mãos, pois eles pensaram em conseguir a sua provisão por pagamento através dos filisteus, e se eles não vendessem, levariam à força.

5 E estes homens eram muito poderosos e valentes homens. Um destes homem poderia perseguir mil e dois deles poderiam enfrentar dez mil. Então eles confiaram em sua força e foram juntos como estavam.

6 E dirigiram seu curso em direção à terra de Gate e eles desceram e encontraram os pastores de Gate alimentando o gado dos filhos de Gate.

7 E eles disseram aos pastores: Entreguem-nos algumas das ovelhas por pagamento para que possamos comer, pois nós estamos com fome, porque não comemos pão neste dia.

8 E disseram os pastores: São nossas as ovelhas e gado, por que devemos dar a vocês por pagamento? Assim os filhos de Efraim aproximaram-se para levá-las à força.

9 E os pastores de Gate gritaram, e seu grito foi ouvido à distância, e todos os filhos de Gate foram até eles.

10 E quando os filhos de Gate viram a maldades dos filhos de Efraim, eles voltaram e reuniram os homens de Gate e colocaram cada um a sua armadura, e vieram diante dos filhos de Efraim para a batalha.

11 E se engajaram com eles no vale de Gate, e a batalha foi grave, e feriram-se uns aos outros, nesse dia.

12 E no segundo dia os filhos de Gate foram às cidades dos filisteus, para que viessem ajudá-los, dizendo:

13 Juntem-se a nós e ajudem-nos, para que possamos ferir os filhos de Efraim, que vieram do Egipto para tirar o nosso gado e para lutar contra nós sem justa causa.

14 Ora, as almas dos filhos de Efraim ficaram esgotadas com fome e sede, pois eles não tinham comido pão durante três dias. E quarenta mil homens saíram das cidades dos filisteus para ajudar os homens de Gate.

15 E estes homens estavam envolvidos na batalha com os filhos de Efraim e Deus entregou os filhos de Efraim nas mãos dos filisteus.

16 E feriram todos os filhos de Efraim, todos os que tinham saído do Egito, nenhum restou, com exceção de dez homens que tinham fugido da batalha.

17 Pois este mal veio de Deus contra os filhos de Efraim, pois eles transgrediram a palavra de Deus ao sair do Egipto antes de chegar o período ao qual Deus nos dias antigos havia designado para Israel.

18 E dos filisteus também caíram um grande número, cerca de vinte mil homens, e seus irmãos os levaram e os enterraram em suas cidades.

19 E os mortos dos filhos de Efraim permaneceram abandonados no vale do Gate por muitos dias e anos e não foram trazidos para enterro; e o vale ficou cheio de ossos de homens.

20 E os homens que haviam escapado da batalha chegaram ao Egipto e disseram a todos os filhos de Israel tudo o que lhes acontecera.

21 E seu pai Efraim lamentou sobre eles por muitos dias e seus irmãos vieram para consolá-lo.

22 E veio a sua esposa, e deu à luz a um filho, e chamou o de Beriah, pois ela estava infeliz em sua casa.

* * *

75:1-3 - Trinta mil homens valentes dos filhos de Efraim saem do Egito em direção à terra de Canaã.

75:14-16 – A Bíblia relata o sofrimento de Efraim quando seus filhos são mortos por tentarem roubar o gado dos filisteus (I Crônicas 7:21). O Livro do Justo narra nesta passagem com detalhes como isso ocorreu.

CAPÍTULO 76
MOISÉS DEIXA CUSH E VAI PARA A TERRA DE MIDIÃ

1 E Moisés, o filho de Amram, ainda era rei na terra de Cush naqueles dias, e ele prosperou em seu reino, conduzindo o governo dos filhos de Cush em justiça e integridade.

2 E todos os filhos de Cush amaram Moisés todos os dias em que reinou sobre eles; e todos os habitantes da terra de Cush tiveram muito medo dele.

3 E no quadragésimo ano do reinado de Moisés sobre Cush, Moisés estava sentado no trono real, enquanto Adoniah, a rainha, estava diante dele. E todos os nobres estavam sentados ao seu redor.

4 E Adoniah, a rainha, disse perante o rei e os príncipes: O que é isto, que vocês, os filhos de Cush, têm feito por todo este tempo?

5 Certamente vocês sabem que durante os quarenta anos que este homem reinou sobre Cush, ele não se aproximou de mim, nem serviu os ídolos dos filhos de Cush.

6 Agora, pois, ouçam, ó filhos de Cush, e permitam que este homem não mais reine sobre vocês pois ele não é da nossa carne.

7 Eis que Menacrus, meu filho, está crescido; deixem-no reinar sobre vós, pois é melhor para vocês servirem o filho de seu senhor, do que servir um estranho, escravo do rei do Egipto.

8 E todo o povo e os nobres de Cush ouviram as palavras que Adoniah, a rainha, havia dito aos seus ouvidos.

9 Todo o povo se preparou a noite, e de manhã levantaram-se cedo e fizeram Menacrus, filho de Kikianus, rei.

10 E todos os filhos de Cush estavam com medo de estender a mão contra Moisés, pois Deus estava com ele; e os filhos de Cush lembraram-se do juramento que fizeram a Moisés, portanto, eles não fizeram mal a ele.

11 Mas os filhos de Cush deram muitos presentes a Moisés e se despediram dele em grande honra.

12 Então Moisés saiu da terra de Cush e foi para casa, deixando de reinar sobre Cush. Moisés tinha sessenta e seis anos de idade quando ele saiu da terra de Cush, pois isto veio de Deus, porque o período havia chegado em que Ele tinha marcado nos dias antigos para livrar os filhos de Israel da aflição dos filhos de Cam.

13 Então, Moisés foi para Midian, pois ele estava com medo de voltar para o Egito por causa de Faraó; e ele foi e sentou-se em um poço de água em Midian.

14 E as sete filhas de Reuel, o midianita, saíram para alimentar o rebanho de seu pai.

15 E elas vieram para o poço e tiraram água para o rebanho de seu pai beber.

16 Então os pastores de Midian chegaram e as expulsaram dali, e Moisés levantou-se, e ajudou-as a dar de beber ao rebanho.

17 E elas voltaram para casa de seu pai Reuel, e disseram-lhe o que Moisés fizera por elas.

18 E elas disseram: Um homem egípcio nos livrou das mãos dos pastores; ele tirou água para nós e deu de beber ao rebanho.

19 E disse Reuel para suas filhas: E onde está ele? Portanto onde vocês deixaram o homem?

20 E Reuel mandou chamá-lo e buscá-lo e o levou para casa, e Moisés comeu pão com ele.

21 E Moisés contou a Reuel que ele havia fugido do Egipto e que reinou quarenta anos em Cush e que depois tomaram o governo dele, e o tinham mandado ir em paz, em honra, e com presentes.

22 E quando Reuel ouviu as palavras de Moisés, Reuel disse dentro de si mesmo: vou colocar esse homem no cárcere, e com isso vou conciliar os filhos de Cush, pois ele fugiu deles.

23 E eles o tomaram e o colocaram na prisão. Moisés ficou na prisão dez anos, e enquanto Moisés estava no cárcere, Ziporah, filha de Reuel, teve piedade dele e o alimentou com pão e água o tempo todo.

24 E todos os filhos de Israel estavam ainda na terra do Egipto servindo os egípcios em todo tipo de trabalho duro e a mão do Egipto continuou em severidade sobre os filhos de Israel naqueles dias.

25 Naquele tempo Deus feriu Faraó, rei do Egipto, e Ele o afligiu com a praga da lepra, desde a planta do pé até o alto da cabeça, devido ao tratamento cruel dado por ele aos filhos de Israel. Por isso esta praga veio de Deus sobre Faraó.

26 Porque Deus ouviu o clamor do povo de Israel e seu clamor chegou a Ele, devido ao seu trabalho duro.

27 Ainda assim a ira do rei não se desviou deles e a mão de Faraó ainda estava estendida contra os filhos de Israel; e Faraó endureceu o pescoço diante de Deus e ele aumentou o jugo sobre os filhos de Israel; assim, ele amargurou suas vidas com toda sorte de trabalho duro.

28 E quando Deus enviou a praga sobre Faraó, rei do Egito, ele pediu a seus sábios e feiticeiros para curá-lo.

29 E seus sábios feiticeiros disseram-lhe que, se sangue de crianças fosse colocado nas feridas, seria curado.

30 E Faraó enviou seus ministros a Goshen, aos filhos de Israel, para levar seus filhos pequenos.

31 Os ministros tomaram as crianças dos filhos de Israel do seio de suas mães à força e levaram ao faraó. Os médicos matavam uma criança a cada dia e aplicavam seu sangue na praga; assim eles fizeram todos os dias.

32 E o número de crianças que Faraó matou foi trezentos e sessenta e cinco.

33 Mas Deus não atentou aos médicos do rei do Egito e a praga continuou aumentando poderosamente.

34 E Faraó estava já afligido por dez anos com essa praga e ainda assim o coração de Faraó ficou

mais endurecido contra os filhos de Israel.

35 E no final de dez anos, Deus continuou a afligir Faraó com pragas destrutivas.

36 E Deus o feriu com um tumor e uma doença no estômago, e aquela praga virou uma grave febre.

37 Naquele tempo os dois ministros do Faraó vieram da terra de Goshen, onde Israel estava, e foram para a casa de Faraó, e disseram-lhe: Vimos os filhos de Israel afrouxar em seu trabalho e negligenciar suas tarefas.

38 E quando Faraó ouviu as palavras de seus ministros, a sua ira se acendeu contra os filhos de Israel excessivamente, pois ele estava muito triste por causa de sua dor corporal.

39 E ele respondeu e disse: Agora que os filhos de Israel sabem que estou doente, eles se viram e zombam de nós; agora, portanto, em minha carruagem, me levem a Goshen e irei ver a zombaria dos filhos de Israel com as quais estão ridicularizando-me; então os seus servos arrumaram a sua carruagem para ele.

40 E o pegaram, e o fizeram montar em cima de um cavalo, pois ele não era capaz de andar por si mesmo;

41 E ele levou consigo dez cavaleiros e dez homens de pé, e foi para os filhos de Israel até Goshen.

42 E, quando chegaram à fronteira do Egito, o cavalo do rei passou por um estreito lugar, elevado na parte aberta da vinha, cercada dos dois lados, a baixa planície estando do outro lado.

43 E os cavalos correram rapidamente naquele lugar e pressionaram um ao outro, e os outros cavalos pressionaram o cavalo do rei.

44 O cavalo do rei caiu na planície baixa e o rei estava andando sobre ele, e quando o cavalo caiu, a carruagem caiu sobre a face do rei e o cavalo estava sobre o rei. E o rei chorou, pois a sua carne estava muito dolorida.

45 E a carne do rei foi rasgada e seus ossos foram quebrados. Ele não podia andar, pois isto veio de Deus a ele, pois Deus tinha ouvido os clamores de seu povo, os filhos de Israel, e sua aflição.

46 E seus servos o levaram aos ombros, um pouco de cada vez, e eles o trouxeram de volta ao Egito e os cavaleiros que estavam com ele vieram também de volta ao Egito.

47 E o puseram na sua cama e o rei sabia que seu fim chegava e sua morte; por isso Aparanith, a rainha sua esposa, chegou e chorou diante do rei; e o rei chorou um grande lamento com ela.

48 E todos os seus nobres e servos vieram naquele dia e viram o rei nessa aflição e choraram um grande lamento com ele.

49 E os príncipes do rei e todos os seus conselheiros aconselharam o rei a fazer um homem reinar em seu lugar na terra, a quem ele pudesse escolher entre seus filhos.

50 E o rei tinha três filhos e duas filhas que Aparanith, a rainha sua esposa, deu à luz para ele, além dos filhos das concubinas do rei.

51 E estes são os seus nomes: Othri, o primogênito; Adikam, o segundo; e o terceiro Morion; e suas irmãs, o nome da mais velha Bathia e a outra Acuzi.

52 E Othri, o primogênito do rei, era um idiota precipitado e apressou-se em suas palavras.

53 Mas Adikam era um homem astuto e sábio e conhecedor de toda a sabedoria do Egito, mas de aspecto inadequado, pois era muito gordo e muito pequeno em estatura; sua altura era de um côvado.

54 E quando o rei viu Adikam, seu filho, inteligente e sábio em todas as coisas, o rei resolveu que ele deveria ser rei em seu lugar após a sua morte.

55 E ele tomou como esposa Gedudah, filha de Abilot, e ela tinha dez anos e deu-lhe quatro filhos.

56 E mais tarde, ele tomou três esposas e gerou oito filhos e três filhas.

57 E o transtorno muito prevaleceu sobre o rei e sua carne cheirava mal como a carne de um carcaça lançada sobre o campo em tempo de verão durante o calor do sol.

58 E quando o rei viu que sua doença tinha se fortalecido sobre ele, ordenou que seu filho Adikam fosse levado a ele; e eles o fizeram rei sobre a terra em seu lugar.

59 E no final de três anos, o rei morreu em vergonha, desgraça e desgosto. Seus servos o levaram e o sepultaram no sepulcro dos reis do Egipto, em Zoan Mitzraim.

60 Mas eles não o embalsamaram como era habitual com os reis, pois sua carne estava podre e eles não puderam aproximar-se para embalsamá-lo por conta do mau cheiro; assim o sepultaram com pressa.

61 Pois este mal veio de Deus, pois lhe tinha pago o mal com o mal, pelo que ele havia feito a Israel.

62 E ele morreu com terror e com vergonha e seu filho Adikam, reinou em seu lugar.

* * *

76:9-11 - Os moradores de Cush escolhem um novo rei para si, despedindo a Moisés em paz.

76:14-17 - Moisés vai para a terra dos midianitas e ali ajuda sete pastoras, filhas de Reuel. (Êxodo 2:16-19)

76:22,23 - Moisés é feito prisioneiro por Jetro por um período de 10 anos.

76:31-33 - Faraó continua a afligir os filhos de Israel com crueldade, matando a seus filhos pequenos.

76:60-62 - O castigo divino sobre o rei do Egito; a terrível morte de faraó e seu sepultamento.

CAPÍTULO 77
O FARAÓ ADIKAM CASTIGA ISRAEL

1 Adikam tinha vinte anos quando reinou sobre o Egipto e ele reinou quatro anos.

2 No ano 206 da ida de Israel ao Egito reinava Adikam sobre o Egito, mas ele não continuou por muito tempo no seu reinado como foram seus pais em seus reinados.

3 Pois Melol seu pai, reinou noventa e quatro anos, mas ele ficou dez anos doente e morreu, pois tinha sido ímpio perante Deus.

4 E os egípcios chamaram Adikam de Faraó, como o nome de seus pais, como era costume fazer no Egito.

5 E todos os sábios de Faraó chamaram o nome de Adikam de modo diferente; eles o chamavam Ahuz, porque os menores em tamanho são chamados assim na língua egípcia.

6 E Adikam era extremamente feio e tinha um côvado e um palmo; e ele tinha uma grande barba que chegava até as solas dos seus pés.

7 E Faraó estava assentado sobre o trono de seu pai para reinar sobre o Egipto e ele conduziu o

governo com sua sabedoria.

8 E enquanto ele reinou, excedeu seu pai e todos os reis precedentes na maldade e aumentou o jugo sobre os filhos de Israel.

9 E ele foi com os seus servos a Goshen aos filhos de Israel, e ele reforçou o trabalho sobre eles, e disse-lhes: Completem o seu trabalho, a tarefa de cada dia e não afrouxem as mãos do nosso trabalho de hoje em diante como vocês fizeram nos dias do meu pai.

10 E ele colocou seus oficiais sobre eles, entre os filhos de Israel, e sobre estes oficiais, ele colocou mestres de tarefas entre os seus servos.

11 E colocou sobre eles uma medida de tijolos para que fizessem de acordo com esse número, dia a dia; e ele retornou ao Egipto.

12 Naquele tempo, os mestres de tarefa de Faraó ordenaram aos oficiais dos filhos de Israel de acordo com o comando do Faraó, dizendo:

13 Assim diz Faraó: faça o seu trabalho a cada dia e termine a sua tarefa e observe a medida diária de tijolos; não diminuam em nada.

14 E se acontecer de vocês baixarem a medida diária de tijolos, vou colocar as suas crianças em seu lugar.

15 E os capatazes do Egito fizeram naqueles dias como Faraó lhes ordenou.

16 E sempre que qualquer deficiência fosse encontrada na medida diária de tijolos dos filhos de Israel, os mestres de tarefa de Faraó iam para as esposas dos filhos de Israel e tomavam as crianças de Israel para onde haviam baixado sua cota e levavam à força das mães e colocavam as crianças no edifício em vez dos tijolos;

17 E seus pais e mães choravam e lamentavam quando ouviam o choro de seus filhos na parede do edifício.

18 E os capatazes prevaleceram sobre Israel e os israelitas deviam colocar seus filhos no edifício, de modo que um homem colocava seu filho na parede, e colocava argamassa sobre ele, enquanto seus olhos choravam sobre ele e suas lágrimas corriam em seu filho.

19 E os capatazes do Egito fizeram isto aos bebês de Israel por muitos dias e ninguém teve pena ou compaixão pelos bebês dos filhos de Israel.

20 E o número de todas as crianças mortas no edifício foi duzentos e setenta. Alguns foram colocados no lugar dos tijolos que haviam faltado pelos seus pais e alguns que haviam sido retirados mortos do prédio.

21 E o trabalho imposto sobre os filhos de Israel nos dias de Adikam ultrapassou as dificuldades que eles realizavam nos dias de seu pai.

22 E os filhos de Israel suspiraram a cada dia por conta de seu trabalho pesado, pois diziam entre si: Eis que quando Faraó morrer, seu filho se levantará e aliviará o nosso trabalho!

23 Mas eles aumentaram o último trabalho mais do que o anterior, e os filhos Israel suspiraram por isso, e seu clamor subiu a Deus por conta de seu trabalho.

24 E Deus ouviu a voz dos filhos de Israel e seu clamor naqueles dias, e Deus lembrou-se da aliança que fizera com Abraão, Isaac e Jacó.

25 E Deus viu o fardo dos filhos de Israel, e seu trabalho pesado naqueles dias, e Ele decidiu livrá-los.

26 E Moisés, o filho de Amram, estava confinado no calabouço, na casa de Reuel, o midianita. Zípora, filha de Reuel, o sustentava com alimentos, secretamente, a cada dia.

27 E Moisés esteve confinado no calabouço na casa de Reuel dez anos.

28 E no final de dez anos, que foi o primeiro ano do reinado do novo Faraó no Egipto, no lugar de seu pai.

29 Zípora disse à Reuel, seu pai: Ninguém pergunta ou procura a respeito do homem hebreu que tu colocaste na prisão há dez anos.

30 Agora, pois, se parece bem aos teus olhos, vamos e vejamos se ele está vivo ou morto; mas seu pai não sabia que ela tinha alimentado ele.

31 E Reuel, seu pai, respondendo, disse-lhe: Como algo assim aconteceu, que um homem possa ser colocado em uma prisão sem comida por dez anos e que sobreviva?

32 E Zípora respondeu seu pai, dizendo: Certamente ouviste que o Deus dos Hebreus é grande e terrível e faz maravilhas para eles em todos os momentos.

33 Foi Ele que livrou Abraão de Ur dos Caldeus, e Isaac da espada de seu pai, e Jacó do mensageiro de Deus, que lutou com ele no vale do Jabbuk (Jaboque).

34 Também com este homem tem feito muitas coisas, ele livrou-o do rio no Egipto e da espada de Faraó e dos filhos de Cush, assim também ele pode livrá-lo da fome e fazê-lo viver.

35 E isto pareceu bom aos olhos de Reuel, e ele fez conforme a palavra do sua filha, e foi para o calabouço para apurar o que aconteceu com Moisés.

36 E ele viu, e eis que o homem Moisés estava vivendo no calabouço, de pé , louvando e orando ao Deus de seus antepassados.

37 E Reuel ordenou que Moisés fosse levado para fora da masmorra e que ele fosse barbeado; e mudou suas vestes de prisão e comeu pão.

38 E depois Moisés entrou no jardim de Reuel que ficava atrás da casa, e ele ali orou ao Senhor, seu Deus, que havia feito poderosas maravilhas a ele.

39 E foi que, enquanto ele orava, ele olhou em frente, e eis que uma vara de safira estava colocada no chão, que estava plantada no meio do jardim.

40 E ele se aproximou da vara e olhou, e eis que o nome de YAOHUH ULHIM TZAVULYAO estava gravado nela, escrito em cima da vara.

41 E ele leu-o, e estendeu a sua mão e arrancou-a como uma árvore da floresta, e a vara estava em sua mão.

42 E esta é a vara com que todas as obras do nosso Deus foram realizadas, depois de ter criado o céu e a terra, e todo o exército deles, mares, rios e todos os seus peixes.

43 E quando Deus tinha conduzido Adam (Adão) do jardim do Éden, ele tomou a vara na mão e lavrou a terra de que fora tomado.

44 E a vara foi para a Noah (Noé) e foi dada a Shuam (Shem) e seus descendentes, até que veio ao lado de Abruham (Abraão), o hebreu.

45 E Abraão deu tudo o que tinha a seu filho YAOHUtzcaq (Isaque), ele também deu a ele esta vara.

46 E, quando YAOHUcaf (Jacó) fugiu para Padã-Arã, tomou-a em sua mão, e quando ele voltou a seu pai, ele não a tinha deixado para trás de si.

47 Além disso, quando ele desceu para Egito tomou-a em sua mão, e deu a YAOHUsaf (José), uma parcela sobre seus irmãos, pois Jacó tinha tomado à força de seu irmão Esaú.

48 E depois da morte de José, os nobres do Egipto entraram na casa de José e a vara veio para a mão de Reuel, o midianita, e quando ele saiu de Mitzraim, tomou-a na mão e plantou no seu jardim.

49 E todos os homens poderosos tentaram arrancá-la quando se esforçaram para tomar Ziporah, sua

filha, mas eles não tiveram sucesso.

50 Assim a vara permaneceu plantada no jardim de Reuel, até que chegou quem tinha direito a ela, e a tomou.

51 E Reuel viu a vara na mão de Moisés e ele ficou maravilhado, e deu-lhe sua filha Ziporah como esposa.

* * *

77:15-19 - O novo rei se mostra ainda mais cruel com as crianças de Israel, obrigando seus pais a usarem muitas delas como se fossem tijolos para a construção dos edifícios no Egito.

77:23,24 - Os filhos de Israel clamaram por conta da servidão e seu clamor foi ouvido por Deus. (Êxodo 2:23,24)

77:36-42 - A origem da vara usada por Moisés para realizar os milagres diante do rei do Egito.

CAPÍTULO 78
FARAÓ AUMENTA O TRABALHO DOS ISRAELITAS

1 Naquele tempo morreu Baal Channan, filho de Acbor Channan, rei de Edom, e foi sepultado em sua casa na terra de Edom.

2 E depois de sua morte, os filhos de Esaú foram enviados para a terra de Edom e tiraram de lá um homem que estava em Edom, cujo nome era Hadad, e eles o fizeram rei sobre eles no lugar de Baal Channan, seu rei.

3 E Hadad reinou sobre os filhos de Edom 48 anos.

4 E, quando reinou, ele resolveu lutar contra os filhos de Moabe para trazê-los sob o poder dos filhos de Esaú como eram antes, mas ele não foi capaz, porque os filhos de Moabe ouviram tal coisa e levantaram-se e apressaram-se a eleger um rei sobre eles de entre os seus irmãos.

5 E eles depois reuniram um grande povo, e enviaram aos filhos de Amom seus irmãos para ajudar na luta contra a Hadad, rei de Edom.

6 E Hadad ouviu a coisa que os filhos de Moabe tinham feito e teve muito medo de lutar contra eles.

7 Nestas dias, Moisés, o filho de Amram, tomou a Zípora, filha de Reuel, o midianita, para sua mulher.

8 E Zípora andou nos caminhos das filhas de Jacó. Ela não foi em nada inferior à justiça de Sara, Rebeca, Raquel e Lia.

9 E Zípora concebeu e deu à luz um filho e ele o chamou de Gérson, porque disse: eu era um estranho em uma terra estrangeira, mas ele não circuncidou prepúcio dele, por orientação de Reuel, seu sogro.

10 E ela concebeu novamente e deu à luz um filho, mas o prepúcio foi circuncidado dele, e chamou seu nome de Eliezer, pois Moisés disse: Porque o Deus de meus pais foi minha ajuda, e livrou-me da espada de Faraó.

11 E Faraó, rei do Egito, aumentou consideravelmente o trabalho dos filhos de Israel naqueles dias, e continuou a fazer o seu jugo pesado sobre os filhos de Israel.

12 E ele ordenou um anúncio a ser feito no Egito, dizendo: Não se dê mais palha para as pessoas

fazerem tijolos; deixem-nas ir e reunir-se a palha, pois elas podem encontrá-la.

13 Também a soma de tijolos que farão a cada dia se aumente e não diminuam nada a partir deles, porque eles estão ociosos em seu trabalho.

14 Os filhos de Israel ouviram isto, choraram, suspiraram e clamaram ao Senhor por causa da amargura da sua alma.

15 E o Senhor ouviu o clamor dos filhos de Israel, e viu a opressão com que os egípcios os oprimiam.

16 E o Senhor teve misericórdia de seu povo e sua herança, e ouviu a sua voz, e Ele resolveu tirá-los da aflição do Egito, para lhes dar a terra de Canaã para sua posse.

* * *

78:7-10 - As virtudes de Zípora e os filhos que deu a seu esposo Moisés.

CAPÍTULO 79
O SENHOR APARECE A MOISÉS E ORDENA IR AO EGITO

1 Naqueles dias Moisés apascentava as ovelhas de Reuel, o midianita, seu sogro, além do deserto de Sin, e a vara que ele pegou de seu sogro estava em sua mão.

2 E aconteceu que um dia um cabrito desviou-se do rebanho e Moisés perseguiu ele, e chegou à montanha de Deus, em Horeb (Horebe, também chamado Sinai).

3 E quando ele veio a Horeb, Deus apareceu-lhe em uma sarça, e ele encontrou a sarça ardendo em fogo, mas o fogo não tinha poder sobre a sarça para a consumir.

4 E Moisés ficou muito espantado com esta visão, porquanto a sarça não se consumia e se aproximou para ver essa coisa poderosa, e chamou Deus a Moisés através do fogo, e ordenou-lhe para ir a Faraó, rei do Egito, para libertar os filhos de Israel do seu serviço.

5 E Deus disse a Moisés: Vai, volta para o Egito, pois todos aqueles homens que buscavam a tua vida estão mortos, e falarás a Faraó para mandar os filhos de Israel saírem de sua terra.

6 E Deus mostrou a ele como fazer sinais e maravilhas no Egito diante dos olhos de Faraó e aos olhos de seus súditos, a fim de que eles pudessem acreditar que Deus o tinha enviado.

7 E Moisés deu ouvidos a tudo o que Deus lhe tinha ordenado e ele retornou ao seu sogro e disse-lhe isto, e Reuel disse-lhe: Vai em paz.

8 E Moisés levantou-se para ir para o Egipto e ele levou sua esposa e filhos com ele; e ele estava em uma estalagem na estrada, e um mensageiro de Deus desceu, e buscava oportunidade contra ele.

9 E ele queria matá-lo por conta de seu primogênito, porque ele não havia sido circuncidado; assim, Moisés havia transgredido o pacto que Deus tinha feito com Abraão.

10 Pois Moisés deu ouvidos às palavras que seu sogro tinha falado a ele para não circuncidar seu filho primogênito, por isso ele não o circuncidou.

11 E Ziporah viu o mensageiro de Deus buscando uma ocasião contra Moisés e ela soube que isto foi devido a não ter circuncidado Gersom, o filho dela.

12 E Ziporah correu e tomou uma das pedras afiadas que estavam lá, e ela circuncidou o filho dela, e livrou seu marido e seu filho das mãos do mensageiro de Deus.

13 E Aaron, o filho de Amram, o irmão de Moisés, estava no Egipto caminhando na beira do rio naquele dia.

14 E Deus lhe apareceu naquele lugar, e Ele disse-lhe: Vai agora para Moisés no deserto; e ele foi e encontrou-o na montanha de Deus, e ele beijou-o.

15 E Aaron levantou os olhos, e viu Ziporah, a esposa de Moisés e seus filhos, e ele disse a Moisés: Quem são estes contigo?

16 E Moisés lhe disse: Eles são minha esposa e filhos, que Deus me deu em Midian; e isto entristeceu Aaron por conta da mulher e seus filhos.

17 E Aaron disse a Moisés: Enviai a mulher e seus filhos para casa de seu sogro. Moisés deu ouvidos às palavras de Aaron e assim o fez.

18 E Ziporah voltou com seus filhos e eles foram para a casa de Reuel e permaneceram lá até que chegou o momento quando Deus tinha visitado o seu povo, e os trouxe do Egipto, da mão de Faraó.

19 E Moisés e Aaron foram ao Egipto para a terra dos filhos de Israel; eles falaram-lhes todas as palavras de Deus e o povo se alegrou num grande regozijo.

20 E Moisés e Aaron levantaram-se cedo no dia seguinte e foram para a casa de Faraó, e tomaram em suas mãos a vara de Deus.

21 E quando chegaram à porta do rei, dois jovens leões estavam amarrados lá com uma corrente de ferro, e nenhuma pessoa saía ou entrava diante deles, a não ser aqueles a quem o rei ordenava a vir, quando o conjurador vinha e retirava os leões por seus encantamentos, e assim os trazia ao rei.

22 E Moisés levantou a vara sobre os leões e soltou-os. Assim, Moisés e Aaron entraram na casa do rei.

23 E os leões também vieram com eles com alegria, e seguiram a eles e regozijaram-se como um cão se regozija com seu mestre quando ele vem do campo.

24 E quando Faraó viu isto, ele ficou espantado e muito apavorado, pois seu aspecto era como a aparência dos filhos de Deus.

25 E Faraó disse a Moisés: O que vocês desejam? E eles responderam-lhe, dizendo: o Deus dos hebreus, enviou-nos a ti, para dizer: Liberta o meu povo para que eles possam me servir.

26 E quando Faraó ouviu as suas palavras, ele ficou muito apavorado diante deles, e disse-lhes: Ide hoje e voltem para mim amanhã; e fizeram conforme a palavra do rei.

27 E quando eles tinham ido, Faraó mandou chamar a Balaão, o mágico, e Yanes (Janes) e Yambres (Jambres), seus filhos, e a todos os mágicos e ilusionistas e os conselheiros que pertenciam ao rei, e todos eles vieram e sentaram-se diante do rei.

28   E o rei lhes disse que todas as palavras que Moisés e seu irmão Aaron tinham falado com ele e os magos disseram ao rei: Mas como vieram os homens a ti, por conta dos leões que estavam confinados no portão?

29 E o rei disse: Porque eles levantaram a sua vara contra os leões e soltaram-nos e vieram a mim. E os leões também se alegraram com eles como um cão se alegra ao encontro de seu mestre.

30 E Balaão, filho de Beor, o mago, respondeu ao rei: Estes não são nada mais do que mágicos como nós.

31 Agora, pois, chame-os, e deixe-os vir e nós vamos experimentá-los; e o rei assim o fez.

32 E de manhã Faraó mandou chamar Moisés e Arão para vir diante do rei, e eles tomaram a vara de Deus, e foram ao rei, e falaram-lhe, dizendo:

33 Assim diz o Deus dos hebreus: Liberta meu povo para que me sirva.

34 E o rei lhes disse: Mas quem vai acreditar que vocês são os mensageiros de Deus e que vocês

vieram a mim por sua ordem?

35 Agora, portanto, dá-me um sinal ou maravilha a este respeito e depois as palavras que tu falas terão crédito.

36 E Aaron jogou a vara da sua mão diante de Faraó e diante dos seus servos, e a vara virou uma serpente.

37 E os feiticeiros viram isso e lançaram cada um a sua vara sobre a terra e elas tornaram-se serpentes.

38 E a serpente de vara de Aaron levantou a cabeça e abriu a boca para engolir as varas dos magos.

39 E Balaão, o mago, respondeu e disse: Essa coisa tem sido desde os tempos antigos, que uma serpente deve engolir o seu companheiro e que os seres vivos devoram uns aos outros.

40 Agora, pois, restaura a vara como era no início, e também vamos restaurar nossas varas como elas foram no começo. Se a tua vara engolir as nossas varas, então, saberemos que o RUKH de ULHIM (Espírito de Deus) está em ti; e se não, tu és apenas um artífice como nós mesmos.

41 E Aaron se apressou, e estendendo a mão, agarrou a cauda da serpente e tornou-se uma vara na sua mão; e os feiticeiros fizeram o mesmo com as varas deles e eles pegaram cada homem na cauda de sua serpente, e tornaram- se varas como no início.

42 E quando elas foram restauradas a varas, a vara de Aaron tragou as varas deles.

43 E quando o rei viu tal coisa, ele ordenou que o livro de registros que relaciona os reis do Egipto, fosse trazido; e trouxeram o livro de registros, as crônicas dos reis do Egipto, em que todos os ídolos de Mitzraim (Egito) foram inscritos, pois pensaram encontrar nela o nome YAHUH (Deus), mas eles não acharam.

44 E Faraó disse a Moisés e a Aaron: Eis que eu não encontrei o nome do seu Deus escrito neste livro, e seu nome não conheço.

45 E os homens sábios conselheiros responderam ao rei: Ouvimos dizer que o Deus dos Hebreus é um filho de sábios, filho de antigos reis.

46 E virou-se Faraó para Moisés e a Aaron e lhes disse: Não conheço este Deus a quem vocês declararam e também não enviarei seu povo.

47 E, respondendo, disse ao rei: YAHUH UL dos ULHIM é o seu nome, e ele proclamou o seu nome sobre nós, desde os dias de nossos antepassados, e enviou-nos, dizendo: Vai para Faraó e diz lhe: Liberta o meu povo para que me sirva.

48 Agora, pois, envia-nos, para que possamos fazer uma viagem de três dias no deserto, e possamos sacrificar a Ele, pois desde os dias da nossa vinda ao Egipto, Ele não tomou de nossas mãos nem oblação, holocausto ou sacrifício, e se tu não os libertares, Sua ira se acenderá contra ti e ferirá o Egipto com praga ou com a espada.

49 E Faraó disse-lhes: Mostra-me agora o seu poder e sua força; e disseram-lhe: Ele criou o céu e a terra, os mares e todos os seus peixes. Ele formou a luz, criou a escuridão, causou chuva sobre a terra e regou-a e fez a erva e grama brotarem. Ele criou o homem, os animais e os animais da floresta; os pássaros do ar e os peixes do mar, e por sua boca eles vivem e morrem.

50 Certamente Ele te criou no ventre de tua mãe, e colocou em ti o sopro da vida, e criou-te, e te colocou no trono real do Egipto, e Ele tomará a tua respiração e tua alma de ti, e te retornará à terra de onde foste tirado.

51 E a ira do rei se acendeu em suas palavras, e ele lhes disse: Mas quem entre todos os ídolos das nações pode fazer isso? O meu rio é meu e eu o fiz para mim mesmo.

52   E ele os tirou de diante dele e ordenou que o trabalho de Israel fosse mais grave do que era

ontem e antes.

53 E Moisés e Aaron saíram da presença do rei e viram os filhos de Israel em uma condição má, pois os mestres de tarefa haviam tornado seu trabalho muito pesado.

54 E Moisés voltou a Deus e disse: Por que tens maltratado teu povo? Porque desde que eu vim falar Faraó, o que Tu me enviaste a dizer, muito ele tem maltratado os filhos de Israel.

55 E Deus disse a Moisés: Eis que tu irás ver que com uma mão estendida e pragas pesadas Faraó irá libertar os filhos de Israel da sua terra.

56 E Moisés e Aaron habitaram entre seus irmãos, os filhos de Israel no Egito.

57 E aos filhos de Israel os egípcios amarguraram suas vidas, com o trabalho pesado que lhes foram impostos.

* * *

79:1-4 - Deus aparece a Moisés em meio a uma sarça ardendo em fogo e o envia ao Egito para libertar os filhos de Israel da servidão egípcia. (Êxodo 3:1-4)

79:8-12 - A circuncisão de Gérson. A intervenção de Zípora traz livramento a sua família. (Êxodo 4:24-26)

79:17,18 - Aconselhado por seu irmão Aarão, Moisés envia sua esposa e seus filhos de volta à casa de Jetro.

79:27 - Balaão e seus filhos Janes e Jambres são chamados por faraó e desafiam com seus encantamentos a Moisés diante do rei do Egito. Os filhos de Balaão são, inclusive, citados pelo apóstolo Paulo como exemplos de homens que resistem à verdade divina. (II Timóteo 3:8)

79:43-46 - Faraó procura entre os registros dos reis do Egito o nome do Deus de Moisés, mas não o encontra. (Êxodo 5:2)

CAPÍTULO 80
DEPOIS DE DOIS ANOS, MOISÉS E ARÃO VÃO A FARAÓ

1 E no final de dois anos, novamente Deus enviou Moisés a Faraó para libertar os filhos de Israel, e enviá-los para fora da terra do Egipto.

2 E Moisés foi e chegou à casa de Faraó, e ele falou-lhe as palavras de Deus, que o tinha enviado, mas Faraó não quis ouvir a voz de Deus e o Senhor despertou seu poder no Egipto contra Faraó e seus súditos e feriu Deus a Faraó e seu povo com pragas muito grandes e doloridas.

3 E Deus, pela mão de Aaron, tornou todas as águas do Egipto em sangue, com todos os seus córregos e rios.

4 E quando um egípcio veio para beber e tirar água ele olhou em seu jarro, e eis que toda a água foi transformada em sangue; e quando ele chegou a beber do seu copo da água no copo se tornou em sangue.

5 E quando uma mulher amassou sua massa e cozinhou sua comida, sua aparência foi semelhante a sangue.

6 E Deus fez com que suas águas trouxessem sapos e rãs, e todos os sapos vieram para as casas dos egípcios.

7 E quando os egípcios bebiam, suas barrigas ficavam cheias de sapos e dançavam em suas barrigas como dançam quando estão no rio.

8 E toda a água potável e sua água de cozimento transformavam-se em rãs; também quando estavam em suas camas, o suor produzia rãs.

9 Não obstante toda essa ira do Senhor não se foi deles e sua mão estava estendida contra todos os egípcios para feri-los com toda a praga pesada.

10 E Ele transformou o pó da terra em piolhos e os piolhos tornaram-se na altura de 2 côvados sobre a terra.

11 Os piolhos também foram muito numerosos na carne de homens e animais, em todos os habitantes do Egito; também sobre o rei e a rainha, Deus enviou os piolhos e sobrecarregou-se muito devido aos piolhos.

12 Não obstante isso, a ira de Deus não se afastou e sua mão ainda estava estendida sobre o Egito.

13 E Deus enviou todos os tipos de animais do campo para o Egito e eles vieram e destruíram todo o Egito: destruíram os animais, árvores e todas as coisas que estavam no Egito.

14 E Deus enviou serpentes abrasadoras, escorpiões, ratos e doninhas juntamente com os rastejantes no pó.

15 Moscas, vespas, pulgas, insetos e mosquitos, cada enxame de acordo com seu tipo.

16 E todos os répteis e os animais de asas conforme a sua espécie chegaram ao Egito e entristeceram os egípcios excessivamente.

17 E as pulgas e moscas vieram nos olhos e ouvidos dos egípcios.

18 E as vespas vieram sobre eles e os expulsaram dali, e elas os perseguiram em suas salas interiores.

19 E quando os egípcios se escondiam por causa dos enxames de animais, eles trancavam suas portas, e Deus ordenou ao Sulanuth que estava no mar a subir e ir para Egito.

20 E ela tinha braços longos, de dez côvados de comprimento do côvado de um homem.

21 E ela foi em cima dos telhados e descobriu o telhado e o piso e cortou-os, e estendeu o braço para dentro da casa, retirou a trave e o pino e abriu as casas do Egito.

22 Depois veio o enxame de animais para as casas do Egito e o enxame de animais destruiu os egípcios; e isto pesou sobre eles extremamente.

23 Não obstante, a ira de Deus não se afastou dos egípcios e Sua mão ainda se estendeu contra eles.

24 E Deus enviou a peste e a peste invadiu o Egito, nos cavalos, nos jumentos, nos camelos, nas manadas de bois, nas ovelhas e no homem.

25 E quando os egípcios se levantaram cedo pela manhã para tomar o seu gado para o pasto, encontravam todo o seu gado morto.

26 E ali permaneceu vivo do gado dos egípcios apenas um em cada dez animais; e do gado pertencente a Israel em Goshen, não morreu nenhum.

27 E Deus enviou uma inflamação ardente na carne dos egípcios que estourou suas peles, e tornou-se uma coceira intensa em todos os egípcios, a partir das solas dos seus pés até o topo de suas cabeças.

28 E muitas feridas estavam em sua carne, algo que separou sua carne, tornando-a podre e fétida.

29 Não obstante, a ira de Deus não se afastou e Sua mão ainda estava estendida sobre todo o Egito.

30 E Deus enviou uma chuva muito pesada a qual feriu as suas vinhas e quebrou suas árvores de fruto e enxugou-as até que elas caíram em cima deles.

31 Também toda erva verde tornou-se seca e pereceram, pois um fogo desceu no meio da mistura de granizo, portanto, o granizo e o fogo consumiram todas as coisas.

32 Também os homens e os animais que foram encontrados no campo pereceram pelas chamas de fogo e do granizo, e todos os jovens leões ficaram esgotados.

33 E Deus enviou inúmeros gafanhotos ao Egito: Chasel, Salom, Chargol e Chagole; gafanhotos, cada um de sua espécie, que devoravam tudo o que o granizo tinha deixado.

34 Então os egípcios alegraram-se com os gafanhotos, embora eles consumissem o produto do campo, pois eles os pegaram em abundância e sos algaram para servirem como alimento.

35 E Deus trouxe um vento forte do mar e tirou todos os gafanhotos, mesmo aqueles que foram salgados e os lançou no Mar Vermelho, nem um gafanhoto permaneceu dentro das fronteiras do Egito.

36 E Deus enviou trevas sobre toda a terra do Egito e tornou-se escura por três dias, de modo que um homem não podia ver a mão dele quando ele a levava à boca.

37 Naquela é poca morreram muitos do povo de Israel que haviam se rebelado contra Deus e que não deram ouvidos a Moisés e Aaron e não acreditavam que o Senhor os tinha enviado.

38 E não quiseram ouvir a voz de Moisés. Esses homens tinham dito: Nós não vamos sair do Egito para perecermos de fome em um desolado deserto.

39 E Deus flagelou-os com três dias de escuridão e os israelitas os enterraram naqueles dias, sem que os egípcios soubessem deles ou regozijarem-se sobre eles.

40 E a escuridão era muito grande no Egito por três dias, e qualquer pessoa que saiu a pé quando a escuridão veio, permaneceu de pé em seu lugar; e aquele que estava sentado permaneceu sentado; e aquele que estava deitado continuou deitado no mesmo estado; e o que estava andando, permaneceu sentado no chão no mesmo local; e essa coisa aconteceu com todos os egípcios, até que a escuridão havia terminado.

41 E quando os dias de escuridão passaram, Deus enviou Moisés e Aaron aos filhos de Israel, dizendo: Comemore sua festa e façam a sua Passagem (Páscoa), pois eis que EU entrarei no meio da noite entre todos os egípcios e ferirei a todos os seus primogênitos, desde o primeiro nascido de um homem até o primogênito de um animal, e quando eu vir a sua Passagem (Páscoa), vou passar por cima de vocês.

42 E os filhos de Israel fizeram conforme tudo o que Deus tinha ordenado a Moisés e Aaron, assim fizeram naquela noite.

43 E sucedeu que, no meio da noite, Deus saiu no meio do Egito e feriu todos os primogênitos dos egípcios, desde o primogênito nascido do homem ao primeiro nascido de animal.

44 E Faraó levantou-se à noite, ele e todos os seus servos e todos os egípcios, e havia um grande clamor em todo o Egito naquela noite, pois não havia uma casa em que não houvesse um cadáver.

45 Também a semelhança dos primogênitos do Egito, que foram esculpidas nas paredes de suas casas, foram destruídas e caíram no chão.

46 Mesmo os ossos de seus primogênitos que tinham morrido antes disto e quem haviam enterrado em suas casas, foram pegos até pelos cães do Egito nesta noite, arrastados diante dos egípcios e lançados diante deles.

47 Os egípcios viam o mal que tinha de repente vindo sobre eles e então clamavam com grande voz.

48 E todas as famílias do Egito choraram aquela noite, cada homem por seu filho e cada homem por sua filha, sendo o primogênito; o tumulto no Egito foi ouvido à grande distância naquela noite.

49 E Bathia, a filha de Faraó, saiu com o seu irmão e rei nessa noite para procurar Moisés e Aaron

em suas casas. Eles estavam em suas casas, comendo, bebendo e regozijando-se com todo o Israel.

50 E Bathia disse a Moisés: Esta é a recompensa pelo bem que eu fiz a ti, te criando, e fizeste este mal contra mim e a casa de meu pai?

51 E Moisés disse-lhe: Certamente dez pragas Deus trouxe sobre o Egito; alguma delas atingiu a ti? Alguma delas te afetou? E ela disse: Não.

52 E Moisés lhe disse: Embora tu sejas a primeira nascida de tua mãe, tu não morrerás e nenhum mal deve chegar a ti, no meio do povo do Egito.

53 E ela disse: Que vantagem há para mim, quando eu vejo o rei, meu irmão, e todos os da sua casa e súditos neste mal, cujo primeiro nascido pereça como todos os primogênitos do Egito?

54 E Moisés disse-lhe: Certamente teu irmão e sua família e os súditos e as famílias dos egípcios não quiseram dar ouvidos às palavras de Deus, por isso todo esse mal veio sobre eles.

55 E Faraó, rei do Egito aproximou-se de Moisés e Aaron, e alguns dos filhos de Israel que estavam com eles naquele lugar, e suplicou a eles, dizendo:

56 Levanta-te e tira vossos irmãos, todos os filhos de Israel que estão na terra, com suas ovelhas e bois, e tudo os que lhes pertencem, e não devem deixar nada para trás, apenas peça por mim ao Senhor teu Deus.

57 E Moisés disse a Faraó: Eis que tu és de tua mãe o primogênito, mas não temas, pois tu não morrerás, pois Deus ordenou que tu hás de viver, a fim de mostrar-te seu grande poder e seu forte braço estendido.

58 E Faraó ordenou aos filhos de Israel que fossem mandados embora, e todos os egípcios fortaleceram- se para enviá-los e os deixaram, porque diziam: Estamos todos morrendo.

59 E todos os egípcios mandaram os israelitas partirem com grandes riquezas, ovelhas, bois e coisas preciosas, de acordo com o juramento que Deus fez a nosso pai Abraham (ou Abraão).

60 E os filhos de Israel atrasaram-se saindo à noite, e quando os egípcios chegaram a eles para mandá-los sair, eles disseram-lhes: Será que somos ladrões, para que devamos sair à noite?

61 E os filhos de Israel pediram aos egípcios vasos de prata, vasos de ouro e vestuário. Desta forma, os filhos de Israel despojaram os egípcios.

62 E Moisés apressou-se, levantou-se e foi para o rio do Egito e fizeram subir a partir dali o caixão de José e levaram-no com eles.

63 Israel também trouxe cada um o caixão de seu pai com eles, e cada homem o caixão de sua tribo.

* * *

80:2 - Começo do relato das pragas que foram enviadas por Deus para assolar os egípcios.

80:33 - Deus envia quatro espécies de gafanhotos para destruir completamente o Egito. (Joel 1:4)

80:36-39 - Durante a praga da escuridão, o Senhor provoca a morte dos israelitas rebeldes.

80:48-52 - Bathia, a filha de faraó que salvou Moisés, não foi atingida por nenhuma das 10 pragas enviadas por Deus.

80:57 - Bathia e o faraó Adikam foram os únicos primogênitos egípcios que foram preservados da morte.

CAPÍTULO 81
A PARTIDA DOS ISRAELITAS DO EGITO

1 E os filhos de Israel peregrinaram de Ramessés para Sucote, com cerca de seiscentos mil homens a pé, além das crianças pequenas e suas esposas.

2 Também uma multidão mista subiu com eles, de rebanhos e manadas e muito gado.

3 A peregrinação dos filhos de Israel, que habitavam no Egito em trabalho duro, foi de duzentos e dez anos.

4 E no fim de duzentos e dez anos, Deus tirou os filhos de Israel do Egito com mão forte.

5 E os filhos de Israel viajaram do Egito e de Goshen e de Ramsés, e acamparam em Sucote no décimo quinto dia do primeiro mês.

6 E os egípcios enterraram todos os seus primogênitos a quem Deus tinha ferido. Todos os egípcios enterraram seus mortos por três dias.

7 E os filhos de Israel viajaram de Sucote e acamparam em Ethom, no final do deserto.

8 E no terceiro dia, depois que os egípcios haviam enterrado seus primogênitos, muitos homens se levantaram do Egito e foram atrás Israel para fazê-los retornar ao Egito, porque se arrependeram de terem libertado o povo da sua servidão.

9 E um homem disse ao seu próximo: Certamente Moisés e Aaron falaram a Faraó, dizendo: Vamos a uma viagem de três dias no deserto e ofereceremos sacrifícios a Deus, nosso Senhor.

10 Agora, pois, vamos levantar de madrugada e fazê-los voltar, e se eles voltarem conosco para o Egito a seus senhores, então saberemos que não há fé neles, mas se eles não voltarem, então vamos lutar com eles, e fazê-los voltar com grande poder e mão forte.

11 E todos os nobres de Faraó levantaram-se pela manhã e com eles cerca de setecentos mil homens e saíram do Egito, naquele dia, e vieram para o lugar onde os filhos de Israel estavam.

12 E todos os egípcios viram, e eis que Moisés, Aaron e todos os filhos de Israel estavam sentados diante de Pi-Hairote, comendo, bebendo e comemorando a festa de Deus.

13 E todos os egípcios disseram aos filhos de Israel: Certamente vocês disseram: vamos percorrer um caminho por três dias no deserto e sacrificaremos a nosso Senhor e retornaremos.

14 Agora, pois, hoje faz cinco dias desde que vocês foram, por que não voltam aos seus mestres?

15 Moisés e Aaron lhes responderam, dizendo: Porquanto Deus nosso Senhor tem testemunhado em nós, dizendo: Vocês não mais voltarão para o Egito, mas vamos para uma terra que mana leite e mel, como Deus nosso Senhor havia prometido a nossos pais para nos dar.

16 E quando os nobres do Egito viram que os filhos de Israel não deram ouvidos a eles para voltarem ao Egito, cingiram-se à luta contra Israel.

17 E Deus fortaleceu os corações dos filhos de Israel sobre os egípcios, e lhes deram uma surra severa e a batalha foi dura sobre os egípcios; e todos os egípcios fugiram de diante dos filhos de Israel, pois muitos deles pereceram pela mão de Israel.

18 E os nobres de Faraó voltaram para o Egito e contaram à Faraó, dizendo: Os filhos de Israel fugiram e não mais voltarão para o Egito. Foi desta forma que Moisés e Aaron falaram a nós.

19 E Faraó soube disso e seu coração e de todos os seus súditos ficaram contra Israel e se arrependeram de ter enviado Israel. Assim, todos os egípcios aconselharam Faraó a perseguir os filhos de Israel para fazê-los voltar para suas cargas.

20 E eles disseram cada um ao seu irmão: Que é isto que fizemos, libertando Israel da nossa servidão?

21 E Deus fortaleceu os corações de todos os egípcios para perseguir os israelitas, pois Deus desejava acabar com os egípcios no Mar Vermelho.

22 E Faraó levantou-se, tomou sua carruagem e ordenou que todos os egípcios a sair contra Israel; nenhuma pessoa foi deixada, exceto os pequenos e as mulheres.

23 E todos os egípcios saíram com Faraó para perseguir os filhos de Israel, e o exército do Egito era um exército muito grande e pesado, cerca de dez mil homens.

24 E todo este exército foi para perseguir os filhos de Israel e para trazê-los de volta para o Egito; assim os alcançaram acampados junto ao Mar Vermelho.

25 E os filhos de Israel levantaram os olhos e viram todos os egípcios a persegui-los. Os filhos de Israel ficaram muito aterrorizados e clamaram a Deus.

26 E por causa dos egípcios, os filhos de Israel dividiram-se em quatro divisões, e eles ficaram divididos em suas opiniões, pois eles estavam com medo dos egípcios. Moisés então falou com cada um deles.

27 A primeira divisão foi dos filhos de Ruben, Simeão e Issacar; e eles resolveram lançarem-se ao mar, pois estavam com muito medo dos egípcios.

28 E Moisés disse-lhes: Não temais, permanecei tranquilos e vede a salvação de Deus, que Ele efetuará no dia de hoje a vocês.

29 A segunda divisão foi dos filhos de Zebulom, Benyamin e Naftali; e eles resolveram voltar para Egito com os egípcios.

30 E Moisés disse-lhes: Não temais, pois como vocês viram os egípcios neste dia, assim vocês não os verão de novo, para sempre.

31 A terceira divisão foi dos filhos de Judá e José, e eles resolveram ir encontrar os egípcios e lutar com eles.

32 Mas Moisés disse-lhes: Fiquem onde estão, pois Deus vai lutar por vocês e devem permanecer em silêncio.

33 E a quarta divisão era dos filhos de Levi, Gade, e Aser; e eles resolveram ir para o meio dos egípcios para confundi-los. A eles, Moisés disse: Permaneçam onde estão e não temam, apenas clamem a Deus e Ele os salvará de suas mãos.

34 Depois disto Moisés levantou-se de entre as pessoas, e falou a Deus e disse:

35 Ó Deus, Senhor de toda a terra, agora salva teu povo que tu trouxeste do Egito e não deixes que os egípcios se gabem de que o poder e a força são deles.

36 Então Deus disse a Moisés: Por que choras a mim? Fala com os filhos de Israel como eles devem proceder, e estende a tua vara sobre o mar e divide-o e os filhos de Israel devem passar por ele.

37 E Moisés assim o fez, e ele levantou a sua vara sobre o mar e dividiu-o.

38 E as águas do mar foram divididas em doze partes, e os filhos de Israel passaram completamente em pé, com sapatos, como um homem que passa por uma estrada preparada.

39 E Deus manifestou aos filhos de Israel Suas maravilhas no Egito e no mar pelas mãos de Moisés e Aaron.

40 E quando os filhos de Israel entraram no mar, os egípcios vinham atrás deles e as águas do mar caíram sobre eles, e todos os egípcios afundaram na água e nenhum homem ficou, com exceção de Faraó, que deu honra a Deus, e creu nele. Por isso Deus não o levou a morrer naquele momento com os egípcios.

41 E Deus ordenou um mensageiro a levá-lo de entre os egípcios e o mandou para a terra de Nínive, e reinou sobre ela por um longo tempo.

42 E naquele dia Deus salvou Israel da mão do Egito e todos os filhos de Israel viram que os egípcios tinham perecido, e viram a grande mão de Deus, no que Ele havia realizado no Egito e no mar.

43 Então cantou Moisés e os filhos de Israel este cântico a Deus, no dia em que Deus fez os egípcios caírem diante deles.

44 E todo o Israel cantou em coro, dizendo: Cantarei a Deus porque Ele é exaltado; o cavalo e o seu cavaleiro Ele lançou ao mar; eis que isto está escrito no Livro da Lei do Senhor.

45 Depois disso os filhos de Israel continuaram em sua jornada, e acamparam em Marah. Deus deu aos filhos de Israel os estatutos e juízos naquele lugar e Deus ordenou aos filhos de Israel a que andassem em todos os Seus caminhos e a o servirem.

46 E eles viajaram de Marah e chegaram a Elim; e em Elim havia doze fontes de água e setenta tamareiras; e os israelitas acamparam junto das águas.

47 E eles viajaram de Elim e chegaram ao deserto de Sin, no 15º dia do segundo mês após sua saída do Egito.

48 Naquele tempo, Deus deu o maná para os filhos de Israel comerem; e Deus fez comida chover do céu para os filhos de Israel, dia após dia.

49 E os filhos de Israel comeram o maná durante quarenta anos. Todos os dias em que eles estavam no deserto, até que chegaram à terra de Canaan, para possuí-la.

50 E passaram do deserto de Sin e acamparam em Alush.

51 E passaram de Alush e acamparam em Refidim.

52 E quando os filhos de Israel estavam em Refidim, Amaleque, filho de Ulifaz (Elifaz), filho de Esaú, o irmão de Zefo, veio para lutar com Israel.

53 E trouxe 801.000 homens, mágicos e ilusionistas e se prepararam para a batalha com Israel em Refidim.

54 E foi uma grande e severa batalha contra Israel, e Deus entregou Amaleque e seu povo, nas mãos de Moisés e os filhos de Israel e na mão de Yaohushua (Josué), filho de Num, o varão efraimita, servo de Moisés.

55 E os filhos de Israel feriram Amaleque e ao seu povo ao fio da espada, mas a batalha foi muito dura sobre os filhos de Israel.

56 E Deus disse a Moisés: Escreve esta coisa como um memorial para ti em um livro, e coloca-o na mão de Josué, filho de Num, teu servo; e tu ordenarás os filhos de Israel, dizendo: Quando vocês forem para terra de Canaã, deverão apagar totalmente a memória de Amaleque de debaixo do céu.

57 E Moisés assim o fez, e ele pegou o livro e escreveu sobre ele estas palavras, dizendo:

58 Lembra-te do que Amaleque fez a ti na estrada quando tu saíste do Egito. Que encontrou-te no caminho e feriu-te pela retaguarda, mesmo aqueles que estavam fracos atrás de ti, quando estavas fraco e cansado.

59 Por isso será que, quando Deus o teu Senhor te tiver dado descanso de todos os teus inimigos em redor, na terra que Deus teu Senhor te dá por herança, para possuí-la , tu hás de apagar a memória de Amaleque de debaixo do céu. Tu não deves te esquecer.

60 E o rei que tiver piedade de Amaleque ou da sua memória ou da sua semente, eis que eu exigirei dele e eu vou cortá-lo entre o seu povo.

61 E Moisés escreveu estas coisas num livro, e ordenou aos filhos de Israel a respeito de todas estas questões.

* * *

* * *

81:1 - Se a família de Jacó era formada por 70 varões quando chegaram ao Egito (Êxodo 1:5), agora regressavam a terra de Canaã com 600 mil homens.

81:3,4 - O período que os filhos de Jacó permaneceram no Egito foi de 210 anos. Em Gênesis 15:13, o Senhor revela a Abraão que a sua descendência será peregrina em terra estrangeira, reduzida à escravidão e afligida. Além disso, Deus anuncia o espaço de tempo que estas três coisas durarão: 400 anos. Considerando que Isaque viveu 60 anos até o nascimento de Jacó (Gênesis 25:26) e que o patriarca Jacó chegou ao Egito com 130 anos (Gênesis 47:9), teremos decorridos então 190 anos desde o nascimento de Isaque. Somados esses 190 anos com os 210 anos que os filhos de Israel passaram efetivamente no Egito, alcançamos então o tempo determinado por Deus de 400 anos.

81:26-33 - As palavras de Moisés se relacionam com as inquietações das 4 divisões dos israelitas. (Êxodo 14:13,14)

81:38 - Relato de que as águas do Mar Vermelho foram divididas em 12 partes para a passagem dos filhos de Israel.

81:44 - Início do cântico de Moisés e relato de que este foi escrito no Livro da Lei do Senhor. (Êxodo 15:1-19)

81:52 - Amaleque - neto de Esaú - forma um poderoso exército com mais de 800 mil soldados para enfrentar os filhos de Jacó quando estes saem do Egito. Apesar de muito numerosas, as tropas de Amaleque foram derrotadas. (Êxodo 17:13-15)

81:60-62 - Deus ordena que Moisés registre que o rei que tiver piedade de qualquer um dos descendentes de Amaleque terá o seu nome cortado entre o povo de Israel. Esta sentença se cumpriu nos dias do rei Saul, quando ele poupou a vida do rei dos amalequitas. Saul e toda sua linhagem foram então cortados do reino de Israel. (I Samuel 15:26-28)

CAPÍTULO 82
OS DEZ MANDAMENTOS

1 E o povo de Israel saiu de Refidim e acampou no deserto do Sinai, no terceiro mês de sua saída do Egito.

2 Naquele tempo veio Reuel, o midianita, sogro de Moisés, com Zíporah, sua filha, e os dois filhos de Moisés, pois tinha ouvido falar das maravilhas que Deus havia feito a Israel e como os tinha livrado da mão do Egito.

3 E Reuel veio a Moisés no deserto onde tinham acampado, onde estava a montanha de Deus.

4 E Moisés saiu ao encontro de seu sogro com grande honra e todo Israel estava com ele.

5 Reuel e seus filhos ficaram entre os israelitas muitos dias. E Reuel conheceu a Deus daquele dia em diante.

6 E no terceiro mês da partida dos filhos de Israel do Egito, no sexto dia, Deus deu a Israel os

dez mandamentos no Monte Sinai.

7 E todo o Israel ouviu todos estes mandamentos, e Israel alegrou-se em Deus naquele dia.

8 E a Glória de Deus repousou sobre o monte Sinai e Deus chamou a Moisés. Assim, Moisés veio a Ele no meio de uma nuvem e subiu a montanha.

9 E Moisés ficou sobre o monte, quarenta dias e quarenta noites; não comeu pão, nem bebeu água; e Deus o instruiu nos estatutos e juízos, a fim de ensinar os filhos de Israel.

10 E Deus escreveu os dez mandamentos sobre duas tábuas de pedra e Ele deu a Moisés para os ensinar aos filhos de Israel.

11 E, no final dos quarenta dias e quarenta noites, Deus acabou de falar para Moisés no Monte Sinai. Em seguida, Deus deu a Moisés as tábuas de pedra, escritas com o dedo de Deus.

12 E quando os filhos de Israel viram que Moisés demorava a descer do monte, reuniram-se em torno de Aaron (Aarão), e disseram: Quanto a esse homem Moisés, não sabemos o que aconteceu com ele.

13 Agora, pois, levantemo-nos, façamos para nós um ídolo que vá adiante de nós, para que não morramos.

14 E Aaron teve muito medo do povo e ordenou que lhe trouxessem o ouro,;e ele fez um bezerro de metal fundido para o povo.

15 E Deus disse a Moisés, antes que ele houvesse descido do monte: Vai-te para baixo, porque o teu povo a quem tu trouxeste do Egito, já se corrompeu.

16 Fizeram para si um bezerro de fundição e prostraram-se a ele; agora, portanto, deixe-me, para que Eu possa consumi-los da face da Terra, pois eles são um povo de dura cerviz.

17 E Moisés suplicou a Deus, e ele orou a Deus pelas pessoas por causa do bezerro que tinham feito e ele depois desceu do monte. Em suas mãos estavam as duas tábuas de pedra, que o Senhor lhe havia dado para comandar os israelitas.

18 E quando Moisés aproximou-se do acampamento e viu o bezerro que o povo tinha feito, a ira de Moisés se acendeu e ele quebrou as tábuas sob o monte.

19 E Moisés veio para o campo e tomou o bezerro e o queimou a fogo e moeram-no até que ele tornou-se uma fina poeira; e espalhou-a sobre a água, e deu-a para os israelitas beberem.

20 E ali morreram do povo, pelas espadas um do outro, cerca de três mil homens que tinham feito o bezerro.

21 E no dia seguinte, Moisés disse ao povo: Eu vou subir até Deus. Talvez eu possa fazer expiação pelos pecados que vocês cometeram contra Deus.

22 E Moisés subiu novamente a Deus e ele permaneceu com Deus quarenta dias e quarenta noites.

23 E durante os quarenta dias que Moisés rogou a Deus em favor dos filhos de Israel, Deus ouviu o pedido de Moisés; e Deus se aplacou para com ele em nome de Israel.

24 Então disse Deus a Moisés para cortar duas tábuas de pedra e trazê-las até Ele, pois iria escrever sobre elas os dez mandamentos.

25 Ora, Moisés assim o fez. Ele desceu e cortou as duas tábuas e subiu ao monte Sinai a Deus, e o Senhor escreveu os dez mandamentos nas tábuas.

26 E Moisés ficou ainda com Deus quarenta dias e quarenta noites; e Deus instruiu-o nos estatutos e juízos para dar a Israel.

27 E Deus lhe ordenou a respeito dos filhos de Israel, que eles deveriam fazer um santuário para Deus, onde seu Shuam (Nome) pudesse descansar nele. Deus mostrou-lhe como deveria ser o santuário e como deveria ser todos os seus utensílios.

28 E, no final dos quarenta dias, Moisés desceu do monte, e as duas tábuas estavam em sua mão.

29 E veio Moisés aos filhos de Israel e falou-lhes todas as palavras de Deus, e ele ensinou-lhes leis, estatutos e juízos que Deus tinha ensinado.

30 E Moisés disse aos filhos de Israel a palavra de Deus, e que eles deveriam fazer um santuário para Ele, para habitar entre os filhos de Israel.

31 E o povo se alegrou muito com tudo de bom que Deus tinha falado com eles, através de Moisés, e disseram: Faremos tudo o que Deus disse a ti.

32 E o povo se levantou como um só homem e fizeram ofertas generosas ao santuário de Deus e cada homem ofereceu sua oferta a Deus para a obra do santuário, e para todo o seu serviço.

33 E todos os filhos de Israel trouxeram cada homem de tudo o que foi encontrado na sua posse para a obra do santuário de Deus: ouro, prata e bronze; e cada coisa que foi útil para o santuário.

34 E todos os homens sábios que tinham prática no trabalho vieram e fizeram o santuário de Deus, conforme tudo o que Deus tinha ordenado todos os homens nos trabalhos em que eles tinham prática; e todos os sábios de coração fizeram o santuário, e seu mobiliário e todos os vasos para o serviço santo, como Deus tinha ordenado a Moisés.

35 E o trabalho do santuário do tabernáculo foi concluído no final de cinco meses; e os filhos de Israel fizeram tudo o que Deus ordenou a Moisés.

36 E trouxeram o santuário e todos os seus móveis a Moisés; semelhante à representação que Deus havia mostrado a Moisés, assim fizeram os filhos de Israel.

37 E Moisés viu a obra, e eles fizeram isso como Deus lhes tinha ordenado, de forma que Moisés os abençoou.

* * *

82:3-5 - Reuel sai com a esposa e filhos de Moisés para se encontrar com seu genro no deserto. (Êxodo 18:5-7)

82:9-11 - Deus escreve os 10 mandamentos em duas tábuas de pedra e os entrega a Moisés. (Êxodo 31:18)

CAPÍTULO 83
ARÃO E SEUS FILHOS SÃO SEPARADOS
PARA O SERVIÇO DO SENHOR

1 E no décimo segundo mês, no vigésimo terceiro dia do mês, Moisés tomou Aaron e seus filhos e ele vestiu-os em suas vestes e ungiu-os; e fizeram-lhes como Deus lhe ordenara e Moisés trouxe todas as ofertas que Deus tinha ordenado naquele dia.

2 Moisés depois levou Aaron e seus filhos e lhes disse: Por sete dias, vocês devem permanecer na porta da tenda, pois assim eu ordenei.

3 E Aaron e seus filhos fizeram tudo o que Deus lhes havia ordenado através de Moisés, e permaneceram por sete dias à porta da tenda.

4 E no oitavo dia, sendo o primeiro dia do primeiro mês, no segundo ano da partida dos israelitas do

Egito, Moisés ergueu o santuário. Moisés colocou todos os móveis do tabernáculo e todos os móveis do santuário e ele fez tudo o que Deus lhe tinha ordenado.

5 E Moisés chamou a Aaron e a seus filhos, e eles trouxeram o holocausto e a oferta pelo pecado para si e para os filhos de Israel, como Deus tinha ordenado a Moisés.

6 Naquele dia, os dois filhos de Aaron, Nadab e Abihu, tomaram fogo estranho e trouxeram diante de Deus, o que não lhes ordenara. E um fogo saiu de diante de Deus e os consumiu, e morreram perante Deus naquele dia.

7 Então no dia em que Moisés tinha terminado de erguer o santuário, os príncipes dos filhos de Israel começaram a trazer suas ofertas diante de Deus para a dedicação do altar.

8 E trouxeram as suas ofertas de cada príncipe para cada dia, um príncipe a cada dia, por doze dias.

9 E todas as ofertas que eles trouxeram, cada homem no seu dia, um prato de prata pesando cento e trinta siclos, uma bacia de prata de setenta siclos (segundo o siclo do santuário), ambos cheios de fina farinha, amassada com azeite, para oferta de carne.

10 Uma colher, pesando dez siclos de ouro, cheia de incenso.

11 Um novilho, um carneiro, um cordeiro de um ano para o holocausto.

12 E um cabrito para oferta pelo pecado.

13 E para as ofertas pacíficas: dois bois, cinco carneiros, cinco bodes, cinco cordeiros de um ano de idade.

14 Assim fizeram os doze príncipes de Israel dia a dia, cada homem no seu dia.

15 E foi depois, no dia 13 do mês, que Moisés comandou os filhos de Israel a observar a Passagem (Páscoa).

16 E os filhos de Israel celebraram a Passagem em sua temporada no dia catorze do mês, como Deus tinha ordenado á Moisés; assim fizeram os filhos de Israel.

17 E no segundo mês, no primeiro dia do mesmo mês, Deus falou a Moisés, dizendo:

18 Numerem os chefes de todos os homens dos filhos de Israel a partir de vinte anos de idade e para cima, tu e teu irmão Aaron e os doze príncipes de Israel.

19 Moisés assim o fez e Aaron veio com 12 príncipes de Israel e enumeraram os filhos de Israel no deserto do Sinai. E o número dos filhos de Israel pelas casas de seus pais, de 20 anos para cima, foi seiscentos e três mil quinhentos e cinquenta.

20 Mas os filhos de Levi, não foram contados entre os seus irmãos, os filhos de Israel.

21 E o número de todos os meninos dos filhos de Israel que tinham um mês de idade ou mais foi vinte e dois mil duzentos e setenta e três.

22 E o número dos filhos de Levi, de um mês de idade e acima, foi vinte e dois mil.

23 E Moisés colocou os sacerdotes e os levitas cada homem ao seu serviço e seu cargo, para servir o santuário do tabernáculo, como Deus tinha ordenado a Moisés.

24 E no vigésimo dia do mês, a nuvem se foi da Tenda do Testemunho.

25 Naquele tempo, os filhos de Israel continuaram a sua viagem desde o deserto de Sinai; e eles fizeram uma caminhada de três dias. A nuvem repousou sobre o deserto de Paran e a ira de Deus se acendeu contra Israel, porque tinham provocado a Deus pedindo carne para que pudessem comer.

26 E Deus ouviu a sua voz, e deu-lhes a carne que comeram durante um mês.

27 Mas, depois disto, a ira de Deus se acendeu contra eles e os feriu com uma grande matança e foram enterrados ali naquele lugar.

28 E o número dos filhos de Israel pelas casas de seus pais, de 20 anos para cima, foi seiscentos e três mil quinhentos e cinquenta.

29 E os filhos de Israel chamaram aquele lugar Kebroth Hattaavah, porquanto ali enterraram as pessoas que cobiçaram carne.

30 E partiram de Kebroth Hattaavah e acamparam em Hazeroth, que está no deserto de Paran.

31 E enquanto os filhos de Israel estavam em Hazeroth, a ira de Deus se acendeu contra Miriam por causa de Moisés; e ela tornou-se leprosa, branca como a neve.

32 E ela ficou confinada fora do arraial por sete dias, até que ela tivesse sido limpa novamente de sua lepra.

33 Os filhos de Israel depois partiram de Hazeroth e acamparam-se no final do deserto de Paran.

34 Naquele tempo, Deus falou a Moisés para enviar doze homens dos filhos de Israel, um homem de cada tribo, para ir e explorar a terra de Canaan.

35 E Moisés enviou os doze homens, e chegaram à terra de Canaan para pesquisar e examiná-la. Eles exploraram toda a terra desde o deserto de Sin para Rechob como tu vens a Chamoth.

36 E no final de 40 dias vieram a Moisés e a Aaron e trouxeram resposta de como sentiam em seus corações; e dez dos homens trouxeram um mau relatório aos filhos de Israel da terra que haviam explorado, dizendo: É melhor para nós voltarmos para Egito do que ir para esta terra, terra que consome os seus habitantes.

37 Mas Josué, filho de Num, e Calebe, filho de Yefuneh (Jefoné), que eram dos espias que exploraram a terra, disseram: A terra é extremamente boa.

38 Se Deus se agradar de nós, Ele vai nos trazer a esta terra, e dá-la a nós, pois é uma terra que mana leite e mel.

39 Mas os filhos de Israel não quiseram dar ouvidos a eles e deram ouvidos às palavras dos dez homens que tinham trazido um mau relatório da terra.

40 E Deus ouviu as murmurações dos filhos de Israel e Ele ficou furioso e jurou, dizendo:

41 Certamente nenhum homem desta geração perversa verá a terra, daqueles que tem de vinte anos ou mais de idade, com exceção de Caleb, filho de Yefuneh e Josué, filho de Num.

42 Mas, certamente esta geração ímpia perecerá no deserto e seus filhos virão para a terra, e eles a possuirão. De modo que a ira de Deus se acendeu contra Israel e Ele os fez andar errantes no deserto por quarenta anos até o final dessa perversa geração, pois eles não seguiram Deus.

43 E o povo habitou no deserto de Paran um longo tempo, e depois procederam ao deserto, pelo caminho do Mar Vermelho.

* * *

83:6 - Nadabe e Abiú - filhos de Aarão - apresentaram "fogo estranho" a Deus e foram mortos. (Levítico 10:1,2)

83:22,23 - Como os levitas não trabalharam nas obras dos egípcios, não foram privados de suas esposas durante os anos de escravidão (65:14,32) e não tiveram seus filhos usados como tijolos na construção. Isso justificaria o fato de que suas crianças fossem quase tão numerosas quanto as crianças das outras 11 tribos de Israel juntas.

83:31 - A Bíblia apresenta com maior riqueza de detalhes a razão de Mirian ter ficado leprosa. (Números 12)

CAPÍTULO 84
A REBELIÃO DE CORÁ

1 Naquele tempo Corah, filho de Yetzer, filho de Kehath, filho de Levi, tomou muitos homens dos filhos de Israel e eles se levantaram e discutiram com Moisés e Aaron e toda a congregação.

2 E Deus estava irado com eles e a terra abriu a sua boca e os tragou, com suas casas, com todos os que lhes pertenciam e com todos os homens que pertenciam a Corah.

3 E depois disso, o Senhor fez o povo dar a volta pelo caminho do monte Seir por um longo tempo.

4 Naquele tempo disse Deus a Moisés: Não provoquem uma guerra contra os filhos de Esaú, porque Eu não vou dar a vocês qualquer coisa que lhes pertençam, nem mesmo o espaço no qual a sola do pé pode pisar, pois tenho dado o monte Seir por herança a Esaú.

5 Por isso os filhos de Esaú lutaram contra os filhos de Seir em épocas anteriores e Deus havia entregado os filhos de Seir nas mãos dos filhos de Esaú, e destruiu-os de diante deles. E os filhos de Esaú habitaram no lugar deles até este dia.

6 Por isso Deus disse aos filhos de Israel: não lutem contra os filhos de Esaú, seus irmãos, pois nada na sua terra pertence a vocês; mas vocês podem comprar comida deles, por dinheiro, e comê-la; e vocês podem comprar água deles, por dinheiro, e beber.

7 E os filhos de Israel fizeram conforme a palavra de Deus.

8 E os filhos de Israel andaram pelo deserto, dando voltas pelo caminho do monte Sinai por um longo tempo e não tocaram nos filhos de Esaú; e eles continuaram naquele distrito por dezenove anos.

9 Naquele tempo morreu Latinus, rei dos filhos de Chittim, no quadragésimo quinto ano do seu reinado, que é o décimo quarto ano da partida dos filhos de Israel do Egito.

10 E o sepultaram no lugar que ele havia construído para si mesmo, na terra de Chittim. Abimnas reinou em seu lugar por trinta e oito anos.

11 E os filhos de Israel passaram dos limites dos filhos de Esaú naqueles dias, no fim de dezenove anos, e eles vieram e passaram a estrada do deserto de Moabe.

12 Deus disse a Moisés: Não provoques Moabe, não lutem contra eles, porque não os darei nada de sua terra.

13 E os filhos de Israel passaram a estrada do deserto de Moabe por 19 anos, e não lutaram contra eles.

14 E, no ano trigésimo sexto da saída dos filhos de Israel do Egito, Deus feriu o coração de Sihon, rei dos amorreus, e ele declarou guerra e saiu para lutar contra os filhos de Moabe.

15 E Sihon enviou mensageiros a Beor Janeas, filho de Balaão, conselheiro do rei do Egito, e seu filho Balaão, para amaldiçoar Moabe, a fim de que pudessem ser entregues na mão de Siom.

16 E os mensageiros foram e trouxeram Beor, o filho de Yaneas, e Balaão seu filho, de Petor na Mesopotâmia; assim Beor e Balaão, seu filho, vieram para a cidade de Sihon e eles amaldiçoaram Moabe e seu rei, na presença de Sihon, rei dos amorreus.

17 Então Sihon saiu com todo o seu exército e ele foi para Moabe, lutou contra os moabitas e ele os sujeitou. Deus os entregou nas suas mãos e Sihon matou o rei de Moabe.

18 E Sihon tomou todas as cidades de Moabe na batalha; ele também tomou Heshbom deles,

pois Heshbom era uma das cidades de Moabe, e Sihon colocou os seus príncipes e seus nobres em Heshbom. Assim a cidade de Hesbom pertenceu a Sihon naqueles dias.

19 Portanto, os faladores de parábolas Beor e Balaão, seu filho, proferiram estas palavras, dizendo: Vinde a Heshbom, a cidade de Sihon, será construída e estabelecida.

20 Ai de ti Moabe! Tu perdeste, ó povo de Kemosh (Quemos)! Eis que isto está escrito no Livro da Lei do Senhor.

21 E quando Sihon tinha conquistado Moab (ou Moabe), ele colocou guardas nas cidades que ele havia tomado de Moab, e um número considerável dos filhos de Moabe caiu na batalha, na mão de Sihon, e ele fez uma grande captura deles, filhos e filhas, e ele matou seu rei; assim Sihon voltou para sua terra.

22 E Sihon deu numerosos presentes de prata e ouro para Beor e Balaão seu filho, e despediu-os, e eles foram para a Mesopotâmia, para a sua casa e país.

23 Naquele tempo, todos os filhos de Israel passaram da estrada do deserto de Moab e voltaram e rodearam pelo deserto de Edom.

24 Então toda a congregação veio ao deserto de Sin no primeiro mês do quadragésimo ano de sua partida do Egito, e os filhos Israel habitaram ali em Kadesh, no deserto de Sin. Miriam morreu e foi enterrada lá.

25 Naquele tempo, Moisés enviou mensageiros para Hadad, rei de Edom, dizendo: Assim diz o teu irmão Israel: Deixa-me passar, peço-te, pela tua terra. Não vamos passar pelo campo ou vinha, não vamos beber a água do poço, mas vamos caminhar na estrada do rei.

26 E Edom lhe disse: Tu não passarás pelo meu país e Edom saiu para encontrar os filhos de Israel com um povo poderoso.

27 E os filhos de Esaú se recusaram a deixar os filhos de Israel passarem por suas terras, de modo que os israelitas foram-se deles e não lutaram contra eles.

28 Porque antes disso Deus ordenou aos filhos de Israel, dizendo: Vocês não devem lutar contra os filhos de Esaú, por isso os israelitas foram-se deles e não lutaram contra eles.

29 Então os filhos de Israel partiram de Kadesh, e todas as pessoas chegaram ao monte Hor.

30 Naquele tempo Deus disse a Moisés: Diz a teu irmão Aaron que lá ele vai morrer, pois ele não entrará na terra que tenho dado aos filhos de Israel.

31 E Aaron subiu segundo a ordem de Deus ao monte Hor, no 40º ano, no quinto mês, no primeiro dia do mês.

32 E Arão tinha cento e vinte e três anos de idade quando morreu no monte Hor.

* * *

84:1,2 - A terra "abriu sua boca" e engoliu aqueles que se rebelaram contra Moisés. (Deuteronômio 11:6)

84:15-17 - O rei Sihon chama a Beor e Balaão para amaldiçoarem os moabitas antes de sair a guerra contra eles.

84:18-21 - Beor e Balaão proferiram uma parábola após a derrota dos moabitas. O Livro do Justo destaca que estas palavras foram registradas no Livro da Lei do Senhor. (Números 21:26-29)

CAPÍTULO 85

OS CANANEUS SE PREPARAM PARA LUTAR CONTRA ISRAEL

1 E o rei Arad, dos cananeus, que habitava ao sul, soube que os israelitas tinham vindo pelo caminho dos espias; e arrumaram as suas forças para lutar contra os israelitas.

2 E os filhos de Israel tiveram muito medo dele, pois ele tinha um grande e forte exército, de modo que os filhos de Israel resolveram voltar para o Egito.

3 E os filhos de Israel desviaram-se aproximadamente a distância de três dias de viagem até Maserath Beni Yaakon, pois eles estavam com muito medo por causa do rei Arad.

4 E os filhos de Israel não iriam voltar para seus lugares e permaneceram em Beni Yaakon por trinta dias.

5 Quando os filhos de Levi viram que os filhos de Israel não iriam voltar atrás, eles tiveram ciúmes por causa de Deus, e levantaram-se e lutaram contra os israelitas seus irmãos e mataram uma grande quantidade deles; e os obrigaram a voltar para seu lugar, no monte Hor.

6 E quando voltaram, o rei Arad ainda estava arrumando o seu exército para a batalha contra os israelitas.

7 E Israel fez um voto, dizendo: Se entregares este povo nas minhas mãos, destruirei totalmente suas cidades.

8 E Deus ouviu a voz de Israel, e entregou os cananeus em suas mãos, e eles destruíram totalmente as suas cidades e chamaram o nome do lugar Hormah.

9 E os filhos de Israel partiram do monte Hor e acamparam em Obote; e depois partiram de Obote e acamparam-se em Iye-Abarim, na fronteira de Moabe.

10 E os filhos de Israel, foram a Moabe, dizendo: Vamos passar agora pela tua terra em nosso lugar; mas os filhos de Moabe não deixaram os filhos de Israel passarem pelas suas terras, pois os moabitas tiveram muito medo que os filhos de Israel fizessem a eles como fizeram a Sihon, rei dos amorreus, que tinham tomado suas terras e tinham matado muitos deles.

11 Portanto Moab não deixou os israelitas passarem por sua terra e Deus ordenou aos filhos de Israel, dizendo que eles não deveriam lutar contra Moabe, de modo que os israelitas retiraram-se de Moabe.

12 E os filhos de Israel partiram da fronteira de Moab e eles vieram para o outro lado de Arnon, na fronteira de Moab, entre os termos de Moab e dos amorreus; e acamparam-se em Sihon, rei dos amorreus, no deserto de Kedemote.

13 E os filhos de Israel enviaram mensageiros a Sihon, rei dos amorreus, dizendo:

14 Deixa-nos passar pela tua terra. Não nos desviaremos para os campos nem pelas vinhas, mas iremos juntos pela estrada real até que tenhamos passado os teus termos; mas Sihon não deixou os israelitas passarem.

15 Então Sihon reuniu todas as pessoas dos amorreus e saíram ao deserto para encontrar os filhos de Israel; e eles lutaram contra Israel em Yahaz.

16 E Deus entregou a Sihon, rei dos amorreus, nas mãos dos filhos de Israel. Assim Israel feriu todas as pessoas de Sihon ao fio da espada e vingou a causa de Moabe.

17 E os filhos de Israel tomaram posse da terra de Sihon, de Aram até Yabuk, aos filhos de Ammom; e tomaram todo o despojo das cidades.

18 Israel tomou todas estas cidades e habitou em todas as cidades dos amorreus.

19 E todos os filhos de Israel resolveram lutar contra os filhos de Ammom para tomar suas terras também.

20 Então Deus disse aos filhos de Israel: Não cerquem os filhos de Ammom, nem aticem a batalha contra eles, porque eu não vou dar nada para vocês de sua terra; e os filhos de Israel ouviram a palavra de Deus, e não lutaram contra os filhos de Ammom.

21 E os filhos de Israel viraram-se e subiram pelo caminho de Bashan, à terra de Og, rei de Basã. E Og, rei de Bashan, saiu para encontrar os israelitas em batalha e tinha com ele muitos homens valentes, e uma grande força do povo dos amorreus.

22 E Og, rei de Bashan, era um homem muito poderoso, mas Naaron, seu filho, era extremamente poderoso, ainda mais forte do que ele.

23 Og disse em seu coração: Eis que agora todo o acampamento de Israel ocupa um espaço de três parsas; agora eu vou feri-los de uma só vez, sem espada ou lança.

24 E Og, subiu ao monte Yahaz, e daí tomou uma grande pedra, cujo comprimento era de três parsa, e ele colocou-a em sua cabeça e resolveu jogá-la sobre o arraial dos filhos de Israel para ferir todos os israelitas com essa pedra.

25 E o mensageiro de Deus veio e perfurou a pedra sobre a cabeça de Og. E a pedra caiu sobre o pescoço de Og, que caiu por terra por conta do peso da pedra em cima de seu pescoço.

26 Naquele tempo Deus disse aos filhos de Israel: não tenham medo dele, pois tenho dado ele, todo o seu povo e toda a sua terra em sua mão; e farás a ele como vocês fizeram a Sihon.

27 E Moisés desceu a ele com um pequeno número dos filhos de Israel e Moisés feriu Og com um bastão nos tornozelos dos pés e o mataram.

28 Os filhos de Israel perseguiram os filhos de Og e todo o seu povo, e eles os abateram e destruíram até que não havia ficado nenhum resquício deles.

29 Moisés depois enviou alguns dos filhos de Israel para espiar a Yaazer, pois era uma cidade muito famosa.

30 E os espiões foram para Yaazer e a exploraram; e os espiões confiaram em Deus, e eles lutaram contra os homens de Yaazer.

31 E estes homens tomaram Yaazer e as suas aldeias. Deus os entregou na sua mão e eles expulsaram os amorreus que estavam ali.

32 E os filhos de Israel tomaram a terra dos dois reis dos amorreus, sessenta cidades que estavam no outro lado do Yardain (Jordão), desde o ribeiro de Arnom até o monte Herman.

33 E os filhos de Israel partiram e foram para a planície de Moabe, que é deste lado do Yardain (Jordão), na altura de Yerichó (Jericó).

34 E os filhos de Moab ouviram todo o mal que os filhos de Israel tinham feito para os dois reis dos amorreus, a Sihon e a Og. Então todos os homens de Moab ficaram com muito medo dos israelitas.

35 E os anciãos de Moabe disseram: Eis que dois reis dos amorreus, Sihon e Og, que eram mais poderosos do que todos os reis da terra, não puderam ficar contra os filhos de Israel, então como podemos enfrentá-los?

36 Certamente eles nos enviaram uma mensagem agora para passar por nossas terras em seu caminho e nós não os deixamos passar; agora eles vão vir em cima de nós com suas espadas pesadas e destruir-nos; e Moab andava angustiado por causa dos filhos de Israel e estavam com

muito medo deles. Eles então se aconselharam no que era para ser feito aos filhos de Israel.

37 E os anciãos de Moabe resolveram e pegaram um de seus homens, Balaque, filho de Zipor, o moabita, e o fizeram rei sobre eles nesse momento. E Balaque era um homem muito sábio.

38 E os anciãos de Moabe se levantaram e foram para os filhos de Midian fazer as pazes com eles, pois uma grande batalha e inimizade havia existido naqueles dias entre Moabe e Midian, a partir dos dias de Hadad, filho de Bedad, rei de Edom, que feriu a Midian no campo de Moabe e, até estes dias.

39 E os filhos de Moabe foram aos filhos de Midian, e eles fizeram a paz com eles, e os anciãos de Midian chegaram à terra de Moabe para fazer a paz em nome dos filhos de Midian.

40 E os anciãos de Moabe aconselharam-se com os anciãos de Midian, no que fazer para salvar suas vidas por causa de Israel.

41 E todos os filhos de Moabe disseram aos anciãos de Midian: Agora, pois, os filhos de Israel lamberão tudo quanto houver ao redor de nós, como o boi lambe a erva do campo, pois assim fizeram aos dois reis dos amorreus que são mais fortes do que nós.

42 E os anciãos de Midian disseram a Moab e: Ouvimos dizer que no momento em que Sihon, rei dos amorreus, lutou contra vocês, quando ele prevaleceu sobre vocês e tomou a vossa terra, ele tinha chamado Beor, filho de Yaneas e Balaão, seu filho, da Mesopotâmia, e eles vieram e amaldiçoaram vocês, por isso fez a mão de Sihon prevalecer sobre vocês, e ele tomou a vossa terra.

43 Agora, pois, chama também a Balaão, seu filho, pois ele ainda permanece em sua terra, e dá-lhe o seu salário, para que ele possa vir e amaldiçoar todas as pessoas de quem vocês têm medo. Então os anciãos de Moabe ouviram tal coisa, e pareceu-lhes bom chamarem a Balaão, filho de Beor.

44 Então Balaque, filho de Zipor, rei de Moabe, enviou mensageiros a Balaão, dizendo:

45 Eis que há um povo que saiu do Egito e que cobre a face da terra, e me afrontam a mim.

46 Agora, pois, vem e amaldiçoa este povo, pois eles são fortes demais para mim; assim poderei prevalecer para lutar contra eles e expulsá-los, pois eu soube que quem tu abençoares será abençoado e a quem tu amaldiçoares será amaldiçoado.

47 Os mensageiros de Balaque foram a Balaão e o levaram para amaldiçoar o povo que luta contra Moabe.

48 E Balaão chegou a Balaque para amaldiçoar Israel, e Deus disse a Balaão: Não amaldiçoes este povo pois são abençoados.

49 E Balaque pediu a Balaão dia-a-dia para amaldiçoar Israel, mas Balaão não deu ouvidos a Balaque por causa da palavra que Deus tinha falado a Balaão.

50 E quando viu Balaque que Balaão não aderiu ao seu desejo, ele se levantou e foi para casa. Balaão também retornou à sua terra e saiu dali para Midian.

51 E os filhos de Israel partiram da planície de Moabe, e acamparam a partir de Yardain a Beth-Yesimoth até Abel-Shittim, no final das planícies de Moab.

52 E os filhos de Israel ficaram na planície de Shittim e começaram a prostituir-se com as filhas dos moabitas.

53 E os filhos de Israel aproximaram-se de Moabe, e os moabitas armaram suas tendas em frente ao acampamento dos filhos de Israel.

54 E os filhos de Moabe ficaram com medo dos filhos de Israel, e os filhos de Moabe tomaram

todas as suas filhas e suas esposas de bom aspecto e bonita aparência e vestiram-nas em ouro e prata e roupas caras.

55 E os filhos de Moabe sentaram aquelas mulheres à porta das suas tendas, para que os filhos de Israel pudessem vê-las e se achegassem a elas, e assim não lutassem contra Moabe.

56 E todos os filhos de Moabe fizeram tal coisa aos filhos de Israel e cada homem colocou sua esposa e filha na porta de sua tenda e todos os filhos de Israel viram o ato dos filhos de Moabe, e os israelitas voltaram-se para as mulheres moabitas, as cobiçaram e se achegaram às moabitas.

57 E acontecia que quando um hebreu se chegava à porta da tenda de Moabe e via uma moabita e a desejava em seu coração, ele falava com ela à porta da tenda. Enquanto eles estavam juntos falando, os homens da tenda saiam e falavam com o hebreu semelhante a estas palavras:

58 Certamente você sabe que nós somos irmãos, somos todos descendentes de Ló e os descendentes de Abraão, seu irmão, Por que então você não permanece conosco e não come o nosso pão e nosso sacrifício?

59 E quando os filhos de Moabe os tinham forçado com seus discursos e os seduzido por suas palavras lisonjeiras, eles sentavam-se nas tendas deles e cozinhavam e sacrificavam para eles; e eles comiam do seu sacrifício e do seu pão.

60 Eles, então, lhes davam vinho e eles bebiam e ficavam embriagados; e colocavam diante deles uma bela donzela, e ele fazia com a donzela como ele gostava, pois não sabia o que estava fazendo, devido a ter bebido vinho abundantemente.

61 Assim fizeram os filhos de Moabe a Israel naquele lugar, na planície de Shittim. E a ira de Deus se acendeu contra Israel por causa deste assunto e Deus enviou uma peste entre eles e morreram dos israelitas vinte e quatro mil homens.

62 Ora, havia um homem dos filhos de Simeão, cujo nome era Zimri, filho de Salu, que se juntara com Cosbi, midianita, filha de Zur, rei de Midian, na vista de todos os filhos de Israel.

63 E Phineas (ou Finéias), filho de Ulazer, filho de Aaron, o sacerdote, viu essa coisa perversa que Zimri havia feito e ele tomou uma lança, se levantou, foi atrás deles, perfurou a ambos e os matou; e a peste cessou de sobre os filhos de Israel.

* * *

85:15-18 - Os filhos de Israel entram em guerra contra o rei Sihon. Vencem a batalha contra os amorreus e tomam posse de suas cidades, inclusive as que Sihon havia tomado anteriormente dos moabitas. Séculos depois, os amonitas enfrentam os israelitas para retomar estas cidades que perderam para Sihon e que Israel tomou para si. (Juízes 11:12,13)

85:38,39 - Moabitas e midianitas se reconciliam após séculos de inimizade entre estes povos. (62:21,22)

85:2,43 - Os midianitas aconselham o rei de Moabe a pagar ao feiticeiro Balaão para amaldiçoar a Israel.

85:50 - A Bíblia apresenta com grande riqueza de detalhes o episódio aqui descrito. (Números 22-24)

85:52-59 - Orientados pelo feiticeiro Balaão, os moabitas induzem os filhos de Israel a comer dos sacrifícios oferecidos aos ídolos e a se prostituir. (Números 25:1-3 / Apocalipse 2:14)

CAPÍTULO 86
OS MIDIANITAS SÃO DESTRUÍDOS

1 Naquele tempo, após a peste, Deus disse a Moisés e Ulazer, o filho de Aaron, o sacerdote, dizendo:

2 Numere os chefes de todas as tribos dos filhos de Israel, de vinte anos para cima, e todos saíram no exército.

3 E Moisés e Ulazer (ou Eleazar) contaram os filhos de Israel segundo as suas famílias e o número de todo o Israel foi de setecentos mil setecentos e trinta homens.

4 E o número das crianças de Levi, daqueles que tinham de um mês para cima, foi vinte e três mil; e entre estes não havia nenhum homem daqueles contados por Moisés e Aaron no deserto de Sinai.

5 Porque Deus lhes tinha dito que eles morreriam no deserto, pois que todos morreram, e nenhum tinha sido deixado deles, com exceção de Calebe, filho de Yephuneh, e Josué, filho de Num.

6 E foi depois disso que Deus disse a Moises: Dize aos filhos de Israel para vingar-se de Midian sobre a causa de seus irmãos, os filhos de Israel.

7 E Moisés assim o fez. Os filhos de Israel escolheram dentre eles doze mil homens, sendo mil de cada tribo, e eles foram para Midian.

8 E os filhos de Israel pelejaram contra Midian e mataram todos os homens; também os cinco príncipes de Midian e Balaão, filho de Beor, eles mataram à espada.

9 E os filhos de Israel levaram as esposas dos cativos de Midian, com os seus pequeninos e seu gado, e todos os que lhes pertencem.

10 E tomaram todo o despojo e toda a presa e eles trouxeram a Moisés e a Ulazer nas planícies de Moabe.

11 E Moisés e Ulazer e todos os príncipes da congregação saíram a recebê-los com alegria.

12 E eles dividiram todo o despojo dos midianitas; e os filhos de Israel tinham se vingado de Midian sobre a causa de seus irmãos, os filhos de Israel.

* * *

86:6-8 - Deus ordena a Moisés que ataque os midianitas e vingue Israel. Vale ressaltar que eles aconselharam Balaque a amaldiçoar a semente de Jacó. Os israelitas mataram cinco reis midianitas e o feiticeiro Balaão. (Números 31:8)

CAPÍTULO 87
MOISÉS NOMEIA JOSUÉ SEU SUCESSOR

1 Naquele tempo Deus disse a Moisés: Eis que o teus dias estão se aproximando do fim. Toma agora Josué, filho de Num, teu servo, e coloca-o no tabernáculo, e eu falarei com ele. E Moisés assim o fez.

2 E Deus apareceu na tenda numa coluna de nuvem e a coluna de nuvem parou na entrada do tabernáculo.

3 E Deus ordenou a Josué, filho de Num, e disse-lhe: Sê forte e corajoso, pois farás chegar os filhos de Israel para a terra que jurei dar a eles, e Eu serei contigo.

4 E Moisés disse a Josué: Sê forte e corajoso, porque tu farás os filhos de Israel herdarem a terra e Deus estará contigo, não te deixará nem te desamparará; não temais, nem desanimes.

5 E Moisés chamou a todos os filhos de Israel e disse-lhes: Vós tendes visto tudo de bom que Deus vosso Senhor tem feito por vocês no deserto.

6 Agora, pois, observai todas as palavras desta Lei e andai no caminho de Deus, vosso Senhor. Não saiam do caminho que Deus vos ordenou, tanto para a direita ou para a esquerda.

7 E Moisés ensinou os filhos de Israel os estatutos, juízos e leis para aplicar na terra como Deus lhes tinha ordenado.

8 E ensinou-lhes o caminho de Deus e suas leis. Eis que estão escritos no Livro da Lei do Senhor, que Ele deu aos filhos de Israel pela mão de Moisés.

9 Moisés acabou de ordenar os filhos de Israel e Deus disse a ele: Vá até o Monte Abarim e fique lá, pois você morrerá e será recolhido ao teu povo, como Aarão teu irmão foi recolhido.

10 E subiu Moisés como Deus lhe tinha ordenado e ele morreu ali na terra de Moabe pela ordem de Deus, no quadragésimo ano da saída dos israelitas da terra do Egito.

11 E os filhos de Israel prantearam a Moisés nas planícies de Moabe durante trinta dias; e os dias de pranto do luto por Moisés foram concluídos.

* * *

87:4 - Pouco antes de morrer, Moisés chama a Josué e o nomeia como seu sucessor. (Deuteronômio 31:7,8)

CAPÍTULO 88
JOSUÉ PREPARA O POVO PARA PASSAR O JORDÃO

1 E foi depois da morte de Moisés que Deus falou a Josué, filho de Num, dizendo:

2 Levanta-te e passa o Yardain (Jordão) para a terra que tenho dado aos filhos de Israel, e farás também os filhos de Israel herdarem a terra.

3 Todo lugar em que a sola de seus pés pisarem pertencerá a vocês, a partir do deserto do Líbano até ao grande rio, o rio de Perath será o seu limite.

4 Ninguém poderá se levantar contra ti durante todos os dias da tua vida; como fui com Moisés, assim serei contigo. Apenas sê forte e corajoso para observar toda a lei que Moisés ordenou, não se desvie do caminho, quer para a direita ou para a esquerda, a fim de que tu possas prosperar em tudo o que fazes.

5 E Josué ordenou aos oficiais de Israel, dizendo: Passem pelo meio do arraial e ordenai ao povo, dizendo: Prepare-se para provisões, pois em três dias vocês vão passar o Jordão para possuir a terra.

6 Os oficiais de Israel fizeram assim e ordenaram ao povo e eles fizeram tudo o que Josué havia ordenado.

7 E Josué enviou dois homens para espiar a terra de Jericó e os homens foram e espiaram Jericó.

8 E ao fim de sete dias vieram a Josué no acampamento e disseram-lhe: Deus entregou toda a terra nas nossas mãos e seus habitantes estão amortecidos de medo por causa de nós.

9 E sucedeu que, depois disso, Josué se levantou de manhã e todo o Israel com ele e eles viajaram de Shittim; e Josué e todo Israel com ele passaram o rio Jordão. E Josué tinha oitenta e dois anos de idade quando ele passou o Jordão com Israel.

10 E o povo subiu do Jordão no décimo dia do primeiro mês e acamparam em Gilgal, no canto leste de Jericó.

11 E os filhos de Israel celebraram a Passagem (Páscoa) em Gilgal, na planície de Jericó, no dia quatorze do mês, como está escrito na lei de Moisés.

12 E o maná cessou naquele tempo, no dia seguinte da Passagem (Páscoa), e não houve mais maná para os filhos de Israel; e eles comeram do fruto da terra de Canaã.

13 E Jericó estava totalmente fechada para os filhos de Israel e ninguém saía ou entrava.

14 E foi no segundo mês, no primeiro dia do mês, que Deus disse a Josué: Levanta-te, eis que tenho dado em tua mão Jericó, com todas as pessoas. Todos os seus homens de luta devem dar a volta na cidade uma vez por dia, assim fareis por seis dias.

15 E os sacerdotes tocarão as trombetas em cima e quando vocês ouvirem o som da trombeta todo o povo dará então ali um grande grito e as paredes da cidade cairão; todo povo subirá e cada homem contra seu oponente.

16 E Josué fez conforme tudo o que Deus lhe tinha ordenado.

17 E no sétimo dia rodearam a cidade sete vezes e os sacerdotes tocaram as trombetas.

18 E na sétima rodada, Josué disse ao povo: Gritai, porque Deus entregou toda a cidade em nossas mãos.

19 A cidade e tudo o que ela contém será amaldiçoado por Deus e guardai-vos do que é maldito,

para que vocês não façam o arraial de Israel maldito e o perturbeis.

20 Mas toda a prata, ouro, bronze e ferro serão consagrados a Deus e devem vir para o tesouro de Deus.

21 E o povo soprou as trombetas e fizeram uma grande gritaria e os muros de Jericó caíram; e todo o povo subiu, cada um em frente de si e tomaram a cidade e destruíram tudo o que estava nela: boi, homem e mulher, jovens e velhos, as ovelhas e burros, com a ponta da espada a tudo destruíram.

22 E queimaram a cidade. Apenas os vasos de ouro, prata, bronze e de ferro deram para o tesouro de Deus.

23 E Josué jurou naquela época, dizendo: Maldito o homem que reconstruir Jericó; ele deve lançar o alicerce dela em seu primogênito, e em seu filho mais novo lhe porá as portas do mesmo.

24 E Achan (ou Acã), filho de Carmi, filho de Zabdi, filho de Zerah, filho de Judá, tratou traiçoeiramente nas coisas malditas e pegou destas coisas e escondeu-as na sua barraca; e a ira de Deus se acendeu contra Israel.

25 E foi depois disso, quando os filhos de Israel haviam retornado da queima de Jericó, que Josué enviou homens para espionar também a cidade de Ai para lutar contra ela.

26 E os homens subiram e espiaram a cidade de Ai e eles voltaram e disseram: Permita que nem todas as pessoas subam contigo para Ai; deixa que saiam a batalha apenas uns três mil homens e destruam a cidade, pois os homens da mesma são poucos.

27 E Josué assim o fez; e subiram com ele dos filhos de Israel cerca de três mil homens e eles lutaram contra os homens de Ai.

28 E a batalha foi severa contra Israel e os homens de Ai feriram trinta e seis homens de Israel. E os filhos de Israel fugiram dos homens de Ai.

29 E quando Josué viu isto, rasgou suas vestes e caiu com o rosto para a terra diante de Deus; ele e os anciãos de Israel deitaram pó sobre as suas cabeças.

30 E disse Josué: Por que, ó Deus, fizeste este povo atravessar o Jordão? O que devo dizer depois que os israelitas deram as costas para os seus inimigos?

31 Agora, pois, os cananeus, os habitantes da terra, vão ouvir tal coisa e nos cercarão e cortarão o nosso nome.

32 E Deus disse a Josué: Por que caíste sobre o teu rosto? Sobe, retira-te, pois os israelitas pecaram, e levaram das coisas malditas; Eu não vou mais estar com eles, a menos que eles destruam as coisas malditas dentre eles.

33 Então Josué levantou-se e reuniu o povo, e trouxe o Urim pela ordem de Deus, e da tribo de Judá foi tomado a Achan, filho de Carmi.

34 E disse Josué a Achan: Diz-me, meu filho, o que fizeste; e Achan disse: Eu vi entre os despojos uma considerável roupa de Shinar e duzentos siclos de prata e uma cunha de ouro do peso de cinquenta siclos; cobicei-os e levei-os, e eis que todas elas estão escondidas na terra, no meio da minha tenda.

35 E Josué enviou homens que foram e os levaram a tenda de Achan, e trouxeram a Josué.

36 E Josué tomou Achan e estes utensílios, e seus filhos e filhas, e os levaram para o vale de Achor.

37 E Josué queimou-os lá com fogo e todos os israelitas apedrejaram Achan com pedras, e

levantaram sobre ele um montão de pedras. Por isso ele chamou aquele lugar o vale de Achor; depois disso, a ira de Deus se apaziguou, e Josué depois veio para a cidade e lutou contra ela.

38 E Deus disse a Josué: Não temas, nem te espantes, eis que tenho dado na tua mão a cidade de Ai, e seu rei e seu povo, e farás a eles como fizeste a Jericó e a seu rei ; a diferença será que os despojos do mesmo e do gado vocês tomarão como uma presa fácil para vós; armem uma emboscada para a cidade por trás dela.

39 Então Josué fez conforme a palavra de Deus. Ele escolheu de entre os filhos de guerra trinta mil homens valorosos e enviou-os, e eles armaram uma emboscada para a cidade.

40 E ele lhes ordenou, dizendo: Quando nos virem fugindo deles, com astúcia eles irão perseguir-nos. Vocês deverão então sair da emboscada e tomar a cidade; e assim fizeram.

41 E Josué lutou e os homens da cidade saíram em direção a Israel, não sabendo que eles estavam deitados em uma emboscada na parte de trás da cidade.

42 Então Josué e Israel fingiram-se cansados diante deles e fugiram pelo caminho do deserto, com astúcia.

43 E os homens de Ai reuniram todas as pessoas que estavam na cidade para perseguir os israelitas e eles saíram e se afastaram da cidade, não ficando ninguém. E deixaram a cidade aberta e perseguiram os israelitas.

44 E aqueles que estavam de tocaia se levantaram de seus lugares, e apressaram-se a ir para a cidade e tomaram-na e colocaram fogo nela. Os homens de Ai voltaram seu olhar para trás, e eis que a fumaça da cidade subia aos céus e eles não tinham meios de se retirar para qualquer caminho.

45 E todos os homens de Ai estavam no meio de Israel, alguns de um lado e alguns do outro lado, e os feriram de modo que nenhum deles sobreviveu.

46 Os filhos Israel tomaram Melosh, rei de Ai, e o trouxeram a Josué; e Josué o enforcou em uma árvore e morreu.

47 E os filhos de Israel retornaram à cidade depois de ter a queimado, e feriram todos aqueles que estivessem no meio dela ao fio da espada.

48 E o número daqueles que tinham caído dos homens de Ai, homem e mulher, foi de doze mil. Somente o gado e os despojos da cidade tomaram para si, de acordo a palavra de Deus a Josué.

49 E todos os reis do vale do Jordão, todos os reis de Canaã, ouviram falar do mal que os filhos de Israel fizeram em Jericó e Ai, e eles se reuniram para lutar contra Israel.

50 Somente os moradores de Gibeon tiveram muito medo de lutar contra os israelitas para que não perecessem, pois que eles agiram ardilosamente e chegaram a Josué e a Israel, e disseram-lhes: Nós viemos de uma terra distante, agora, portanto, façam uma aliança conosco.

51 E os moradores de Gibeon fizeram com filhos de Israel um pacto e fizeram a paz com eles. E os príncipes da congregação juraram-lhes, mas depois souberam que eles eram seus vizinhos e habitavam entre eles.

52 Por isso os filhos de Israel não os mataram, porque lhes haviam jurado por Deus e eles se tornaram rachadores de lenha e tiradores de água para os filhos de Israel.

53 E Josué disse-lhes: Por que vocês me enganaram, e fizeram isto a nós? E eles responderam-lhe, dizendo: Porque foi dito para todos os teus servos o que vocês tinham feito a todos os reis dos amorreus, e nós estávamos com muito medo por nossas vidas, e nós fizemos isso.

54 E Josué os nomeou naquele dia para cortar madeira e para tirar água, e ele dividiu-os como escravos para todas as tribos de Israel.

55 E Adonizedeque, rei de Shuaoleym (Salém), ouviu tudo o que os filhos de Israel tinham feito a Jericó e Ai; então ele foi a Hoham, rei de Hebrom; e Piram, rei em Yarmute; e a Yafia, rei de Laquis; e Deber, rei de Eglom, dizendo:

56 Sobe a mim e me ajude, para que possamos ferir os filhos de Israel e os habitantes de Gibeon que fizeram paz com os filhos de Israel.

57 E eles se reuniram e os cinco reis dos amorreus subiram com todos os seus soldados, um povo poderoso e eram numerosos como a areia na praia do mar.

58 E todos estes reis vieram e se acamparam diante de Gibeon, e eles começaram a luta contra os moradores de Gibeon, e todos os homens de Gibeon foram a Josué, dizendo: Subi rapidamente para nós e nos ajude, pois todos os reis dos amorreus se reuniram para lutar contra nós.

59 Então Josué e todo o povo de luta subiram de Gilgal e Josué veio de repente a eles e feriram os cinco reis numa grande matança.

60 E Deus confundiu-os diante dos filhos de Israel, que os feriram numa terrível matança em Gibeon, e os perseguiram pelo caminho vai de Beth-Horom até Maquedah; e eles fugiram de diante dos filhos de Israel.

61 E enquanto eles estavam fugindo, Deus enviou-lhes o granizo do céu e mais deles morreram pelo granizo do que pela matança dos filhos de Israel.

62 E os filhos de Israel os perseguiram e os feriram na estrada.

63 E eles estavam ferindo-os, e o dia estava declinando em direção à noite. Josué então disse à vista de todo o povo: Sol permaneça parado em Gibeon, e tu, ó lua, no vale de Ajalon, até que a nação tenha vingado seus inimigos.

64 E Deus ouviu a voz de Josué, e o sol se deteve no meio dos céus, e ele ficou parado seis e trinta momentos, e a lua também parou e não saiu um dia inteiro.

65 E não houve dia semelhante a esse, nem antes nem depois dele, que o Senhor ouviu a voz de um homem, pois Deus pelejava por Israel.

* * *

88:1-3 - Josué recebe instruções e promessas do Senhor quanto a herdar a terra de Canaã. (Josué 1:1-4)

88:23 - A maldição de Josué acerca da reconstrução de Jericó se cumpriu nos dias do rei Acabe. (I Reis 16:34)

88:38 - Após a morte de Acan, Deus encoraja Josué e lhe dá uma estratégia para vencer seus inimigos. (Josué 1,2)

88:63-65 - Os filhos de Israel feriam os exércitos de cinco reis cananeus quando já estava próximo de anoitecer. Josué orou e o Senhor parou o movimento de rotação da Terra pelo espaço de quase um dia. A Bíblia Sagrada relata que este acontecimento extraordinário foi registrado no Livro do Justo. (Josué 10:12-14)

CAPÍTULO 89
CANÇÃO DE JOSUÉ DE LOUVOR

1   Então cantou Josué essa música no dia que Deus tinha dado os amorreus na sua mão e dos filhos de Israel, e disse aos olhos de toda Israel:

2   Tu tens feito coisas poderosas, ó Deus, tu tens realizado grandes feitos, quem é semelhante a Ti? Os meus lábios cantarão ao teu SHUAM (Nome).

3   Meu Senhor, a minha fortaleza, meu alto retiro, eu vou cantar uma nova canção para Ti, com ação de hodayao (graças) eu vou cantar a Ti; Tu és a força da minha salvação.

4   Todos os reis da terra te louvarão, os príncipes do mundo devem cantar a Ti. Os filhos de Israel se regozijarão na tua SHUA (salvação), eles devem cantar e louvar o teu poder.

5   Em ti, ó Deus, que nós confiamos; diremos: Tu és nosso Senhor, porque foste o nosso refúgio e torre forte contra os nossos inimigos.

6   Para ti que nós choramos e não nos envergonhamos; nós confiamos em ti e fomos libertos; quando nós clamamos a ti, ouves a nossa voz. Pois Tu livraste nossas almas da espada e fizeste mostrar a nós tua Graça. Tu nosdeste a tua salvação e alegraste os nossos corações com tua força.

7   Tu saíste para a nossa salvação e com o teu braço Tu resgataste o teu povo; respondeste-nos dos céus, desde a tua HODSHUA (Santidade); Tu nos salvaste de dezenas de milhares de pessoas.

8   O sol e a lua pararam no céu e Tu colocaste tua ira contra nossos opressores e colocaste teus juízos sobre eles.

9   Todos os príncipes da terra se levantaram e os reis das nações se reuniram. Eles não se retiraram de tua presença, pois desejavam a batalha.

10   Te levantaste contra eles em tua ira e derramaste tua ira sobre eles; Tu destruíste-os na tua ira e os cortaste do teu coração.

11   Nações foram consumidas com a tua fúria e reinos caíram por causa da tua ira; fizeste maravilhas no dia da tua ira.

12   Tu derramaste tua ira sobre eles e tua ira se apoderou deles; tu, por sua vez, colocaste a maldade deles sobre eles e cortaste-os em sua maldade.

13   Eles espalharam armadilhas, mas caíram nelas; na rede eles se esconderam, mas seu pé que foi capturado.

14   Tua mão estava pronta para todos os teus inimigos, que disseram: Por meio de sua espada que possuíram a terra, através de seu braço que moravam na cidade; Tu enchaste seus rostos com vergonha e trouxeste os seus chifres para o chão. Tu aos terrorizaste na tua ira e destruíste-os na tua ira.

15   A terra tremeu e balançaste ao som da tua tempestade sobre eles, pois Tu não livraste as suas almas da morte e trouxeste suas vidas para a sepultura.

16   Tu perseguiste-os na tua tempestade e os consumiste no teu turbilhão; transformaste suas chuvas em saraiva e eles caíram em covas profundas e não puderam subir.

17   Suas carcaças foram expulsas como lixo no meio das ruas.

18 Eles foram consumidos e destruídos na tua ira; salvaste o teu povo com o teu poder.

19 Portanto, nosso coração se alegra em ti, nossas almas se exaltam na tua salvação.

20 Nossas línguas falam a respeito das tuas forças; vamos cantar e louvar as tuas maravilhas.

21 Pois Tu nos salvaste dos nossos inimigos e nos livraste daqueles que se levantaram contra nós. Tu os destruíste de diante de nós e os colocaste sob os nossos pés.

22 Assim todos os teus inimigos perecerão, ó Deus. Os ímpios serão como palha levada pelo vento e os teus amados serão como árvores plantadas junto às águas.

23 Então Josué e todo o Israel retornaram ao acampamento em Gilgal depois de ter ferido os reis, de modo que não foi deixado nenhum resto deles.

24 E os cinco reis fugiram sozinhos a pé da batalha e se esconderam em uma caverna. Josué procurou-os no campo de batalha, mas não os encontrou.

25 E foi depois contado a Josué, dizendo: Os reis foram encontrados e estão escondidos em uma caverna.

26 E disse Josué: Nomeiem os homens para ficarem na boca da caverna, para guardá-los, a fim de que não fujam; e os filhos de Israel fizeram assim.

27 E Josué chamou a todo o Israel e disse aos oficiais da batalha: Coloquem seus pés sobre os pescoços destes reis; e Josué disse: Assim Deus fará a todos os vossos inimigos.

28 E Josué ordenou que eles matassem os reis na caverna e colocaram grandes pedras à boca da caverna.

29 E Josué foi mais tarde com todas as pessoas que estavam com ele naquele dia para Maquedá, e feriu-os com o fio da espada.

30 E ele destruiu totalmente todas as almas e todos os que pertenciam à cidade, e fez ao rei e às pessoas desta cidade, o mesmo que tinha feito a Jericó.

31 E Josué foi a partir daí a cidade de Libna e pelejou contra ela. Deus entregou a cidade em sua mão, então Josué feriu-os ao fio da espada e todas as almas; da mesma forma ele fez a eles e ao seu rei, como tinha feito a Jericó.

32 E a partir daí ele passou a Laquis para lutar contra ela e Horam, rei de Gaza, foi ajudar os homens de Laquis, porém Josué feriu a ele e seu povo, até que não houvesse nenhum remanescente deles.

33 E Josué tomou Laquis e todo o povo dela, e ele fez a ela como ele tinha feito para Libna.

34 Josué foi de lá para Eglom e ele tomou-a também, ferindo todas as pessoas ao fio da espada.

35 E a partir daí ele passou a Hebron, lutou contra ela e a tomou e a destruiu totalmente; e ele voltou de lá com todo o Israel e foi a Debir e pelejou contra ela e feriu-a ao fio da espada.

36 E ele destruiu todas as almas e não deixou ninguém, fazendo ao rei da mesma forma que tinha feito a Jericó.

37 E Josué feriu todos os reis dos amorreus, desde Kadesh-Barnea à Azah e tomou seu país de uma só vez, pois Deus havia lutado por Israel.

38 E Josué, com todo o Israel, chegou ao arraial em Gilgal.

39 Quando naquela época Yabim, rei de Chazor, ouviu tudo o que Josué fizera com os reis dos amorreus, Yabim foi para Yobat, rei de Midiã; e Laban, rei de Sinrom; e a Yephal, rei de Acsafe e a todos os reis dos amorreus, dizendo:

40 Vem depressa até nós e nos ajude, para que possamos ferir os filhos de Yaoshorul (Israel),

antes que eles venham sobre nós e façam a nós como eles têm feito aos outros reis dos amorreus.

41 E todos estes reis deram ouvidos as palavras de Yabim, rei de Chazor, e saíram com todos os seus soldados, dezessete reis, e seu povo era numeroso como a areia na orla marítima, junto com cavalos e carros inumeráveis. Eles vieram e se acamparam junto às águas de Merom e foram se reunir para lutar contra Israel.

42 E Deus disse a Josué: Não os temas, pois amanhã a estas horas vou entregá-los todos mortos diante de ti e jarretearás seus cavalos e seus carros queimarás.

43 E Josué, com todos os homens de guerra, vieram de repente sobre eles e os feriram; e os cananeus caíram em suas mãos, pois Deus havia os entregado nas mãos dos filhos de Israel.

44 Então os filhos de Israel seguiram todos esses reis com seus soldados e os feriram até não haver sobrado ninguém deles; e lhes fez Josué como Deus tinha falado a ele.

45 Então Josué naquele momento foi para Chazor e feriu a cidade com a espada e destruiu cada alma, e queimou-os com fogo; e de Chazor, Josué passou a Shimron e feriu-a e a destruiu totalmente.

46 De lá, ele passou a Acsafe, e ele fez a ela como tinha feito para Simron.

47 De lá, passou a Adulam e feriu todas as pessoas nela, e ele fez a Adulam como tinha feito a Acsafe e Simron.

48 E ele passou a partir deles para todas as cidades dos reis que ele havia ferido e feriu todas as pessoas que ficaram nestas cidades e ele as destruiu totalmente.

49 Somente os seus despojos e gados os israelitas tomaram para si como presa, mas todos os seres humanos foram mortos; não deixaram uma alma viver.

50 Como Deus tinha ordenado a Moisés assim o fez Josué e todo Israel. Eles não falharam em qualquer coisa.

51 Então Josué e todos os filhos de Israel feriram toda a terra de Canaã, como Deus tinha lhes ordenado e feriram todos os seus reis, sendo 31 reis, e os filhos de Israel tomaram o país todo.

52 Além dos reinos de Sihon e Og, que estão no outro lado do rio Jordão, dos quais Moisés feriu muitas cidades e Moisés deu este território aos rubenitas e gaditas e a meia tribo de Manassés.

53 E Josué feriu todos os reis que estavam além do Jordão ao oeste e deu as terras por herança as nove tribos de Israel restantes e à meia tribo de Manassés.

54 Durante cinco anos Josué continuou a guerra contra estes reis e deu suas cidades para os israelitas e a terra tornou-se tranquila da batalha pelas cidades dos amorreus e os cananeus.

* * *

89:1-22 - Depois de Deus conceder vitória aos israelitas contra os exércitos dos reis amorreus, Josué faz esse lindo cântico de louvor e adoração ao Senhor.

89:22 - Josué encerra seu cântico com uma metáfora na qual estabelece uma comparação entra a condição do justo e do ímpio. (Salmos 1:3,4)

89:40-44 - Sob o comando de Jabim, se reuniram os exércitos de 17 reis de Canaã para enfrentar a Israel. Deus os entregou nas mãos de Josué e dos valentes de Israel. (Josué 11:4-8)

CAPÍTULO 90
A DIVISÃO DA TERRA

1 Naquele tempo, no quinto ano após os filhos de Israel terem passado o Jordão, após descansarem da guerra contra os cananeus, uma grande e grave batalha surgiu entre Edom e os filhos de Chittim; e os filhos de Chittim lutaram contra Edom.

2 E Abianus, rei de Chittim, saiu no mesmo ano, ou seja, no ano trigésimo primeiro do seu reinado, com grande força e com ele os valentes dos filhos de Chittim e ele foi para Seir lutar contra os filhos de Esaú.

3 E Hadad, o rei de Edom, ouviu falar de sua marcha e saiu para encontrá-lo com muitas pessoas e grande força e engajaram-se na batalha com eles no campo de Edom.

4 E a mão de Chittim prevaleceu sobre os filhos de Esaú e os filhos de Chittim feriram os filhos de Esaú, vinte e dois mil homens, e todos os filhos de Esaú fugiram de diante deles.

5 E os filhos de Chittim perseguiram e alcançaram Hadad, rei de Edom, pois correram atrás dele e o pegaram vivo, trazendo-o a Abianus, rei de Chittim.

6 Abianus ordenou que fosse morto e Hadad, rei de Edom, morreu no ano quadragésimo oitavo do seu reinado.

7 E os filhos de Chittim continuaram sua perseguição a Edom e os feriram com um grande abate. Deste modo, Edom ficou sujeito aos filhos de Chittim.

8 E os filhos de Chittim governaram sobre Edom. Assim Edom ficou sob a mão dos filhos de Chittim e se tornaram um único reino a partir daquele dia.

9 E a partir desse momento eles não puderam mais levantar e seu reino tornou-se um com os filhos de Chittim.

10 E Abianus colocou oficiais em Edom e todos os filhos de Edom foram sujeitados e tributados por Abianus. Depois da batalha, Abianus voltou para a sua terra em Chittim.

11 Quando ele voltou, renovou seu governo e construiu para si um espaçoso palácio fortificado para residência real. Ele reinou de forma segura sobre os filhos de Chittim e sobre Edom.

12 Naqueles dias, depois que os filhos de Israel tinham afugentado todos os cananeus e os amorreus, Josué já estava velho e avançado em anos.

13 E Deus disse a Josué: Estás velho e avançado em vida e uma grande parte da terra falta ser possuída.

14 Agora, pois, divide esta terra por herança as nove tribos e a meia tribo de Manassés. Josué se levantou e fez como Deus tinha falado com ele.

15 Ele dividiu toda terra para as tribos de Israel como uma herança de acordo com suas divisões.

16 Mas à tribo de Levi não deu herança, pois as ofertas de Deus são a sua herança, como Deus tinha falado a eles por intermédio de Moisés.

17 E Josué deu o monte Hebrom a Calebe, filho de Yefuneh, uma porção acima de seus irmãos, como Deus tinha dito por meio de Moisés.

18 Portanto Hebrom ficou como herança para Calebe e seus filhos até hoje.

19 Josué dividiu toda terra por lotes para todo Israel por herança, como Deus tinha ordenado.

20 E os filhos de Israel deram aos levitas cidades a partir de sua própria herança , arrabaldes para seu gado e propriedades, como Deus tinha ordenado a Moisés, assim fizeram os filhos de Israel.

Assim repartiram a terra por sorteio, se grande ou pequeno.

21 E eles foram para herdar a terra de acordo com seus limites, e os filhos de Israel deram a Josué, filho de Num, uma herança entre eles.

22 Pela palavra de Deus eles deram-lhe a cidade que ele exigiu, em Timnath-serach, região montanhosa de Efraim; e Josué construiu a cidade e habitou nela.

23 Estas são as heranças que Ulazer (ou Eleazar), o sacerdote, e Josué, filho de Num e os cabeças dos pais das tribos deram em porções para os filhos de Israel por lotes em Shiloh, diante de Deus, à porta da tenda (tabernáculo) e cessaram a divisão da terra.

24 E o Senhor deu a terra aos israelitas e eles a possuíram como Deus tinha falado com eles e como o Senhor tinha jurado a seus antepassados.

25 E Deus deu aos israelitas descanso de todos os seus inimigos ao redor deles e nenhum homem se levantou contra eles. Deus lhes entregou todos os seus inimigos em suas mãos e nada falhou das coisas boas que Deus tinha falado aos filhos de Israel; sim, Deus realizou cada coisa.

26 E Josué chamou a todos os filhos de Israel e os abençoou, e ordenou-os a servir a Deus e ele depois os despediu. Assim foram cada um para a sua cidade, e cada um à sua herança.

27 E os filhos de Israel serviram a Deus durante todos os dias de vida de Josué e Deus deu-lhes repouso de todos em torno deles; e eles habitaram nas suas cidades de forma segura.

28 E aconteceu que naqueles dias que, Abianus, rei de Chittim, morreu no trigésimo oitavo ano de seu reinado, que é o sétimo ano de seu reinado sobre Edom, e o sepultaram no lugar que ele havia construído para si mesmo. Latinus reinou em seu lugar por 50 anos.

29 E durante o seu reinado ele trouxe um exército e foi e lutar contra os habitantes de Britannia e Kernania, os filhos de Ulisha, filho de Yavan (Grécia) e prevaleceu sobre eles e os fez tributários.

30 Ele, então, ouviu dizer que Edom havia se revoltado de debaixo da mão de Chittim e Latinus foi para eles e os feriu e os sujeitou, e colocou-os sob a mão dos filhos de Chittim. Assim Edom se tornou um reino com os filhos de Chittim todos os dias.

31 Por muitos anos não havia rei em Edom e seu governo foi com os filhos de Chittim e seu rei.

32 E foi no ano vigésimo sexto após os filhos de Israel terem passado o Jordão, que é o sexagésimo sexto ano após os filhos de Israel partirem de Egito, que Josué ficou velho, avançado em anos, sendo cento e oito anos de idade naqueles dias.

33 E Josué chamou a toda Israel, seus anciãos, seus juízes e oficiais, depois que Deus tinha dado a todos os israelitas o resto de todos os seus inimigos em redor e Josué disse aos anciãos de Israel e aos seus juízes: Eis que eu estou velho, avançado em anos. Vocês já viram o que Deus tem feito para todas as nações que afastaram-se diante de vós, pois foi Deus que tem lutado por vocês.

34 Agora esforcem-se e mantenham-se a obedecer todas as palavras da lei de Moisés, não se desviando para a direita ou para a esquerda. Não se misturem com as nações que são deixadas na terra, nem fareis menção dos nomes de seus ídolos e falsos criadores, mas vocês devem abrir caminho a YAOHUH, seu ULHIM, como vocês têm feito até o dia de hoje.

35 E Josué muito exortou os filhos de Israel para que servissem a Deus todos os seus dias.

36 E todo Israel disse: Nós serviremos a Deus, nosso Senhor, todos os nossos dias, nós e nossos filhos e os filhos de nossos filhos e nossa descendência para sempre.

37 E Josué fez uma aliança com o povo naquele dia e despediu os filhos de Israel e foram cada um para a sua herança e para a sua cidade.

38 E foi naqueles dias, quando os filhos de Israel estavam habitando em segurança nas suas cidades, que eles enterraram os caixões das tribos de seus antepassados, que tinham trazido de Egito, cada homem na herança de seus filhos. Os doze filhos de Jacó enterraram os filhos Israel, cada homem na posse de seus filhos.

39 E estes são os nomes das cidades onde eles enterraram os doze filhos de Jacó, os quais os filhos de Israel tinham trazido de Egito.

40 Sepultaram Rúben e Gad do Yardain, em Romia, que Moisés tinha dado aos seus filhos.

41 E Simeão e Levi foram enterrados na cidade de Mauda, que ele tinha dado aos filhos de Simeão, e o subúrbio da cidade foi para os filhos de Levi.

42 E Judá foi enterrado na cidade de Benyamim oposta a Beit-Lekhém, casa do pão, Belém.

43 E os ossos de Issacar e Zebulom foram enterrados em Sidom, na parte que caiu para seus filhos.

44 E Dan foi sepultado na cidade de seus filhos em Eshtaul; e Naftali e Asher eles sepultaram em Kadesh-Naftali, cada um no seu lugar que ele tinha dado a seus filhos.

45 E os ossos de José foram enterrados em Shechem (Siquém), na parte do campo que Jacó comprou de Hamor e que se foi para José por herança.

46 E sepultaram Benyamim em Shuaoleym (Jerusalém), oposto ao jebuseu, o que foi dado aos filhos de Benyamim; os filhos de Israel enterraram seus pais cada homem na cidade de seus filhos.

47 E, no final de dois anos, Josué morreu, com cento e dez anos de idade, e o tempo que Joshua (Josué) julgou a Israel foi vinte e oito anos e Israel serviu a Deus todos os dias da sua vida.

48 E os outros assuntos de Josué e suas batalhas e suas reprovações com a qual ele reprovou Israel e tudo que ele lhes havia ordenado e os nomes das cidades que os filhos de Israel possuíram em seus dias, eis que estão escritos no livro das palavras de Josué para os filhos de Israel e no Livro das Guerras de Deus, que Moisés, Josué e os filhos de Israel escreveram.

49 E os filhos de Israel enterraram Josué na fronteira da sua herança, em Timnath-serach, que foi dada a ele no monte Ephraim.

50 E Ulazer, filho de Aaron, morreu naqueles dias. E o sepultaram em uma colina que pertencem a Fineas, seu filho, que lhe fora dado na montanha de Efraim.

* * *

90:16 - Os membros da tribo de Levi não receberam uma porção de terra entre os israelitas, pois as ofertas do Senhor Deus de Israel eram a sua herança. (Josué 13:14)

90:17,18 - Josué dá a Calebe a terra de Hebrom, conforme Deus disse através de Moisés. (Josué 14:10-14)

90:21,22 - Os filhos de Israel deram a Josué como herança uma cidade da região montanhosa de Efraim.

90:48 - O Livro do Justo revela que os acontecimentos que marcaram este período da história de Israel foram registrados no livro de Josué e também no "Livro das Guerras do Senhor". (Números 21:14,15)

CAPÍTULO 91

O TEMPO DOS JUÍZES

1   Naquele tempo, após a morte de Josué, os filhos dos cananeus estavam ainda na terra, e os israelitas resolveram expulsá-los.

2   E os filhos de Israel perguntaram a Deus, dizendo: Quem deve ir primeiro de nós aos cananeus para pelejar contra eles? E Deus disse: Judá subirá primeiro.

3   E os filhos de Judá disseram a Simeão: Sobe conosco ao nosso lote e vamos lutar contra os cananeus; e nós também vamos subir com vocês em seu lote. Então os filhos de Simeão partiram com os filhos de Judá.

4   E os filhos de Judá subiram e lutaram contra os cananeus. Assim Deus entregou os cananeus nas mãos dos filhos de Judá os feriram em Bezeque, dez mil homens.

5   E eles lutaram com Adoni Bezeque, em Bezeque, e ele fugiu de diante deles; e eles o perseguiram, e o pegara; e eles se apoderaram dele e cortaram-lhe os polegares e os dedos grandes dos pés.

6   E disse Adonibezeque: Três príncipes e dez reis com os polegares e dedos grandes dos pés cortados comiam sobras debaixo da minha mesa; como eu fiz, assim o Senhor requereu de mim; e eles o trouxeram a Shuaoleym e ele morreu lá.

7   Os filhos de Simeão foram com os filhos de Judá e feriram aos cananeus ao fio da espada.

8   E Deus estava com os filhos de Judá e eles tomaram a montanha. Os filhos de José subiram para Bohay-ul (Betel), o mesmo é Luz, e Deus estava com eles.

9   E os filhos de José espiaram Bohay-ul (Betel) e os vigias viram um homem saindo da cidade, e agarrando-o lhe disseram: Mostra-nos agora a entrada da cidade e vamos mostrar bondade a ti.

10   O homem mostrou-lhes a entrada da cidade e os filhos de José vieram e feriram a cidade com fio da espada.

11   O homem e sua família foram mandados embora e eles foram para os hititas. Ali ele edificou uma cidade e chamou o seu nome Luz. Todos os israelitas habitaram nas suas cidades; assim, os filhos de Israel habitaram nas suas cidades e eles serviram a Deus durante todos os dias de Josué e todos os dias dos anciãos que tinham aumentado os seus dias depois de Josué, e viram a grande obra de Deus, que Ele realizou para Israel.

12   E os anciãos julgaram a Israel após a morte de Josué por dezessete anos.

13   E todos os anciãos também lutaram nas batalhas de Israel contra os cananeus e Deus expulsou os cananeus de diante dos filhos de Israel, para colocar os israelitas em sua terra.

14   E Ele cumpriu todas as palavras que Ele tinha falado a Abruham (Abraão), a Isaac e Jacó; cumpriu o juramento que Ele havia jurado de dar a eles e a seus filhos a terra dos cananeus.

15   E Deus deu aos filhos de Israel toda a terra de Canaã, como Ele havia jurado a seus antepassados e Deus lhes deu repouso daqueles que estavam ao seu redor; e os filhos de Israel habitaram nas suas cidades de forma segura.

16   Bendito seja Deus para sempre, Amnao e Amnao (Amém e Amém).

17   Fortaleçam-se a vós mesmos e que os corações de todos vocês que confiam em Deus seja de boa coragem.

91:1,2 - Deus escolhe a tribo de Judá para ser a primeira a atacar os cananeus que restavam em Canaã. (Juízes 1:1,2)

91:12,13 - Os anciãos que prolongaram seus dias após a morte de Josué participaram das campanhas militares das tribos de Israel contra os cananeus, julgando a nação por um período de 17 anos. (Juízes 2:7)

91:14 - A promessa feita aos patriarcas Abraão, Isaque e Jacó finalmente estava se cumprindo: o povo de Deus tomava posse da terra de Canaã.

Printed in Great Britain
by Amazon

52656014R00128